ENSAYOS
III

MICHEL DE MONTAIGNE

Ensayos
III

Edición de Dolores Picazo y Almudena Montojo
Traducción de Dolores Picazo y Almudena Montojo

CATEDRA

LETRAS UNIVERSALES

Letras Universales
Asesores: Carmen Codoñer, Javier Coy,
Antonio López Eire, Emilio Náñez,
Francisco Rico, María Teresa Zurdo

Diseño de cubierta: Diego Lara
Ilustración de cubierta: Susana Narotzky

LIBRO TERCERO

CAPÍTULO PRIMERO

DE LO ÚTIL Y DE LO HONRADO

N ADIE está libre de decir necedades. Lo malo es decirlas con aplicación.

Nae iste magno conatu magnas nugas dixerit [1].

Esto no me atañe a mí. Las mías se me escapan con la negligencia que merecen. Cuando les da por ahí. Dejaríalas en seguida en cuanto me costaran algo. Y sólo las compro y las vendo por lo que pesan. Háblole al papel como hablo al primero que me encuentro. Si esto es verdad, vosotros podéis verlo.

.¿Para quién no será detestable la perfidia puesto que Tiberio la rechazó a costa de tan grande interés? Enviáronle a decir de Alemania que, si le parecía bien, libraríanle de Arminio envenenándole (era el enemigo más poderoso de los romanos, habíalos tratado villanamente bajo Varo y era el único que impedía la expansión de su dominación en aquellas regiones). Respondió que el pueblo romano acostumbraba a vengarse de sus enemigos abiertamente, empuñando las armas, no mediante el engaño y a escondidas. Renunció a lo útil por lo honrado. Era un cínico, me diréis. Lo creo; no era raro en gentes de su profesión. Mas no pesa menos la confesión de la virtud en boca de aquél que la odia. Pues arráncasela la verdad a la fuerza y si no quiere albergarla dentro de sí, cúbrese al menos con ella para adornarse.

---

[1] «Aquel seguramente con gran esfuerzo va a contarme muchos cuentos.» (Terencio, *Heautontimorumenos*, III. V. 8).

Nuestro sistema, tanto público como privado, está lleno de imperfección. Mas nada inútil hay en la naturaleza; ni siquiera la propia inutilidad; nada hay inserto en este universo que no ocupe lugar oportuno. Nuestro ser está cimentado en cualidades enfermizas; la ambición, los celos, la envidia, la venganza, la superstición, la desesperación, alójanse en nosotros con posesión tan natural que reconocemos su imagen también en los animales; incluso la crueldad, vicio tan desnaturalizado; pues en medio de la compasión sentimos en nuestro interior cierta punta agridulce de voluptuosidad maligna al ver sufrir a los demás; y siéntenlo los niños;

Suave, mari magno, turbantibus aequora ventis,
E terra magnum alterius spectare laborem[2].

Y quien eliminase la semilla de dichas cualidades del hombre, destruiría las condiciones fundamentales de nuestra vida. Del mismo modo, en toda sociedad, hay oficios necesarios no sólo abyectos sino incluso viciosos; los vicios hallan su lugar y empléanse para la costura de nuestra unión, como venenos para la conservación de nuestra salud. Si se hacen excusables porque no son precisos y la necesidad común borra su auténtica naturaleza, se ha de dejar representar ese papel a los ciudadanos más vigorosos y menos temerosos que sacrifican su honor y su conciencia como aquellos otros antiguos sacrificaron sus vidas para salvar a su país; nosotros, más débiles, nos quedamos con papeles más fáciles y menos arriesgados. Requiere el bien público que se traicione, se mienta y se asesine; dejemos esa tarea a gentes más obedientes y maleables.

En verdad que a menudo sentí indignación viendo cómo los jueces empujaban al criminal, mediante engaños y falsas esperanzas de favor o de perdón, a descubrir su fechoría, empleando para ello la mentira y el cinismo. Convendría que la justicia y el propio Platón que fomenta esta prác-

---

[2] «Es agradable, cuando los vientos agitan el ancho mar, asistir desde la costa a los esfuerzos de otro» (Lucrecio, II. 1).

tica, me proporcionasen otros medios más apropiados para mí. Es una justicia malvada; y la creo tan herida por sí misma como por los demás. Respondí no ha mucho que, así como no traicionaría al príncipe por un particular, lamentaría mucho traicionar a un particular por el príncipe; y no sólo odio engañar sino que se engañen conmigo. Ni siquiera quiero ofrecer materia u ocasión para ello.

En lo poco que hube de negociar[3] entre nuestro príncipes, en estas divisiones y subdivisiones que nos desgarran hoy, evité con esmero llamarles a engaño conmigo y que cayeran en la trampa de mi máscara. Cúbrense las gentes del oficio todo lo posible y preséntanse fingiéndose todo lo moderados y cercanos a las ideas del otro que pueden. Muéstrome yo con mis más vivas ideas y con las maneras más mías. ¡Tierno y novicio negociador que prefiere fallar en el trato a fallarse a sí mismo! Esto ha sido sin embargo hasta ahora con tal fortuna (pues tiene en ello sin duda la suerte parte muy principal) que pocos pasaron de una mano a otra con menos sospecha, más favor e intimidad. Tengo un carácter abierto, con facilidad para insinuarse y para inspirar confianza desde los primeros encuentros. En cualquier siglo siguen siendo oportunas y útiles la naturalidad y la verdad puras. Y además es la libertad de éstos que trabajan sin interés propio alguno, poco sospechosa y odiosa y pueden realmente hacer uso de la respuesta de Hipérides a los atenienses que se quejaban de la dureza de su hablar: Señores, no tengáis en cuenta si hablo con gran libertad, sino si lo hago sin tomar nada a cambio y sin sacar provecho para mis asuntos. Me ha librado también fácilmente mi libertad de la sospecha de fingimiento, por su vigor que nada se dejaba en el tintero por molesto y lacerante que fuera, no habría podido decir más estando en otro lugar, y además tiene una clara apariencia sencilla y espontánea. No pretendo más fruto al actuar que actuar y no saco de ello

---

[3] Las negociaciones llevadas a cabo por Montaigne fueron más numerosas e importantes de lo que su modestia deja ver. Algunas de ellas están recogidas en sus *Cartas*.

más consecuencias ni más proyectos; cada acción tiene juego propio: ¡Embide si puede!

Por otra parte no me domina pasión alguna ni de odio ni de amor hacia los grandes; ni tengo mi voluntad comprometida por ofensa o agradecimiento particular. Miro a nuestros reyes con simple afecto legítimo y civil, ni movido ni desviado por intereses privados. De lo cual me congratulo mucho. La causa general y justa sólo me ata con moderación y sin fiebre. No estoy sujeto a esas hipotecas ni compromisos profundos e íntimos; la cólera y el odio están fuera del deber de la justicia y son pasiones que sólo sirven a aquéllos que no cumplen bastante con su deber por la razón simple; toda intención legítima y equitativa es en sí misma equilibrada y templada, si no, tórnase sediciosa e ilegítima. Esto me hace llevar siempre la cabeza alta y el rostro y el corazón abiertos.

Realmente, y no temo confesarlo, no tendría inconveniente en encender una vela a san Miguel y otra al dragón, si fuera menester, conforme a lo que hizo la vieja[4]. Seguiré en el buen partido hasta la hoguera, mas exclusivamente si puedo. Húndase la hacienda de Montaigne con la ruina pública si es menester; mas si no lo es, agradeceríale a la fortuna que la salvara; y tanta ccuerda como me conceda mi deber emplearéla en salvarla. ¿No fue Ático quien, permaneciendo en el partido justo y en el partido que perdió, salvóse por su moderación en aquel naufragio universal del mundo, en medio de tantas mutaciones y variaciones?

Para los hombres como él, privados, es más fácil; y en ese tipo de tarea estimo que es posible con justicia no ambicionar ingerirse ni invitarse uno mismo. Permanecer indeciso y ambiguo, conservar los sentimientos inmóviles y sin inclinarse hacia ningún lado en las agitaciones del propio país y en una división pública, no lo veo ni bien ni noble. «Ea non media, sed nulla via est, velut eventum expectantium quo fortunae consilia sua applicent»[5].

---

[4] Según la leyenda, una anciana ofrece un cirio a San Miguel y otro al dragón para que se reconcilien.

[5] «No es tomar una vía intermedia, es no coger ninguna: es esperar el

Eso puede permitirse con respecto a los asuntos de los vecinos; y Gelón tirano de Siracusa, dejó por ello en suspenso su inclinación en la guerra de los bárbaros contra los griegos, manteniendo una embajada en Delfos, con unos presentes, por estar acechado de qué lado se inclinaría la fortuna y por aprovechar la ocasión justa para conciliarse con el vencedor. Sería una especie de traición el hacerlo con los asuntos propios y de casa, en los cuales necesariamente se ha de tomar partido mediante la aplicación de los designios. Mas el que no se comprometa un hombre que no tiene ni cargo ni mando expreso que le obligue a ello, hállolo más excusable (aunque yo no ponga en práctica esta excusa) que en las guerras extranjeras en las cuales, sin embargo, según nuestras leyes, no se mete quien no quiere. De todos modos, aun aquéllos que se comprometen por entero pueden hacerlo con tal orden y mesura que la tormenta les resbale por encima de la cabeza sin agredirles. ¿No teníamos razón acaso en esperarlo así del difunto obispo de Orleans, señor de Morvilliers?[6] Y conozco, entre aquéllos que obran así de valerosamente ahora, a algunos de proceder o tan equitativo, o tan moderado, que permanecerán en pie por injuriosa que sea la mutación y la caída que el cielo nos depare. Sostengo que corresponde a los reyes propiamente el animarse contra los reyes y ríome de esos espíritus que tan alegremente se prestan a disputas tan desproporcionadas; pues no se cae en disputa particular con un príncipe por ir contra él abierta y valerosamente de acuerdo con el honor y el deber; si no ama a tal personaje, mejor aún, lo estima. Y en especial la causa de las leyes y de la defensa del antiguo estado tiene precisamente esto, que incluso aquéllos que por sus particulares designios lo agitan, justifican a los defensores si no lo honran.

Mas no se ha de llamar deber (como solemos hacer) a una acritud y avidez intestina que nace del interés y de la

---

acontecimiento con objeto de pasar cerca de la fortuna.» (Tito Livio, XXXII. 21).

[6] Ministro de Justicia y negociador liberal (1506-1577).

pasión privada; ni valor, a una conducta traidora y malvada. Llaman celo a una propensión a la maldad y a la violencia; no les enardece la causa sino su interés; atizan la guerra no porque sea justa, sino porque es la guerra.

Nada impide poder comportarse correcta y lealmente entre hombres que son enemigos; actuad, si no siempre con afecto igual (pues esto es susceptible de distintas medidas) sí al menos equilibrado y sin que os comprometa tanto con uno de ellos que pueda exigir todo de vos; y contentaos también con una medida mediana de su favor y con nadar en agua turbia sin querer pescar en ella.

Lo otro, el ofrecerse con todas las fuerzas a éstos y a aquéllos, revela aún menos prudencia que conciencia. Aquél por el cual traicionáis al otro para el que sois igualmente bienvenido, ¿acaso no sabe que con él hacéis otro tanto a su vez? Os considera un malvado; sin embargo os escucha y saca provecho de vos y hace su agosto con vuestra deslealtad; pues los hombres dobles son útiles por lo que aportan, mas se ha de velar para que sólo se lleven lo menos posible.

Nada digo al uno que no pueda decir al otro en su momento únicamente con el acento algo cambiado; y sólo cuento las cosas indiferentes o conocidas, o que a ambos sirven. No hay utilidad por la cual me permita mentirles. Lo que ha sido confiado a mi silencio, cállolo religiosamente, mas tomo lo menos posible para callar; es importuno guardar el secreto de los príncipes para aquél que para nada lo quiere. De buen grado hago el trato de que me confíen poco, mas se fíen sin miedo de lo que les traigo. Siempre he sabido más de lo que he querido.

Un hablar abierto abre otro hablar y lo saca fuera, como hace el vino con el amor.

Filípides respondió sensatamente al rey Lisímaco que le decía: ¿Cuál de mis bienes quieres que te entregue? El que quieras con tal de que no sea uno de tus secretos. Veo que todos se enfadan si les encubren el fondo de los asuntos para los que se les emplea y si les han silenciado alguna sengunda intención. Yo, por mi parte, alégrome de que no me digan más de aquello a lo que quieren que me aplique y no deseo que mis conocimientos superen y coaccionen mi palabra. Si he de servir como instrumento de engaño, quede al menos a salvo mi conciencia. No quiero ser considerado como servidor ni tan afecto ni tan leal que se me estime propio para traicionar a nadie. Quien se es infiel a sí mismo halla excusas para serlo con su señor.

Mas son príncipes que no aceptan a los hombres a medias y desprecian los servicios limitados y con condiciones. No hay remedio; dígoles francamente mis restricciones; pues sólo he de ser esclavo de la razón aunque no pueda lograrlo del todo. Y también ellos hacen mal exigiendo de un hombre libre tal vasallaje a su servicio y tal obligación, a no ser de aquél al que han hecho y comprado o cuya fortuna depende particular y expresamente de la suya. Hanme librado las leyes de grandes trabajos; me han elegido partido y dado señor; toda otra superioridad y obligación ha de ser relativa a ésta y restada de ella. Sin embargo pudiera ocurrir que si mis sentimientos me empujaran hacia otro lado, irremisiblemente echara allí una mano. Sírvense de ley a sí mismos la voluntad y los deseos; los actos han de recibirla del ordenamiento público.

Toda esta conducta mía está algo en desacuerdo con nuestras maneras; no es propia para producir grandes efectos ni para durar; ni siquiera la inocencia podría tratar con nosotros sin disimulo, ni negociar sin mentira. Por ello no van conmigo en absoluto las ocupaciones públicas; cumplo con lo que mi profesión exige lo más privadamente que puedo. Siendo niño hundiéronme en ellas hasta las orejas con éxito; sin embargo, libréme tempranamente. A menudo evité después volver a meterme, raramente acepté, jamás se me exigió; dando la espalda a la ambición; mas si no como los remeros que avanzan de espaldas, sí sin embargo de tal modo que debo menos a mi resolución que a mi buena fortuna el no haberme embarcado; pues hay caminos menos enemigos de mi gusto y más conformes con mis posibilidades por los cuales si me hubiera llamado antaño al servicio público empujándome hacia la celebridad en el mundo, sé que habría pasado por encima de la lógica de mis razones para seguirla.

Aquellos que alegan generalmente contra mi manera de hacer que lo que llamo franqueza, sencillez y naturalidad en mis costumbres, es habilidad y sutileza y más bien prudencia que bondad, esfuerzo que espontaneidad, buen juicio que ventura, concédenme más honro del que me quitan. Mas es verdad que creen mi sutileza demasiado sutil, y a quien me siga y me espíe de cerca concederé que ha ganado si no confiesa que no hay regla alguna en su escuela que pueda imitar ese movimiento natural y mantener una apariencia de libertad y de licencia tan igual e inflexible. por esos caminos tan tortuosos y diversos, y que toda su atención e inteligencia no sabrían guiarle. El camino de la verdad es uno y simple, el del provecho particular y el bien de los asuntos que uno tiene a su cargo, doble, desigual y fortuito. He visto usar de esas libertades fingidas y fácilmente en el asno de Esopo, el cual por emular al perro fue a echar alegremente sus dos patas a los hombros de su amo; mas por la misma fiesta recibió el probre asno dos veces más palos que caricias recibió el perro. «Id maxime quemque decet quod est cujusque suum maxime»[7]. No quiero quitarle al engaño su mérito, sería no entender el mundo; sé que a menudo ha servido provechosamente y que sostiene y alimenta la mayoría de las ocupaciones de los hombres. Hay vicios legítimos como acciones buenas o excusables ilegítimas.

La justicia en sí, natural y universal, está regida de otra manera y con más nobleza que esta otra justicia especial, nacional obligación de la que necesitan nuestras sociedades: «Veri juris germanaeque justitiae solidam et expressam affigiem nullan tenemus; umbra et imaginibus utimur»[8]; por ello el sabio Dandamys[9], oyendo contar las vidas de Sócrates, Pitágoras, Diógenes, juzgólos grandes per-

---

[7] «Lo que le es más natural a cada uno es lo que más le conviene.» (Cicerón, *De las obligaciones*, I. 31).

[8] «Del derecho verdadero, de la justicia perfecta, no poseemos ninguna representación auténtica y exacta; es de su imagen y de su sombra de lo que usamos» *(Ibídem, íd.*, III. 17).

[9] Sabio indio de la época de Alejandro el Grande.

sonajes en todo lo demás, mas sujetos en demasía al respeto de las leyes, para autorizar y secundar las cuales la verdadera virtud ha de privarse de mucho de su vigor original; y no sólo tienen lugar numerosos actos viciosos con su permiso sino por su persuasión: «Ex senatusconsultis plebisquescitis scelera exercentur» [10]. Hago uso del lenguaje común que distingue entre las cosas útiles y las nobles; por lo que a algunos actos naturales, no sólo útiles sino necesarios, llámalos deshonestos y sucios.

Mas sigamos con nuestro ejemplo de la traición. Dos pretendientes al reino de Tracia disputaban sobre sus derechos. Impidió el emperador [11] que llegaran a las armas; mas uno de ellos, so pretexto de llegar a un acuerdo amistoso mediante una entrevista, habiendo invitado a su compañero para festejarle en su casa, hízolo apresar y matar. Exigía la justicia que los romanos castigasen aquel crimen; la dificultad obstaculizaba las vías ordinarias; lo que no pudieron legamente y sin riesgo, decidieron hacerlo mediante la traición. Lo que no pudieron hacer con nobleza, hiciéronlo con utilidad. Para lo cual hallóse adecuado a un tal Pomponio Flaco; éste, con falsas palabras y garantías, habiendo atraído a aquel hombre a sus redes, en lugar del honor y el favor que le prometía envióle atado de pies y manos a Roma. Un traidor traicionó a otro, contra lo que es habitual; pues están llenos de desconfianza y es difícil sorprenderles con su arte; prueba de ello la dura experiencia que acabamos de padecer.

Aquéllos que lo deseen serán como Pomponio Flaco y hay bastantes que lo desearán; por lo que a mí respecta, tanto mi palabra como mi fidelidad son, como lo demás, partes de este cuerpo común; su mejor obra es el servicio público; doy esto por sentado. Mas al igual que si me ordenaran encargarme del Palacio y de los pleitos respondería: Nada entiendo de ello; o de conducir a los zapadores, diría:

---

[10] «Senados-consultos y decretos de la plebe han encubierto crímenes.» (Séneca, *Cartas,* 95).

[11] Se refiere a Tiberio.

Estoy llamado a función más digna; del mismo modo, a quien quiera emplearme para mentir, traicionar o cometer perjurio en algún servicio notable, no ya para asesinar o envenenar, diríale: Si he sisado o robado a alguien, enviadme a galeras.

Pues un hombre de honor puede hablar como los lacedemonios al ser vencidos por Antipatro, en el momento de los acuerdos: Podéis encomendarnos tantas cargas pesadas y perjudiciales como queráis; mas perderéis el tiempo si nos las encomendáis vergonzosas e innobles. Cada cual ha de jurarse a sí mismo lo que los reyes de Egipto hacían jurar solemnemente a los jueces: que no se desviarían de su deber fuere cual fuere la orden que ellos mismos les dieren. En tales encargos hay muestra evidente de ignominia y condena; y aquél que os los hace os acusa, y os lo hace, si os fijáis bien, como pena y carga; tanto mejoran los asuntos públicos con vuestra hazaña como empeoran los vuestros; hacéis tanto mal como bien hacéis. Y no será nuevo ni quizá del todo injusto que os castigue el mismo que os ha encomendado esa tarea. La perfidia puede ser perdonable en algún caso; sólo lo es cuando se emplea para castigar y traicionar a la perfidia.

Muchas traiciones fueron no sólo rechazadas sino castigadas por aquéllos en favor de los cuales habían sido cometidas. ¿Quién no conoce la sentencia de Fabricio contra el médico de Pirro? Mas también se da que el que la ha ordenado la vengue con rigor en aquél al que ha empleado para ella, rechazando una autoridad y un poder tan desenfrenados, y despreciando una servidumbre y una obediencia tan entregada y cobarde.

Jaropolk, duque de Rusia, contrató a un gentilhombre de Hungría para traicionar al rey de Polonia, Boleslao, dándole muerte o proporcionando a los rusos el medio de causarle algún notable perjuicio. Comportóse éste como hombre digno, entregóse por completo al servicio de este rey, consiguió ser de su consejo y de sus más íntimos. Con estas ventajas y escogiendo la ocasión oportuna en ausencia de su señor, entregó traidoramente a los rusos la grande y rica ciudad de Vislicza que fue saqueada y quemada por ellos, resultando asesinados no sólo todos sus habitantes sin excepción de sexo o edad, sino gran parte de la nobleza de los alrededores que se hallaba congregada para tal fin. A Jaropolk, una vez saciada su sed de venganza y su ira, la cual no carecía de motivos (pues habíale ofendido profundamente Boleslao y con conducta similar) y habiéndose hartado con el fruto de esta traición, poniéndose a considerar la villanía sola y desnuda y a mirarla con mirada sana y ya no turbada por la pasión, acometióle tal remordimiento y disgusto que mandó sacarle los ojos y cortarle la lengua y las vergüenzas al ejecutor.

Antígono convenció a los soldados argiráspidas para que traicionaran a Eumenes, capitán general de ellos y adversario suyo; mas en cuanto lo hizo matar una vez que se lo hubieron entregado, deseó ser él mismo comisario de la justicia divina en el castigo de crimen tan detestable y púsolos en manos del gobernador de la provincia ordenándole expresamente que los perdiera dándoles un mal final, fuera cual fuera. De modo que de los muchos que eran, ninguno volvió a respirar jamás el aire de Macedonia. Cuánto mejor había sido servido, más consideró él haberlo sido villana y puniblemente.

El esclavo que traicionó el escondite de su amo P. Sulpicio, fue puesto en libertad de acuerdo con la promesa de la proscripción de Sila; mas de acuerdo con la promesa de la razón pública, libre totalmente, fue arrojado desde la roca Tarpeya. Cuélganlos con la bolsa del pago obtenido atada al cuello. Habiendo satisfecho su segundo y particular compromiso, satisfacen el primero y general. Mahoma segundo, queriendo librarse de su hermano por la ambición de dominación, siguiendo el estilo de su raza, empleó para ello a uno de sus oficiales, el cual lo asfixió atragantándole con gran cantidad de agua ingerida de un golpe. Hecho esto, para que el asesino expiara aquel asesinato, entrególo a manos de la madre del difunto (pues sólo eran hermanos de padre); ella, en presencia suya, abrióle el pecho al asesino, y en caliente, rebuscóle y arrancóle el corazón, echándoselo a los perros para que se lo comieran. Y nuestro rey Clodoveo mandó colgar a los tres servidores de Cannacro después de que hubieron traicionado a su señor; a lo cual habíales inducido él mismo.

E incluso para aquéllos que nada valen resulta muy dulce, una vez que han sacado provecho de una acción viciosa, poder entonces añadirle en toda seguridad algún rasgo de bondad y justicia como en compensación y corrección de conciencia. Esto unido a que miran a los ministros de tales horribles crímenes como a gentes que se los reprochan. E intentan ahogar con su muerte el conocimiento y la prueba de tales maniobras. Y si por casualidad se os recompensa para no privar a la necesidad pública de este extremo y desesperado remedio, el que lo hace no deja de consideraros, si no lo es él mismo, como hombre maldito y execrable; y os considera más traidor que aquél contra el que lo sois; pues palpa la maldad de vuestro corazón a través de vuestras manos sin negativa ni objeción alguna. Mas os emplea para ello al igual que se hace con los hombres perdidos para las ejecuciones de la alta justicia, cargo tan útil como poco noble. Aparte de la vileza de tales misiones, se da también prostitución de conciencia. Aquella doncella de Sejan, al no poder ser castigada con la muerte en cierta clase de juicio en Roma, porque era virgen, fue forzada por el verdugo antes de·estrangularla, para abrir paso a las leyes; no sólo su mano, sino también su alma es esclava del bien público.

Hallo muy noble que cuando el primer Amurates, para hacer más amargo el castigo contra sus vasallos, que habían prestado apoyo a la rebelión parricida de su hijo contra él, ordenó que sus parientes más próximos realizaran de propia mano la ejecución, algunos eligieran ser inicuamente considerados culpables del parricidio de otro antes que servir a la justicia con su propio parricidio. Y cuando en algunos sitios forzados de mi época vi a algunos bribones aceptar colgar a sus amigos y cómplices para salvar sus vidas, considerélos de peor condición que los colgados. Dicen que Vuitoldo, príncipe de los lituanos, hizo antaño aquella ley por la cual los criminales condenados habían de ejecutar ellos mismos la sentencia capital pronunciada contra ellos, por estimar ilógico que se empleara y encomendara un homicidio a un tercero, inocente de la falta.

El príncipe, cuando por una urgente circunstancia y algún impetuoso e inopinado acontecimiento de la necesidad de su estado se ve obligado a faltar a su palabra y a su honor, o de otro modo dejar de lado su deber ordinario, debe atribuir esta necesidad a la vara divina; vicio no es pues abandonar su causa por una causa más universal y poderosa, mas en verdad que es desventura. De modo que a alguien que me preguntaba: ¿Qué remedio hay? Ninguno, contesté: si estaba verdaderamente atrapado entre esos dos extremos había de hacerlo («sed videat ne quaeratur latebra perjurio»)[12]; mas si lo hizo sin lamentarlo, si no le pesó el hacerlo, es señal de que su conciencia estaba en mal estado.

Si hubiera alguien de conciencia tan delicada que ninguna curación pareciérale digna de tan penoso remedio, no lo estimaría menos. No podría perderse con más excusa ni decencia. No lo podemos todo. De un modo u otro a menudo hemos de entregar la protección de nuestro barco a la pura dirección del cielo como última ancla. ¿Para qué necesidad más justa se reserva? ¿Qué le es más difícil de hacer que aquello que sólo puede hacer a costa de su buen nombre y de su honor, cosas que han de serle quizá más caras que su propia salvación, sí, y que la salvación de su pueblo? Cuando cruzándose de brazos llamare simplemente a Dios en su ayuda, ¿no habría de esperar acaso que la bondad divina no negase la gracia de su mano sobrenatural a una mano pura y justa?

Son peligrosos ejemplos, raras y enfermizas excepciones a nuestras reglas naturales. Se ha de ceder ante ellas mas con gran moderación y circunspección; ningún interés privado es digno de que hagamos por él tal violencia a nuestra conciencia; público, sea, cuando es muy evidente e importante.

Justificóse Timoleón de la ambigüedad de su hazaña con las lágrimas que virtió al acordarse de que había matado al tirano con mano fraterna; y remordíale justamente la con-

---

[12] «Pero que se abstenga de buscar pretextos a su perjurio» (Cicerón, *De las obligaciones*, III. 29).

ciencia que hubiera sido menester comprar la utilidad pública al precio de la nobleza de su proceder. Ni siquiera el
senado al que él mismo había librado de la servidumbre,
osó decidir rotundamente sobre tan alto gesto dividido en
dos aspectos tan contrarios y de tanto peso. Mas habiendo
enviado los siracusanos a un mensajero muy a punto en
aquel momento para pedir a los corintios protección y un
jefe digno de devolver a su ciudad su anterior dignidad y
de limpiar Sicilia de los muchos tiranuelos que la oprimían,
designó para ello a Timoleón con esta nueva declaración y
promesa de que según se portase bien o mal en su cargo,
inclinaríase su fallo a favor del liberador de su país o en
contra del asesino de su hermano. Esta peregrina conclusión tiene sin embargo cierta excusa por el peligro del
ejemplo y la importancia de acto tan contradictorio. E hicieron bien descargando de él a su juicio o apoyándolo en
otras cosas y consideraciones terceras. Y resultó que la conducta de Timoleón en aquel viaje clarificó muy pronto su
causa, de tan digna y virtuosamente como se portó en todos los aspectos, y la ventura que le acompañó en las dificultades que hubo de vencer en aquella noble tarea, pareció haberle sido enviada por los dioses, favorables conspiradores para su justificación.

El fin de éste puede justificarse, si es que esto puede hacerse con alguno. Mas la utilidad del aumento de los ingresos públicos que sirvió de pretexto al senado romano para
esta sucia conclusión que voy a relatar no es suficiente para
excusar tal injusticia. Habíanse redimido ciertas ciudades
recuperando su libertad de manos de L. Sila, mediante el
pago de un dinero, por decisión y con el permiso del senado. Reconsiderando de nuevo el asunto, condénalas el senado a ser pecheras como antes y a perder el dinero que
habían empleado para libertarse. Las guerras civiles suelen
dar lugar a estos villanos ejemplos de castigar a los individuos por habernos creído cuando éramos muy otros; y
una misma institución hace recaer la pena de su cambio sobre el que menos puede; el maestro azota a su discípulo
por su docilidad; y el lazarillo al ciego. ¡Horrible imagen
de justicia! Hay en la filosofía reglas débiles y falsas. El

ejemplo que se nos pone para hacer prevalecer la utilidad privada sobre la palabra dada no consigue peso bastante con la circunstancia propuesta. Os han cogido unos ladrones; os han vuelto a poner en libertad tras haberos hecho prometer pagar cierta suma; no tienen razón al decir que un hombre de bien salvará su palabra aunque no pague una vez que ya no esté en sus manos. No es así. Aquello que el temor me ha hecho decir una vez, estoy obligado a quererlo aun sin temor; y aunque sólo me haya forzado la lengua y no la voluntad, aun así estoy obligado a cumplir escrupulosamente mi palabra. Por lo que a mí respecta, cuando a veces se ha adelantado a mi palabra, sin embargo me ha remordido la conciencia el retractarme. De otro modo, poco a poco, llegaremos a negar todo el derecho que un tercero obtiene de nuestras promesas y juramentos. «Quasi vero forti viro vis possit adhiberi»[13]. En esto sólo puede excusarnos el interés privado de faltar a una promesa si hemos prometido cosa malvada e inicua en sí misma; pues el derecho de la virtud ha de prevalecer sobre el derecho de nuestro compromiso.

Antaño[14] coloqué a Epaminondas en el primer puesto de los hombres excelentes y no me desdigo. Hasta dónde no llegaría la consideración del deber particular de aquél que jamás mató a hombre alguno al que hubiera vencido; de aquél que sentía remordimientos de matar a un tirano o a sus cómplices sin los requisitos de la justicia en aras del bien inestimable de devolver la libertad a su país; de aquél que estimaba mal hombre por muy buen ciudadano que fuere, al que, entre los enemigos y en la batalla, no salvare al amigo y al huésped. He aquí un alma rica. Unía a los más duros y violentos actos humanos, la bondad y la humanidad, incluso la más delicada que se da en la escuela de la filosofía. ¿Sería de forma natural o artificial como se enternecía aquel corazón tan grande, hinchado y obstinado contra el dolor, la muerte, la pobreza, hasta el punto de

---

[13] «Como si se pudiera violentar a un hombre valiente.» (*Ibídem, íd.,* III. 30).
[14] *Vid.* II. 36.

tan extremada dulzura y bondad de carácter? Aterrorizando con la espada y la sangre va destrozando y venciendo a una nación invencible contra cualquier otro que no sea él, y échase a un lado en medio de tal combate al toparse con su huésped y amigo. En verdad que aquél precisamente mandaba bien en la guerra aplicándole el freno de la bondad en la cúspide de su más fuerte calor, enardecida y espumeante como estaba de furor y de muerte. Es milagroso poder mezclar en tales acciones alguna imagen de justicia; mas sólo la firmeza de Epaminondas es capaz de poner en ellas la dulzura y facilidad de la conducta más suave y la pura inocencia. Y mientras uno decía a los mamertos que las leyes establecidas no alcanzaban a los hombres armados; el otro[15] al tribuno del pueblo que el tiempo de la justicia y el tiempo de la guerra eran dos; el tercero[16] que el ruido de las armas impedíale oír la voz de las leyes, éste ni siquiera dejaba de oír la del civismo y la pura cortesía. ¿No había tomado de sus enemigos[17] la costumbre de hacer sacrificios a las musas al ir a la guerra para desleír con su dulzura y alegría aquella furia y dureza marcial?

No temamos, después de tan grande preceptor, estimar que existe algo ilícito incluso contra los enemigos, que el interés común no ha de exigir todo de todos contra el interés privado, «manente memoria etiam in dissidio publicorum faederum privati juris»[18]:

et nulla potentia vires
praestandi, ne quid peccet amicus, habet[19];

y que no todo le está permitido a un hombre de bien por el servicio de su rey ni de la causa general y de las leyes. «Non enim patria praestat omnibus officiis, et ipsi condu-

---

[15] César.
[16] Mario.
[17] Los lacedemonios.
[18] «El recuerdo del derecho privado subsistiendo incluso en medio de las disensiones públicas.» (Tito Livio, XXV. 18).
[19] «Ninguna autoridad puede autorizar la violación de los derechos de la amistad.» (Ovidio, *Pónticas,* I. VII. 37).

cit pios habere cives in parentes»[20]. Es una enseñanza oportuna para la época; ¿para qué endurecer nuestros corazones con esas hojas de hierro?; ya es bastante que nuestros hombros lo estén; ya es bastante que mojemos las plumas en tinta sin mojarlas en sangre. Si es grandeza de corazón y el resultado de una rara y singular virtud el despreciar la amistad, las obligaciones privadas, la palabra y el parentesco en aras del bien común y la obediencia a las leyes, en verdad que basta para excusarnos el que sea una grandeza que no quepa en la grandeza de corazón de Epaminondas.

Abomino de las rabiosas exhortaciones de esta otra alma desequilibrada[21],

> Dum tela micant, non vos pietatis imago
> Ulla, nec adversa conspecti fronte parentes
> Commoveant; vultus gladio turbate verendos[22].

Privemos a los naturales crueles, sanguinarios y traidores de este pretexto de razón, dejemos esa justicia enorme y fuera de sí, y atengámonos a las imitaciones más humanas. ¡Cuánto pueden el tiempo y el ejemplo! En una pelea de la guerra civil contra Cinna, un soldado de Pompeyo, habiendo matado sin darse cuenta a su hermano que era del partido contrario, matóse de inmediato él mismo de vergüenza y sentimiento, y, algunos años más tarde, en otra guerra civil de aquel mismo pueblo, un soldado, por haber matado a su hermano, pidió una recompensa a sus capitanes.

Se argumenta mal la honestidad y la belleza de una acción por su utilidad, y mal se concluye al estimar que todos

---

[20] «Pues la patria no anula los demás deberes, le interesa tener ciudadanos que se conduzcan bien con sus padres.» (Cicerón, *De las obligaciones,* III. 23).

[21] Se refiere a César.

[22] «Mientras que las espadas centelleen, que ninguna imagen conmueva vuestra piedad filial, ni siquiera la visión de vuestros padres en las filas enemigas; desfigurad con vuestras espadas esos venerables rostros» (Lucano, *Farsalia,* VII. 320).

están obligados a ella y que es noble para todos si es útil:

Omnia non pariter rerum sunt omnibus apta[23].

Elijamos la más necesaria y útil de la sociedad humana, el matrimonio; pues resulta que la opinión de los santos considera más noble el partido contrario, y excluye de él a la condición más venerable de los hombres, al igual que asignamos al acaballadero a los animales de menor estima.

CAPÍTULO II

DEL ARREPENTIMIENTO

LOS demás forman al hombre; dígolo yo que soy uno particularmente mal formado y al que si hubiera de moldearlo de nuevo, haría muy otro del que es. Ahora ya está hecho. Y los trazos de mi pintura no se tuercen aunque cambien y varíen. El mundo no es sino perenne agitación. Muévese todo sin cesar: la·tierra, las rocas del Cáucaso, las pirámides de Egipto, con el vaivén público y con el suyo propio. La misma constancia no es sino movimiento más lento. No puedo asegurar mi tema. Va confuso y vacilante con embriaguez natural[1]. Tómolo en ese punto tal y como está en el instante en el que me ocupo de él. No pinto el ser. Pinto el paso: no el paso de una edad a otra, o, como dice el pueblo, de siete años en siete años, sino día a día, minuto a minuto[2]. He de adaptar mi historia al mo-

---

[23] «Todo no le conviene igual a todo el mundo.» (Propercio, III. IX. 7).
[1] Obsérvese la conciencia de Montaigne ante las fluctuaciones del yo y, por consiguiente, su decidida voluntad de rehuir todo intento de sistematización.
[2] Nótese, la importancia que le concede Montaigne al presente de cada instante.

mento. Podré cambiar dentro de poco no sólo de fortuna sino también de intención. Es un registro de diversos y cambiantes hechos y de ideas indecisas cuando no contrarias; ya sea porque soy otro yo mismo, ya porque considere los temas por otras circunstancias y en otros aspectos. El caso es que quizá me contradiga, mas la verdad, como decía Demades, no la contradigo[3]. Si mi alma pudiera asentarse, dejaría de probar y decidiríame; mas está siempre aprendiendo y poniéndose a prueba.

Propongo una vida baja y sin esplendor, todo es igual. Podemos unir toda la filosofía moral a una vida popular y privada como a una vida de más alta alcurnia; cada hombre encierra la forma entera de la condición humana.

Los autores danse a conocer al pueblo por alguna marca particular y externa; yo soy el primero en dar a conocer mi ser total, en mostrarme como Michel de Montaigne, no como gramático, o poeta, o jurisconsulto[4]. Si se queja el mundo de que hablo demasiado de mí, quéjome yo de que él no piense sólo en sí.

Mas, ¿es lógico acaso que siendo tan individualista de costumbres, pretenda que se me conozca públicamente? ¿Es lógico también que muestre al mundo, en el cual las maneras y el arte tienen tanto crédito y autoridad, los resultados de la naturaleza puros y simples, y además de una naturaleza muy enclenque? ¿No es hacer una muralla sin piedras o, lo que es igual, construir libros sin ciencia ni arte? Las fantasías de la música están guiadas por el arte, las mías, por la suerte. Al menos tengo algo conforme a la disciplina, que jamás hombre alguno trató tema del que entendiese y supiese más que yo del que he emprendido, y que en él soy el hombre más sabio que existe; en segundo lugar, que ja-

---

[3] Adviértase cómo en este intento de aprender la esencia profunda del yo, asumiendo el presente de cada momento, la contradicción deja de ser tal por cuanto constituye una de las características fundamentales del yo.

[4] Obsérvese la conciencia de Montaigne, no sólo ante la originalidad de su tarea, sino también, y sobre todo, ante su propia identidad como realidad existencial.

más nadie profundizó más en la materia, ni desmenuzó con más detalle los elementos y sus consecuencias; ni alcanzó más exacta y plenamente el fin que se había propuesto con su trabajo. Para acabarlo, no he de aportar más que la fidelidad; ésta es la más sincera y pura que pueda haber. Digo la verdad, no tanta como en mí cabe, mas sí tanta como oso decir; y oso algo más al envejecer, pues parece que se suele tener a esta edad más libertad para charlar y hablar de uno con indiscreción. No puede ocurrir aquí lo que veo que ocurre a menudo, que el artesano y su obra se contradicen: ¿un hombre de tan noble conversación ha hecho un escrito tan necio? o ¿han salido unos escritos tan sabios de un hombre de tan floja conversación? Quien en su trato es vulgar y sus escritos son raros, es que su valor está en algún lugar del que lo toma prestado y no en él. Un personaje sabio no es sabio siempre; mas el inteligente es siempre inteligente, incluso cuando ignora algo.

Nosotros, mi libro y yo, vamos de acuerdo y con la misma marcha. En otros casos puédese elogiar la obra y criticar al obrero, por separado; en éste no: si se ataca al uno, se ataca al otro[5]. Quien juzgue sin conocerlo se hará más daño a sí mismo que a mí; quien lo haya conocido me habrá satisfecho del todo. Seré feliz más allá de mi mérito con sólo conseguir de la aprobación pública que piensen las gentes de entendimiento que yo habría sido capaz de sacar provecho a la ciencia si la hubiese tenido y que merecía que la memoria me hubiese ayudado más.

Justifiquemos aquí eso que suelo decir, que raramente me arrepiento y que mi conciencia se contenta consigo misma, no como la conciencia de un ángel o de un caballo, sino como la conciencia de un hombre; añadiendo siempre esta coletilla, coletilla no de cortesía sino de natural y esencial sumisión: que hablo preguntando e ignorando, remitiéndome siempre para la decisión, pura y simplemente a las creencias comunes y legítimas. No enseño, cuento.

---

[5] Obsérvese, de nuevo, aquí, el carácter netamente existencial y ontológico del discurso de Montaigne.

No hay pecado verdadero que no ofenda y al que un juicio sano no repudie; pues encierra fealdad y mal tan evidentes que quizás tengan razón aquéllos que dicen que lo producen principalmente la necedad y la ignorancia. De tanto como cuesta creer que se lo conozca sin odiarlo. La maldad aspira la mayor parte de su propio veneno y se intoxica. Deja el pecado, como una úlcera en la carne, un arrepentimiento en el alma que no deja de arañarla y ensangrentarla. Pues borra la razón de las demás tristezas y dolores; mas engendra el del arrepentimiento que es más grave porque nace de dentro; así como el frío y el calor de las fiebres es más punzante que el que viene de fuera. Considero pecados (mas a cada cual su medida) no sólo aquellos condenados por la razón y la naturaleza sino también aquellos forjados por la opinión de los hombres, incluso falsa y erróneamente, si las leyes y las costumbres le dan autoridad.

Igualmente, no hay bondad que no alegre a un natural bien nacido. Hay ciertamente al obrar bien cierta congratulación que nos alegra en nuestro interior, y un orgullo generoso que acompaña a la buena conciencia. Un alma valerosamente viciosa puede quizás proveerse de seguridad, más no puede proveerse de esa complacencia y satisfacción. No es liviano placer el de sentirse preservado del contagio de siglo tan corrompido y el de decirse a uno mismo: Aquél que viera el fondo de mi alma, ni aún así me hallaría culpable ni de la aflicción ni de la ruina de nadie, ni de venganza o envidia, ni de ofensa pública a las leyes, ni de novedad o agitación, ni de faltar a mi palabra, y aunque lo haya permitido y enseñado a cada cual la licencia de la época, no he puesto mis manos ni en los bienes ni en la bolsa de ningún francés y he vivido sólo con la mía tanto en la guerra como en la paz, ni me he servido del trabajo de nadie sin salario. Son agradables estos testimonios de la conciencia; y nos es muy beneficioso ese regocijo natural por ser el único pago que jamás nos ha de faltar.

Fundar la recompensa de las acciones virtuosas en la aprobación de los demás es adoptar un fundamento demasiado incierto y confuso. En particular en un siglo corrompido e ignorante como éste, la buena estima del pueblo es injuriosa; ¿a quién confiáis el ver lo que es loable? Líbreme Dios de ser hombre de bien conforme a la definición que veo hacer a diario por honrarse, a cada cual de sí mismo «Quae fuerant vitia, mores sunt»[6]. Algunos de mis amigos metiéronse a veces a reprenderme y amonestarme abiertamente, ora por propio impulso, ora empujados por mí, en tanto que misión que para un alma bien nacida supera no sólo en utilidad simplemente sino también en dulzura, todos los oficios de la amistad. Helo recibido siempre de buen grado, por cortesía y agradecimiento. Mas, si he de hablar ahora en conciencia, a menudo hallé en sus reproches y alabanzas medida tan falsa que no habría dejado de fallar para actuar bien a su modo. Nosotros principalmente, que vivimos una vida privada que sólo nosotros vemos, hemos de haber establecido en nuestro interior un modelo al que remitir nuestras acciones, y, según él, acariciarnos o castigarnos. Tengo mis leyes y mi tribunal para juzgarme a mí mismo y a ellos me atengo más que a cualquier otra cosa. Limito mis actos según los demás, mas sólo los amplío según yo mismo. Sólo vos sabéis si sois cobarde y cruel, o leal y devoto; los demás no os ven; os adivinan por conjeturas inciertas; no ven tanto vuestra naturaleza como vuestro arte. Por ello, no os atengáis a su sentencia; ateneos a la vuestra. «Tuo tibi judicio est utendum[7]. —Virtutis et vitiorum grave ipsius conscientiae pondus est: qua sublata, jacent omnia»[8].

Mas eso que dicen de que el arrepentimiento sigue de cerca al pecado, no parece alcanzar al pecado que goza del más alto boato, que se aloja en nosotros como en su propio domicilio. Se pueden desautorizar y rechazar los vicios que nos sorprenden y hacia los cuales nos empujan las pasiones; mas aquéllos que por larga costumbre se hallan enraizados y anclados con voluntad fuerte y vigorosa, no están sujetos a contradicción. El arrepentimiento no es sino un

---

[6] «Lo que fueron vicios son ahora costumbres.» (Séneca, *Cartas,* 39).
[7] «Es tu propio juicio el que debes utilizar.» (Cicerón, *Tusculanas,* I. 23).
[8] «La conciencia de la virtud y del vicio es de mucho peso, suprimidla y todo se desmorona.» (Cicerón, *De la naturaleza de los dioses,* III. 35).

desdecirnos de nuestra voluntad y una oposición de nuestras ideas que nos empuja en todos sentidos. Hace que éste desautorice su pasada virtud y su continencia:

> Quae mens est hodie, cur eadem non puero fuit?
> Vel cur his animis incolumes non redeunt genae?[9]

Es exquisita la vida que se mantiene ordenada incluso en privado. Todos podemos participar en el teatro y representar a un noble personaje en la escena, mas la cuestión es estar en orden interiormente, en el fondo del corazón, donde todo nos está permitido, donde todo está oculto. El grado más parecido a éste es estar así en casa, en los actos ordinarios de los cuales no hemos de rendir cuentas a nadie; cuando no hay estudio, no hay artificio. Y por ello, Bías, al describir el estado excelente de la familia, dijo: que el señor de ésta sea igual por dentro por sí mismo que por fuera por temor a las leyes y al decir de los hombres. Y fueron muy dignas las palabras de Julio Druso a los obreros que le ofrecían ponerle la casa, por tres mil escudos, de tal manera que sus vecinos no tuvieran la vista que sobre ella tenían entonces: Os daré, dijo, seis mil, si hacéis que todos vean desde todas partes. Llama la atención la honorable costumbre de Agesilao de alojarse, al viajar, en las iglesias para que el pueblo y los mismos dioses viesen sus actos privados. Fue un prodigio para el mundo aquél del que ni siquiera su mujer ni su criado vieron algo digno de señalar. Pocos hombres fueron admirados por sus criados.

Nadie es profeta no ya en su casa, sino en su tierra, dice la experiencia de la historia. Igual ocurre con las cosas insignificantes. En este bajo ejemplo se ve la imagen de las grandes. En mi país de Gascuña consideran gracioso verme impreso. Cuanto más lejos de mi guarida llega el conocimiento que de mí se tiene, más valgo. Pago a los im-

---

[9] «¿El alma que tengo hoy por qué no la tenía de niño? ¿Por qué no tengo intactas, con mi sabiduría actual, las mejillas de mi juventud?» (Horacio, *Odas,* IV. X. 7).

presores en Guyena, fuera de allí me pagan ellos a mí. En este hecho fúndanse aquéllos que se ocultan, estando vivos y presentes, para alcanzar fama como fallecidos y ausentes. Prefiero poseer menos. Y sólo me lanzo al mundo por lo que de él saco. Fuera de esto, abandónolo.

Con admiración acompaña el pueblo a uno al salir de un acto público hasta su puerta; con su toga deja su papel, vuelve a caer tan bajo como alto se había elevado; dentro, en su casa, todo es tumultuoso y vil. Aun cuando hubiera orden, es menester un juicio vivo y selecto para descubrirlo en sus actos bajos y privados. Además es el orden virtud aburrida y oscura. Conquistar un desfiladero, llevar una embajada, dirigir a un pueblo, son actos brillantes. Discutir, reír, vender, pagar, querer, odiar y conversar con los nuestros y con nosotros mismos dulce y justamente, no aflojar, no desdecirse, es cosa más rara, más difícil y menos notable. Y así las vidas retiradas, digan lo que digan, realizan deberes tanto o más arduos y tensos que las otras vidas. Y dice Aristóteles que los privados sirven a la virtud con mayor dificultad y altura que aquéllos que ocupan cargos. Nos preparamos para las ocasiones eminentes más por gloria que por conciencia. La manera más corta de alcanzar la gloria sería hacer por conciencia aquello que hacemos por gloria. Y la virtud de Alejandro paréceme mostrar bastante menos vigor en su teatro que la de Sócrates en su ejercicio bajo y oscuro. Concibo fácilmente a Sócrates en el lugar de Alejandro; no puedo concebir a Alejandro en el de Sócrates. Si alguien pregunta a aquél lo que sabe hacer, responderá: Subyugar al mundo; si se lo preguntan a éste, dirá: Vivir la vida humana conforme a su natural condición; ciencia mucho más general, de más peso y más legítima. El valor del alma no consiste en subir alto sino ordenadamente.

No se ejercita su grandeza en la grandeza sino en la mediocridad. Así como aquéllos que nos juzgan y miran por dentro no hacen gran caso del esplendor de nuestros actos públicos y ven que no son sino hilillos y puntas de agua fina surgidas de un fondo por lo demás cenagoso y enfangado, de igual modo, aquéllos que nos juzgan por esa hermosa apariencia concluyen lo mismo de nuestra constitución interna y no pueden unir facultades vulgares y similares a las suyas con esas otras facultades que les admiran y que tan fuera están de su alcance. Y así damos a los demonios formas salvajes. ¿Y quién no presta a Tamerlán unas cejas encrespadas, unas narices de aletas abiertas, un rostro espantoso y un tamaño desmesurado, como lo es el tamaño de la idea que de él ha concebido por el ruido de su nombre? Si alguien me hubiera mostrado antaño a Erasmo, difícil hubiera sido que no hubiese considerado adagios y apotegmas todo cuanto hubiere dicho a su criado y a su camarera. Cuesta menos imaginarse a un artesano vistiéndose o con su mujer, que a un gran presidente, venerable por su porte e inteligencia. Parécenos que no bajan de sus elevados tronos hasta la vida.

Al igual que las almas viciosas vense a veces incitadas a obrar bien por algún impulso extraño, así las virtuosas a obrar mal. Hemos pues de juzgarlas por su estado asentado, cuando están en ellas, si es que alguna vez lo están; o al menos cuando están más cerca del reposo y de su condición natural. Las inclinaciones espontáneas se ayudan y fortalecen mediante la educación, mas ni cambian ni se superan. Miles de naturales, en mi época, escaparon hacia la virtud o hacia el vicio mediante una disciplina contraria:

> Sic ubi desuetae silvis in carcere clausae
> Mansuevere ferae, et vultus posuere minaces,
> Atque hominem didicere pati, si torrida partus
> Venit in ora cruor, redeunt rabiesque furórque,
> Admonitaeque tument gustato sanguine fauces;
> Fervet, et a trepido vis abstinet ira magistro[10].

---

[10] «Así, cuando las fieras deshabituadas de los bosques se han aplacado, encerradas en su jaula, cuando han perdido su mirada amenazadora y han aprendido a soportar al hombre, si un poco de sangre humedece sus fauces ardientes, entonces se despierta en ellas la rabia y la ferocidad, el gusto de esa sangre dilata su gaznate, la cólera se enciende y apenas perdonan al guardián horrorizado.» (Lucano, *Farsalia*, IV. 237).

No se extirpan esas cualidades innatas, se cubren y se ocultan. Me es la lengua latina como vernácula, entiéndola mejor que el francés, mas hace cuarenta años que no me sirvo de ella en absoluto ni para hablar ni para escribir; sin embargo en las emociones súbitas y extremas que me han embargado por dos o tres veces en la vida, una de ellas al ver a mi padre, totalmente sano, caer sobre mí desvanecido, hánme surgido siempre del fondo de las entrañas, las primeras palabras latinas; pues se ha escapado mi naturaleza, expresándose a la fuerza, contra un largo hábito. Y cuéntase este mismo ejemplo de muchos otros.

Aquellos que han intentado cambiar las costumbres del mundo, en mi época, con nuevas ideas, reforman los vicios aparentes; los esenciales, déjanlos ahí si no los aumentan, y es de temer el aumento: es preferible ahorrarse cualquier otro bien con estas reformas externas arbitrarias, de menor coste y de mayor alabanza; y satisfácense a buen precio los otros vicios naturales, consustanciales e internos. Mirad un poco lo que ocurre en la práctica: no hay nadie que no halle dentro de sí, si se escucha, una forma suya, una forma dominadora, que lucha contra la educación y contra la tempestad de las pasiones que le son contrarias. Yo, apenas si me siento agitado por sacudidas, hállome casi siempre en mis casillas, como los cuerpos pesados y plúmbeos. Si no estoy en mí, estoy siempre cerca. Mis desenfrenos no llevan muy lejos. No hay nada extremo ni extraño; y tengo arrepentimientos sanos y vigorosos.

La verdadera culpabilidad y que afecta por lo común a nuestros hombres, es que su propio retiro está lleno de corrupción y de basura; el propósito de enmienda tan oscuro y desfigurado, la penitencia tan enferma y condenable como el pecado. Algunos, ora por estar pegados al vicio por una unión natural, ora por largo hábito, no ven ya su fealdad. A otros (entre los cuales me cuento) pésales el vicio, mas contrapesándolo con el placer u otra circunstancia, soportándolo y prestándose a él a cierto precio; viciosa y cobardemente por tanto. Sin embargo, podríase concebir quizás tan alejada desproporción de medida que el placer justificase con justicia el pecado, como decimos de la utilidad; no sólo si fuera accidental y estuviera fuera del pecado, como en el latrocinio, sino en el propio ejercicio de éste, como en el ayuntamiento con las mujeres, en el cual la incitación es violenta y dícese que a veces invencible.

El otro día, estando en Armañac, en la tierra de un pariente mío, vi a un campesino al que todos apodan el ladrón. Así contaba su vida: habiendo nacido mendigo y estimando que ganándose el pan con el trabajo de sus manos jamás llegaría a protegerse lo bastante contra la indigencia, decidió hacerse ladrón; y había dedicado a este oficio toda su juventud, gozando de seguridad gracias a su fuerza corporal; pues segaba y vendimiaba las tierras de otros, mas hacíalo tan lejos y en tan grandes montones que resultaba inimaginable que un hombre hubiera transportado tanto peso a hombros en una noche; y cuidábase además de igualar y dispersar el daño que hacía, de modo que el total importaba menos a cada particular. Es ahora, en su vejez, rico para un hombre de su condición, gracias a ese tráfico que confiesa abiertamente; y para congraciarse con Dios por sus adquisiciones, dice estar siempre desde entonces satisfaciendo con favores a los sucesores de aquéllos a los que robó; y si no acaba (pues no puede devolverlo todo de una vez) se lo encargará a sus herederos, en la medida del conocimiento que sólo él tiene del mal hecho a cada cual. Según esta descripción, ya sea falsa o verdadera, éste considera el latrocinio como acto deshonesto y lo odia, mas menos que la indigencia; arrepiéntese muy sencillamente, mas, dado que tenía tal contrapeso y compensación, no se arrepiente. Esto, no es ese hábito que nos incorpora al vicio y a él adapta nuestro propio entendimiento, ni tampoco es ese viento impetuoso que confunde y ciega nuestra alma a sacudidas, precipitándonos en ese momento, con todo nuestro juicio, en poder del vicio.

Suelo hacer cuanto hago hasta el final y ando de un tirón; no hay movimiento que se le oculte y escape a mi razón y que no se lleve a cabo más o menos con el consentimiento de todas mis partes, sin división ni sedición interna; tiene mi juicio toda la culpa o todo el mérito; y la culpa que tiene una vez, tiénela siempre, pues casi desde que nació es uno: igual inclinación, igual ruta, igual fuerza. Y en materia de ideas generales, desde la infancia coloquéme en el lugar donde había de mantenerme.

Hay pecados impetuosos, prontos y súbitos; dejémoslos aparte. Mas esos otros pecados, tantas veces cometidos de nuevo, deliberados y pensados, o pecados de carácter, si no pecados de profesión y ocupación, no puedo creer que estén plantados durante tanto tiempo en un corazón, sin que la razón y la conciencia de aquél que los posee lo quiera constantemente y así lo entienda; y me resulta algo duro de imaginar y de concebir el arrepentimiento que dice llegarle en cierto instante prescrito.

No comulgo con la secta de Pitágoras cuando decía que los hombres adoptan un alma nueva cuando se acercan a los simulacros de los dioses para recibir sus oráculos. A no ser que quisiera decir que es menester que sea otra, nueva y preparada para el momento, pues muéstransela con muy poca señal de la purificación y limpieza necesarias para ese oficio.

Hacen todo lo contrario de los preceptos estoicos que nos ordenan corregir las imperfecciones y los vicios que reconocemos en nosotros, mas nos prohíben estar por ello desesperados y entristecidos. Estos nos hacen creer que sienten gran pesar y remordimiento por dentro. Mas sin dar muestras de enmendarse, corregirse o cesar en ellos. Así no hay curación si no se descargan del mal. Si se pusiera el arrepentimiento en la balanza inclinaríase ésta del lado del pecado. No hallo cualidad alguna tan fácil de imitar como la devoción si no se adaptan a ella las costumbres y la vida; es su esencia abstrusa y está oculta; son sus apariencias fáciles y pomposas.

En cuanto a mí, puedo desear en general ser distinto; puede desagradarme mi manera de ser total y puedo condenarla y suplicar a Dios mi entera reforma pidiéndole perdone mi debilidad natural. Mas a esto, creo yo, no he de llamarlo arrepentimiento como tampoco al desagrado por no ser ni un ángel, ni Catón. Mis actos están regulados y conformados a lo que soy y a mi condición. No puedo hacer más. Y el arrepentimiento no afecta propiamente a las cosas que no están a nuestro alcance[11] aunque sí se puede lamentar no llegar a ellas. Imagino infinidad de naturalezas más altas y ordenadas que la mía, no enmiendo por ello mis facultades, como tampoco se vuelve más vigoroso mi brazo o mi seso por saber que otros los son. Si el imaginar o desear un modo de actuar más noble que el nuestro diese lugar al arrepentimiento, habríamos de arrepentirnos de nuestros actos más inocentes; pues conocemos en efecto que una naturaleza más excelente habríalos realizado con mayor perfección y dignidad; y querríamos hacer otro tanto. Cuando consulto el proceder de mi juventud con mi vejez, veo que me conduje con orden, a mi parecer; es todo cuanto puede mi resistencia. No me jacto de ello; en circunstancias iguales, sería siempre así. No es una mancha, es más bien un tinte general que me impregna. No conozco arrepentimiento superficial, mediocre o aparente. Me ha de llegar a todas partes para llamarlo así, y agarrotarme y afligirme las entrañas tan hondamente como me ve Dios, y tan totalmente.

En cuanto a los negocios, escapáronseme varias buenas oportunidades por falta de una feliz dirección. Mis decisiones eligieron bien, sin embargo, según se presentaban los hechos; su estilo es el de tomar el partido más fácil y seguro. Estimo que en mis deliberaciones pasadas actué sensatamente según mis reglas, para el estado del tema que se me proponía; y haría lo mismo de aquí a mil años en iguales circunstancias. No considero cuál es ahora sino cuál era cuando medité sobre él[12].

La fuerza de toda decisión reside en el tiempo; las circunstancias y las materias ruedan y cambian sin cesar. Cometí en mi vida algunos errores de peso e importantes, no por falta de buen sentido, sino por falta de buena suerte.

---

[11] Adviértase la particularidad de la ética montagniana, en la que el arrepentimiento resulta totalmente inoperable, y cuyo fundamento reside en la aceptación de la propia individualidad.

[12] Nótese, asímismo, en relación con lo expuesto en la nota anterior, el valor absoluto de la unicidad del momento. Se trata, una vez más, de aceptarse a sí mismo en el presente de cada instante.

Existen partes secretas en los objetos que se manejan, imposibles de adivinar, sobre todo en la naturaleza de los hombres, cualidades mudas, sin manifestación alguna, desconocidas a veces incluso para el que las posee, que despiertan y se muestran en ocasiones repentinas. Si no ha sabido mi discernimiento penetrarlas y profetizarlas, no le guardo por ello rencor alguno; su misión tiene sus límites; véncenme los acontecimientos; y si favorecen el partido que he rechazado, no hay remedio; no la emprendo conmigo; acuso a mi fortuna, no a mis actos; esto no se llama arrepentimiento.

Había dado Foción a los atenienses cierto parecer que no siguieron. Sin embargo desarrollándose el asunto con prosperidad contra su opinión, díjole alguien: Y bien, Foción, ¿estás contento de que vayan tan bien las cosas? En verdad que estoy contento, dijo, de que haya acontecido así, mas no me arrepiento de haber aconsejado aquello. Cuando se dirigen a mí mis amigos para que les aconseje, hágolo libre y claramente, sin pararme a pensar, como hace casi todo el mundo, que, siendo la cosa azarosa, puede acaecer lo contrario de lo que pienso, por lo que podrán reprocharme el consejo; esto no me importa. Pues no tendrán razón y no debía negarles ese oficio.

No he de achacar mis faltas e infortunios más que a mí. Pues, en efecto, sírvome raramente de las opiniones de los demás, a no ser en honor a la cortesía o cuando necesito que me instruyan en ciencia o conocimiento de los hechos. Mas en las cosas en las que sólo he de emplear el juicio, las razones ajenas pueden servirme de apoyo más no para desviarme. Escúcholas todas favorable y decentemente; mas, que yo recuerde, sólo he creído hasta ahora las mías. A mi juicio, sólo moscas y átomos empujan mi voluntad. Valoro poco mis ideas, mas valoro igual las de los demás. La fortuna me paga dignamente. Si no recibo consejos, aún menos los doy. Muy pocas veces me los piden; mas menos aún me creen; y no sé de ninguna empresa pública o privada que mi opinión haya enderezado y solucionado. Incluso aquéllos a los que la fortuna había ligado de algún modo a ella, dejáronse mejor manejar por otro cerebro. Como soy más celoso de los derechos de mi tranquilidad que de los de mi autoridad, prefiérolo así; dejándome de lado, actúan de acuerdo con lo que profeso, que es, asentarme y encerrarme por entero en mí; es para mí un placer desinteresarme de los asuntos de los demás y no comprometerme a garantizarlos.

En todos los asuntos, cuando han ocurrido, sea como sea, siento poco pesar. Pues quítame las penas esta idea, que habían de ocurrir así; hélos en el gran curso del universo y en el encadenamiento de las causas estoicas; no puede vuestro pensamiento, con el deseo y la imaginación, mover un punto sin que se venga abajo todo el orden de las cosas, y el pasado y el porvenir.

Por otra parte, aborrezco ese arrepentimiento accidental que la edad trae consigo. Aquél[13] que antiguamente decía sentirse obligado con los años por haberle librado de la voluptuosidad, era de opinión distinta a la mía; jamás agradeceré a la impotencia cualquier bien que me haga. «Nec tam aversa unquam videbitur ab opere suo providentia, ut debilitas inter optima inventa sit»[14]. Son raros nuestros apetitos en la vejez; apodérase de nosotros una profunda saciedad; no veo en ello conciencia alguna; imprímenos el disgusto y la debilidad una virtud floja y catarrosa. No hemos de dejarnos arrastrar tanto por las alteraciones naturales como para corromper nuestro juicio. No me hicieron antaño desconocer la juventud y el placer el rostro del vicio en la voluptuosidad; ni me hace desconocer la indiferencia que los años aportan, el de la voluptuosidad en el vicio. Ahora que ya no estoy en él, júzgolo como si estuviera. Yo que sacudo viva y atentamente mi razón, hallo que es la misma que tenía en la edad más licenciosa, si no está, quizá, más debilitada y empeorada al haber envejecido; y veo que, al igual que hoy me impide zambullirme en el placer en consideración al interés de mi salud, igual lo

---

[13] Sófocles.
[14] «Y la providencia no será nunca tan adversa a su obra que la debilidad pueda ser contada entre las mejores cosas.» (Quintiliano, *Institución oratoria*, V. 12).

haría antaño por la salud espiritual. Por verla fuera de combate, no la estimo más valerosa. Mis tentaciones están tan rotas y mortificadas que no merecen que a ellas se oponga. Con sólo tender las manos hacia adelante, conjúrolas. Vuelvan a ponerle ante ellas aquella antigua concupiscencia, temo que tuviera menos fuerza para resistirla de lo que tenía antaño. No veo que juzgue nada por su parte, que no juzgara entonces; ni ninguna nueva clarividencia. Por lo cual, si hay convalecencia, es una convalecencia corrompida.

¡Mísero remedio, el deber la salud a la enfermedad! No corresponde a nuestra desgracia esta misión; sino a la felicidad de nuestro juicio. No hago sino maldecir las ofensas y aflicciones. Son para las gentes que sólo despièrtan a golpe de látigo. Fluye mi razón más despreocupada en la prosperidad. Está harto más distraída y ocupada digiriendo los males que los placeres. Veo mucho más claro en tiempo sereno. La salud me avispa no sólo con más alegría sino con más utilidad que la enfermedad. Traté de corregirme y moderarme todo cuanto pude cuando gozaba de ella. Lamentaría y avergonzaríame de que fuera preferible la miseria y el infortunio de mi decrepitud a mis buenos años sanos, despiertos y vigorosos; y de que hubieran de estimarme no por lo que he sido sino por lo que he dejado de ser. A mi parecer, es el vivir con acierto, y no como decía Antístenes, el morir con acierto, aquello en lo que consiste la humana felicidad. No me he aplicado a atar monstruosamente la cola de un filósofo a la cabeza y al cuerpo de un hombre perdido; ni confío en que ese extremo insignificante haya de desmentir y desacreditar la parte más hermosa, entera y larga de mi vida. Quiero presentarme y mostrarme siempre uniformemente. Si hubiera de volver a vivir, viviría como lo he hecho; ni me quejo del pasado, ni temo el porvenir. Y si no me decepciono, ha ido lo de dentro más o menos como lo de fuera. Es una de las cosas principales que le debo a mi fortuna, que en el curso de mi estado corporal haya traído cada cosa a su tiempo. He visto la hierba y las flores y los frutos; y veo la sequía. Con felicidad puesto que es natural. Soporto mucho más dulcemente los males que padezco porque están en su lugar y también porque me hacen recordar más favorablemente la larga ventura de mi vida pasada.

Igualmente, mi saber puede que sea de la misma medida en una y otra época; mas realizaba más hazañas y de mejor grado, siendo joven, alegre, ingenuo, que ahora: que es pesado, regañón y laborioso. Renuncio pues a estas reformas casuales y dolorosas.

Es menester que Dios nos llegue al corazón. Es menester que nuestra conciencia se enmiende ella misma por el refuerzo de nuestra razón, no por el debilitamiento de nuestros apetitos. No está la voluptuosidad pálida ni descolorida en sí misma porque así la vean unos ojos legañosos y turbios. Se ha de amar la templanza por sí misma y por respeto a Dios que nos la ha ordenado, y la castidad; aquélla que nos prestan los achaques y que debo al favor de mi cólico, no es ni castidad ni templaza. No se puede uno jactar de despreciar y combatir la voluptuosidad si no la ve, si la ignora, y con ella sus gracias, sus fuerzas y su belleza más atractiva. Conozco una y otra, puedo decirlo. Mas paréceme que en la vejez nuestras almas están sujetas a enfermedades e imperfecciones más importunas que en la juventud. Decíalo siendo joven; entonces cogíanme por la barbilla y la nariz. Repítolo hogaño que mi pelo cano me concede autoridad. Llamamos sensatez a la dificultad de nuestro humor y a la indiferencia por las cosas presentes. Mas, en realidad, más que abandonar los vicios, los cambiamos, y en mi opinión, para peor. Además de un necio y caduco orgullo, un tedioso parloteo, esos humores espinosos e insociables, y la superstición, y un ridículo cuidado por las riquezas cuando ya no se puede hacer uso de ellas, hallo más envidia, injusticia y maldad. Nos arruga más el espíritu que el rostro; y no se ven almas, o muy raras, que no huelan al envejecer a agrio o a moho. Marcha el hombre entero al crecer y al decrecer.

Viendo la sabiduría de Sócrates y muchas circunstancias de su condena, atreveríame a pensar que se entregó a ella él mismo, de algún modo, por prevaricación, intencionadamente, al haber de sufrir tan pronto, a la edad de setenta años, el entumecimiento de las ricas aptitudes de su mente y el deslumbramiento de su clarividencia habitual.

¡Cuántas metamorfosis véola hacer cada día en muchos de mis conocidos! Es poderosa enfermedad y que se introduce de forma natural e imperceptible. Es menester gran provisión de estudio y gran precaución para evitar los defectos que acarrea y al menos debilitar sus progresos. Siento que a pesar de lo que le resto, se apodera paso a paso de mí. Aguanto cuanto puedo. Mas no sé adónde me llevará al fin. En todo caso, alégrome de que se sepa de dónde habré caído.

CAPÍTULO III

DE TRES COMERCIOS

NO hemos de anclarnos tanto en nuestros gustos y actitudes. Nuestra principal capacidad es saber adaptarnos a distintas costumbres. Es ser, mas no vivir, el permanecer atado y obligado por necesidad a una sola manera. Las almas más hermosas son aquéllas que tienen más variedad y flexibilidad.

He aquí un honroso testimonio sobre Catón: «Huic versatile ingenium sic pariter ad omnia fuit, ut natum ad id unum diceres, quodcumque ageret»[1].

Si de mí dependiera el formarme a mi modo, no habría postura tan buena en la que quisiera fijarme tanto como para no saber deshacerme de ella. Es la vida movimiento desigual, irregular y multiforme. No es ser amigo de uno mismo y menos aún señor sino esclavo, el obedecerse constantemente y estar tan preso por las propias inclinaciones

_____

[1] «Tenía el espíritu tan versátil y apto para todo que, hiciera lo que hiciera, se hubiera dicho que había nacido para ello.» (Tito Livio, XXXIX. 40).

que no pueda uno desviarse de ellas ni torcerlas. Dígolo ahora por no poder librarme fácilmente de la importunidad de mi alma, pues no sabe entretenerse por lo general sino cuando se ocupa, ni emplearse si no es tensa y por entero. Por liviano que sea el tema que le den, gusta de aumentarlo y estirarlo hasta haber de trabajar en él con todas sus fuerzas. Su ociosidad me es por ello penosa tarea y que ataca a mi salud. La mayoría de las mentes necesitan de materia ajena para desentumecerse y ejercitarse; la mía la necesita para asentarse y relajarse: «vitia otii negotio discutienda sunt»[2], pues su más laborioso y principal estudio es estudiarse a sí misma. Son los libros para ella, de ese género de ocupaciones que la apartan de su estudio. Al primer pensamiento que le viene, agítase dando pruebas de su vigor en todos sentidos, ejerce su actividad ora hacia la fuerza, ora hacia el orden y la gracia, se regula, se modera, se fortalece. Tiene con qué despertar sus facultades por sí misma. La naturaleza le ha dado, como a todos, bastante materia propia para utilizar y temas suyos bastantes sobre los que pensar y juzgar.

Es la meditación poderoso y rico estudio para quien sabe palparse y dedicarse vigorosamente: prefiero crear mi alma que amueblarla. No hay tarea ni más débil ni más fuerte que la de alimentar los propios pensamientos, según el alma de la que se trate. Las más grandes hacen de ello su ocupación, «quibus vivere est cogitare»[3]. Además hale concedido la naturaleza el privilegio de que no haya nada que podamos hacer durante tanto tiempo, ni acto al que nos entreguemos más a menudo y más fácilmente. Es el trabajo de los dioses, dice Aristóteles, del cual nace su beatitud y la nuestra. Sírveme la lectura especialmente para despertar mi raciocinio con distintos temas, para atarearme el juicio, no la memoria.

Pocos pasatiempos detiénenme pues, sin vigor y sin esfuerzo. Verdad es que la elegancia y la belleza me llenan y

---

[2] «Los vicios del ocio deben ser combatidos con el trabajo» (Séneca, *Cartas*, 56).
[3] «Para quienes vivir es pensar.» (Cicerón, *Tusculanas*, V. 38).

ocupan tanto o más que el peso y la profundidad. Y como no hago sino dormitar con cualquier otra comunicación prestando sólo superficialmente mi atención, ocúrreme a menudo en tal suerte de conversaciones de cortesía, el decir y responder fantasías y necedades indignas de un niño y ridículas, o el permanecer en un obstinado silencio más inepto e incivil aún. Tengo un natural soñador que me encierra en mí mismo, y por otra parte una pesada y pueril ignorancia de muchas cosas comunes. Por estas dos cualidades he conseguido que se puedan contar con verdad cinco o seis anécdotas sobre mí tan necias como del más necio.

Y siguiendo con el tema, resulta que este carácter difícil me hace exquisito para las relaciones con los hombres (he de seleccionarlos muy escogidamente) y me vuelve incómodo para los actos comunes. Vivimos y tratamos con el pueblo; si su conversación nos importuna, si desdeñamos adaptarnos a las almas bajas y vulgares, y a menudo son las bajas y vulgares tan ordenadas como las más sutiles (toda sapiencia es insípida si no se acomoda a la ignorancia común) no hemos de ocuparnos entonces ni de nuestros propios asuntos ni de los de los demás; tanto en los públicos como en los privados hemos de vérnoslas con estas gentes. Las actitudes menos envaradas y más naturales de nuestra alma son las más bellas; los mejores quehaceres, los menos esforzados. Dios mío, ¡qué gran favor hace la sabiduría a aquéllos cuyos deseos adapta a su poder! No hay otra ciencia más útil. Según se pueda, era el proverbio y el dicho favorito de Sócrates, dicho de gran sustancia. Hemos de dirigir y detener nuestros deseos en las cosas más fáciles y cercanas. ¿No es necio humor el disentir con un millar de hombres a los que el destino me une, de los que no puedo prescindir, para limitarme a uno o dos con los que no trato, o más bien a un deseo fantástico de algo que no puedo alcanzar? Mis hábitos cómodos, enemigos de toda acritud y dureza, pueden haberme librado fácilmente de envidias y enemistades; jamás hombre alguno dio más ocasión, no diré que de ser amado, más sí de no ser odiado. Mas la frialdad de mi trato me ha robado, y con razón, la benevolencia de muchos a los que he de excusar si la interpretaron en otro y peor sentido.

Soy muy capaz de hacer y conservar amistades raras y exquisitas. Como me ato con tanto apetito a las uniones que son de mi gusto, me muestro, me abalanzo tan ávidamente que no puedo dejar de ligarme fácilmente y de dejar huella cuando me doy. A menudo he hecho la prueba con felicidad. Para las amistades comunes soy algo estéril y frío pues mi andar no es natural si no es a toda vela; aparte de que la fortuna, al haberme acostumbrado y engolosinado desde mi juventud con una amistad única y perfecta[4], en verdad que de algún modo me ha hecho perder el gusto por las demás y me ha grabado en el cerebro que soy animal de compañía y no de tropa, como decía aquel clásico. También porque por naturaleza me cuesta comunicarme a medias y con disimulo, y con esa servil y desconfiada prudencia que se nos ordena en el trato con esas amistades numerosas e imperfectas; y se nos ordena principalmente en esta época en la que no se puede hablar del mundo sin peligro o falsedad.

Y es el caso que veo sin embargo que quien tiene como fin al igual que yo los bienes de su vida (me refiero a los bienes esenciales) ha de huir como de la peste de esas dificultades y exquisiteces de humor. Alabo a un alma de distintos niveles que sepa tensarse y distenderse, que esté bien en todo lugar al que el destino la lleve, que pueda cambiar impresiones con el vecino sobre su casa, la caza y sus disputas, que pueda charlar con placer con el carpintero y el jardinero; envidio a aquéllos que saben confraternizar con el último de su séquito y llevar la conversación con su propio paso.

Y no me agrada al consejo de Platón de hablar siempre con tono de amo y señor a nuestros servidores, sin jovialidad, sin familiaridad, ya sea a los varones como a las hembras. Pues es inhumano e injusto hacer valer tanto semejante prerrogativa de la fortuna, más allá de lo na-

---

[4] La de La Boétie.

tural; y las sociedades en las que menos diferencias hay entre los criados y señores, parécenme las más equitativas.

Los otros se estudian para hacer gala de una mente elevada y afectada; yo, para rebajarla y reclinarla. Sólo peca en extensión.

> Narras, et genus Aeaci,
> Et pugnata sacro bella sub Ilio:
>   Quo Chium pretio cadum
> mercemur, quis aquam temperet ignibus,
>   Quo praebente domum, et quota,
> Pelignis careant frigoribus taces[5].

Así, al igual que el valor lacedemonio necesitaba de moderación o del sonido dulce y gracioso de las flautas para suavizarlo en la guerra, para que no se lanzara temeraria y furiosamente, mientras que otras naciones emplean por lo general sonidos y gritos agudos y fuertes que exciten y enardezcan a ultranza el valor de sus soldados, paréceme también que, contra lo habitual, en el uso de nuestra mente, la mayor parte necesitamos más de plomo que de alas, de frialdad y reposo que de ardor y agitación. Sobre todo prefiero hacerme el tonto que el entendido entre aquéllos que no lo son y hablar siempre con afectación, «favellar in punta di forchetta»[6]. Se ha de poner uno a la altura de aquéllos con los que está y a veces fingir ignorancia. Dejad aparte fuerza y sutileza; para la práctica común ya hay bastante con reservar el orden. Arrastraos por tierra entretanto si es necesario.

A menudo tropiezan los sabios en esta piedra. Exhíben siempre su magisterio y van sembrando sus libros por todas partes. En esta época, han golpeado tan fuerte con ellos

---

[5] «Me cuentas la raza de Eaco, los combates librados bajo las murallas de Troya; pero cuál es el precio de un barril de vino de Chio, que calentará mi agua, en casa de quién y cuándo puedo encontrar refugio contra el frío de Pelignes, eso te lo callas.» (Horacio, *Odas,* III. XIX. 3).
[6] «Hablar sobre la punta de un tenedor.» (Proverbio italiano que significa: hablar con rebuscamiento y afectación).

los gabinetes y los oídos de las damas, que si no han retenido la sustancia al menos tienen la pátina; en todo tipo de tema y de materia, por bajos y populares que sean, sírvense de una manera de hablar y de escribir nueva y sabia,

> Hoc sermone pavent, hoc iram, gaudia, curas,
> Hoc cuncta effundunt animi secreta; quid ultra?
> Concumbunt docte[7];

y citan a Platón y a santo Tomás en cosas para las cuales serviría igual de testigo el primer recién llegado. La doctrina que no ha podido llegarles al alma, se les ha quedado en la lengua.

Si me nacen caso las bien nacidas, se contentarán con hacer valer sus propias y naturales riquezas. Ocultan y encubren sus bellezas bajo bellezas ajenas. Es gran simpleza apagar la propia claridad para brillar con luz prestada; se entierran y sepultan bajo el artificio «De capsula totae.»[8]. Es que no se conocen lo bastante; no tiene el mundo nada más bello; a ellas corresponde honrar las artes y resaltar los afeites. ¿Qué más quieren que vivir amadas y honradas? Tienen y saben demasiado para esto. No es menester sino despertar y encender algo las facultades que hay en ellas. Cuando las veo ligadas a la retórica, a la astrología, a la lógica y a otras drogas semejantes, tan vanas e inútiles para sus necesidades, temo que los hombres que se las aconsejan, lo hagan para poder dominarlas con ese pretexto, ¿pues qué otra excusa podría hallarles? Basta con que puedan, sin nosotros, expresar con la gracia de sus ojos la alegría, la severidad o la dulzura, sazonar un no con rudeza, duda o favor, y que no nos busquen intérprete en las razones que se dan para su servicio. Con esta ciencia, llevan la batuta y enseñan a los maestros y en la escuela. Y sin embargo les enoja reservarnos cosa alguna, y quiere, por cu-

----

[7] «Temor, cólera, alegría, tristeza, incluso los secretos de su corazón se expresan en esa lengua. ¿Qué más? Hacen el amor con sabiduría» (Juvenal, VI. 189).

[8] «Todas sacadas de una caja.» (Séneca, *Epístolas*, 115).

riosidad, tener parte en los libros, es la poesía entretenimiento propio para su necesidad; es un arte juguetón y sutil, disfrazado y hablador, todo placer, todo exhibición, como ellas. Sacarán también distintos beneficios de la historia. En cuanto a la filosofía, de la parte que sirve para la vida, tomarán las razones que les enseñan a juzgar de nuestros humores y de nuestra condición, a defenderse de nuestras traiciones, a moderar la temeridad de sus propios deseos, a conservar su libertad, a prolongar los placeres de la vida, a soportar con humanidad la inconstancia de un servidor, la rudeza de un marido y las molestias de los años y de las arrugas; y cosas semejantes. He aquí como mucho, la parte que les asignaría en las ciencias.

Hay naturales individualistas, retirados e íntimos. Mi carácter esencial es propio para la comunicación y la exhibición; todo lo muestro y exteriorizo, he nacido para la sociedad y la amistad. La soledad que amo y que predico no es sino volver principalmente mis afectos y pensamientos hacia mí, restringir y apretar no ya mis pasos sino mis deseos y mi cuidado, abandonando la solicitud ajena y huyendo a muerte de la servidumbre y de la obligación, y no tanto del gentío de los hombres como del de los asuntos. A decir verdad, la soledad local más bien me esparce y ensancha hacia fuera; lánzome a los asuntos de estado y al mundo más fácilmente cuando estoy solo. En el Louvre y entre el gentío, acurrúcome y contráigome en mi interior; empújame el gentío dentro de mí, y jamás me hablo a mí mismo tan loca, licenciosa y privadamente como en los lugares de respeto y de prudencia ceremoniosa. No me hacen reír nuestras locuras sino nuestras sapiencias. Por naturaleza, no soy enemigo del bullicio de las cortes; he pasado en ellas gran parte de mi vida y estoy hecho a conducirme con alegría en las grandes compañías, con tal de que sea a intervalos y a gusto mío. Mas esa blandura de juicio de la que hablo, me ata por fuerza a la soledad; incluso en mi hogar, en medio de una nutrida familia y de una casa de las más frecuentadas. Veo allí a bastantes gentes, mas raramente a aquéllas con las que gusto de comunicarme; y reservo para mí y para los demás una inusitada libertad. Hácese una tregua en la ceremonia, en la cortesía y en los cumplidos, y en otras ordenanzas semejantes y penosas de nuestra educación (¡oh costumbre servil e importuna!); cada cual se conduce a su modo; alimenta allí quien quiere sus pensamientos; yo, manténgome callado, meditabundo y encerrado en mí mismo, sin que mis invitados se ofendan.

Los hombres cuyo trato y sociedad busco son aquéllos a los que llaman hombres honestos y hábiles; la imagen de éstos me hace perder el gusto por los demás. Es, pensándolo bien, el carácter más raro de los nuestros, y carácter debido principalmente a la naturaleza. El fin de esta relación es simplemente la intimidad, el trato y la conversación: el ejercicio de las almas sin más fruto. Todos los temas me son iguales para nuestras charlas; me es indiferente que tengan peso o profundidad; siempre están presentes la gracia y la pertinencia; todo está teñido por un juicio maduro y constante, y mezclado de bondad, franqueza, alegría y amistad. No sólo en el tema de las sustituciones y en los asuntos reales muestra nuestra mente su belleza y su fuerza; muéstrala igualmente en las conversaciones privadas. Conozco a los míos incluso por su silencio y su sonrisa y quizás los descubra mejor en la mesa que en las deliberaciones. Hipómaco decía efectivamente que conocía a los buenos luchadores viéndolos simplemente andar por una calle. Si tiene a bien la doctrina mezclarse con nuestras palabras, será bien recibida: no magistral, imperiosa e importuna como de costumbre, sino sufragánea y dócil por sí misma. Sólo queremos pasar el tiempo; para instruirnos y estudiar ya iremos a buscarla a su trono. Háganos el favor de someterse a nosotros en esta ocasión: pues por útil y deseable que sea, doy por sentado que incluso en caso de necesidad podríamos prescindir y pasarnos de ella por completo. Un alma bien nacida y entrenada a tratar con los hombres resulta plenamente agradable por sí misma. El arte no es otra cosa sino el control y registro de los productos de tales almas.

Es también para mí sociedad muy amena la de las bellas y honestas mujeres: «Nam nos quoque oculos eruditos habemus»[9]. Si no tiene el alma tanto de lo que gozar como en la primera, los sentidos corporales, que tienen a su vez más parte en ésta, llévanla a una medida parecida a la otra, aunque, a mi parecer, no igual. Mas es una sociedad en la que es menester mantenerse algo en guardia y especialmente aquéllos en los que el cuerpo puede mucho, como yo. Escaldéme en mi infancia y padecí todas las rabias que dicen los poetas acometer a aquéllos que se dejan llevar sin orden ni juicio. Verdad es que aquel latigazo sirvióme después de lección,

Quicunque Argolica de classe Capharea fugit,
Semper ab Eobocis vela retorquet aquis[10].

Locura es dedicarle todos los pensamientos y comprometerse con una pasión furiosa e imprudente. Mas, por otra parte, meterse en ella sin amor ni obligación de la voluntad, como los comediantes, para representar un papel común a la edad y a la costumbre poniendo de lo propio sólo las palabras, es en verdad velar por la seguridad de uno, mas bien cobardemente, como aquél que abandonare su honor o su provecho o su placer, por miedo al peligro; pues es cierto que de tal práctica aquéllos que la ejercen no pueden esperar fruto alguno que afecte o satisfaga a un alma hermosa. Es menester haber deseado a conciencia aquello de lo que se quiere obtener placer a conciencia gozando de ello; y digo cuando la fortuna favoreciera injustamente su fingir; cosa que suele ocurrir pues no hay ninguna por mal hecha que esté que no crea ser agradable y que no se dé a valer por su edad, su sonrisa o su movimiento; pues no hay feas totales así como tampoco bellas; y las jóvenes brahmanas que carecen de otra gracia, van a la plaza donde se reúne el pueblo tras un pregón a ese efecto, para mostrar

---

[9] «Pues nosotros también tenemos ojos sagaces.» (Cicerón, *Paradojas,* V. 2).

[10] «Quien, perteneciendo a la flota de Argos, se ha salvado de Cafarea, desvía siempre sus velas de las aguas de Eubea.» (Ovidio, *Tristes,* I. I. 83).

sus partes matrimoniales, por ver si así al menos consiguen un marido.

Por consiguiente, no hay una que no se deje persuadir fácilmente con la primera promesa de servirla que se le haga. Y de esta traición general y ordinaria de los hombres de hoy, forzoso es que acontezca lo que ya nos muestra la experiencia, que se alían y encierran en sí mismas o entre ellas para huir de nosotros; o bien hacen ellas por su lado lo mismo, siguiendo el ejemplo que les damos, representar su parte en la farsa prestándose a ese trato sin pasión, sin cuidado y sin amor. «Neque affectui suo aut alieno obnoxiae»[11]; estimando, de acuerdo con la convicción de Lisias, en Platón, que pueden dedicarse más útil y cómodamente a nosotros, cuanto menos las amemos.

Ocurrirá como en las comedias; el pueblo disfrutará tanto o más que los comediantes.

Yo por mi parte entiendo tan poco a Venus sin Cupido como una maternidad sin fruto; son cosas que se entremezclan y se deben recíprocamente la esencia. Así este engaño recae sobre aquél que lo hace. Nada le cuesta, mas tampoco obtiene nada que valga. Aquéllos que hicieron diosa a Venus consideraron que su principal belleza era incorpórea y espiritual; mas la que estas gentes buscan no sólo no es humana sino que ni siquiera es bestial. ¡No la quieren las bestias tan pesada y terrena! Vemos cómo la imaginación y el deseo enardécelas a menudo solicitando antes el cuerpo; vemos cómo en uno y otro sexo eligen y seleccionan sus afectos entre la multitud y cómo tienen entre ellas relaciones de largo cariño. Incluso aquéllas a las que la vejez priva de la fuerza corporal, siguen estremeciéndose, relinchando y sobresaltándose de amor. Vémoslas antes del acto llenas de esperanza y de ardor; y cuando el cuerpo ha cumplido su papel, gozar aún con la dulzura del recuerdo; y vemos a algunas hinchadas de orgullo al partir, que emiten cantos de alegría y de triunfo: cansadas y embriagadas. Quien sólo ha de librar al cuerpo de una necesidad natural,

---

[11] «Desligadas de toda pasión propia o ajena» (Tácito, *Anales*, XIII. 45).

para nada ha de ayuntarse con tan curiosos aprestos; no es alimento para hambre tan grande y material.

Como aquél que no quiere que le consideren mejor de lo que es, diré esto de los errores de mi juventud. No sólo por el peligro que corre la salud (no supe hacerlo de forma que no sufriese dos amagos, aunque ligeros y preambulares), sino también por desprecio, apenas si me entregué a los ayuntamientos venales y públicos; quise aguijonear el placer con la dificultad, el deseo y cierta gloria; y placíame el estilo del emperador Tiberio que elegía sus amores tanto por la modestia y la nobleza como por otras cualidades, y la actitud de la cortesana Flora que no se entregaba más que a un dictador, a un cónsul o a un censor, y obtenía el placer de la dignidad de sus enamorados. Ciertamente, las perlas y los brocados ayudan de algún modo, y los títulos y el lujo. Aparte de esto tenía muy en cuenta la inteligencia, mas con tal de que el cuerpo no dejara nada que desear; pues, si he de hablar sinceramente, si una u otra belleza hubiera habido de faltar, habría elegido prescindir de la espiritual; tiene utilidad en cosas mejores; mas en cuestión de amor, cuestión en la que tienen que ver principalmente la vista y el tacto, hácese algo sin las gracias del espíritu mas nada sin las gracias del cuerpo. Es la belleza el verdadero bien de las damas. Es tan suya que la nuestra, a pesar de exigir rasgos algo distintos, sólo alcanza la cúspide al confundirse con la suya, pueril e imberbe. Dicen que el Gran Señor, a aquéllos que le sirven por razón de su belleza, que son infinitos, los despide a los veintidós años a más tardar.

El juicio, la prudencia y los oficios de la amistad se dan más en los hombres; por ello gobiernan los asuntos del mundo.

Estos dos comercios son fortuitos y dependen de otros. El uno es enojoso por ser tan raro; ájase el otro con la edad; y por ello no habrían saciado las necesidades de mi vida. El de los libros, que es el tercero, es mucho más seguro y más nuestro. Deja a los primeros las demás ventajas mas tiene para sí la constancia y la facilidad de su servicio. Acompaña éste toda mi andadura y siempre me asiste. Consuélame en la vejez y en la soledad. Me libra del peso de una ociosidad tediosa; y me salva en todo momento de las compañías que me resultan enojosas. Lima los pinchazos del dolor si no es del todo extremo y dueño absoluto de mí. No hay como recurrir a los libros para distraerse de un pensamiento importuno; desvíanme fácilmente hacia ellos, ocultándomelo. Y además, no se enfadan por ver que sólo los busco a falta de esos otros placeres más reales, más vivos y naturales; siempre me reciben con buena cara.

En vano va a pie, dícese, quien lleva el caballo por la brida; y Jacobo, nuestro rey de Nápoles y de Sicilia, el cual, siendo hermoso, joven y sano, hacíase transportar por los países en camilla, acostado sobre una vil almohada de pluma, ataviado con un vil vestido de paño gris y un gorro igual, seguido sin embargo por gran pompa real, literas, caballos a mano de todas clases, gentilhombres y oficiales, hacía gala de una austeridad muy tierna aún y vacilante; no es de compadecer el enfermo que tiene la curación a su alcance. En la práctica y aplicación de esta sentencia que tengo por muy verdadera, consiste todo el fruto que saco de los libros. En efecto, apenas si los utilizo más que los que no los conocen. Gozo de ellos como los avaros de los tesoros, sabiendo que gozaré de ellos cuando me plazca; se sacia y contenta mi alma con este derecho de posesión. Ni en la guerra ni en la paz viajo sin libros. Sin embargo, pasarán días y meses sin que los use: lo haré dentro de nada, pienso, o mañana o cuando me plazca. Corre el tiempo mientras tanto y se va, sin herirme. Pues no puedo decir cuánto me calmo y apaciguo con esta consideración, que están a mi lado para darme placer en su momento, y pensando cuánto ayudan a mi vida. Es la mejor munición que he hallado para este viaje humano y compadezco en extremo a los hombres de entendimiento que de ella carecen. Acepto gustoso cualquier otra clase de esparcimiento, por liviano que sea, porque éste no puede faltarme.

En casa suelo prestar más atención a mi biblioteca, desde la que alcanzo a gobernar mi hacienda. Estoy a la entrada y veo abajo mi jardín, mi corral y a la mayor parte de los miembros de mi familia. Allí hojeo ya un libro, ya otro, sin orden ni concierto, de modo deshilvanado; ora sueño, ora apunto y dicto, mientras paseo, las ideas aquí presentes.

Está en el tercer piso de una torre. El primero es la capilla, el segundo una habitación y sus aposentos en la que me acuesto a menudo para estar solo. Encima tiene un guardarropa. Era en el pasado el lugar más inútil de la casa. Paso en él la mayor parte de los días de mi vida y la mayor parte de las horas del día. Jamás estoy allí por la noche. Hay un gabinete contiguo asaz apañado, capaz de albergar fuego en invierno, abierto de modo muy agradable. Y si no temiera las preocupaciones más que los gastos, preocupaciones que me apartan de toda tarea, podría añadir fácilmente a cada lado una galería de cien pasos de largo y doce de ancho, al mismo nivel, pues hallé levantados los muros para otro uso a la altura que necesito. Todo lugar retirado exige un paseo. Mis pensamientos dormitan si los dejo parados. No funciona mi mente si no la mueven las piernas. A todos aquéllos que estudian sin libro les ocurre otro tanto.

Es de forma redonda y no tiene liso más que lo que necesito para la mesa y la silla, y al curvarse, me ofrece, con sólo echar un vistazo, todos mis libros colocados en cinco niveles todo alrededor. Tiene tres vistas de rica y abierta perspectiva y dieciséis pasos libres de diámetro. En invierno estoy allí menos continuamente pues está mi casa encaramada en un cerro y no hay aposento más aventado que éste; y pláceme por ser de acceso algo difícil y estar apartado, tanto por el fruto del ejercicio como por alejar al gentío de mí. Este es mi cubil. Intento conservar totalmente el dominio sobre él y sustraer este único rincón de la comunidad conyugal, filial y civil. En cualquier otra parte tengo sólo una autoridad verbal: en esencia, confusa. ¡Mísero aquél, a mi parecer, que no tenga en su casa un lugar donde pertenecerse, donde hacerse a sí mismo la corte, donde ocultarse! La ambición exige a los suyos estar siempre exhibiéndose como la estatua de un mercado: «Magna servitus est magna fortuna»[12]. ¡Ni siquiera tienen su retiro para retirarse! Nada me parece tan duro en la austeridad de vida que profesan nuestros religiosos, como lo que sé de algunas de sus compañías que tienen como regla una perpetua sociedad de lugar y asistencia numerosa entre ellos, para cualquier acto. Y halló más soportable de algún modo el estar siempre solo que el no poder estarlo jamás.

Si alguien me dice que es envilecer a las musas el servirse de ellas sólo como juguete y pasatiempo, no sabe, como yo, cuánto vale el placer, el juego y el pasatiempo. Poco me falta para decir que todo otro fin es ridículo. Vivo al día: y con todos mis respetos, diré que sólo vivo para mí: ahí terminan mis designios. De joven estudié para la ostentación; después, algo, para asentarme; ahora, para divertirme; jamás por el provecho. Un gusto vano y derrochador que tenía por esa clase de libro, no para acudir únicamente a mi necesidad, sino tres pasos más allá para cubrirme y adornarme con él, hélo perdido ya.

Tienen los libros muchas cualidades agradables para aquéllos que los saben elegir; mas ningún bien sin esfuerzo: es un placer que no es más limpio y puro que los otros; tiene sus inconvenientes y de mucho peso; ejercítase con ellos el alma, mas el cuerpo, cuyo cuidado tampoco he olvidado, permanece mientras inactivo, se debilita y entristece. No conozco otro exceso más perjudicial para mí, ni nada que haya de evitar más en esta decadencia de la vida.

Estas son mis tres ocupaciones favoritas y particulares. No hablo de aquéllas que debo al mundo por civil obligación.

---

[12] «Una gran fortuna es una gran esclavitud.» (Séneca, *Consolación a Polibio*, XXVI).

Capítulo IV

DE LA DISTRACCIÓN

DEDIQUÉME antaño a consolar a una dama afligida auténticamente, pues son la mayoría de sus duelos artificiales y de ceremonia:

> Uberibus semper lachrimis, sempérque paratis
> In statione sua, atque exspectantibus illam,
> Quo jubeat manare modo[1].

Mal se procede oponiéndose a este sentimiento, pues excítalas la oposición hundiéndolas más en la tristeza; exaspérase el mal con el celo del debate. Vemos cómo en las conversaciones comunes, nos emperramos y casamos con aquello que hemos podido decir sin pensar, si llegan a discutírnoslo; mucho más que con aquello que nos interesa. Y además, al hacerlo, os presentáis a la operación entrando bruscamente mientras que los primeros contactos del médico con el paciente han de ser graciosos, alegres y agradables; y jamás médico feo y enfurruñado consiguió algo. Por el contrario pues, para empezar, se ha de ayudar y favorecer su queja, y dar muestras de cierta aprobación y excusa. Mediante este entendimiento conseguí autoridad para pasar a otra cosa y con fácil e insensible inclinación, resbaláis hacia razones más firmes y propias para su curación.

Ocurrióseme a mí, que no quería sino engañar principalmente a la asistencia que tenía los ojos puestos en mi persona, revocar el mal. Y además sabía por experiencia tener mala mano e infructuosa para convencer. O bien presento mis razones puntiagudas y secas en demasía, o demasiado bruscamente, o demasiado indolentemente. Tras

---

[1] «Tienen siempre un buen arsenal de lágrimas dispuestas a su antojo, que sólo esperan una orden para derramarse.» (Juvenal, VI. 272).

haber dedicado un rato a su sufrimiento, no traté de curarla con fuertes y vivas razones porque carezco de ellas y porque pensé conseguir mejor mi objetivo de otro modo; ni fui escogiendo las distintas maneras que la filosofía prescribe para consolar: Que aquello por lo que uno se lamenta no es un mal, como Cleanto; que es un mal liviano, como los peripatéticos; que lamentarse no es acto ni justo ni loable, como Crisipo; ni ésta de Epicuro, más de mi gusto, de transferir el pensamiento de las cosas enojosas a las amenas; ni hice cargamento acumulando todo esto y dispensándolo según la ocasión, como Cicerón; mas, declinando suavemente nuestra conversación y desviándola poco a poco hacia temas más próximos y luego más alejados según se me iba abandonando más, ocultéle imperceptiblemente aquel pensamiento doloroso y mantúvela con entereza y tan apaciguada como pude. Servíme de la distracción. Los que me siguieron en este mismo oficio no hallaron en ella enmienda alguna, pues no había llegado con el hacha hasta la raíz.

Quizás haya sabido de cierta clase de distracciones públicas para otros asuntos, y la costumbre de los militares de la que usó Pericles en la guerra del Peloponeso y otros mil en otras ocasiones, para expulsar de su país a las fuerzas contrarias, es asaz frecuente en las historias.

Con ingenioso rodeo salvóse el señor Himbercourt a sí mismo y a otros, en la ciudad de Lieja donde el duque de Borgoña que la tenía sitiada [2] habíale hecho entrar para cumplir los puntos acordados de su rendición. Aquel pueblo, habiéndose reunido durante la noche para prepararse, amotinóse contra los acuerdos pasados; y muchos decidieron abalanzarse sobre los negociadores a los que tenían en su poder. Él, al darle el viento de la primera oleada de aquellas gentes que venían a arrojarse sobre su morada, soltó presto hacia ellas a dos habitantes de la ciudad (pues había algunos con él) cargados de ofrecimientos nuevos y más suaves que proponer a su consejo, inventados allí mismo

---

[2] De 1467 a 1468, Lieja fue sitiada por Carlos el Temerario.

por necesidad. Estos dos contuvieron la primera tormenta, conduciendo de nuevo a aquella turba excitada a la alcaldía para oír su proposición y deliberar sobre ella. La deliberación fue corta; he aquí que se desencadena una segunda tormenta tan furiosa como la otra, y que él les envía al encuentro a cuatro nuevos y similares intercesores proclamando que han de hacerles otras propuestas más productivas, a su entera satisfacción y contento; por lo que aquel pueblo es empujado de inmediato al cónclave. En suma, que entreteniéndolo así, distrayendo su furia y disipándola con vanas consultas, adormeciólo al fin y llegó el día, que era lo que pretendía.

Este otro cuento es también del mismo tema. Atalanta, joven de excelsa belleza y prodigiosa agilidad, para librarse de la turba de los mil pretendientes que la pedían en matrimonio, dioles esta ley, que aceptaría aquél que la igualara en la carrera, con la condición de que los que fallaran perdieran la vida. Hubo bastantes que consideraron aquel premio digno de tal riesgo y que sufrieron la pena de tan cruel acuerdo. Hipomenes, habiendo de pasar la prueba tras los demás, dirigióse a la diosa tutora de aquel amoroso ardor, pidiéndole ayuda; la cual, atendiendo a sus ruegos, proveyólo de tres manzanas de oro para que hiciera uso de ellas. Una vez abierta la pista de la carrera, a medida que Hipomenes siente que su amada le pisa los talones, deja caer como por descuido una de aquellas manzanas. La joven, atraída por su belleza, no deja de desviarse para recogerla,

> Obstupuit virgo, nitidique cupidine pomi
> Declinat cursus, aurumque volubile tollit[3].

Otro tanto hizo, según le convino, con la segunda y la tercera, hasta que, gracias a aquellos rodeos y a aquella distracción, fue para él la ventaja de la carrera.

---

[3] «La virgen se sorprende y, seducida por el bello fruto, se desvía de su camino y coge el oro que corre a sus pies.» (Ovidio, *Metamorfosis*, X. 666).

Cuando no pueden los médicos purgar el catarro, lo distraen desviándoselo hacia otra parte menos peligrosa. Observo que es también la receta más común para las enfermedades del alma. «Abducendus etiam nonnumquam animus est ad alia studia, solicitudines, curas, negotia; loci denique mutatione, tanquam aegroti non convalescentes, saepe curandus est»[4]. Pocas veces se la hace afrontar los males directamente; no se la hace ni aguantar ni vencer el ataque, se hace que lo esquive y evite.

La otra lección es demasiado elevada y difícil. Es cosa de los de primera clase el detenerse puramente en el tema, considerándolo y juzgándolo. Sólo a Sócrates corresponde el tratar a la muerte con rostro normal, el familiarizarse con ella y no hacerle caso. No busca consuelo alguno fuera del tema; parécele la muerte accidente natural e indiferente; fija la vista en ella precisamente y la acepta sin mirar para otro lado. Los discípulos de Hegesias[5] que se dejan morir de hambre enardecidos por las hermosas razones de sus lecciones, y tan drásticamente que el rey Tolomeo prohibióle dirigir a su escuela aquellas homicidas razones, éstos no consideran la muerte en sí misma, no la juzgan: no es en ella en lo que detienen su pensamiento; corren, aspiran a un ser nuevo. Esas pobres gentes a las que vemos en el cadalso, llenas de ardiente devoción, ocupando con ella todos sus sentidos tanto como pueden, con los oídos puestos en las instrucciones que les dan, con los ojos y las manos tendidos hacia el cielo, con la voz entregada a elevadas oraciones, con ávida y constante emoción, en verdad que hacen cosa loable y conveniente para tal necesidad. Se ha de alabarlos por religión mas no propiamente por su firmeza. Rehúyen la lucha; desvían de la muerte su consideración, así como se entretiene a los niños antes de darles el pinchazo. He visto a algunos que, si alguna vez descen-

---

[4] «A veces incluso hay que desviar el intelecto hacia otros estudios, otras preocupaciones, otras cuitas, otros asuntos; a menudo también se le cuidará con cambios de lugar, como a los enfermos que no recuperan las fuerzas.» (Cicerón, *Tusculanas,* IV. 35).

[5] Filósofo griego muy pesimista del siglo III a. C.

dían su mirada a los horribles preparativos de la muerte que los rodeaban, estremecíanse y expulsaban furiosamente su pensamiento hacia otra parte. A aquéllos que pasan por un abismo espantoso ordénanles cerrar y desviar los ojos.

Subrio Flavio, habiendo de ser muerto por orden de Nerón y a manos de Niger, jefe guerrero como él, cuando lo llevaron al campo donde había de tener lugar la ejecución, viendo el agujero que Niger había mandado cavar para meterlo, desigual y mal formado, dijo volviéndose a los soldados que allí estaban: Ni siquiera esto es conforme a la disciplina militar. Y a Niger que le exhortaba a mantener la cabeza firme: ¡Si al menos dieras tú el hachazo con igual firmeza! Y no se equivocó, pues, por temblarle el brazo a Niger, cortósela a fuerza de golpes. Este parece haber tenido puesto su pensamiento recto y fijo en el tema.

Aquel que muere en combate, empuñando las armas, no analiza entonces la muerte, ni la siente, ni la considera; domínale el ardor de la lucha. Un hombre de bien que yo conozco, habiendo caído peleando en la palestra y sintiéndose apuñalar en tierra por su enemigo, nueve o diez veces, mientras todos los asistentes le gritaban que pensase en su conciencia, díjome después que, aunque aquellas voces llegaban a sus oídos, no le habían afectado en modo alguno, y que jamás pensó más que en librarse y vengarse. Mató a su hombre en aquel mismo combate.

Mucho hizo por L. Silano aquél que le anunció su condena, pues, habiendo oído su respuesta de que estaba bien preparado para morir mas no a manos de un asesino, abalanzándose sobre él con sus soldados para sujetarlo, y él, desarmado, defendiéndose obstinadamente con puños y pies, hízolo morir en aquella pelea: disipando así en súbita y tumultuosa cólera el penoso padecer de una muerte larga y premeditada como le estaba reservada.

Pensamos siempre en otra cosa; la esperanza de una vida mejor nos detiene y apoya, o la esperanza del valor de nuestros hijos, o la gloria futura de nuestro nombre, o el huir de los males de esta vida, o la venganza que amenaza a aquéllos que causan nuestra muerte,

Spero equidem mediis, siquid pia numina possunt,
Supplicia hausurum scopulis, et nomine Dido
Saepe vocaturum...
Audiam, et haec manes veniet mihi fama sub imos [6].

Estaba Jenofonte coronado, ofreciendo sacrificios, cuando fueron a anunciarle la muerte de su hijo Grilo en la batalla de Mantinea. El primer impulso tras oír la noticia, fue arrojar a tierra la corona; mas al enterarse por el resto del relato de la manera tan valerosa de morir, recogióla y volvió a ponérsela en la cabeza.

El propio Epicuro se consuela en su final con la eternidad y utilidad de sus escritos. «Omnes clari et nobilitati labores fiunt tolerabiles» [7]. Y la misma herida y el mismo esfuerzo no pesan por igual, dice Jenofonte, a un general del ejército y a un soldado. Aceptó la muerte Epaminondas mucho más alegremente al ser informado de que la victoria había permanecido de su lado. «Haec sunt solatia, haec fomenta summorum dolorum» [8]. Y otras circunstancias semejantes nos ocupan y distraen de la consideración de la cosa en sí.

Incluso los argumentos de filosofía dejan a un lado y esquivan la materia a cada paso, y apenas si rozan su corteza. El primer hombre de la primera escuela filosófica y superintendente de las otras, aquel gran Zenón, dice sobre la muerte: Ningún mal es honorable; la muerte lo es, por lo tanto no es un mal; sobre la embriaguez: Nadie confía su secreto a un borracho, confíanselo todos al sabio; el sabio no será pues borracho. ¿Es esto dar en el blanco? Gusto de ver cómo esas almas principales no pueden librarse de

---

[6] «Si los dioses justos tienen algún poder, yo espero que pases tus suplicios entre los escollos, invocando sin cesar el nombre de Dido... Te oiré, la noticia llegará hasta mí en la estancia de los Manes.» (Virgilio, *Eneida,* IV. 382. 387).

[7] «Todos los trabajos gloriosos y nobles se hacen soportables.» (Cicerón, *Tusculanas,* II. 24).

[8] «Estos son los consuelos, los alivios de los mayores dolores.» *(Ibídem,* Íd., II. 24).

nuestra condición común. Por perfectos que sean, no dejan de ser hombres y harto terrenos.

Dulce pasión es la venganza, de gran impresión y natural; bien lo veo aunque no tenga experiencia alguna. Para desviar de ella últimamente a un joven príncipe[9], no le decía que hubiéramos de poner la otra mejilla a quien nos hubiere pegado, por deber de caridad; ni le hacía ver los trágicos acontecimientos que atribuye la poesía a esta pasión. Dejéla a un lado y ocupéme en hacerle gozar de la belleza de una imagen contraria: el honor, el favor, el afecto que obtendría con clemencia y bondad; desviéle hacia la ambición. Así es como se hace.

Si vuestro sentimiento en el amor es demasiado fuerte, disipadlo, dicen; y tienen razón, pues lo he probado a menudo con utilidad; rompedlo en distintos deseos entre los que haya uno dueño y señor, si así lo queréis; mas porque no os devore y tiranice, debilitadlo, calmadlo, dividiéndolo y dispersándolo:

Cum morosa vago singultier inguine vena...[10]

Conjitio humorem collectum in corpora quaeque[11].

Y prevenidlo tempranamente porque no os cueste trabajo, una vez se ha apoderado de vos,

Si non prima novis conturbes vulnera plagis,
Volgivagaque vagus venere ante recentia cures[12].

Vime agitado antaño por profunda pena[13], conforme a mi modo de ser, y más justa aún que poderosa; habríame

[9] Se refiere probablemente a Enrique de Navarra, que tenía entonces unos treinta años.
[10] «Cuando tu sexo es presa de un deseo ardiente...» (Persio, VI. 73)
[11] «Al primer cuerpo que llegue viértele el líquido acumulado.» (Lucrecio, IV. 1058).
[12] «Si no mezclas tus viejas heridas con otras nuevas, y si no las confías aún abiertas a algún amor voluble.» (Lucrecio, IV. 1063).
[13] Se refiere a la muerte de La Boétie.

perdido quizás si me hubiera fiado simplemente de mis fuerzas. Necesitando de vehemente diversión para distraerme de ello, híceme amante de manera artificial y estudiada, a lo cual ayudábame la edad. Alivióme el amor apartándome del daño que me había causado la amistad. En todo lo demás ocurre igual: un amargo pensamiento me domina; hallo más fácil cambiarlo que dominarlo; sustitúyole si no puedo uno contrario, al menos uno distinto. Siempre alivia la variación, disuelve y disipa. Si no puedo combatirlo, escapo de él, y, al rehuirlo, me desvío astutamente; cambiando de lugar, de ocupación, de compañía, ocúltome entre la multitud de entretenimientos e ideas distintas, y así pierde mi rastro y me extravía.

Así procede la naturaleza con el don de la inconstancia, pues el tiempo, médico soberano de nuestras pasiones, obtiene su eficacia principalmente del hecho de que, al proporcionar más y más asuntos a nuestra imaginación, deshace y corrompe aquella primera impresión por fuerte que sea. Apenas si un sabio ve menos a su amigo agonizante al cabo de veinticinco años que el primer año; y según Epicuro, exactamente igual, pues no concedía mitigación alguna de los disgustos, ni a la previsión ni a la vejez de los mismos. Mas tantas cogitaciones se cruzan con aquélla, que languidece y decae al fin.

Para desviar los rumores comunes en otra dirección, cortóle Alcibíades las orejas y el rabo a su hermoso perro y echólo a la plaza, para que, ofreciendo este tema de cotilleo al pueblo, dejara en paz sus otros actos. También he visto a algunas mujeres encubrir sus auténticos amores con amores fingidos, con este mismo fin de distraer las opiniones y conjeturas del pueblo y despistar a los habladores. Mas sé de una que, al fingir otra cosa, dejóse convencer de verdad y abandonó el verdadero y original amor por el fingido; y supe por ella que aquéllos que se hallan bien colocados, son bien necios si consienten esa comedia. Al estarle reservadas las acogidas y entrevistas públicas a ese servidor compinchado, creed que es muy poco hábil si no ocupa al fin vuestro lugar y os envía al suyo. Esto es exactamente cortar y coser un zapato para que otro lo calce.

Con poca cosa nos distraemos y desviamos, pues poca cosa nos sujeta. No miramos los temas enteros y aislados; son circunstancias o imágenes menudas y superficiales, y débiles astillas que saltan de los temas, las que nos llaman la atención,

Folliculos ut nunc aestate cicadae
Linquunt[14],

el mismo Plutarco echa en falta a su hija por las monadas de su infancia. El recuerdo de un adiós, de una acción, de una gracia particular, de una última recomendación, nos aflige. La toga[15] de César conmovió a todo Roma, cosa que no había hecho su muerte. Incluso el sonido de las palabras que tintinea en nuestros oídos: ¡Mi pobre señor! o ¡Mi gran amigo! ¡Ay! ¡Mi querido padre!, o ¡Mi buena hija! Cuando me pinchan estas repeticiones y mírolas de cerca, hallo que son lamentos gramaticales y orales. La forma y el tono me hieren (así como las exclamaciones de los predicadores turban a menudo al auditorio más que sus razones y así como nos impresiona la voz lastimera de un animal al que matan por nosotros); sin que pese o penetre sin embargo la verdadera y concreta esencia del tema;

His se stimulis dolor ipse lacessit[16];

estos son los fundamentos de nuestro duelo.

La obstinación de mis cálculos, especialmente en la verga, hame provocado a veces largas retenciones de orina de tres o cuatro días, y hame puesto tan a la muerte que habría sido locura esperar evitarla, o incluso desearlo, dados los crueles trabajos que este estado acarrea. ¡Oh! ¡Gran maestro de verdugos era aquel gran emperador[17] que man-

---

[14] «Como esas pieles finas de las que se despojan las cigarras en verano» (Lucrecio, V. 801).
[15] Expuesta ensangrentada por Antonio.
[16] «Es por esos aguijones por lo que el propio dolor se excita» (Lucano, *Farsalia*, II. 42).
[17] Se refiere a Tiberio.

daba ligar la verga a los criminales para hacerlos morir por no orinar! Hallándome en esa situación, consideraba cuán livianas eran las causas y los objetos con los que mi imaginación alimentaba en mí la nostalgia de la vida; con qué átomos tomaba cuerpo en mi alma el peso y la dificultad de aquel desalojo; cuán frívolos eran los pensamientos a los que dábamos cabida en tan grande asunto; un perro, un caballo, un libro, un vaso, ¿y qué no?, contaban en mi pérdida. Para otros cuentan sus ambiciosas esperanzas, su bolsa, su ciencia, no menos estúpidamente, a mi parecer. Veía la muerte con indolencia cuando la veía totalmente, como final de la vida; desafíola en bloque; mas detalle por detalle, me destroza. Las lágrimas de un lacayo, el otorgar testamento, la caricia de una mano conocida, un consuelo común, me desconsuela y emociona.

Y así nos turban el alma los lamentos de los cuentos, y los llantos de Dido y Ariadna conmueven al leer a Virgilio y a Catulo, incluso a aquéllos que no los creen. Es prueba de naturaleza dura y obstinada el no sentir emoción alguna con ellos, y lo cuentan como prodigio de Polemón; mas es que ni siquiera palideció cuando le mordió un perro rabioso arrancándole la carne de la pierna. Y ninguna sabiduría llega hasta el punto de concebir la causa de una tristeza tan viva y entera por el juicio, que no sufra impresión por la presencia, cuando tienen parte los ojos y los oídos, órganos que sólo pueden verse agitados por vanos accidentes.

¿Es razonable que incluso las artes se sirvan y se aprovechen de nuestra imbecilidad y necedad natural? El orador, dice la retórica, en esa farsa de la defensa, se emocionará con el sonido de su voz y con su fingida agitación, dejándose engañar por la pasión que representa. Sentirá verdadero y esencial duelo mediante esa comedia que finge, para transmitírselo a los jueces a los que afecta aún menos: como hacen esas personas a las que se contrata en los entierros para ayudar a la ceremonia del duelo, que venden sus lágrimas y su tristeza al peso: pues aunque se conmuevan de manera simulada, sin embargo, habituándose a imitar esa actitud, es cierto que se arrebatan a menudo totalmente y reciben dentro de sí una verdadera melancolía.

Conduje, como otros muchos amigos suyos, el cuerpo del señor de Gramont a Soissons desde el sitio de La Fère donde fue muerto. Observé que por todas partes por las que pasábamos, llenábamos de lamentos y de llantos al pueblo que encontrábamos, únicamente con la exhibición de la pompa de nuestra comitiva; pues ni siquiera el nombre del difunto era allí conocido.

Quintiliano dice haber visto a algunos comediantes tan metidos en el papel de algún duelo, que seguían llorando en su casa; y de él mismo, que, habiéndose propuesto despertar alguna pasión en otro, habíala esposado hasta el punto de sorprenderse no sólo llorando sino con una palidez de rostro y un aspecto de hombre verdaderamente abrumado por el dolor.

En una región cercana a nuestras montañas, las mujeres hacen de Padre Martín [18], pues, como se les aumenta la pena por el marido perdido con el recuerdo de las buenas y agradables cualidades que tenía, recopilan y publican también a un mismo tiempo sus defectos como para sentir en sí mismas algún alivio y pasar de la piedad al desprecio, con más lógica al menos que nosotros que cuando perdemos a cualquier conocido damos en concederle nuevas y falsas alabanzas y en hacerlo muy distinto cuando lo hemos perdido de vista de como nos parecía cuando lo veíamos; como si la pena fuera algo instructivo; o como si las lágrimas, al lavarnos el entendimiento, lo clarificaran. Renuncio desde ahora a los testimonios favorables que sobre mí quieran dar no porque sea digno de ellos sino porque esté muerto.

Alguien preguntará a uno: ¿Qué os va en este sitio? —Me va el ejemplo y la obediencia común al príncipe, dirá; no pretendo provecho alguno; y sé cuán pequeña es la parte de gloria que puede tocar a un particular como yo; no tengo aquí ni pasión ni querella. Vedlo sin embargo al día siguiente, cambiado totalmente, ardiente y rojo de cólera en su línea de batalla para el asalto; el brillo de tanto acero y el fuego y el estruendo de nuestros cañones y de nuestros

---

[18] Alusión a ese sacerdote de los cuentos que decía la misa haciéndose a sí mismo las preguntas y las respuestas.

tambores le han metido en las venas este nuevo odio y rigor. ¡Frívola causa!, me diréis. ¿Cómo causa? No es menester causa alguna para agitar nuestra alma; una fantasía sin cuerpo y sin objeto la domina y agita. Lánceme a hacer castillos en el aire, forjará mi imaginación bienes y placeres con los que mi alma gozará y se regocijará realmente. ¡Cuántas veces turbamos nuestra mente con cólera y tristeza por tales sombras, y caemos en pasiones fantásticas que nos alteran el alma y el cuerpo! ¡Qué muecas de asombro, de risa, de confusión, provocan los sueños en nuestros rostros! ¡Qué impulsos y agitaciones de nuestros miembros y de nuestra voz! ¿Pues no parece que este hombre solitario tenga visiones falsas de una multitud de otros hombres con los que negocia, o algún demonio interno que lo atormenta? Preguntaos vos a vos mismo dónde está el objeto de esta mutación: ¿hay algo en la naturaleza, excepto nosotros, que la inanidad sustente, sobre lo que tenga poder?

Cambises, por haber soñado mientras dormía que su hermano había de ser rey de Persia, hízolo morir; ¡a un hermano al que quería y en el que siempre había confiado! Aristodemo, rey de los mesenios, matóse por una fantasía, que tuvo por mal augurio, de no sé qué aullido de sus perros. Y lo mismo hizo el rey Midas, turbado y enojado por algún sueño desagradable que había tenido. Es valorar la vida justo en lo que es, el abandonarla por un sueño.

Oíd por ello a nuestra alma triunfar de la miseria del cuerpo, de su debilidad, del estar expuesto a todas las ofensas y alteraciones; ¡en verdad que tiene razón en hablar de ello!

> O prima infelix fingenti terra Prometheo!
> Ille parum cauti pectoris egit opus.
> Corpora disponens, mentem non vidit in arte;
> Recta animi primum debuit esse via [19].

---

[19] «¡Oh, desgraciada arcilla que fue primero modelada por Prometeo! ¡Con qué corazón imprudente ha hecho su obra! Su arte formó el cuerpo pero olvidó el espíritu, y sin embargo por ello es por lo que debía empezar» (Propercio, III. V. 7).

Capítulo V

SOBRE UNOS VERSOS DE VIRGILIO

CUANTO más llenos y sólidos son los pensamientos útiles, más pesados y onerosos son también. El vicio, la muerte, la pobreza, las enfermedades, son temas graves y que suponen una carga. Se ha de tener el alma instruida sobre los medios para aguantar y combatir los males, e instruida sobre las reglas para vivir y pensar con rectitud, y despertarla y ejercitarla a menudo en este hermoso estudio; mas ha de hacerse libre y moderadamente con las almas comunes: enloquecen si se ven reprimidas continuamente.

En mi juventud necesitaba hacerme advertencias y llamadas para mantenerme en el deber; no concuerdan mucho la alegría y la salud, según dicen, con esas ideas serias y sensatas. Estoy ahora en otra situación; la condición de la vejez adviérteme demasiado, asentándome y predicándome. Del exceso de la alegría he caído en el de la severidad, aún más enfadoso. Por lo que ahora déjome ir algo al libertinaje, a conciencia; y entrego a veces el alma a pensamientos juguetones y jóvenes, en los que se ocupa. No estoy ya sino calmado, pesado y maduro en demasía. Enséñanme los años cada día frialdad y templanza. Huye este cuerpo de la inmoderación, y la teme. Tócale a él guiar al espíritu para que se reforme. Tócale dominar, y más dura e imperiosamente. A ninguna hora me deja, ni durmiendo ni velando, abandonar la instrucción, la muerte, la paciencia, la penitencia. Defiéndome de la templanza como antaño de la voluptuosidad. Tira de mí hacia atrás y hasta el estupor. Y quiero ser dueño de mí mismo en todos los sentidos. Tiene la cordura sus excesos y no necesita menos de la moderación que la locura. Así, por no secarme, agotarme y apesadumbrarme a fuerza de prudencia, en los intervalos que me conceden mis males,

Mens intenta suis ne siet usque malis[1],

desvíome suavemente y ocúltole a mi vista ese cielo tormentoso y nublado que ante mí tengo: el cual, a Dios gracias, considero sin espanto, es verdad, mas no sin contención ni estudio; y ocúpome en los recuerdos de la pasada juventud,

animus quod perdidit optat,
Atque in praeterita se totus imagine versat[2].

Mire la infancia ante ella, la vejez hacia atrás: ¿No significaba esto el doble rostro de Jano? En la medida en la que pueden reconocer mis ojos aquella bella época expirada, vuélvolos hacia ella, a sacudidas. Ya que escapa de mi sangre y de mis venas, no quiero al menos arrancar su imagen de mi memoria,

hoc est
Vivere bis, vita posee priore frui[3].

Ordena Platón a los ancianos que asistan a los ejercicios, a las danzas y a los juegos de la juventud, para gozar a través de otros de la agilidad y la belleza del cuerpo que ya no tienen, y recordar la gracia y el favor de aquella edad floreciente, y quiere que en esos juegos se otorgue el honor de la victoria al joven que haya alegrado y regocijado más y a mayor número de ellos.

Apuntaba antaño los días pesados y tenebrosos como extraordinarios: hogaño son éstos los míos ordinarios; los extraordinarios son los hermosos y serenos. Llego al punto de estremecerme como de nuevo favor cuando nada me

[1] «Por miedo a que mi alma esté siempre ocupada por esos males» (Ovidio, *Tristes,* IV. I. 4).
[2] «El alma suspira por lo que ha perdido y se vuelve por completo hacia el pasado.» (Petronio, *Satiricón,* 128).
[3] «Poder gozar de la vida pasada es vivir dos veces.» (Marcial, X. XXIII. 7).

duele. Ni aun haciéndome cosquillas puedo ya arrancar una pobre risa de este desgraciado cuerpo. No me alegro más que con la imaginación y en sueños, para desviar con astucia la pena de la vejez. Mas ciertamente sería menester otro remedio que no fuese en sueños: débil lucha del arte contra la naturaleza. Gran simpleza es alargar y anticipar, como hacen todos, los males humanos; prefiero ser viejo menos tiempo que ser viejo antes de serlo. Agárrome hasta a la mínima ocasión de placer que pueda hallar. Conozco bien, de oídas, varias especies de voluptuosidades prudentes, fuertes y gloriosas; mas no tiene la opinión tanto poder sobre mí como para hacerme apetecerlas. Quiérolas no tanto grandiosas, magníficas y fastuosas, como dulces, fáciles y prestas. «A natura discedimus; populo nos damus, nullius rei bono ductori»[4].

Es mi filosofía activa, práctica y presente, de poco pensar. ¡Ojalá gozara yo jugando a las canicas y a la peonza!

Non ponebat enim rumores ante salutem[5].

Es la voluptuosidad cualidad poco ambiciosa: estímase bastante rica de por sí, sin añadirse el precio de la fama, y prefiere estar en la sombra. Habríase de azotar a un joven que se entretuviera en elegir el sabor del vino y de las salsas. Nada hay sobre lo que menos haya sabido y que menos haya valorado. Aprendiéndolo estoy ahora. Mucho me avergüenzo, mas, ¿qué hacer si no? Más aún me avergüenzo y apeno de los motivos que a ello me empujan. A nosotros nos toca soñar y perder el tiempo, y a la juventud tener la fama y la sartén por el mango: va hacia el mundo, y hacia la gloria; nosotros venimos. «Sibi arma, sibi equos, sibi hastas, sibi clavam, sibi pilam, sibi natationes et cursus habeant; nobis senibus, ex lusionibus multis, talos relin-

---

[4] «Nos alejamos de la naturaleza, y nos libramos al pueblo, que no es nunca un buen guía.» (Séneca, *Epístolas,* 99).

[5] «Pues no situaba a la opinión pública por encima de mí mismo.» (Ennio, citado por Cicerón, *De las obligaciones,* I. 24).

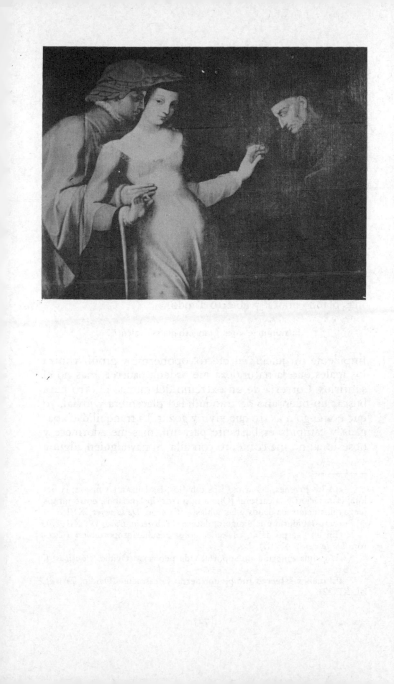

quant et tesseras»[6]. Incluso las leyes nos mandan a casa. No puedo por menos que, en favor de esta mísera condición a la que la edad me empuja, proporcionarle juguetes y entretenimientos, como a la infancia: además caemos de nuevo en ella. Y bastante quehacer tendrán la cordura y la locura con apoyarme y socorrerme alternativamente en estas calamidades de la edad:

Misce stultitiam consiliis brevem[7].

Huyo igualmente de los más mínimos roces; y los que antaño habríanme hecho ligero rasguño, atraviésanme hogaño: ¡empieza mi constitución a entregarme tanto al dolor! «In fragili corpore odiosa omnis offensio est»[8].

Mensque pati durum sustinet aegra nihil[9].

Siempre fui susceptible y delicado para las ofensas; soy más blando ahora, y abierto a todo,

Et minimae vires grangere quassa valent[10].

Impídeme mi juicio, en efecto, oponerme y gruñir contra los males que la naturaleza me ordena padecer, mas no el sentirlos. Correría de un extremo del mundo al otro para buscar un buen año de tranquilidad placentera y jovial, yo que no tengo más fin que vivir y gozar. La tranquilidad apagada y estúpida es bastante para mí, mas me adormece y obsesiona: no me contento con ella. Si hay alguien, alguna

---

6 «¡A los jóvenes, las armas, los caballos, las lanzas, las mazas, la pelota, la natación y la carrera! ¡Que a nosotros, los ancianos, entre tantos juegos nos dejen los dados y las tablas!» (Cicerón, *De la vejez,* XVI).

7 «A tu sabiduría únele algo de locura.» (Horacio, *Odas,* IV. XII. 27).

8 «En un cuerpo débil, cualquier golpe resulta insoportable.» (Cicerón, *De la vejez,* XVIII).

9 «Un alma enferma no soporta nada penoso.» (Ovidio, *Pónticas,* I. V. 18).

10 «El menor esfuerzo rompe un cuerpo ya cascado.» (Ovidio, *Tristes,* III. XI. 22).

buena compañía en los campos, en la ciudad, en Francia o en otra parte, sedentaria o viajera, para quien sean buenas mis cualidades, y cuyas cualidades sean buenas para mí, con sólo dar un silbido, iré a dar muestras de ellas en carne y hueso.

Puesto que es privilegio del espíritu el ser dueño de sí en la vejez, aconséjole tanto como puedo, que lo haga; que verdee, que florezca mientras, si puede, como el muérdago en un árbol muerto. Temo que sea un traidor: tan estrechamente hermanado está con el cuerpo que me abandona a cada paso para seguirlo en su necesidad. Halágolo aparte, platico con él en vano. Por mucho que intento desviarlo de esa unión y presentarle a Séneca y a Catulo, a las damas y los bailes reales; si su compañero tiene cólico, parece tenerlo él también. Ni siquiera los actos que le son particulares y propios pueden entonces alzarse; dejan traslucir claramente los achaques. No hay alegría alguna en sus manifestaciones, si no la tiene a la vez el cuerpo.

Hacen mal nuestros maestros, cuando buscan las causas de los extraordinarios impulsos del espíritu, al no conceder su parte a la salud, además de atribuirlos a un arrebato divino, al amor, al ardor guerrero, a la poesía y al vino; una salud hirviente, vigorosa, plena, ociosa, tal y como antaño me la proporcionaban a rachas mis verdes años y la seguridad. Este fuego de alegría suscita en el espíritu relámpagos vivos y claros, que están más allá de nuestro alcance natural y entre los entusiasmos más gallardos, si no más alocados. Y en verdad que no es de extrañar si un estado contrario aplasta mi espíritu, clavándolo y produciendo efectos contrarios.

Ad nullum consurgit opus, cum corpore languet[11].

Y aún quiere que me sienta obligado con él por conceder, según dice, mucho menos a ese consentimiento de lo que es normal entre los hombres. Al menos, mientras tenemos

---

[11] «Si el cuerpo languidece, no es capaz de ninguna actividad.» (Pseudo-Galo, I. 125).

una tregua, expulsamos los males y las dificultades de nuestro lado:

Dum licet, obducta solvatur fronte senectus[12];

«Tetrica sunt amaenanda jocularibus»[13]. Gusto de una cordura alegre y sociable, y huyo de la dureza de costumbres y de la austeridad, considerando sospechoso todo rostro hosco:

Tristemque vultus tetrici arrogantiam[14].

Et habet tristis quoque turba cynaedos[15].

Estoy dispuesto a creer a Platón cuando dice que los caracteres fáciles o difíciles son un gran perjuicio para la bondad o maldad del alma. Sócrates tuvo un rostro firme, mas sereno y sonriente, no firme como el viejo Craso al que jamás vieron reír.

Es la virtud cualidad amena y alegre.

Bien sé que poca gente protestará por la licencia de mis escritos que no haya de protestar más por la licencia de su pensamiento. Convengo bien a su corazón mas ofendo sus ojos.

Es actitud ordenada la de censurar los escritos de Platón y silenciar sus pretendidos tratos con Fedón, Dión, Stella, Archeanassa. «Non pudeat dicere quod non pudeat sentire»[16].

Odio los espíritus huraños y tristes que no tienen en cuenta los placeres de su vida y se aferran a las desgracias

---

[12] «Que la vejez, cuando aún pueda, desarrugue su frente.» (Horacio, *Epodos*, XIII. 7).

[13] «Hay que alegrar la tristeza con bromas» (Sidonio-Apolinar, *Cartas*, I. 9).

[14] «La tétrica arrogancia de un rostro triste.» (Buchanan, *Juan Bautista*, Prólogo).

[15] «Este mundo severo tiene también sus libertinos.» (Marcial, VII. LVII. 8).

[16] «No os avergüence decir lo que no os avergüenza pensar.» (Anónimo).

alimentándose de ellas; como las moscas que no pueden sostenerse contra un cuerpo bien pulido y liso y se pegan a los lugares escabrosos y ásperos para descansar en ellos; y como las ventosas que sólo aspiran y absorben la mala sangre.

Además, heme ordenado decir todo cuanto oso hacer y me desagradan incluso los pensamientos impublicables. Ni el peor de mis actos ni la peor de mis cualidades parécenme tan feos como feo y cobarde me parece no osar confesarlos. Todos somos discretos al confesar, habríamos de serlo al actuar; el atreverse a pecar se ve compensado de algún modo por el atreverse a confesarlo. Quien se obligare a no callar nada, obligaríase a no hacer nada que uno se viere forzado a callar. ¡Quiera Dios que este exceso de mi licencia lleve a los hombres hacia la libertad, por encima de esas virtudes cobardes e hipócritas nacidas de nuestros defectos! ¡Que a costa de mi falta de moderación los lleve hasta el punto de la razón! Es menester ver el vicio y estudiarlo para reconocerlo. Aquéllos que se lo ocultan a los demás, ocúltanselo a ellos mismos, por lo general. Y no lo consideran bastante encubierto si lo ven ellos; se lo sustraen y disimulan a su propia conciencia. «Quare vitia sua nemo confitetur? Quia etiam nunc in illis est; somnium narrare vigilantis est» [17]. Los males del cuerpo se esclarecen al aumentar. Vemos que es gota lo que creíamos inflamación o esguince. Los males del alma se oscurecen con la fuerza; el más enfermo es el que menos los siente. Por ello, es menester sacarlos a menudo a la luz del día, sin piedad, abrirlos y arrancarlos del hueco de nuestro pecho. Al igual que en materia de buenas obras, en materia de malas obras supone a veces satisfacción solamente su confesión. ¿Existe fealdad alguna del pecado que nos dispense de haber de confesarnos de él?

Paso la pena negra al fingir, por lo que evito aceptar los secretos de los demás para guardar pues no me siento ca-

---

[17] «¿Por qué nadie confiesa sus vicios? Porque aún se es esclavo de ellos; sólo se cuentan los sueños cuando se está despierto.» (Séneca, *Epístolas*, 53).

paz de contradecir cuanto sé. Puedo callarlo; mas no puedo negarlo sin esfuerzo y desagrado. Para ser discreto se ha de serlo por naturaleza, no por obligación. Al servicio de los príncipes poco es ser discreto si no se es también mentiroso. A aquél que preguntaba a Tales de Mileto si debía negar solemnemente haber pecado de lujuria, si se hubiese dirigido a mí, habríale respondido que no debía hacerlo, pues paréceme la mentira aún peor que la lujuria. Aconsejóle Tales todo lo contrario, que jurase por ser el mal menor. Sin embargo, aquel consejo no suponía elección de vicio tanto como multiplicación.

Añadamos de paso a esto, que se favorece a un hombre de conciencia proponiéndole alguna dificultad como contrapeso del vicio; mas cuando se le pone entre dos vicios, oblígasele a hacer difícil elección, como hicieron con Orígenes: o que idolatrase o que soportase gozar carnalmente de un gran villano etíope que le ofrecieron. Eligió la primera condición y viciosamente, según dicen. Por lo que no sin motivo, según su error, afirman algunas en esta época que preferirían cargar sobre su conciencia con diez hombres que con una misa.

Si es indiscreción publicar así los propios errores, no hay peligro de que se tome como ejemplo y se practique; pues decía Aristón que los vientos que más temen los hombres son aquéllos que los descubren. Hemos de remangar esos estúpidos andrajos que cubren nuestras costumbres. Envían su conciencia al burdel y mantienen su aspecto en regla. Incluso los traidores y asesinos obedecen las leyes del ceremonial y se hacen de ellas un deber; y así ni puede quejarse la injusticia de la falta de civismo, ni la maldad de indiscreción. Es una lástima que un hombre malvado no sea también necio y que la decencia palie su vicio. Esas incrustaciones sólo pertenecen a una buena y sana pared, que merece ser conservada o encalada.

En favor de los hugonotes que critican nuestra confesión privada y auditiva, confiésome en público, religiosa y puramente. San Agustín, Orígenes e Hipócrates publicaron los errores de sus opiniones; yo, además, los de mis costumbres. Estoy ansioso por darme a conocer; y nada me importa a cuántos, con tal de que sea verdaderamente; o, mejor dicho, no tengo ansias de nada, mas temo mortalmente ser tergiversado por aquéllos que lleguen a conocer mi nombre.

Aquél que todo lo hace por el honor y la gloria, ¿qué piensa ganar mostrándose al mundo con una máscara, ocultando su verdadero ser al conocimiento del pueblo? Alabadle a un jorobado su hermoso porte, lo recibirá como injuria. Si sois cobarde y os honran como a un valiente, ¿acaso hablan de vos? Os toman por otro. Mucho me gustaría que éste que es el más insignificante del séquito, se congratulase por las reverencias que le dedican creyendo que es el jefe de la tropa. Al pasar por la calle Arquelao, rey de Macedonia, alguien arrojó agua sobre él; decían los asistentes que había de castigarle: Sí, respondió él, mas no ha arrojado agua sobre mí sino sobre aquél que creía que era. Sócrates dijo a aquél que le advertía de que hablaban mal de él: No, nada hay en mí de cuanto dicen. Por lo que a mí respecta, nada le agradecería a aquél que me alabara por ser buen timonel, por ser muy modesto o por ser muy casto. Y de igual modo, consideraríame muy poco ofendido por aquél que me llamare traidor, ladrón o borracho. Aquellos que se desconocen pueden alimentarse con falsas aprobaciones; no así yo, que me veo y me busco hasta las entrañas, que sé bien lo que me pertenece. Gusto de ser menos alabado con tal de ser mejor conocido. Podríanme tener por sabio en tal situación de sabiduría que tengo por necedad.

Disgústame que mis *Ensayos* sirvan a las damas de libro común únicamente, y de libro de sala. Este capítulo me hará del gabinete. Pláceme su trato algo privado. Lo público carece de favor y de sabor. En las despedidas, arde nuestro afecto por las cosas que dejamos, más de lo ordinario. Doy el último adiós a los juegos del mundo, éstos son nuestros postreros abrazos. Mas volvamos a nuestro tema.

¿Qué les han hecho a los hombres el acto genital, tan natural, tan necesario y tan justo, para no atreverse a hablar de él sin vergüenza y para excluirlo de las conversaciones serias y ordenadas? Pronunciamos con osadía: matar, hur-

[77]

tar, traicionar; y lo otro, ¿sólo nos atreveremos a decirlo entre dientes? ¿Es que cuanto menos proferimos de palabra, más podemos engordar el pensamiento?

Pues es gracioso que las palabras menos usuales, menos escritas y que más se callan, sean las que mejor se sepan y más generalmente se conozcan. Ninguna época, ningunas costumbres lo ignoran, como tampoco el .pan. Se graban en cada uno sin ser expresadas, sin voz ni forma. Es gracioso también que sea un acto al que hayamos colocado en la franquicia del silencio, de donde es un crimen arrancarlo aunque sea para criticarlo y juzgarlo. Ni osamos denigrarlo más que con perífrasis e imágenes. Gran ventaja sería para un criminal el ser tan execrable que la justicia estimara injusto tocarlo y verlo; libre y salvado por el beneficio de la dureza de su condena. ¿No ocurre como en materia de libros, los cuales se hacen tanto más venables y públicos cuanto que son suprimidos? Yo por mi parte tomo al pie de la letra la opinión de Aristóteles que dice que el ser vergonzoso sirve de adorno a la juventud, mas de reproche a la vejez.

Estos versos pertenecen a la escuela antigua a la cual me atengo mucho más que a la moderna (parécenme sus virtudes mayores y sus vicios menores):

> Aquellos que por huir demasiado de Venus la esquivan,
> Pecan tanto como aquéllos que la siguen.

> Tu, Dea, turerum naturam sola gubernas,
> Nec sine te quicquam dias in luminis oras
> Exoritur, neque fit laetum nec amabile quicquam[18].

No sé quién pudo malmeter a Palas y a las musas con Venus, y entibiar sus relaciones con el Amor; mas no hallo otras deidades que mejor se convengan ni que se deban más entre sí. Quien les quite a las musas las imaginaciones amorosas, las privará de su más bella ocupación y de la ma-

---

[18] «Tú sola, ¡oh diosa!, gobiernas la naturaleza, sin ti nada surge en los divinos albores del día, sin ti nada alegre, nada amable.» (Lucrecio, I. 22).

teria más noble de su obra; y quien haga perder al amor la comunicación y la ayuda de la poesía, lo debilitará dejándole sin sus mejores armas; de esta manera se hace cargar al dios de la unión y de la bondad, y a las diosas protectoras de la humanidad y la justicia, con el pecado de la ingratitud y el desconocimiento.

No hace tanto que me separé del servicio y la dependencia de este dios como para no tener la memoria enterada de sus fuerzas y valores,

agnosco veteris vestigia flammae [19].

Aún queda cierto rastro de emoción y de calor tras la fiebre,

Nec mihi deficiat calor hic, hiemantibus annis [20].

Marchito y pesado como estoy, aún siento algunos tibios restos de aquel pasado ardor·

Qual l'alto Aegeo, perche Aquilone o Noto
Cessi, che tuto prima il vuolse e scosse,
Non s'achetta ei pero: ma'l sono e'l moto,
Ritien del'onde anco agitate è grosse [21].

Mas por lo que yo entiendo de esto, se hallan más vivas y animadas las fuerzas de este dios y su valor, en la pintura de la poesía que en su propia esencia,

Et versus digitos habet [22].

Tiene no sé qué aire más amoroso que el propio amor. No está tan bella Venus desnuda, y viva, y jadeante, como en este párrafo de Virgilio:

---

[19] «Reconozco la huella de mi antigua llama.» (Virgilio, *Eneida,* IV. 23).
[20] «¡Que en el invierno de mis años este calor no me abandone!» (Juan Everaerts, llamado Juan Segundo, *Elegías,* IV, 23).
[21] «Así el mar Egeo, revuelto por el Noto o el Aquilón, no se calma cuando éstos se calman; largamente azotado, se agita y ruge aún.» (Tasso, *Jerusalán liberada,* XII. 63).
[22] «Y el verso tiene dedos.» (Juvenal, VI. 196).

Dixerat, et niveis hinc atque hinc diva lacertis
Cunctantem amplexu molli fovet. Ille repente
Accepit solitam flammam, notusque medullas
Intervit calor, et labefacta per ossa cucurrit.
Non secus atque olim tonitru cum ruota corusco
Ignea rima micans percurrit lumine nimbos.
.... Ea verba loquutus,
Optatos dedit amplexus, placidumque petivit
Conjugis infusus gremio per membra soporem[23].

Lo que hallo particular es que la pinta algo apasionada
para ser una Venus marital. En este sensato contrato, no
son los apetitos tan juguetones; son más oscuros y romos.
El amor odia que nos sujete algo que no sea él, y se mete
poco en las uniones decididas y mantenidas por otro motivo, como es el matrimonio: las alianzas, los medios, pesan en él necesariamente, tanto o más que los encantos y
la belleza. Digan lo que digan, no se casa uno por uno mismo, se casa uno tanto o más por la posteridad, por la familia. La práctica y el interés del matrimonio afecta a nuestro linaje por encima de nosotros. Por ello, prefiero que lo
organice mejor un tercero que los interesados, y el seso de
otro que el de uno mismo. ¡Cuán opuesto es todo esto a las
convenciones amorosas! Y así es una especie de incesto ir
a usar en este parentesco venerable y sagrado de los esfuerzos y extravagancias de la licencia amorosa, como creo
haber dicho ya. Se ha de tocar a la propia mujer, dice Aristóteles, con prudencia y severidad, no sea que acariciándola
demasiado lascivamente el placer la saque de quicio. Lo que
él dice por la conciencia, dícenlo los médicos por la salud:
que un placer excesivamente caliente, voluptuoso y asiduo,
altera la simiente e impide la concepción; dicen, por otra

---

[23] «Ella dijo: como duda, la diosa, rodeándole con sus brazos de nieve,
le conforta en un dulce abrazo. Y él de repente siente la llama acostumbrada, el fuego que ya conoce penetra en su médula y recorre su cuerpo
relajado. Es así como en el cielo tonante el relámpago centelleante recorre las nubes iluminadas... Con estas palabras, le da el abrazo esperado y,
luego, tumbado sobre el seno de su esposa, acoge con todos sus miembros
el dulce sueño» (Virgilio, *Eneida*, VIII. 3872, 404).

parte, que para llenar de justo y fértil calor una relación
lánguida (como por naturaleza es ésta), es menester ofrecerse rara vez y con notables intervalos.

Quo rapiat sitiens venerem interiusque recondat[24].

No veo matrimonios que fracasen y se enturbien antes
que aquéllos que se realizan por la belleza y los deseos
amorosos. Son necesarios fundamentos más sólidos y firmes, y andar con precaución; esa ardorosa alegría nada
vale.

Aquéllos que creen honrar el matrimonio por unirle el
amor, hacen lo mismo, a mi parecer, que aquéllos que, por
favorecer la virtud, sostienen que la nobleza no es sino virtud. Son cosas que tienen algún parentesco; mas hay gran
diferencia: de nada sirve confundir sus nombres y sus títulos; se perjudica a uno o a otra al mezclarlas. Es la nobleza
una bella cualidad y considerada con razón; mas como es
una cualidad que depende de otros y que puede recaer en
un hombre vicioso y sin valor, está muy por debajo de la
virtud en estima: es una virtud, si lo es, artificial y visible;
dependiente del tiempo y de la fortuna; de forma distinta
según las regiones; viva y mortal; sin nacimiento, como el
río Nilo; genealógica y común; de continuación y similitud; obtenida como consecuencia, y consecuencia muy débil. La ciencia, la fuerza, la bondad, la belleza, la riqueza y
todas las demás cualidades entran en relación y en tratos;
ésta consúmese en sí misma, sin uso alguno al servicio de
los demás. Proponíanle a uno de nuestros reyes que eligie-
ra entre dos competidores para un mismo cargo, de los cuales uno era gentilhombre y el otro no. Ordenó que, sin tener en cuenta esta cualidad, eligieran al que tuviera mayor
mérito; mas que si el valor era enteramente igual, en ese
caso, tuvieran en cuenta la nobleza: era concederle su justo
rango. Antígono respondió a un joven desconocido que so-

---

[24] «Para que coja con más avidez los dones de Venus y los encierre profundamente» (Virgilio, *Geórgicas,* III. 137).

licitaba para él el cargo de su padre, hombre de valía que acababa de morir: Amigo mío, en tales prebendas no miro tanto la nobleza de mis soldados como su valor.

Verdaderamente, no ha de ocurrir con esto como con los oficiales del rey de Esparta, trompetas, menestrales, cocineros, a los que sucedían los hijos en los cargos, por ignorantes que fueran, por delante de los que eran más expertos en el oficio. Los de Calicut hacen de los nobles una especie por encima de la humana. Les está prohibido el matrimonio y toda otra ocupación que no sea bélica. Pueden tener concubinas hasta hartarse, y las mujeres, amantes, sin celos unos de otros: mas es crimen capital e imperdonable ayuntarse con personas de distinta condición a la suya. Y considéranse mancillados con sólo ser rozados, y viéndose por ello prodigiosamente injuriada e interesada su nobleza, matan a aquéllos que se les hayan acercado en demasía; de manera que los innobles han de gritar al andar, como los gondoleros de Venecia al dar la vuelta a la esquina para no chocarse; y ordénanles los nobles echarse al lado que ellos quieran. Éstos evitan así esa ignominia que consideran perpetua; aquéllos, una muerte segura. Ni el transcurso del tiempo, ni el favor de un príncipe, ni oficio, virtud o riqueza alguna puede hacer que un plebeyo llegue a ser noble. A lo cual contribuye la costumbre de prohibir los matrimonios entre una y otra profesión; no puede una de familia zapatera casar con un carpintero; y los padres están obligados a enseñar a sus hijos el oficio del padre precisamente, y no otro, con lo que se mantiene la distinción y constancia de su destino.

Un buen matrimonio, si es que los hay, rechaza la compañía y las cualidades del amor. Intenta imitar las de la amistad. Es una dulce sociedad de vida, llena de constancia, de confianza y de un infinito número de útiles y sólidos oficios y obligaciones mutuas. Ninguna mujer que la saboree,

optato quam junxit lumine taeda[25].

---

[25] «Unida según su deseo por el matrimonio» (Catulo, LXIV. 79).

querría tener rango de amante y amiga de su marido. Si ocupa en su afecto el lugar de esposa, ocupa lugar harto más honorable y seguro. Aun cuando se haga el apasionado y el solícito con otra, pregúntenle sin embargo entonces quién preferiría que fuese mancillada si su mujer o su amante; qué infortunio afligiríale más; para quién desea mayor grandeza; estas preguntas no admiten duda alguna en un matrimonio sano. El que se vean tan pocos buenos es señal de su precio y su valor. Formándolo y entendiéndolo bien, no hay nada más hermoso en nuestra sociedad. No podemos prescindir de él, y cada vez lo envilecemos más. Ocurre como con las jaulas: los pájaros que están fuera se desesperan por entrar; y con el mismo afán se desesperan por salir los que están dentro. Sócrates, habiéndole preguntado alguien qué era mejor si tomar mujer o no tomarla, respondió: Hágase lo que se haga, se arrepentirá uno. Es una unión que tiene mucho que ver con lo que se dice, «homo homini» o «Deus», o «lupus»[26]. Es menester que coincidan muchas cualidades para construirla. Resulta más fácil en estos tiempos, para las almas sencillas y del pueblo, pues las delicias, la curiosidad y la ociosidad no la enturbian tanto. Los naturales libertinos, como el mío, que odia toda especie de lazo y compromiso, no son apropiados,

Et mihi dulce magis resoluto vivere collo[27].

Si por mí fuera, habríame negado a desposarme hasta con la misma prudencia, aunque ella lo hubiera querido. Mas, por mucho que digamos, la costumbre y el hábito de la vida común nos arrastra. La mayoría de mis actos están guiados por el ejemplo, no dependen de mi elección. En cualquier caso, no me decidí a él por mí mismo, me llevaron y empujaron circunstancias ajenas. Pues no sólo ocurre con las cosas importunas, no hay ninguna tan fea, viciosa

---

[26] «El hombre es para el hombre un dios o un lobo.»
[27] «A mí me es más agradable vivir libre de ese yugo.» (Pseudo-Galo, I. 61).

y a evitar, que no pueda hacerse aceptable por alguna cualidad o acontecimiento: ¡tan vana es la condición humana! Y lleváronme a él, ciertamente, peor dispuesto entonces y más a contrapelo de lo que estoy ahora tras haberlo probado. Y por licencioso que se me considere, en verdad que he observado las leyes del matrimonio más estrictamente de lo que había prometido y esperado. Ya no es tiempo de respingar cuando nos hemos dejado embridar. Es menester conservar juiciosamente la libertad; mas desde el momento en que nos sometemos al compromiso, hemos de mantenernos bajo las leyes del deber común, o al menos esforzarnos por ello. Aquéllos que firman este contrato para comportarse en él con odio y desprecio, actúan injusta y malamente; y esta hermosa regla que veo pasar de boca en boca entre ellas, como un santo oráculo, grito de guerra y desafío,

Sers ton mari comme ton maître
Et tén garde comme d'un traître,

que quiere decir: Trátale con obligado respeto, enemigo y desafiante, es igualmente injuriosa y difícil. Soy demasiado blando para tan espinosos designios. A decir verdad, aún no he llegado a la perfección de habilidad y galantería de espíritu para confundir la razón con la injusticia, y tomar a risa todo orden y regla que no concuerde con mis apetitos: no por odiar la superstición voy a lanzarme a la irreligiosidad. Si no siempre cumplimos con nuestro deber, al menos hemos de amarlo siempre y de reconocerlo. Es traición casarse sin desposarse. Pasemos a otra cosa.

Muestra nuestro poeta un matrimonio lleno de acuerdo y de buen entendimiento, en el cual no por ello hay mucha lealtad. ¿Quiso decir acaso que no es imposible rendirse a las fuerzas del amor y reservar sin embargo cierto deber para con el matrimonio, y que se le puede herir sin romperlo del todo? Un lacayo hierra la mula al amo al que no por ello odia. La belleza, la oportunidad, el destino (pues también el destino pone su mano en ello),

hanla ligado a un extraño, quizá no tan por entero que no
le pueda quedar algún lazo por el que aún quiera a su marido. Son dos designios que siguen caminos distintos y no
confundidos. Puede una mujer entregarse a un personaje
con el que de ningún modo habría querido casar; no digo
por las condiciones de su fortuna, sino por las de la propia
persona. Pocos hombres hay que hayan casado con amigas
y no se hayan arrepentido. Y hasta en el otro mundo. ¿Pues
no hizo mal matrimonio Júpiter con su mujer a la que había seducido primero y de la que había gozado en sus amo-
ríos? Ya lo dicen: Cagar en el orinal para luego ponérselo
en la cabeza.

Vi en mi época, en cierto buen lugar, sanar vergonzosa
y deshonestamente del amor mediante el matrimonio; las
consideraciones son muy otras. Amamos, sin impedírnos-
lo, dos cosas distintas y contrarias. Decía Isócrates que la
ciudad de Atenas agradaba a la manera de las damas a las
que se sirve por amor; todos gustaban de ir allí a pasear y
a pasar el tiempo; nadie la amaba para desposarla, es decir, para habitar y domiciliarse en ella. He visto con disgusto cómo algunos maridos odian a sus mujeres simplemente porque ellos les hacen daño; al menos no hemos de
amarlas menos a causa de nuestras culpas; por arrepentimiento y compasión al menos, deberían sernos más que-
ridas.

Son fines distintos y sin embargo compatibles, dice[29], de
algún modo. El matrimonio cuenta con la utilidad, la justicia, el honor y la constancia: un placer soso, pero más general. El amor se funda únicamente en el placer, y es el
suyo, en verdad, más excitante, más vivo y más agudo; un

---

[28] «El destino está ligado a esas partes que oculta la ropa. Sin el favor
de los astros, un miembro desmedido no te sirve de nada» (Juvenal,
IX. 32).
[29] Virgilio.

[85]

placer atizado por la dificultad. Necesita de los dardos y del escozor. Ya no es amor si carece de flechas y de fuego. La liberalidad de las damas es demasiado profusa en el matrimonio y embota la punta de la pasión y del deseo. Para huir de este inconveniente, ved qué lío arman en sus leyes Licurgo y Platón.

Hacen muy bien las mujeres al rechazar las normas de vida que rigen en el mundo, pues las han hecho los hombres sin contar con ellas. Hay naturalmente artimañas y chanzas entre ellas y nosotros; el más estrecho entendimiento que podemos tener con ellas, no deja de ser tumultuoso y tempestuoso. Según nuestro autor, las tratamos sin consideración en esto: tras ver que son, sin comparación, más capaces y ardientes en los actos del amor que nosotros, cosa que atestiguó aquel sacerdote antiguo que había sido ora hombre, ora mujer,

Venus huic erat utraque nota [30];

y además habiendo sabido por boca de ellas la prueba que hicieron antaño en otra época, un emperador y una emperatriz de Roma [31], artesanos, maestros y famosos en esta tarea (él desvirgó en una noche a diez vírgenes sármatas, cautivas suyas; mas ella acudió realmente a veinticinco empresas en una noche, cambiando de compañía según sus necesidades y gustos,

adhuc ardens rigidae tentigine vulvae,
Et lassata viris, nondum satiata, recessit [32];

y que en el litigio surgido en Cataluña entre una mujer quejosa de las persecuciones demasiado asiduas de su marido, no tanto, a mi parecer, porque le incomodaran (pues sólo creo en los milagros de la fe), como por disminuir y bridar

---

[30] «Un amor y otro le eran conocidos» (Ovidio, *Metamorfosis,* III. 323).
[31] Próculo y Mesalina.
[32] «Con la vulva tensa, aún ardiente de deseo, se retira, cansada de los hombres, pero no satisfecha» (Juvenal, VI. 128).

con este pretexto, incluso en esto que es el acto fundamental del matrimonio, la autoridad de los maridos sobre sus mujeres, y para mostrar que su rabia y su maldad llegan hasta el lecho nupcial y pisotean las mismas gracias y dulzuras de Venus, queja a la que el marido, hombre realmente brutal y desnaturalizado, respondía que ni siquiera en los días de ayuno podría pasarse con menos de diez, intervino aquel notable decreto de la reina de Aragón, por el cual, tras madura deliberación para decidir, aquella buena reina, queriendo dar regla y ejemplo para todo momento, de la moderación y modestia exigidas en un justo matrimonio, fijó como límite legítimo y necesario el número de seis al día; rebajando y restando mucho del deseo de su sexo, para establecer, decía, una forma fácil y por consiguiente permanente e inmutable. Con lo cual, exclaman los doctores: ¿Cuál no debe ser el apetito y la concupiscencia femenina, puesto que su razón, su reforma y su virtud, se cortan por ese patrón? Teniendo en cuenta el distinto modo de juzgar de nuestros apetitos, y que Solón, jefe de la escuela jurídica, sólo obliga a este contacto conyugal tres veces al mes, para no fallar. Tras haber creído y predicado esto, hemos ido a darles precisamente la continencia en el reparto so penas últimas y extremas.

No hay deseo más acuciante que éste, al cual queremos que sólo ellas resistan, no como si se tratara simplemente de un pecado de la importancia que tiene, sino de uno abominable y execrable, mayor que la irreligión y el parricidio y, sin embargo, nosotros nos entregamos a él sin culpa ni reproche alguno. Ni siquiera aquéllos de nosotros que trataron de conseguirlo, dejaron de confesar la dificultad o más bien la imposibilidad que había, usando de medios materiales, para someter, debilitar y enfriar el cuerpo. Nosotros, por el contrario, las queremos sanas, vigorosas, orondas, bien alimentadas, a la par que castas, es decir, cálidas y frías: pues el matrimonio, el cual se encarga, según decimos, de impedir que ardan, apórtales poco refresco, de acuerdo con nuestras costumbres. Si toman a uno al que el vigor de la edad aún empuja, se jactará de esparcirlo con otras:

Sit tandem pudor, aut eamus in jus:
Multis mentula millibus redempta,
Non est haec tua, Basse; vendidisti[33].

El filósofo Polemón fue justamente denunciado ante la justicia por su mujer, por ir sembrando en campo estéril el fruto debido al campo genital. Si toman a uno de esos cascados, helas en pleno matrimonio en peor situación que si fueran vírgenes o viudas. Considerámoslas bien provistas por tener a un hombre al lado; así como los romanos consideraron violada a Clodia Laeta, vestal, a la que se había acercado Calígula[34], aunque quedara demostrado que sólo se había acercado; cuando, por el contrario, auméntase así su necesidad, pues el contacto y la compañía de un hombre, como quiera que sea, despierta su ardor que permanecería más apagado en soledad. Y por esto, como es lógico pensar que es más meritoria su castidad por esta circunstancia y consideración, Boleslao y Kinge, su mujer, reyes de Polonia, hicieron voto de ella, de común acuerdo, acostados juntos, el mismo día de sus desposorios, y mantuviéronla en las propias barbas de las ocasiones maritales.

Las formamos desde la infancia para los quehaceres del amor: su gracia, su elegancia, su ciencia, su hablar, toda su educación no hace sino perseguir esa meta. Sus ayas no les graban otra cosa que el rostro del amor, aunque sólo fuera mostrándoselo continuamente para que lo aborrezcan. Mi hija (sólo a ella tengo) está en la edad en la que las leyes permiten casarse a las más ardientes; es de natural tardío, delgada y dulce, y ha sido criada por su madre también de una manera retirada y particular: de forma que apenas si empieza a sacudirse la ingenuidad de la infancia. Estaba leyendo un libro francés delante de mí. Salió la palabra «fouteau», nombre de un conocido árbol[35]; la mujer que la tie-

---

[33] «Ten por fin pudor, o vayamos a la justicia. He pagado mucho por tu miembro, ya no te pertenece, Basso, lo has vendido» (Marcial, XII. XC. 10).

[34] Montaigne parece confundir aquí a Calígula con Caracalla.

[35] «Fouteau» significa 'haya'; pero obsérvese la proximidad de este término con el de «foutoir», cuyo significado es 'burdel'.

ne a su cargo detúvola con brusquedad y algo de rudeza, e hízole saltarse aquel mal paso. Dejéla hacer para no contradecir sus reglas, pues para nada me meto en tal gobierno; el sistema femenino sigue un camino misterioso, hemos de dejárselo. Mas, si no me equivoco, ni el trato con veinte lacayos durante seis meses hubiera podido grabar en su pensamiento la inteligencia, el uso y todas las consecuencias del sonido de aquellas sílabas perversas, como hizo aquella buena vieja con su reprimenda y prohibición.

> Motus doceri gaudet Ionicos
> Matura virgo, et frangitur artubus
> Jam nunc, et incestos amores
> De tenero meditatur ungui[36].

Ahórrense algo de ceremonia, sean libres de hablar, no somos sino niños, comparados con ellas en esta ciencia. Oídlas contar nuestras persecuciones y nuestras conversaciones con ellas, bien nos hacen ver que nada les enseñamos que no hayan sabido y digerido sin nosotros. ¿Será, como dice Platón, que han sido jóvenes libertinas antes? Halláronse un día mis oídos en lugar desde el cual podían escuchar a hurtadillas una conversación mantenida entre ellas sin que lo sospecharan: ¿por qué no decirlo? ¡Virgen santa! (me dije), ¡vayamos ahora a estudiar las frases de Amadís y las notas de Boccaccio y Aretino para hacernos los expertos!, ¡pues sí que aprovechamos bien el tiempo! No hay palabra, ejemplo o artimaña que no conozcan mejor que nuestros libros: es una disciplina que llevan en las venas,

> Et mentem Venus ipsa dedit[37],

que estos buenos maestros de escuela, la naturaleza, la juventud y la salud les insuflan continuamente en el alma; para nada han de aprenderlo, lo engendran.

---

[36] «La virgen núbil se complace aprendiendo los bailes de Jonia, rompiéndose los miembros, desde su más tierna infancia sueña con amores impúdicos.» (Horacio, *Odas,* III. VI. 21).
[37] «Y que la propia Venus les inspira» (Virgilio, *Geórgicas,* III. 267).

Nec tantum niveo gavisa est ulla columbo
Compar, vel si quid dicitur improbius,
Oscula mordenti semper decerpere rostro,
Quantum raecipuè multivola est mulier[38].

Si no se hubiera tirado un poco de las riendas de esta natural violencia de su deseo por el temor y el honor con el que se las ha provisto, veríamosnos difamados. Todo el movimiento del mundo se reduce a este ayuntamiento y gira en torno a él: es una materia infusa por todas partes, es el centro hacia el que todo apunta. Sabemos de normas de la vieja y sabia Roma hechas para el servicio del amor, y de los preceptos de Sócrates para instruir a las cortesanas:

Nec non libelli stoici inter sericos
Jacere pulvillos amant[39].

Entre las leyes de Zenón habíalas también para regular las aperturas y las sacudidas del desvirgamiento. ¿Qué sentido tenía el libro del filósofo Estratón, *De la conjunción carnal*? ¿Y de qué trataba Teofrasto en los que tituló, uno *El enamorado* y otro *Del amor*? ¿Y Arístipo en el suyo *De los antiguos goces*? ¿Qué pretende Platón con sus descripciones tan extensas y crudas de los más atrevidos amores de sus tiempos? Y el libro *Del enamorado* de Demetrio Falereo, y *Clinias o el enamorado forzado* de Heráclides de Ponto? ¿Y el de *De hacer los hijos* o *De las bodas,* y el otro *Del amor* o *Del amante* de Antístenes? ¿Y el de Aristón, *De los ejercicios amorosos?* ¿Los de Cleanto, uno *Del amor* y otro *Del arte de amar?* ¿Los *Diálogos amorosos* de Esfero? ¿Y la fábula de Júpiter y Juno, de Crisipo, insufrible por su desvergüenza, y sus cincuenta «epístolas», tan lascivas? Pues hemos de dejar de lado los escritos de los

[38] «Jamás blanca paloma u otro pájaro más lascivo, busca con tanto ardor los besos en el pico que muerde, como la mujer que se deja llevar por su pasión.» (Catulo, LXVI. 125).

[39] «Les gusta dejar deslizarse sobre cojines de seda libros de los estoicos.» (Horacio, *Epodos,* VIII. 15).

filósofos que siguieron a la secta epicúrea. Cincuenta deidades estaban sujetas a este oficio, en los tiempos pasados; y existieron naciones en las que para adormecer la concupiscencia de aquéllos que iban a la devoción, había en las iglesias mujeres y mozalbetes para gozar, y era acto ceremonial el servirse de ellos antes de ir al sacrificio. «Nimirum propter continentiam incontinentia necessaria est; incendium ignibus extinguitur»[40].

En casi todo el mundo esa parte de nuestro cuerpo estaba divinizada. En la misma religión, cortábanse un trozo unos para ofrecerlo y consagrarlo, y ofrecían y consagraban otros su simiente. En otra, atravesábansela los jóvenes en público, abríansela por distintos lugares entre la carne y la piel, metiéndose por aquellas aperturas los pinchos más gruesos y largos que pudieran soportar; y con aquellos pinchos hacían luego fuego como ofrenda a los dioses y eran considerados poco vigorosos y poco castos si llegaban a desvanecerse por la violencia de aquel cruel dolor. En otros lugares, el más sagrado dignatario era respetado y reconocido por esas partes, y en varias ceremonias era portada la efigie de éstas con gran pompa, en honor de distintas divinidades.

Las damas egipcias, en la fiesta de las Bacanales, llevaban uno de madera colgado al cuello, exquisitamente formado, grande y pesado según las fuerzas de cada cual, aparte del que mostraba la estatua de su dios que superaba en tamaño al resto del cuerpo.

Aquí cerca, las mujeres casadas forman con su tocado una figura en la frente para glorificarse del goce que obtienen, y, al quedarse viudas, échanselo para atrás sepultándolo bajo el peinado.

Las más sabias matronas de Roma honrábanse ofreciendo flores y coronas al dios Príapo; y sobre sus partes menos honestas hacían sentar a las vírgenes en el momento de sus desposorios. No sé incluso si no he visto en mi época alguna devoción parecida. ¿Qué simbolizaba aquella par-

---

[40] «Porque ciertamente la incontinencia le es necesaria a la continencia y el incendio se apaga con el fuego.» (Anónimo).

te ridícula de las calzas de nuestros padres que aún podemos ver en los suizos? ¿Qué sentido tiene la exhibición que hacemos ahora de la forma de nuestras partes, bajo los gregüescos, y lo que es peor, a menudo fingiendo un tamaño mayor que el natural, con falsedad e impostura?

Me dan ganas de creer que esta clase de vestimenta fue inventada en los mejores siglos y de más conciencia, para no engañar a las gentes, para que cada cual rindiese cuentas en público y decentemente, de lo suyo. Las naciones más sencillas lo tienen aún de algún modo representando la verdad. Entonces poníase en conocimiento del sastre, como se hace con la medida del brazo o de la pierna.

Aquel buen hombre, que, en mi juventud, castró a tantas hermosas y antiguas estatuas en su gran ciudad, para no corromper la vista, siguiendo la idea de aquel otro buen hombre antiguo:

Flagitii principium est nudare inter cives corpora[41],

debió pensar, así como en los misterios de la Buena Diosa toda muestra masculina estaba prohibida, que nada adelantaba si no castraba también a caballos, a asnos y a toda la naturaleza.

Omne adeo genus in terris hominúmque ferarúmque,
Et genus aequoreum, pecudes, pictaeque volucres,
In furias ignémque ruunt[42].

Los dioses, dice Platón, nos han provisto de un miembro desobediente y tiránico, el cual, como animal furioso, intenta, por la violencia de su apetito, someterse todo a sí. Del mismo modo, a las mujeres, de un animal ávido y glotón, el cual, si se le niegan alimentos en su ocasión, se en-

---

[41] «La exhibición pública de la desnudez conduce al vicio» (Ennio citado por Cicerón, *Tusculanas,* IV. 33).

[42] «Pues las especies terrestres, hombres y bestias salvajes, y las especies acuáticas, y los rebaños y los pájaros de plumas moteadas se precipitan a ese furor y a ese fuego del amor.» (Virgilio, *Geórgicas,* III. 242).

furece, impaciente por la espera, e, insuflando la rabia en sus cuerpos, obstruye los conductos, detiene la respiración, causando mil tipos de males, hasta que, habiendo absorbido el fruto de la sed común, haya regado y sembrado generosamente el fondo de su matriz.

Y debía haber pensado también mi legislador, que quizá fuere un medio más casto y fructífero, hacerles conocer tempranamente la verdad, que no dejársela adivinar según la libertad y el calor de su fantasía. Sustituyen a las partes reales, mediante el deseo y la esperanza, otras triplemente extravagantes. Y uno que yo conozco, perdióse por haber descubierto las suyas en un lugar en el que aún no correspondía ponerlas en posesión de su uso más serio.

¿Cuánto daño no causan esos enormes retratos que van viendo los niños por los pasillos y escaleras de las casas reales? De ello les viene un cruel desprecio por nuestra constitución natural. ¿Cómo saber si Platón, al ordenar según otras repúblicas bien instituidas, que hombres, mujeres, viejos y jóvenes se ofreciesen desnudos a la vista unos de otros en los gimnasios, no lo hizo por esto? Las indias, que ven a los hombres al natural, han enfriado al menos el sentido de la vista. Y por mucho que digan las mujeres de ese gran reino del Perú, las cuales no se cubren de cintura para abajo más que con un trapo abierto por delante y tan estrecho que, por ceremoniosa decencia que persigan, se las ve enteras a cada paso, que es una idea inventada con el fin de atraerse a los hombres y apartarlos de los machos a los que esta nación está del todo entregada, podría decirse que pierden más de lo que ganan y que una sed total es más ávida que aquélla que se ha saciado al menos con los ojos. Decía Livia que para una mujer de bien un hombre desnudo no era más que una estatua. Las lacedemonias, más vírgenes siendo mujeres, que nuestras hijas, veían todos los días a los jóvenes de su ciudad despojados para los ejercicios y eran ellas mismas poco estrictas para cubrirse los muslos al andar, considerándose, como dice Platón, bastante cubiertas con su virtud sin el verdugado. Mas aquéllos de los que da testimonio san Agustín y que pusieron en duda que las mujeres en el juicio final resucitaran con su sexo o con el nuestro, para no seguir tentándonos en ese santo estado, concedieron prodigiosa fuerza tentadora a la desnudez.

En suma, se la embauca y encarniza por todos los medios; atizamos e incitamos su imaginación sin cesar. ¡Y después ponemos el grito en el cielo! Confesemos la verdad: no hay ninguno de nosotros que no tema más la vergüenza que le viene de los vicios de su mujer que de los suyos; que no se cuide más (¡oh maravillosa caridad!) de la conciencia de su buena esposa que de la suya propia; que no prefiera ser ladrón y sacrílego y que su mujer fuera asesina y herética a que fuera menos casta que su marido.

Y ellas estarán dispuestas a ir a palacio a buscar ganancias y a la guerra de la reputación, antes que haber de cumplir con tan difícil guarda en medio de la ociosidad y de los placeres. ¿No ven acaso que no hay mercader, procurador o soldado que no deje su tarea para correr a esta otra, ni mozo de cuerda, ni zapatero, por abrumados y agotados que estén de trabajo y de hambre?

> Nam tu, quae tenuit dives Achaemenes,
> Aut pinguis Phrygiae Mygdonias opes,
> Permutare velis crine Licinniae,
> Plenas aut Arabum domos,

> Dum fragrantia detoquet ad oscula
> Cervicem, aut facili saevitia negat,
> Quae poscente magis gaudeat eripi,
> Interdum rapere occupet?[43]

¡Inicua manera de juzgar los vicios! Ellas y nosotros somos capaces de mil corrupciones más perjudiciales y desnaturalizadas que la lascivia; mas hacemos y sopesamos los vicios no según su naturaleza sino según nuestro interés, por lo que toman tantas formas desiguales. La dureza de

---

[43] «¿Querrías por todos los tesoros de Aquemenes, o los de Mygdón, rey de la rica Frigia, o los de Arabia, cambiar un solo cabello de Licinia cuando inclina la cabeza hacia tus besos perfumados, o cuando niega con dulce rigor lo que tú reclamas y que ella desea más que tú y va a buscar la primera?» (Horacio, *Odas,* II. XII. 21).

nuestros decretos hace que se entreguen las mujeres a ese vicio más ávida y viciosamente de lo que lo harían por naturaleza, y las empuja a consecuencias peores que la causa. No sé si las hazañas de César o Alejandro superan en firmeza la resolución de una joven hermosa, educada a nuestro estilo, en el conocimiento y en el trato con el mundo, golpeada con tantos ejemplos contrarios y que se mantiene entera en medio de mil continuas e intensas persecuciones. No hay hacer más espinoso que este no hacer, ni más activo. Estimo más fácil soportar un coraza toda la vida que la virginidad; y es el voto más noble de todos los votos, pues es el más duro: «diaboli virtus in lumbis est» [44], dice san Jerónimo.

Verdaderamente, el más arduo y vigoroso de los deberes humanos, hémoselo cedido a las damas y les quitamos la gloria. Esto ha de servirles de singular acicate para obstinarse; es buena materia para provocarnos y pisotear esa vana preeminencia de valor y virtud que pretendemos tener sobre ellas. Verán, si miran bien, que no sólo las estimarán más sino que las amarán más así. Un hombre de bien no ceja en su persecución por verse rechazado, con tal de que sea un rechazo por castidad, no por elección. Por mucho que juremos y amenacemos y nos lamentemos: mentimos, las amamos más por ello; no hay cebo mejor que la prudencia que no es ruda ni ceñuda. Es necedad y cobardía emperrarse contra el odio y el desprecio; mas contra una resolución virtuosa y firme, mezclada de una voluntad de aceptación, es el ejercicio de un alma noble y generosa. Pueden aceptar nuestros servicios hasta cierto punto y hacernos sentir honestamente que no nos desdeñan.

Pues esa ley que les ordena abominarnos porque las adoremos, y odiarnos porque las amemos, en verdad que es cruel, aunque sólo sea por su dificultad. ¿Por qué no van a oír nuestros ofrecimientos y peticiones mientras se repriman por el deber del pudor? ¿No vamos adivinando que

---

[44] «La fuerza del diablo está en los riñones» (San Jerónimo, *Contra Joviniano,* II).

son por dentro más libres? Una reina de nuestra época decía ingeniosamente que el rechazar esos primeros asaltos era prueba de debilidad, y que una dama no tentada no podía jactarse de su castidad.

No están marcados tan drásticamente los límites de la honra: puede relajarse, puede dispensarse de algún modo sin que se falte a ella. Hay en su frontera cierta extensión libre, indiferente y neutra. Quien pudo acorralarla y empujarla desde su rincón y su feudo, es un imprudente si no está satisfecho con su fortuna. El valor de la victoria se mide por su dificultad. ¿Queréis saber qué impresión ha hecho en su corazón vuestra servidumbre y vuestro mérito? Estimadlo por sus costumbres. Alguna puede dar más y no da tanto. El agradecimiento por el favor depende por entero de la voluntad de aquél que lo hace. Las demás circunstancias que lo rodean, son mudas, muertas y casuales. Ese poco cuéstale darlo más que todo a su compañera. Si en algo sirve de estimación la rareza, ha de ser en esto; no miréis cuán poco es sino cuán pocos lo tienen. El valor de la moneda cambia según la acuñación y la marca del lugar.

A pesar de que el despecho y la indiscreción pueda hacer hablar a algunos por su excesivo descontento, siempre recuperan su ventaja la virtud y la verdad. Sé de algunas cuya reputación viose largo tiempo afectada por la injuria, y que volvieron a conseguir la aprobación general de los hombres únicamente con su constancia, sin más cuidado ni artificio: todos se arrepienten y desdicen de todo cuanto creyeron; jóvenes algo sospechosas están hoy en primera fila entre las damas de bien y de honor. Alguien decía a Platón: —Todo el mundo habla mal de vos. —Dejadlos, dijo, viviré de tal guisa que les haré cambiar de opinión. Además del temor de Dios y del premio de gloria tan rara que debe incitarlas a conservarse, la corrupción de este siglo las fuerza a ello; y, si yo estuviera en su lugar, no hay nada que no hiciese antes que poner mi reputación en manos tan peligrosas. En mis tiempos, el placer de contar (placer que nada tiene que envidiar al propio de actuar en cuanto a dulzura), sólo les estaba permitido a aquéllos que tenían algún amigo fiel y único; ahora, las conversaciones ordinarias de las reuniones y de las mesas consisten en jactarse de los favores recibidos y de la liberalidad secreta de las damas. En verdad que es demasiada abyección y bajeza de corazón el dejar perseguir así ferozmente, manosear y hurgar en esas tiernas gracias a personas ingratas, indiscretas y tan livianas.

Esa nuestra exasperación inmoderada e ilegítima contra ese vicio, nace de la más vana y tempestuosa enfermedad que azota a las almas humanas y que son los celos.

> Quis vetat apposito lumen de lumine sumi?
> Dent licet assiduè, nil tamen inde perit[45].

Ésta y su hermana la envidia, parécenme de las más ineptas de la tropa. De la segunda no puedo hablar: esta pasión a la que pintan tan fuerte y poderosa, no tiene espontáneamente influencia alguna en mí. En cuanto a la otra, conózcola al menos de vista. Siéntenla los animales: habiéndose enamorado el pastor Cratis de una cabra, mientras dormía, su macho cabrío fue por celos a golpearle la cabeza con la suya, aplastándosela. Hemos aumentado el exceso de esta fiebre, siguiendo el ejemplo de algunas naciones bárbaras; las más disciplinadas viéronse alcanzadas por ella, lógicamente, mas no transportadas:

> Ense maritali nemo confessus adulter
> Purpureo stygias sanguine tinxit aquas[46].

Lúculo, César, Pompeyo, Antonio, Catón y otros hombres bravos fueron cabrones, y supiéronlo sin promover tumulto. Sólo el necio de Lépido murió de angustia en aquel tiempo.

---

[45] «¿Quién impide prender a una antorcha otra antorcha? Dan constantemente y nada disminuye.» (Ovidio, *Arte de amar,* III. 95).

[46] «Ningún adúltero confeso, atravesado por la espada de un marido, ha teñido con su sangre las aguas de la laguna Estigia.» (Juan Everaerts, llamado Juan Segundo, *Elegías,* I. VII. 71).

> Ah! tum te miserum malique fati,
> Quem attractis pedibus, patente porta,
> Percurrent mugilesque raphanique[47].

Y el dios de nuestro poeta, cuando sorprendió a uno de sus compañeros con su mujer, contentóse con avergonzarlos,

> atque aliquis de Diis non tirstibus optat
> Sic fieri turpis[48];

y no deja por ello de excitarse con las dulces caricias que ella le ofrece, quejándose de haber caído en la desconfianza de su afecto:

> Quid causas petis ex alto, fiducia cessit
> Quo tibi, diva, mei?[49]

Incluso le hace una petición para un bastardo suyo,

> Arma rogo genitrix nato[50],

la cual le es concedida con liberalidad; y habla Vulcano de Eneas con honor,

> Arma acri facienda viro[51].

¡Con una humanidad verdaderamente sobrehumana! Y este exceso de bondad consiento que se les deje a los dioses:

---

[47] «¡Ah, desdichado!, se te sacará por los pies y por la puerta abierta entrarán los mújoles y las nabas!»
Alusión al suplicio que los atenienses infligían al adúltero cogido 'in fraganti'.
[48] «Y uno de los dioses, no de los más austeros, desea un deshonor parecido» (Ovidio, *Metamorfosis,* IV. 187).
[49] «¿Por qué buscar razones tan lejos? ¿Qué has hecho, diosa, de tu confianza en mí?» (Virgilio, *Eneida,* VIII. 395).
[50] «Es una madre que pide armas para su hijo» *(ibídem, íd.,* VIII. 393).
[51] «Armas destinadas a un héroe.» *(Ibídem, íd.,* VIII. 441).

[98]

nec divis homines componier aequum est[52].

En cuanto a la comunidad de los hijos, aparte de que los más serios legisladores la ordenan y desean para sus repúblicas, no afecta a las mujeres en las que este sentimiento está, no sé por qué, aún más enraizado:

> Saepe etiam Juno, maxima caelicolum,
> Conjugis in culpa flagravit quotidiana[53].

Cuando los celos se apoderan de estas pobres almas débiles y sin resistencia, da pena ver cuán cruelmente las vapulea y tiraniza; insinúase en ellas so pretexto de amistad; mas en cuanto las posee, las mismas causas que servían de fundamento a la bondad, sirven de fundamento a un odio capital. De las enfermedades del espíritu es aquélla a la que más cosas sirven de alimento y menos de remedio. La virtud, la salud, el mérito o la reputación del marido atizan su malhumor y su rabia:

> Nullae sunt inimicitiae, nisi amoris, acerbae[54].

Esta fiebre afea y corrompe todo cuanto de bueno y de bello tienen por otra parte; y no hay acción de una mujer celosa, por casta y hacendosa que sea, que no huela agrio y a importuno. Es una rabiosa agitación que las lanza a unos extremos del todo contrarios a las causas. Ocurrióle esto a uno de los Octavios en Roma: habiéndose acostado con Pontia Postumia, aumentó su amor por el placer y trató por todos los medios de casarse con ella; al no poder persuadirla, aquella pasión extrema empujólo a actuar según la más cruel y mortal enemistad; la mató. Igualmente, los

---

[52] «No es justo comparar a los hombres con los dioses.» (Catulo, LXVIII. 141).
[53] «A menudo la propia Juno, la diosa más grande, se irritó contra su esposo, que la engañaba todos los días.» *(Ibídem, íd.,* LXVIII. 138).
[54] «No hay odios implacables más que los del amor.» (Propercio, II. VIII. 3).

síntomas comunes de esta otra enfermedad amorosa son odios internos, intrigas, conjuras,

notúmque furens quid faemina possit[55],

y una rabia que se reconoce pues se ve obligada a justificarse so pretexto de cariño.

Y es el caso que es muy amplio el deber de castidad. ¿Es acaso la voluntad lo que queremos que embriden? Es algo muy ágil y activo; demasiada presteza tiene para poderla detener. ¿Cómo no? Si los sueños las comprometen tanto a veces que no pueden negarlos. No depende de ellas, ni quizá de la propia castidad, puesto que es hembra, el defenderse de las concupiscencias y del deseo. ¿Si sólo su voluntad nos importa, en qué punto nos hallamos? Imagináos la angustia de aquél que tuviera el privilegio de ser llevado emplumado todo él, sin ojos ni lengua, a todas las que le aceptaran.

Las mujeres escitas sacábanles los ojos a todos sus esclavos y prisioneros de guerra para servirse de ellos más libre y encubiertamente.

¡Oh, furiosa ventaja la de la oportunidad! A quien me preguntara qué es lo primero en el amor, responderíale que es saber esperar; lo segundo, lo mismo, e incluso lo tercero: es un punto que todo lo puede. Tuve a menudo poca fortuna, mas también a veces poca iniciativa; ¡guarde Dios de todo mal al que aún puede reírse! En este siglo se peca más de temeridad, cosa que nuestros jóvenes disculpan so pretexto de ardor: mas, si ellas miran de cerca, verán que proviene más bien del desprecio. Temía yo supersticiosamente ofender y quiero respetar aquello que amo. Aparte de que quien prive a esta mercancía de la reverencia apagará su brillo. Pláceme que uno se haga el niño, el temeroso y el servidor. Si no es del todo en esto, tengo por otra parte algunos aires de esa tonta vergüenza de la que habla Plutarco, la cual ha herido y manchado el curso de mi vida

---

[55] «Y ya se sabe de lo que es capaz una mujer enfurecida» (Virgilio, *Eneida*, V. 6).

de distintas formas; cualidad que se aviene mal a mi modo de ser general; ¿qué somos sino sedición y discordancia? Soy débil tanto para mantener una negativa como para negar algo; y tanto me pesa pesar a los demás que en las ocasiones en las que el deber me obliga a probar la voluntad de otro en alguna cosa dudosa y que le cuesta, hágolo pobremente y a contrapelo. Y si es para mí particularmente (aunque diga Homero con verdad que para un indigente es la vergüenza necia virtud) encárgoselo de ordinario a un tercero que se ruborice en mi lugar. Y rechazo a aquéllos que me cargan con igual dificultad, de manera que a veces me ha ocurrido el tener la voluntad de negar sin tener la fuerza para ello.

Es pues locura tratar de reprimir en las mujeres un deseo que tan ardiente y natural es. Y cuando las oigo jactarse de tener la voluntad tan virgen y tan fría, búrlome de ellas; van demasiado lejos. Si se trata de una vieja desdentada y decrépita o de una joven flaca y tísica, aunque no sea creíble en absoluto, al menos tienen motivos para decirlo. Mas aquéllas que se mueven y aún respiran, no hacen sino empeorar su situación, pues las excusas inconsideradas sirven de acusación. Así como un gentilhombre vecino mío del que se sospechaba era impotente,

> Languidior tenera cui pendens sicula beta
> Nunquam se mediam sustulit ad tunicam[56],

tres o cuatro días después de sus desposorios, tuvo la osadía de jurar, para justificarse, que había hecho veinte actos la noche anterior; de lo cual sirviéronse después para declararlo convicto de pura ignorancia y descasarlo. Además de no decir nada que valga, pues no hay ni continencia ni virtud si no hay fuerza contraria. Es verdad, han de decir, mas no estoy dispuesta a rendirme. Incluso los santos hablan así. Aquéllas que se vanaglorian de buena fe de su frialdad e insensibilidad, con rostro serio, y que quieren ser creí-

---

[56] «Cuyo miembro, que cuelga lánguidamente como un tallo de acelga, no se irguió nunca bajo su túnica» (Catulo, LXVII. 21).

das, se entiende. Pues cuando lo hacen con rostro fingido en el que los ojos desmienten las palabras, y con la jerga de su profesión que quiere expresar lo contrario, háblolo bien. Gran servidor soy de la naturalidad y la libertad; mas no hay remedio; si no es del todo ingenua o infantil, no es apta para las damas y es inoportuna en este trato; cae irremisiblemente en la impudicia. Sus disfraces y sus figuras no engañan sino a los necios. La mentira ocupa un lugar de honor; es un desvío que nos lleva a la verdad por una puerta falsa.

Si no podemos contener su imaginación, ¿qué queremos de ellas? ¿Los actos? Hay bastantes que escapan a todo contacto extraño, por los cuales puede corromperse la castidad,

Illud saepe facit quod sine teste facit[57].

Y aquéllos que menos tememos son quizá los más de temer; sus mudos pecados son los peores:

Offendor maecha simpliciore minus[58].

Hay actos que pueden hacerles perder su pudicia sin impudicia, y aún más, sin que ellas lo sepan: «Obstetrix, virginis cujusdam integritatem manu velut explorans, sive malevolentia, sive inscitia, sive casu, dum inspicit, perdidit»[59]. Ésta destruyó su virginidad por haberla buscado; aquélla, recreándose con ella, la mató.

No sabríamos delimitarles con precisión los actos que les prohibimos. Hemos de expresar nuestras leyes con palabras generales e inciertas. Incluso la idea que inventamos para su virginidad es ridícula; pues entre los ejemplos extremos que tengo, está Fatua, la mujer de Fauno, la cual ja-

---

[57] «Hace a menudo lo que hace sin testigos.» (Marcial, VII. LXI. 6).
[58] «Una cortesana más sencilla me escandaliza menos.» (*Ibídem, íd.,* VI. VII. 6).
[59] «A veces una comadrona, confirmando con la mano la virginidad de una doncella, sea por malicia, por falta de habilidad o por azar, la ha desvirgado.» (San Agustín, *Ciudad de Dios,* I. 18).

más dejóse ver desde sus nupcias por varón alguno, y la mujer de Hierón, la cual no se percataba de la ocena de su marido por creer que era cualidad común a todos los hombres. Han de hacerse insensibles e invisibles para satisfacernos.

Y, confesemos que el meollo del juicio de este deber reside principalmente en la voluntad. Ha habido maridos que soportaron este hecho, no sólo sin reproche ni crítica a sus mujeres, sino con singular agradecimiento y alabanza de su virtud. Alguna que prefería su honor a su vida, prostituyólo al demente apetito de un mortal enemigo para salvar la vida a su marido, e hizo por él lo que en modo alguno habría hecho por ella misma. No es éste lugar para extendernos en ejemplos semejantes: son demasiado elevados y ricos para ser presentados a propósito de este tema, reservémosles asentamiento más noble.

Mas, por poner ejemplos más vulgares, ¿no hay acaso mujeres que todos los días, únicamente por servir a sus maridos, se prestan, y por orden e intervención expresa de ellos? Y antaño, Faulo el de Argia ofreció la suya a Filipo, por ambición; al igual que por cortesía, aquel Galba que había dado de cenar a Mecenas, viendo que su mujer y él comenzaban a conspirar mediante miradas y señales, arrellanóse en su cojín imitando a un hombre vencido por el sueño, para dar el espaldarazo a su entendimiento. Y confesólo de bastante buen grado; pues, en aquella tesitura, habiendo tenido un criado la osadía de poner sus manos en los vasos que estaban en la mesa, gritóle: ¿No ves, bribón, que sólo duermo para Mecenas?

Ésta, de costumbres desbordadas, tiene la voluntad más reformada que aquélla otra que aparentemente se comporta con rectitud. Así como vemos algunas que se lamentan de haber sido consagradas a la castidad antes de tener la edad de conocer; así también he visto a algunas lamentarse de haber sido consagradas al libertinaje antes de tener la edad de conocer; el vicio de los padres puede ser la causa de ello, o la fuerza de la necesidad que es muy ruda consejera. En las Indias orientales, donde tenían la castidad en singular estima, la costumbre permitía sin embargo que una mujer casada pudiera entregarse a quien le ofreciese un elefante; y ello con cierta gloria, por haber sido estimada a tan alto precio.

El filósofo Fedón, hombre de gran familia, tras la toma de su país, Elida, dedicóse a prostituir la belleza de su juventud mientras ésta duró, con quien la quisiera a cambio de dinero, para vivir de ello. Y en Grecia, Solón fue el primero, según dicen, que, con sus leyes, dio libertad a las mujeres para proveer a la necesidad de su vida a costa de su pudicia, costumbre que Herodoto dice haber sido aceptada anteriormente en varias sociedades.

Y además, ¿qué fruto tiene esta penosa solicitud? Pues, por justo que sea este sentimiento, habríamos de ver por otra parte si nos arrastra con utilidad. ¿Hay alguien que crea escudarlas con esta su laboriosidad?

> Pone seram, cohibe; sed quis custodiet ipsos
> Custodes? Cauta est, et ab illis incipit uxor[60].

¿Qué ocasión no les es suficiente en siglo tan sabio?

Siempre es pecaminosa la curiosidad, mas en esto es perniciosa. ¿No es locura querer echar luz en un mal para el que no hay medicina que no lo empeore y agrave; cuya vergüenza se aumenta y se hace pública principalmente por los celos; cuya venganza hiere a nuestros hijos más que curarnos a nosotros? Os marchitáis y morís persiguiendo tan oscura comprobación. ¡Cuán miserablemente llegaron hasta el final aquéllos que en mis tiempos lo consiguieron! Si el que os advierte no os ofrece a la par su ayuda y el remedio, es advertencia injuriosa y que más merece una puñalada que un mentís. No se burlan menos los demás de aquél que no puede poner fin a ello que de aquél que lo ignora. Ser cornudo es un carácter indeleble: aquél que lo es una vez, lo es para siempre; el castigo lo revela más que la falta. Gran cosa es ver arrancar de la oscuridad de la duda nuestras desventuras privadas, para pregonarlas en trági-

---

[60] «¡Ponla bajo llave! Pero, ¿quién vigilará a los guardias? Tu mujer es astuta y es por ellos por quienes empezará.» (Juvenal, VI. 247).

cos escenarios; y desventuras que sólo duelen con el relato. Pues dícese que una mujer y un matrimonio son buenos, no cuando lo son, sino cuando no se habla de ellos. Ha de ser uno ingenioso para evitar ese inútil y molesto conocimiento. Y los romanos tenían la costumbre, cuando volvían de algún viaje, de enviar por delante a alguien que informase a sus mujeres de su llegada, para no sorprenderlas. Y por ello ha inventado alguna nación que el sacerdote abra el paso a la esposa el día de la boda, para quitarle al marido la duda y la curiosidad de buscar en ese primer intento si llega a él virgen o herida por otro amor.

Mas las gentes hablan. Sé de cien hombres honrados y cornudos, con honestidad y con poca indecencia. A un hombre de bien se le compadece, mas no se le desprecia. Haced que vuestra virtud ahogue vuestra desgracia, que las gentes nobles maldigan la causa de ella, que aquél que os ofende tiemble a la sola idea. Y además, ¿de quién no se habla en ese sentido, desde el más insignificante hasta el más grande?

Tot qui legionibus imperavit,
Et melior quam tu multis fuit, improbe, rebus [61].

¿No ves cómo se atribuye ese reproche en tu presencia a tantos hombres honestos? Piensa que tampoco tú te librarás de él cuando no estés. —¡Mas incluso las damas se burlarán! —¿Y de qué se burlan más en esta época que de un matrimonio apacible y bien compenetrado? Cada uno de vosotros ha puesto los cuernos a alguien: y resulta que la naturaleza está equilibrada en compensación y vicisitudes. La frecuencia de este hecho debe haber moderado hoy su acritud; se ha vuelto ya una costumbre.

Miserable sentimiento, que es además incomunicable,

Fors etiam nostris invidit questibus aures [62]:

---

[61] Hasta el que dirigía a tantas legiones y que te superaba, desdichado, en todo.» (Lucrecio, III. 1039 y 1041).

[62] «El destino se niega a escuchar nuestras quejas» (Catulo, LXIV. 170).

pues, ¿a qué amigo osaréis confiar vuestras penas sin que las utilice como camino y aprendizaje para participar él mismo del encarne, si es que no se ríe?

La acritud, como la dulzura del matrimonio, mantiénenla los sabios en secreto. Y entre las demás condiciones importunas de éste, para un hombre deslenguado como yo, es ésta una de las principales: que la costumbre haya vuelto indecente y perjudicial el comunicar a alguien todo cuanto se sabe y se siente.

Sería perder el tiempo el darles a ellas el mismo consejo para hacerles odiar los celos; está su esencia tan impregnada de sospecha, de vanidad y de curiosidad, que no hemos de esperar curarlas por vía legítima. Enmiéndanse a menudo de este mal mediante cierta forma de salud mucho más de temer que la propia enfermedad. Pues, así como hay encantamientos que sólo saben quitar el mal cargándoselo a otro, transmiten frecuentemente esa fiebre a sus maridos cuando ellas la pierden. Sin embargo, a decir verdad, no sé si hay algo en ellas más insufrible que los celos; de sus cualidades es la más peligrosa, así como de sus miembros lo es la cabeza. Decía Pitaco que cada cual tenía su desgracia; y que la suya era la mala cabeza de su mujer; si no fuera por esto, consideraríase feliz totalmente. Es un inconveniente de gran peso y por el cual un personaje tan justo, sabio y valiente como él sentía alterado todo el curso de su vida: ¿qué no nos ocurrirá a nosotros, pobres hombres?

Tuvo razón el senado de Marsella al satisfacer la petición de aquél que quería permiso para matarse para así librarse del tormento de su mujer, pues es un mal que jamás se corta más que cortando, y que no tiene más solución que valga que la huida o el sufrimiento, ambos dos harto difíciles.

A mi entender, sabía de ello aquél que dijo que un buen matrimonio era el que se componía de una mujer ciega y de un marido sordo.

Miremos también si no producirá dos efectos contrarios a nuestro bien esta grande, violenta y dura obligación que les imponemos: a saber, que aguijonee a los perseguidores y haga más propensas a rendirse a las mujeres; pues, en cuanto al primer punto, al subir el valor de la plaza, subimos el premio y el deseo de conquistarla. ¿No habrá sido la propia Venus quien ha elevado así, astutamente, el precio de su mercancía, mediante las artimañas de las leyes, sabiendo cuán soso sería el placer si no lo hiciera valer gracias a la fantasía y a su carestía? Al fin y al cabo, todo es carne de cerdo con distintas salsas, como decía el invitado de Flaminio. Cupido es un dios felón; hace su juego luchando contra la devoción y la justicia; su gloria es que su poder choque contra todo otro poder y que todas las reglas cedan ante las suyas.

Materiam culpae prosequiturque suae[63].

Y en cuanto al segundo punto: ¿no seríamos quizá menos cornudos si temiéramos menos serlo, según el natural de las mujeres a las que la prohibición incita y convida?

Ubi velis, nolunt; ubi nolis, volunt oltro...[64]

Concessa pudet ire via[65].

¿Qué mejor interpretación podríamos dar al proceder de Mesalina? Al principio púsole los cuernos a su marido a escondidas, como normalmente se hace; mas, resultándole sus encuentros demasiado fáciles a causa del estupor que había en él, pronto desdeñó aquella costumbre. Hela aquí haciendo el amor abiertamente, admitiendo a servidores, manteniéndolos y favoreciéndolos a la vista de todos. Quería que él se percatase. No pudiéndose despertar aquel animal con todo aquello y volviéndole sus placeres flojos e insulsos por aquella demasiado libre facilidad por la cual parecía auto-

---

[63] «Busca sin cesar ocasiones de pecado.» (Ovidio, *Tristes,* IV. I. 34).
[64] «Cuando tú quieres, ellas no quieren, cuando tú no quieres, ellas quieren.» (Terencio, *Eunuco,* IV. VIII. 43).
[65] «Les avergüenza seguir el camino permitido» (Lucano, *Farsalia,* II. 446).

rizarlos y legitimarlos, ¿qué hizo ella? Siendo la mujer de
un emperador sano y vivo, y en Roma, en el teatro del mundo, en pleno día, en fiesta y ceremonia pública, cásase un
día en que su marido estaba fuera de la ciudad, con Silio,
con el cual gozaba desde mucho antes. ¿No parece acaso
sino que se aprestase a ser casta por la indolencia de su marido, o que buscase otro marido que le excitase el apetito
con sus celos y que al resistírsele, la incitase? Mas la primera dificultad que halló fue también la última. Aquel animal despertó con sobresalto. Suelen ser peores esos sordos
adormilados. He visto por experiencia que ese extremo sufrimiento, cuando llega a desatarse, produce venganzas más
duras; pues, prendiéndose de golpe, amontonándose de una
vez la cólera y el furor, estalla con todas sus fuerzas a la
primera carga,

irarumque omnes effundit habenas[66].

Hízola morir a ella y a gran número de aquéllos que con
ella se entendían, incluso a uno que no podía ya más y al
que ella había llevado al lecho a latigazos.

Lo que Virgilio dijo de Venus y Vulcano, habíalo dicho
Lucrecio más adecuadamente de un placer oculto entre ella
y Marte:

belli fera moenera Mavors
Armipotens regit, in gremium qui saepe tuum se
Rejicit, aeterno devinctus vulnere amoris:
Pascit amore avidos inhians in the, Dea, visus,
Eque tuo pendet resupini spiritus ore:
Hunc tu, diva, tuo recubantem corpore sancto
Circumfusa super, suaveis ex ore loquelas
Funde[67].

---

[66] «Y suelta todas las bridas a su ira.» (Virgilio, *Eneida,* XII. 499).

[67] «Marte, dios feroz de la guerra cruel y de las armas, se refugia a menudo en tu seno, encadenado por la eterna herida de amor. Incansable-
mente su mirada sobre ti, diosa, se alimenta de amor, tumbado, su soplo
está suspendido a tus labios. Entonces, ¡oh, divina!, abrázale con tu cuerpo sagrado, y que tu boca murmure dulces palabras.» (Lucrecio, I. 33).

Cuando murmuro este «rejicit», «pascit», «inhians», «molli», «fovet medullas», «labefacta», «pendet», «percurrit» y esa noble «circunfusa», madre del gentil «infusus», desprecio esas menudas incitaciones y alusiones verbales que luego nacieron. Aquellas buenas gentes no necesitaban de agudas y sutiles ocurrencias; su lenguaje es fuerte y está lleno de un vigor natural y constante; es epigrama por entero, no sólo la cola, sino la cabeza, el corazón y los pies. No hay nada forzado, nada lento, todo avanza con igual continuidad. «Contextus totus virilis est; non sunt circa flosculos occupati»[68]. No es una elocuencia blanda y únicamente sin defectos: es nerviosa y sólida, y no agrada tanto como llena y arrebata; y arrebata más a los espíritus más fuertes. Cuando veo esas nobles formas de explicarse, tan vivas, tan profundas, no digo que eso es hablar bien, digo que es pensar bien. Es la gallardía de la imaginación la que eleva e hincha las palabras «Pectus est quod disertum facit.»[69]. Llaman los nuestros juicio, lenguaje y bellas palabras, a las ideas plenas. Esta pintura está realizada así, no tanto por la destreza de la mano como por tener el tema más vivamente grabado en el alma. Galo[70] habla sencillamente porque concibe sencillamente. No se contenta Horacio con una expresión superficial, traicionaríalo ésta. Ve más claro y más a fondo en el objeto; su espíritu registra y escudriña todo el almacén de las palabras y de las figuras para representarse; y necesítalas más allá de lo ordinario así como su pensamiento va más allá de lo ordinario. Dice Plutarco que ve el lenguaje latino por las cosas; igual aquí: el sentido alumbra y produce las palabras; no aire, sino carne y hueso. Significan más de lo que dicen. Sienten los débiles algo de esto: pues en Italia, decía cuanto me placía con frases comunes; mas para las coosas serias, no habría osado confiar en un idioma que no podía plegar ni conducir más que por su camino común. Quiero poder hacer algo de esto con el mío.

---

[68] «Todo su discurso es viril, no piensan en adornarlo con flores.» (Séneca, *Epístolas,* 33).
[69] «Es el corazón el que dicta el discurso.» (Quintiliano, X. VII. 15).
[70] Poeta contemporáneo de Virgilio, a quien éste dedicó su X *Bucólica.*

Las mentes brillantes, al usar y manejar la lengua, la revalorizan, no tanto innovándola como usándola más vigorosa y diversamente, estirándola y moldeándola. No le aportan palabras, mas enriquecen las que tiene, dan peso y profundidad a su significado y a su empleo, enseñándole movimientos desacostumbrados, mas con prudencia e ingenio. Y vemos cuán poco se da esto entre nosotros por tantos escritores franceses de este siglo. Son lo bastante osados y desdeñosos como para no seguir la ruta común; mas piérdeles la falta de invención y de discreción. No se ve en ellos más que una mísera afectación de rareza y unos disfraces fríos y absurdos que en lugar de elevar la materia, la rebajan. Con tal de atiborrarse de novedad, nada se les da de la eficacia; por agarrarse a una palabra nueva, dejan la normal que suele ser más fuerte y más nerviosa.

Hallo nuestro lenguaje bastante provisto de materia mas algo falto de maneras; pues no hay nada que no se haga con la jerga de nuestras cacerías y de nuestra guerra, generoso terreno a utilizar; y las formas de hablar, como las hierbas, se enmiendan y fortalecen trasplantándolas. Hállolo suficientemente abundante, mas no suficientemente manejable y vigoroso. Sucumbe de ordinario abrumado por una poderosa idea. Si marcháis con fuerza, a menudo sentís que desfallece y flaquea bajo vuestro peso, y que cuando viene a faltar, preséntase el latín en vuestra ayuda, o el griego para otros. Captamos más difícilmente la energía de algunas de estas palabras porque el uso frecuente ha envilecido de algún modo su gracia haciéndola vulgar. Así como en nuestro hablar común hay frases y metáforas excelentes cuya belleza se marchita por la vejez y cuyo color se ha deslucido por un manejo demasiado corriente. Mas esto no hace perder el gusto a aquéllos que tienen buen olfato, ni que desmerezca la gloria de aquellos antiguos autores que como es lógico fueron los primeros en dar brillo a estas palabras.

Las ciencias tratan las cosas demasiado sutilmente, de una manera demasiado artificial y distinta de la común y natural. Mi paje hace el amor y lo entiende. Leedle a León

Hebreo[71] y a Ficino[72]: hablan de él, de sus pensamientos y de sus actos, y sin embargo nada entiende. No reconozco en Aristóteles la mayoría de mis impulsos ordinarios; los han cubierto y revestido con otro ropaje para el uso de la escuela, ¡Dios los ayude! Si yo fuera del oficio, naturalizaría el arte tanto como ellos artificializan la naturaleza. Dejemos a Bembo[73] y a Equicola[74].

Cuando escribo, prescindo de la compañía y el recuerdo de los libros, por temor a que rompan mi estilo. Y también, en verdad, porque los buenos autores me descorazonan y desaniman por ser demasiado para mí. De buen grado hago como aquel pintor que, habiendo pintado unos gallos lamentablemente, prohibía a sus chicos dejar entrar en su taller a ningún gallo auténtico.

Y necesitaría más bien, para darme algo de lustre, de la ocurrencia del músico Antinónides, el cual, cuando había de hacer música, ordenaba que ante él o tras él se abrevase al público con algún otro mal músico.

Mas cuéstame más deshacerme de Plutarco. Es tan general y tan completo que en toda ocasión y por extravagante que sea el tema que hayáis elegido, injiérese en vuestra tarea tendiéndoos una mano liberal e inagotable de riquezas y hermosuras. Me disgusta estar tan expuesto al pillaje de aquéllos que con él tienen algún trato: por poco que lo frecuente, siempre me llevo un muslo o un alón.

Conforme a estos designios míos, conviéneme escribir en mi tierra, en país salvaje, en el que nadie me ayuda ni me eleva, en el que no me relaciono con hombre alguno

[71] Rabino portugués, autor de tres diálogos sobre el amor (1535), traducidos al francés por Pontus de Thuard (1551); y de los que Montaigne poseía la edición veneciana de 1549

[72] Traductor de Platón (1433-1499) y autor de importantes comentarios sobre su obra, en particular sobre el *Banquete*.

[73] Autor de diálogos sobre el amor (1470-1547), traducidosx al francés por Martineu 1545 y a menudo reeditados en al segunda mitad del siglo XVI.

[74] Teólogo, autor de un tratado sobre el amor (1460-1539), traducido al francés por Chapnis en 1589.

que entienda el latín del padrenuestro y menos aún el francés. Habríalo hecho mejor en otro lugar, mas la obra habría sido menos mía; y su fin y perfección principal es ser estrictamente mía. Corregiría desde luego un error accidental de los que cometo con frecuencia pues corro descuidadamente, mas aquellas imperfecciones que son en mí ordinarias y constantes, sería traición suprimirlas. Cuando me dicen o yo mismo me digo: Eres demasiado denso en figuras. He aquí un dicho típico de Gascuña. He aquí una frase peligrosa (nó rechazo ninguna de las que se emplean en las calles francesas; me hacen reír aquéllos que quieren combatir su uso mediante la gramática). He aquí una idea ignorante. He aquí un argumento paradójico. He aquí otro harto insensato. Ironizas a menudo; creerán que dices en serio lo que dices en broma. —Sí, contesto; mas corrijo las faltas de inadvertencia, no las acostumbradas. ¿No hablo siempre así? ¿No me muestro así a lo vivo? ¡Basta! He hecho lo que he querido: todos me reconocen en mi libro y a mi libro en mí.

Y es el caso que tengo cierto natural imitamonos: cuando me metí a hacer versos (y sólo los hice latinos), revelaron claramente al poeta que acababa de leer recientemente; y algunos de mis primeros ensayos tienen cierto tufillo a cosecha ajena. En París hablo un lenguaje un poco distinto al de Montaigne. Cualquiera al que mire con atención me imprime fácilmente algo suyo. Aquello que observo, usúrpolo: una necia postura, una desagradable mueca, una manera de hablar ridícula. Más los vicios; pues, al lacerarme, cuélganse de mí y no se van a no ser que me los sacuda. Me han visto jurar más a menudo por mímesis que por inclinación a ello.

Imitación asesina como aquélla de los monos monstruosos por su tamaño y su fuerza que halló el rey Alejandro en cierto paraje de las Indias. Con los cuales difícilmente habríase podido acabar de otra manera. Mas ellos mismos proporcionaron el medio para ello por esa su tendencia a imitar todo cuanto veían hacer. Pues así aprendieron los cazadores a calzarse ante ellos unos zapatos con muchos nudos por ligaduras; a tocarse con lazos corredizos como atavíos para sus cabezas y a fingir que se untaban los ojos con liga. Así su natural imitador perjudicaba inconscientemente a aquellos pobres animales. Así se enredaban, enligaban y trababan ellos mismos. Esa otra facultad de representar ingeniosamente los gestos y las palabras de otro a propósito, la cual proporciona a menudo placer y admiración, existe tanto en mí como en un tocón. Cuando juro por mí mismo, sólo digo «por Dios», que es el juramento más recto. Dicen que Sócrates juraba con el perro, Zenón, con esa misma interjección que sirve ahora a los italianos, «gappari», Pitágoras, con el agua y el aire.

Soy tan propenso a recibir, sin darme cuenta, esas impresiones superficiales, que, habiendo tenido en la boca «sire» o «alteza» tres días seguidos, ocho días después se me escapan en lugar de «excelencia» o «señoría». Y lo que habré empezado a decir por broma y chanza, lo diré mañana en serio. Por lo cual, al escribir, acepto de peor grado los temas manidos, por temor a tratarlos a expensas de los demás. Todo tema me es igualmente fértil. Iníciolos con una mosca; y ¡quiera Dios el que tengo ahora entre manos no haya sido escogido por orden de tan liviana voluntad! Puedo empezar por la que me plazca, pues están las materias encadenadas unas a otras.

Mas irrítame mi alma porque produce de ordinario sus fantasías más profundas, más locas y más de mi gusto, de improviso y cuando menos las busco; las cuales desvanécense de inmediato al no tener en ese momento lugar alguno al que atarlas; a caballo, en la mesa, en la cama, pero más a caballo, cuando más largas son mis pláticas. Soy algo celoso de atención y de silencio al hablar, si hablo por fuerza: si me interrumpen, me detienen. Al viajar, la propia necesidad de los caminos corta las conversaciones; además de que suelo viajar sin compañía propia para esas conversaciones continuadas, por lo que permítome hablar conmigo mismo. Lo mismo me ocurre con los sueños; al soñar, recomiéndolos a mi memoria (pues sueño que sueño), mas, al día siguiente, recuerdo, sí, el color que tenían, si era alegre, más se hunden en el olvido. Así, de esos razonamientos fortuitos que me vienen a la imaginación, sólo me queda en la memoria una imagen vana, la suficiente para roerme y desesperarme persiguiéndolos inútilmente.

Por lo tanto, dejando los libros aparte, hablando más concreta y llanamente, hallo que después de todo, el amor no es otra cosa que la sed de ese goce con un sujeto deseado, ni Venus otra cosa que el placer de descargar los jarros, que se hace vicioso ya por inmoderación, ya por indiscreción. Para Sócrates, el amor es apetito de generación por intervención de la belleza. Y tras considerar tantas veces el ridículo cosquilleo de ese placer, los absurdos movimientos desmelenados y aturdidos con los que agita a Zenón y a Cratipo, esa rabia insensata, ese rostro encendido de furor y de crueldad en el momento más dulce del amor, y luego esa seria, severa y estática altivez en acto tan loco, y que se hayan mezclado nuestros placeres y nuestras basuras juntos y que la suprema voluptuosidad produzca angustias y quejidos como el dolor, creo que es verdad eso que dice Platón de que el hombre es juguete de los dioses,

> quaenam ista jocandi
> Saevitia![75]

y que por burlarse de nosotros ha hecho la naturaleza que nuestro acto más turbio sea el más común, para así igualarnos y emparejar a los locos y a los sabios; a nosotros y a los animales. Cuando me imagino al hombre más contemplativo y prudente en esa tesitura, téngolo por descarado al hacerse el prudente y el contemplativo; las patas del pavo rebajan su orgullo:

> ridentem dicere verum
> Quid vetat?[76]

Aquéllos que rechazan las ideas serias en medio de los juegos, hacen, dijo alguien, como aquél que teme adorar la imagen de un santo si carece de pedestal.

---

[75] «¡Cruel manera de jugar!» (Claudiano, *Contra Eutropes,* I. 24).
[76] «¿Por qué no decir riendo la verdad?» (Horacio, *Sátiras,* I. I. 24).

Comemos y bebemos como los animales, mas éstos no son actos que impidan las operaciones del alma. En ellos conservamos nuestro dominio; éste subyuga cualquier otro pensamiento, embrutece y atonta con su imperiosa autoridad toda la teología y filosofía de Platón; y sin embargo no se queja de ello. En cualquier otra cosa podéis mantener cierta decencia; todas las demás operaciones soportan reglas de honorabilidad; ésta no puede concebirse más que viciosa o ridícula. A ver, ¿halláis en ella un proceder prudente y sensato? Decía Alejandro que se sabía mortal principalmente por este acto y por el dormir: el sueño ahoga y suprime las facultades del alma; esta tarea las absorbe y disipa también. Es, ciertamente, una marca no sólo de nuestra corrupción original, sino también de nuestra vanidad y deformidad.

Por un lado, empújanos a ella la naturaleza, habiendo unido a ese deseo la más noble, útil y placentera de todas las operaciones; y por otra parte, déjanos acusarla y rehuirla como insolente y deshonesta, avergonzarnos de ella y recomendar la abstinencia.

¿No somos muy brutos al considerar brutal la operación que nos crea?

Los pueblos, en sus religiones, han tenido cosas parecidas, como sacrificios, cirios, inciensos, ayunos, ofrendas, y entre otras, el condenar este acto. Todas las ideas coinciden en ello, además de la costumbre tan extendida de cortar el prepucio, lo cual es un castigo. Quizá tengamos razón en reprocharnos el crear tan necio producto como el hombre; en llamar acto vergonzoso y partes vergonzosas a las que sirven para ello (ahora están las mías verdaderamente vergonzosas y lamentables). Los esenios, de los que habla Plinio, mantuviéronse sin nodriza ni mantillas, durante varios siglos, junto a los extranjeros que, de acuerdo con aquella hermosa postura, uníanse continuamente a ellos; habiendo decidido toda una nación exterminarse antes que caer en los brazos femeninos, y perder la descendencia de los hombres, antes que crear uno. Dicen que Zenón sólo tuvo relación con una mujer una vez en su vida; y que fue por cortesía, porque no pareciera que desdeñaba demasiado obstinadamente el sexo. Todos huyen de verlo nacer, todos le siguen para verlo morir. Para destruirlo, se busca un campo espacioso, a plena luz; para construirlo, se mete uno en un agujero tenebroso y estrecho. Es un deber esconderse y avergonzarse para hacerlo; y es glorioso y produce muchas virtudes, saber deshacerlo. Lo uno es injuria, lo otro es gracia; pues dice Aristóteles que beneficiar a alguien es matarlo, según dicho de su país.

Los atenienses, para igualar la desgracia de estos dos actos, habiendo de purificar la isla de Delos y justificarse ante Apolo, prohibieron en el recinto de aquélla a la par todo entierro y todo alumbramiento.

Nostri nosmet paenitet[77].

Consideramos vicio nuestro ser.

Hay naciones que se ocultan para comer. Sé de una dama, y de las más grandes, que es de esta misma opinión, que es actitud desagradable la de masticar, que rebaja mucho su gracia y su belleza; y no gusta de presentarse en público con apetito. Y sé de un hombre que no puede sufrir ver comer ni que le vean, y rehúye toda asistencia más cuando se llena que cuando se vacía.

En el imperio turco, hay gran número de hombres que, para despuntar sobre los otros, jamás se dejan ver al hacer sus comidas; que sólo hacen una a la semana; que se cortan y despedazan el rostro y los miembros; que jamás hablan con nadie; todos ellos gentes fanáticas que creen honrar su naturaleza desnaturalizándose, que se precian despreciándose y se enmiendan empeorando.

¡Cuán monstruoso es este animal que se produce horror a sí mismo, a quien pesan sus propios placeres; que se juzga malhadado!

Hay quien oculta su vida,

---

[77] Verso de Terencio, *Formión*, I. III. 20, que Montaigne traduce después de haberlo citado.

Exilióque domos et dulcia limina mutant[78],

y la sustraen a la vista de los demás; quien evita la salud
y la alegría como cualidades enemigas y perjudiciales. No
sólo muchas sectas sino muchos pueblos, maldicen su nacimiento y bendicen su muerte. Los hay que abominan del
sol y adoran las tinieblas.

Sólo somos ingeniosos para conducirnos malamente; es
la verdadera caza de la fuerza de nuestro espíritu, ¡peligroso instrumento desordenado!

O miseri! quorum gaudia crimen habent[79].

—¡Eh!, desgraciado, bastantes males necesarios tienes sin
que los aumentes inventándolos; y bastante mísero eres por
condición sin que hagas por serlo artificialmente. Tienes
fealdades reales y esenciales suficientes sin que forjes otras
imaginarias. ¿Acaso te sientes demasiado cómodo si tu comodidad no te resulta desagradable? ¿Acaso crees haber
cumplido con todos los deberes necesarios a los que la naturaleza te compromete y que esté falta y ociosa en ti si no
te obligas a nuevos deberes? No temes ofender sus leyes
universales e indubitables y te obstinas en las tuyas, par-
ciales y fantásticas; y cuanto más particulares, inciertas y
discutidas, tanto más te esfuerzas por ellas. Te ocupan y
atan las reglas positivas de tu invención, y las reglas de tu
parroquia: las de Dios y el mundo no te afectan. Recorre
un poco los ejemplos de esta consideración, tu vida entera
está en ellos.

Los versos de estos dos poetas[80], al tratar así de reservada y discretamente la lascivia, paréceme que la descubren
y alumbran más de cerca. Cubren las damas su seno con en-
cajes, y los sacerdotes, muchas cosas sagradas; los pintores
oscurecen su obra para darle más brillo; y dicen que un gol-

---

[78] «Y cambian por el exilio su casa y su dulce umbral» (Virgilio, *Geórgicas*, II. 511).
[79] «Desgraciados los que hacen un crimen de su placer» (Pseudo-Gallo,
I. 180).
[80] Virgilio y Lucrecio.

pe de sol o de viento es más fuerte por reflexión que directamente. Respondió sabiamente el egipcio a aquél que le preguntaba: ¿Qué llevas ahí, oculto bajo tus ropas? —Está oculto bajo mis ropas para que no sepas lo que es. Mas hay otras cosas que se esconden para enseñarlas. Escuchad a éste más abierto,

Et nudam pressi corpus adusque meum[81],

paréceme que me castra. Remangue Marcial cuanto quiera los vestidos de Venus, no llega a mostrarla tan entera. Aquél que dice todo, nos harta y nos quita el gusto; aquél que teme expresarse empújanos a pensar más de lo que hay. Es traidora esta especie de modestia y principalmente al entreabrir, como hacen éstos, tan hermoso camino a nuestra imaginación. El acto y la pintura han de dejar sentir el plagio.

Me agrada el amor de los españoles y de los italianos, más respetuoso y temeroso, más discreto y encubierto. Antaño, no sé quién deseaba tener el gaznate alargado como el cuello de una grulla para saborear durante más tiempo cuanto tragaba. Conviene más este deseo en esta voluptuosidad rápida y precipitada, sobre todo a naturalezas tales como la mía que peca de brusquedad. Para detenerla en su huida y extenderla en preámbulos todo sirve entre ellos de favor y recompensa: una mirada, una inclinación, una palabra, una señal. Quien pudiera cenar con el vaho de un eructo ¿no haría acaso gran ahorro? Es ésta una pasión que mezcla a muy poca esencia sólida mucha más vanidad y fantasía febril: se la ha de servir y pagar del mismo modo. Enseñemos a las damas a darse a valer, a estimarse, a entretenernos y a engañarnos. Nosotros hacemos primero la carga más fuerte; siempre hay en ella impetuosidad francesa. Si se hilvanan sus favores y se exhíben detalladamente, cada cual, hasta en la miserable vejez, halla algún trozo de orillo, según su valía y su mérito. A quien no obtiene placer sino del placer, a quien no gana si no es en el punto más

---

[81] «Y desnuda la he apretado contra mi cuerpo» (Ovidio, *Amores,* I. V. 24).

alto, a quien no ama la caza sino por la presa, no le corresponde entrar en nuestra escuela. Cuantos más peldaños y niveles hay, más altura y honor hay en el último lugar. Debería agradarnos que nos condujeran allí, como ocurre en los palacios magníficos, por distintos pasillos y pórticos, por largas y amenas galerías y por muchos desvíos. Esta manera de dispensar redundaría en nuestro propio bien; nos detendríamos y amaríamos más tiempo; sin esperanza ni deseo no vamos a ningún lado. Que las dominemos y poseamos por entero es para ellas harto de temer: en cuanto están entregadas del todo a merced de nuestra fe y constancia, corren un gran riesgo. Son virtudes raras y difíciles; en cuanto son nuestras, dejamos de ser suyos:

> postquam cupidae mentis satiata libido est,
> Verba nihil metuere, nihil perjuria curant[82].

Y el joven griego Trasónides enamoróse tanto de su amor que, habiendo conseguido el corazón de la amada, negóse a gozar de ella, para no calmar, hartar o disminuir mediante el goce aquel inquieto ardor del que se gloriaba y alimentaba.

La carestía da sabor a las viandas. Ved cuánto envilece la manera de saludar particular a nuestra nación la gracia de los besos, por su facilidad, los cuales Sócrates dice ser tan poderosos y peligrosos para robarnos el corazón. Molesta e injuriosa costumbre es para las damas el haber de prestar los labios a cualquiera que tenga dos criados tras él, por desagradable que sea.

> Cujus livida naribus caninis
> Dependet glacies rigetque barba:
> Centum ocurrere malo culilingis[83].

Y tampoco nosotros ganamos nada: pues como el mundo está dividido, por cada tres bellas hemos de besar a cin-

---

[82] «Una vez satisfecho nuestro ardiente deseo, olvidamos nuestras palabras y el perjurio» (Catulo, LXIV. 147).

[83] «A ese de cuya nariz cuelga un témpano lívido y cuya barba es áspera, prefiero cien veces besarle el trasero.» (Marcial, VII. XCV. 10).

cuenta feas; y para un corazón débil como es el de mi edad, un mal beso supera a uno bueno.

En Italia persiguen y se enamoran incluso de las que se venden, y defiéndense así: Que hay grados en el placer y que con servicios quieren conseguir a la que esté más entera. Sólo venden el cuerpo; no puede ponerse en venta la voluntad, es demasiado libre y suya. Y así dicen éstos que es la voluntad la que persiguen, y llevan razón. Es la voluntad a la que se ha de servir y de la que se ha de ocupar uno. Prodúceme horror el imaginarme con un cuerpo privado de deseo, y paréceme que se asemeja esta locura a aquélla de aquel joven que ensució por amor la bella estatua de Venus que había hecho Praxíteles; o de aquel furioso egipcio que se apasionó por el cadáver de una muerta a la que estaba embalsamando y poniendo el sudario: el cual dio lugar a la ley que después se decretó en Egipto, de que los cuerpos de las mujeres jóvenes y bellas y de las de buena familia se conservaran tres días antes de ponerlas en manos de los encargados de ocuparse de su entierro. Actuó más monstruosamente Periandro, el cual, llevó tan lejos el deseo conyugal (más ordenado y legítimo) que gozó de Melisa, su mujer, una vez fallecida.

¿No parece acaso idea lunática la de la Luna, de ir a dormir durante varios meses a Endimión, su valido, al no poder gozar de él de otro modo, y satisfacerse gozando de un joven que sólo se movía en sueños?

Igualmente digo que se ama un cuerpo sin alma ni sentimiento cuando se ama un cuerpo sin su consentimiento ni su deseo. No todos los goces son iguales; hay goces éticos y lánguidos; mil causas pueden proporcionarnos esta concesión de las damas sin qué nos quieran bien. No es prueba suficiente de amor; puede haber en ello traición, como en otras cosas: sólo se dan a veces con una nalga,

tanquam thura merumque parent:
Absentem marmoreamve putes[84].

---

[84] «Como si prepararan el incienso y el vino, parecen ausentes o de mármol.» (Ibídem, íd., XI. 103 y 59).

Sé de algunas que prefieren prestar esto que su coche, y que sólo se comunican así. Hemos de ver si les place nuestra compañía para algún otro fin además o sólo para éste, como si fuéramos un mocetón de cuadra; en qué rango y en qué precio nos tienen

tibi si datur uni,
Quo lapide illa diem candidiore notet[85].

Pues, ¿y si se comen vuestro pan con la salsa de una imaginación más agradable?

Te tenet, absentes alios suspirat amores[86].

¿Cómo? ¿Acaso no hemos visto en nuestros días servirse a uno de esto para usar de horrible venganza, matando y envenenando, como hizo, a una mujer honrada?

Los que conocen Italia no se extrañarán, si, para este tema, no busco ejemplos en otra parte; pues esta nación puede decirse guía del resto del mundo en esto. Tienen más corrientemente que nosotros mujeres bellas y menos feas; mas en cuanto a las raras y excelsas bellezas, creo que vamos a la par. Y lo mismo pienso de los cerebros; de los comunes, tienen muchos más, y evidentemente la brutalidad es, sin comparación, más rara; en cuanto a las almas singulares y más altas, no tenemos nada que envidiarles. Si hubiera de hacer más extensiva esta similitud, paréceme que podría decir que por el contrario es nuestro valor, comparado con el suyo, popular y natural; mas se da a veces en sus manos tan pleno y vigoroso que supera los más grandes ejemplos que tenemos. Los matrimonios de ese país fallan en esto: impone la costumbre una ley tan dura a las mujeres y tan esclava, que el contacto más lejano con un extraño les es tan capital como el más cercano. Esta ley hace que todas las aproximaciones sean necesariamente

---

[85] «Si se te entrega a ti solo, si marca ese día con una piedra más blanca.» (Catulo, LXVIII. 147).
[86] «Te abraza y suspira por un amante ausente.» (Tibulo, I. VI. 35).

sustanciales; y puesto que todo les viene a ser lo mismo, tienen muy fácil la elección. Y una vez que han derribado esos muros, creed que van pegando fuego: «luxuria ipsis vinculis, sicut fera bestia, irritata, deinde emissa» [87]. Han de soltar un poco las riendas:

> Vidi ego nuper equum, contra sua frena tenacem,
> Ore relucantanti fulminis ire modo [88].

Decae el deseo de compañía si se le da cierta libertad.

Corremos nosotros más o menos la misma suerte. Ellos son de una rigidez demasiado exagerada, nosotros de una licencia igual. Es una buena costumbre de nuestra nación que nuestros hijos sean aceptados en las casas de bien para ser criados y educados como pajes al igual que en una escuela de nobleza. Y es descortesía, dícese, e injuria, rechazar a un gentilhombre. He visto (pues hay tantos estilos y formas como casas) que las damas que quisieron dar a las jóvenes de su compañía las reglas más austeras, no obtuvieron mejores resultados. Es menester moderación; se ha de dejar buena parte de su conducta a su propia discreción: pues, de un modo u otro, no hay disciplina que pueda sujetarlas siempre. Más bien es cierto que aquélla que escapa sana y salva de una educación libre da mayor prueba de fiabilidad que aquélla que sale sana de una escuela severa y prisionera.

Nuestros padres educaban a sus hijas en el pudor y el temor (los corazones y los deseos eran lo mismo); nosotros, en la seguridad en sí mismas: nada sabemos de esto. Está bien para las sármatas, a las que no les está permitido acostarse con un hombre antes de haber matado a otro en la guerra con sus propias manos. A mí que sólo tengo derecho a ellas por los oídos, me basta si me retienen por mi prudencia, conforme al privilegio que me da la edad. Acon-

---

[87] «La lujuria se parece a un animal salvaje irritado por sus cadenas y, luego, liberado.» (Tito Livio, XXIV. 4).

[88] «Vi antaño a un caballo rebelde a su bocado luchar con la boca y lanzarse como el relámpago.» (Ovidio, *Amores,* III. IV. 13).

séjoles pues, como a nosotros, la abstinencia, mas, si este siglo es demasiado enemigo de ella, al menos discreción y modestia. Pues como dice el cuento de Arístipo al dirigirse a unos jóvenes que se escandalizaban por verle entrar en casa de una cortesana: Consiste el vicio en no salir, no en entrar. Quien no quiera descargar su conciencia, descargue su nombre; si nada vale el fondo, manténganse las apariencias.

Alabo que dispensen sus favores progresiva y lentamente. Platón enseña que en toda especie de amor, la facilidad y la presteza está prohibida al perseguido. Es prueba de avidez, la cual han de encubrir con todo su arte, el rendirse así de golpe, temeraria y tumultuosamente. Comportándose en sus concesiones con orden y moderación, encelan mucho mejor nuestro deseo y ocultan el suyo. Huyan siempre de nosotros, y digo incluso aquéllas que han de dejarse atrapar; nos vencen mejor huyendo, como los escitas. En verdad, según lo que les permite la naturaleza, no les corresponde a ellas propiamente el querer y desear; lo suyo es padecer, obedecer, consentir; por eso les ha dado la naturaleza una perpetua capacidad; y es la nuestra escasa e incierta; tienen siempre su momento a fin de que estén siempre dispuestas para el nuestro: «pati natae» [89]. Y mientras que ha querido que nuestros apetitos se muestren y anuncien de modo prominente, ha hecho que los suyos estén ocultos internamente y las ha provisto de partes impropias para la ostentación y simplemente defensivas.

Es menester permitir a la libertad amazoniana algunos gestos como éste. Al pasar Alejandro por la Hircania, Thalestris, reina de las amazonas, fue a su encuentro con trescientas guardias de su sexo, bien montadas y armadas, tras haber dejado al otro lado de las montañas al resto de un gran ejército que la seguía; y díjole en alta voz y en público que el ruido de sus victorias y de su valor habíala llevado hasta allí para verle y ofrecerle sus recursos y su poder en socorro de sus empresas; y que hallándolo tan bello, joven y vigoroso, ella, que era perfecta en todas sus cualidades,

---

[89] «Nacidas para sufrir.» (Séneca, *Epístolas*, 95).

aconsejábale acostarse juntos para que naciese de la mujer más valiente del mundo y del hombre más valiente que vivía entonces, algo grande y raro para el porvenir. Agradecióselo Alejandro, desde luego; mas, para tener tiempo de satisfacer su última petición, detúvose trece días en aquel lugar, durante los cuales festejó con la mayor alegría que pudo a tan ardorosa princesa.

En casi todo somos jueces inicuos de sus actos, como ellas de los nuestros. Reconozco la verdad cuando me perjudica al igual que cuando me favorece. Es vil libertinaje lo que las empuja tan a menudo a cambiar y les impide asegurar su afecto en cualquiera que sea el sujeto, como vemos de aquella diosa a la que se atribuye tantos cambios y amigos; mas es verdad sin embargo que va contra la naturaleza del amor el no ser violento, y contra la naturaleza de la violencia el ser constante. Y aquéllos que se asombran, se escandalizan y buscan las causas de esta enfermedad de ellas como desnaturalizada e increíble, ¡cómo no ven que suelen admitirla en ellos mismos sin espantarse ni maravillarse! Sería quizá más raro hallar constancia en este sentimiento; no es una pasión simplemente corporal: si no hay límite para la avaricia o la ambición, tampoco lo hay para la lujuria. Persiste tras la saciedad; y no se le puede prescribir ni satisfacción constante, ni fin; va siempre más allá de la posesión; y así, quizá sea en ellas más perdonable la inconstancia que en nosotros.

Pueden alegar como nosotros la inclinación, que nos es común, a la variedad y la novedad, y alegar en segundo lugar, sin que nosotros podamos hacer lo mismo, que les damos gato por liebre (Juana, reina de Nápoles, hizo estrangular a Andreas, su primer marido, en la reja de su ventana con un lazo de oro y seda tejido con sus propias manos, por no haberle hallado en las tareas matrimoniales ni las partes ni las fuerzas conformes con la esperanza que le había hecho concebir por su estatura, su belleza, su juventud y su prestancia, las cuales habíanla atraído y engañado); que la acción requiere más fuerza que el padecimiento: por lo que, por su parte, siempre se provee al menos a la necesidad, mientras que por nuestra parte no siempre ocurre así. Por este motivo, Platón establece sabiamente en sus leyes que, para decidir si es oportuno un matrimonio, vean los jueces a los jóvenes que a él aspiran, enteramente desnudos, y a las jóvenes, desnudas sólo hasta la cintura. Al probarnos, quizá no nos hallen dignos de su elección,

> experta latus, madidoque simillima loro
> Inguina, nec lassa stare coacta manu,
> Deserit imbelles thalamos[90].

No basta con que marche derecha la voluntad. La debilidad y la incapacidad rompen legítimamente un matrimonio:

> Et quarendum aliunde foret nervosius illud
> Quod posset zonam solvere virgineam[91].

¿Por qué no? Y un entendimiento amoroso más libre y activo, a su medida,

> si blando nequeat superese labori[92].

Mas, ¿no es acaso gran impudicia llevar nuestras imperfecciones y debilidades allí donde queremos gustar y dejar buena estima y buena fama de nosotros? Para lo poco que hogaño necesito,

> ad unum
> Mollis opus[93].

no querría importunar a una persona a la que he de reverenciar y temer:

---

[90] «No encontrando a su lado más que un miembro parecido a un cuero mojado, y cansada de no poder endurecerlo con la mano, deja, por fin, un tálamo inerte.» (Marcial, VII. LVII. 3).

[91] «Hubiera sido preciso buscar un esposo con más nervio, capaz de haber desatado el cinturón de una virgen.» (Catulo, LXVII. 27).

[92] «Si no puede cumplir su dulce tarea.» (Virgilio, *Geórgicas,* III. 127).

[93] «Pudiendo apenas conseguirlo una vez.» (Horacio, *Epodos,* XII. 15).

Debería haberse contentado la naturaleza con haber hecho miserable esta edad, sin hacerla también ridícula. Odio ver cómo se afana y se arma por un dedo de insignificante vigor que le entra tres veces por semana, con la misma avidez que si tuviera grande y legítimo combate en el vientre: no hace sino echar leña al fuego. Y asómbrame cómo su ardor tan vivo y bullicioso se congela y apaga totalmente en un momento. Este apetito debería pertenecer sólo a la flor de una hermosa juventud. Fiaos, ya veréis, y secundad este ardor infatigable, pleno, constante y magnífico que está dentro de vosotros, ¡os dejará plantado a mitad de camino! Atrevéos a enviarlo más bien hacia alguna tierna infancia asombrada e ignorante que tiemble aún ante la verga y se ruborice,

Indum sanguineo veluti violaverit ostro
Si quis ebur vel mista rubent ubi illia multa
Alba rosa[95].

Quien pueda esperar al día siguiente, sin morir de vergüenza, el desdén de esos hermosos ojos conscientes de su flojedad e impertinencia,

Et taciti fecere tamen convitia vultus[96],

no ha sentido jamás el contento y el orgullo de haberlos vencido y apagado con el vigoroso ejercicio de una noche atareada y activa. Cuando he visto a alguna aburrirse de mí, no he criticado de inmediato su ligereza; he pensado

---

[94] «No temas nada de un hombre que cumple, ¡por desgracia!, su décimo lustro.» (Horacio, *Odas,* II. IV. 22).

[95] «Como un marfil indio coloreado de púrpura, o una azucena blanca enrojecida por las rosas que la rodean» (Virgilio, *Eneida,* XII. 67).

[96] «Y aunque mudo, su rostro hizo reproches» (Ovidio, *Amores,* I. VII. 21).

si no habría de emprenderla más bien con la naturaleza. Ciertamente, me ha tratado injusta e incivilmente,

> Si non longa satis, si non benè mentula crassa:
> Nimirum sapiunt, vidéntque parvam
> Matronae quoque mentulam illibenter[97],

y lesionándome enormemente.

Cada una de mis partes me hace a mí como cualquier otra. Y ninguna otra me hace más propiamente hombre que ésta. Débole al público un retrato completo. La sabiduría de mi lección está aquí verdadera, libre, esencial, total; desdeñando por sus auténticos deberes, esas pequeñas reglas fingidas, usuales, provincianas; naturaleza total, constante, universal, de la que son hijas pero bastardas, la ceremonia y la cortesía. Ya tendremos los vicios de la apariencia cuando tengamos los de la esencia. Cuando hayamos acudido a éstos, acudiremos a los otros, si estimamos que hemos de acudir. Pues existe el peligro de inventar nuevos deberes para justificar nuestra negligencia para con los deberes naturales, y confundirlos. Si así es, veremos que en los lugares en los que las faltas son crímenes, los crímenes sólo son faltas; que en las naciones donde las leyes de la buena educación son más escasas y laxas, las leyes primitivas y comunes se observan mejor, pues la innumerable multitud de tantos deberes ahoga nuestro cuidado, lo hace decaer y lo anula. El aplicarnos a las cosas menudas nos aparta de las importantes. ¡Oh! ¡Cuán fácil y plausible es el camino que toman esos hombres superficiales al lado del nuestro! Son apariencias con las que nos revestimos y pagamos entre nosotros; mas no pagamos con ellas, sino que aumentamos, la deuda contraída con ese gran juez que nos remanga los pliegues de nuestros andrajos por encima de las partes vergonzosas, y no vacila hasta vernos enteros, hasta nuestras más íntimas y secretas inmundicias. Muy útil

---

[97] «Si mi miembro no es largo ni firme, las matronas sin duda tienen razón de verlo con malos ojos» *(Priapeas,* LXXX. 1; VIII. 4).

decencia sería la de nuestro virginal pudor, si pudiera impedir ese descubrimiento.

En fin, si alguien librara al hombre de la necedad de tan escrupulosa superstición verbal, no perdería gran cosa el mundo. Nuestra vida es en parte locura y en parte prudencia. Quien sólo escribe reverente y regularmente se deja atrás más de la mitad de ella. No me justifico ante mí mismo; si lo hiciera, justificaríame antes por mis justificaciones que por cualquier otra cosa. Justifícome ante ciertas posturas que sé más numerosas que las que están de mi lado. En consideración a ellas diré esto aún (pues deseo contentar a todas, cosa sin embargo harto difícil «esse unum hominem accomodatum ad tantam morum ac sermonum et voluntatum varietatem»)[98], que no han de tomarla conmigo porque haga hablar a voces autorizadas y aceptadas desde hace muchos siglos, y que no es justo que por falta de rima se me niegue el privilegio del que gozan en este siglo incluso hombres eclesiásticos de los nuestros y de los más crestados. He aquí a dos de ellos:

Rimula dispeream, ni monogramma tua est[99].

Un vit d'ami la contente et bien traite[100].

¿Y qué hay de tantos otros? Agrádame el recato; y no he elegido voluntariamente este modo escandaloso de hablar: la naturaleza lo ha elegido por mí. No lo alabo, como tampoco ninguna forma contraria a las costumbres recibidas; mas lo justifico y, por circunstancias particulares y generales, rechazo su condena.

Sigamos. De igual modo, ¿de dónde puede venir esa usur-

---

[98] «Que un hombre pueda adaptarse a una variedad tan grande de costumbres, de discursos y de voluntades» (Quinto Cicerón, *De la candidatura al consulado,* XIV).

[99] «Si tu hendidura no es más que una línea, que muera» (Th. de Bèze, *Juvenilia).*

[100] «Un miembro viril la llena y la satisface», verso de Mellin de Saint-Gelais, poeta y capellán de Francisco I.

pación de la autoridad soberana que ejercéis sobre aquéllas que os benefician a sus expensas?

Si furtiva dedit nigra munuscula nocte [101],

¿por qué os investís de inmediato del interés, la frialdad y la autoridad marital? Es un acuerdo libre: ¿por qué no os comportáis tal y como queréis que hagan ellas? No hay prescripción alguna sobre las cosas voluntarias.

Va contra las formas; mas sin embargo es verdad que en mis tiempos llevé estos asuntos, según puede permitirlo su naturaleza, con tanta conciencia como cualquier otro asunto, y con cierto aire de justicia, y que no les testimonié más pasión de la que sentía, mostrando espontáneamente su decadencia, su vigor y su nacimiento, sus avances y retrocesos. No siempre se va al mismo ritmo. He sido tan escatimador prometiendo, que pienso haber cumplido más de lo prometido y debido. Hallaron fidelidad hasta al servicio de su inconstancia: y digo inconstancia confesada y a veces repetida. Jamás rompí con ellas mientras estuve ligado aunque fuera por un hilo; y por muchos motivos que me hayan dado, jamás rompí hasta llegar a despreciarlas y a odiarlas; pues una intimidad semejante, aun conseguida mediante los más vergonzosos acuerdos, oblígame sin embargo a cierto afecto. Mostré a veces cólera e impaciencia algo faltas de juicio con sus astucias y evasivas, y en nuestras peleas: pues soy de natural propenso a emociones bruscas que suelen perjudicarme en mis relaciones, aunque sean ligeras y cortas.

Cuando quisieron probar la libertad de mi juicio, no vacilé en darles opiniones paternales e hirientes y en pincharles donde les dolía. Si hice que de mí se quejaran, fue más bien por ofrecerles un amor neciamente concienzudo comparado con el que ahora se usa. Cumplí mi palabra en cosas de las que fácilmente me habrían dispensado; entregábanse entonces a veces con honor y con unas capitula-

---

[101] «Si en la oscuridad de la noche, algún favor os ha sido hecho» (Catulo, LXVIII. 145).

ciones que sabían fácilmente falseadas por el vencedor. Antepuse más de una vez el interés de su reputación al placer en su mayor grado; y cuando a ello me empujaba la razón, armélas contra mí, de modo que se condujeron con más seguridad y severidad con mis reglas cuando a ellas se habían entregado con franqueza, de lo que hubieran hecho con las suyas propias.

Cargué yo sólo, cuanto pude, con el riesgo de nuestras citas para descargarlas a ellas; y organicé nuestros encuentros siempre del modo más difícil e inopinado, para crear menos sospechas y además, en mi opinión, del modo más accesible. Se está más descubierto principalmente por los lugares que se consideran de por sí más cubiertos. Las cosas menos temidas están menos defendidas y vigiladas: nada puede intentarse más fácilmente que aquello que nadie cree que intentaréis, pues vuélvese fácil por su dificultad.

Jamás hombre alguno tuvo contactos más insuficientemente genitales. Esta manera de amar está más de acuerdo con la educación; mas, ¿quién sabe mejor que yo cuán ridícula es para nuestras gentes y cuán poco efectiva? Aun así no me arrepentiré: ya nada tengo que perder;

> me tabula sacer
> Votiva paries indicat uvida
> Suspendisse potenti
> Vestimenta maris Deo [102].

Es hora ya de hablar abiertamente. Mas así como a cualquier otro diría quizá: Amigo mío, sueñas; el amor, en tu época, poco tiene que ver con la fidelidad y honestidad,

> haec si tu postules
> Ratione certa facere, nihilo plus agas,
> Quam si des operam, ut cum ratione insanias [103];

[102] «La tabla votiva que he colgado en el templo del dios del mar prueba a todos que le dedico mis ropas empapadas por el naufragio.» (Horacio, *Odas*, I. V. 13).

[103] «Pretender someterlo a unas reglas es querer desvariar razonablemente» (Terencio, *Eunuco*, I. I. 16).

si, por el contrario, hubiera yo de volver a empezar, haríalo ciertamente del mismo modo y siguiendo el mismo camino, por infructuoso que me haya podido resultar. La insuficiencia y la necedad son loables en un acto poco loable. Cuanto más me alejo de la opinión general en esto, más me acerco a la mía.

Por lo demás, en este asunto, no me entregaba todo yo; complacíame en él, mas sin obnubilarme; conservaba entero ese poco sentido y juicio que la naturaleza me dio, para el servicio de ellas y el mío; un poco de emoción mas nada de sueños. Comprometíase también mi conciencia hasta el libertinaje y la disipación; mas no hasta la ingratitud, la traición, la maldad o la crueldad. No compraba el placer de ese vicio a cualquier precio y contentábame con su propio y simple coste: «Nullum intra se vitium est»[104]. Odio casi en igual medida la ociosidad pesada y adormecida como la laboriosidad espinosa y penosa. La una me pincha, la otra me adormila; gusto tanto de las heridas como de las magulladuras, y de los cortes como de los cardenales. Hallé en esto, cuando aún servía para ello, una justa moderación entre estos dos extremos. Es el amor una agitación despierta, viva y alegre; ni me turbaba ni me afligía, mas me acaloraba y alteraba: hemos de detenernos ahí; sólo es perjudicial para los locos.

Preguntaba un joven al filósofo Panecio si era propio de un sabio el estar enamorado: Dejemos al sabio, respondió; mas tú y yo, que no lo somos, no nos metamos en cosa tan movida y violenta que nos haga esclavos de otros y despreciables ante nosotros mismos. Decía bien, que no se ha de confiar algo de por sí turbulento a un alma que no tenga con qué hacer frente a los embates y con qué contradecir con sus actos la frase de Agesilao, que la prudencia y el amor no pueden ir juntos. Es en verdad vana ocupación, inconveniente, vergonzosa e ilegítima; mas, conduciéndola de esta manera, estímola salubre y propia para desentumecer una inteligencia y un cuerpo pesados; y si fuera médico, preferiría recetarla antes que cualquier otra cosa a un

---

[104] «Ningún vicio está contenido en sí mismo.» (Séneca, *Epístolas*, 95).

hombre de mi constitución y condición, para despertarlo y conservar sus fuerzas hasta que estuviera muy entrado en años, y retrasar el peligro de la vejez. Mientras estemos sólo en sus alrededores y aún nos lata el pulso,

> Dum nova canities, dum prima et recta senectus,
> Dum superest Lachesi quod torqueat, et pedibus me
> Porto meis, nullo dextram subeunte bacillo[105].

necesitamos que nos soliciten y exciten con alguna agitación mordiente como ésta. Ved cuánta juventud, vigor y alegría devolvió al sabio Anacreonte. Y Sócrates, más viejo de lo que soy yo ahora, hablando de un objeto amoroso, dice: Habiendo apoyado mi hombro contra el suyo y acercado mi cabeza a la suya cuando mirábamos juntos un libro, sentí súbitamente, y no miento, un pinchazo en el hombro como el mordisco de un animal y estuve durante más de cinco días después, sintiéndome en él un hormiguillo, y me infiltró en el corazón una desazón continua. ¡Que un contacto fortuito y con un hombro enardezca y altere a un alma fría y nerviosa por la edad, y la primera de todas las humanas en virtud! ¿Por qué no? Sócrates era un hombre; y no quería ni ser ni parecer otra cosa.

La filosofía no combate las voluptuosidades naturales con tal de que a ellas vaya unida la mesura, y predica la moderación, no la huida; el esfuerzo de su resistencia se emplea contra las extrañas y bastardas. Nos dice que los apetitos del cuerpo no deben aumentarse con la mente y nos advierte ingeniosamente para que no queramos despertarnos el hambre con la saciedad, para que no queramos rellenarnos la tripa en lugar de llenarla y para que evitemos todo placer que nos suma en la escasez y todo manjar y bebida que nos altere y deje hambrientos; al igual que, para el servicio del amor, nos ordena tomar un objeto que satisfaga simplemente las necesidades del cuerpo; que no excite el

---

[105] «Que apenas mis cabellos blanqueen, que firme aún, mi vejez empiece, que quede aún algo por hilar para Láquesis, que mis piernas me lleven sin bastón en la mano derecha» (Juvenal, III. 26).

alma, la cual no debe meterse, sino exclusivamente seguir y asistir al cuerpo. ¿Mas no tengo razón al estimar que estos preceptos, que por otra parte son algo rigurosos a mi parecer, atañen a un cuerpo que cumple con su deber, y que a un cuerpo abatido, como a un estómago postrado, es excusable calentarlo y sostenerlo artificialmente, y, mediante la intervención de la fantasía, devolverle el apetito y la alegría, puesto que de por sí la ha perdido? ¿Acaso no podemos decir que nada hay en nosotros, durante esta prisión terrena, ni puramente corporal ni puramente espiritual, y que desgarramos injustamente a un hombre vivo, y que parece razonable inclinarnos hacia el uso del placer al menos tan favorablemente como hacia el dolor? Era vehemente hasta la perfección (por ejemplo) en el alma de los santos mediante la penitencia; tenía parte el cuerpo, naturalmente, por el derecho de la alianza entre ellos, aun teniendo poca parte en la causa: mas no se contentaron con que únicamente siguiera y asistiera al alma afligida; afligiéronlo ellos mismos con penas atroces y propias, a fin de que cada uno por su lado, el alma y el cuerpo, sumiesen al hombre en el dolor, tanto más salutífero cuanto más duro.

De igual modo, en los placeres corporales, ¿no es injusticia acaso enfriar el alma y decir que hemos de arrastrarla como a una obligación y necesidad forzada y servil? A ella corresponde más bien incubarlos y fomentarlos, ofrecerse y convidarse, pues le pertenece la misión de dirigir; como también le corresponde, a mi parecer, en los placeres que le son propios, y aplicarse para que le sean dulces y saludables. Pues desde luego es razonable, como dicen, que el cuerpo no siga sus apetitos en perjuicio del espíritu; mas, ¿por qué no ha de ser razonable también que el espíritu no siga los suyos en perjuicio del cuerpo?

No tengo otra pasión que me mantenga vivo. Lo que la avaricia, la ambición, las disputas, los procesos, hacen en aquéllos que, como yo, no tienen ocupación asignada, haríalo el amor más positivamente: devolveríame la vigilancia, la sobriedad, la gracia, el cuidado de mi persona; aseguraría mi porte para que las muecas de la vejez, muecas deformes y lamentables, no viniesen a corromperlo; devolveríame a los estudios sanos y sabios mediante los que pudiera hacerme más estimado y amado, librando a mi espíritu de la desesperación de sí y de su práctica, y familiarizándolo consigo mismo; apartaríame de mil pensamientos enojosos, de mil penas melancólicas con las que nos carga a esta edad la ociosidad y el mal estado de nuestra salud; calentaría, al menos en sueños, esa sangre que la naturaleza abandona; levantaríale la barbilla y alargaría algo los nervios, el vigor y la alegría del alma a este pobre hombre que va a toda prisa hacia su ruina.

Mas ya comprendo que es un bien asaz difícil de recuperar; por debilidad y larga experiencia se ha hecho nuestro gusto más tierno y exquisito; pedimos más cuando menos ofrecemos; queremos elegir más cuando menos merecemos ser aceptados; sabiéndonos así, somos menos osados y más desconfiados; nada puede asegurarnos de ser amados, conociendo nuestra condición y la suya. Avergüénzome de estar entre esta verde y ardorosa juventud,

> Cujus in indomito constantior inguine nervus,
> Quam nova collibus arbor inhaeret [106].

¿A qué ir a mostrar nuestra miseria a esa alegría?

> Possint ut juvenes visere fervidi,
> Multo non sine risu,
> Dilapsam in cineres facem? [107]

Tienen de su lado la fuerza y la razón; dejémosles sitio, no tenemos ya qué conservar.

Y ese germen de naciente belleza no se deja manejar por manos tan torpes ni tratar con medios puramente materiales. Pues, como respondió aquel filósofo antiguo a aquél que se burlaba de él por no haberse sabido ganar a un jo-

---

[106] «Cuyo vigor indómito se alza más firme que el árbol joven plantado recto en la colina.» (Horacio, *Épodos*, XIII. 26).
[107] «Para que la fogosa juventud vea, no sin reír mucho, nuestra antorcha que cae en cenizas.» (Horacio, *Odas*, IV. XIII. 26).

venzuelo al que perseguía: Amigo mío, no agarra el anzuelo en queso tan fresco.

Y es un trato que necesita de entendimiento y correspondencia; los otros placeres que recibimos pueden agradecerse con recompensas de distinta naturaleza; mas éste sólo se paga con moneda de la misma especie. En verdad que el placer que con esta ocupación produzco acaricia más dulcemente mi imaginación que el que siento. Y no es nada generoso aquél que puede recibir placer sin dar ninguno: tiene un alma vil aquél que quiere deberlo todo y se complace alimentándose de las conversaciones con las personas que de él se encargan. No hay belleza, ni gracia, ni intimidad tan exquisita como para que un hombre de bien pueda desearla a ese precio. Si sólo pueden favorecernos por piedad, prefiero ciertamente no vivir a vivir de limosnas. Desearía tener derecho a pedírselo de la manera en que vi hacerlo en Italia: «Fate ben por voi»[108]; o de la guisa en que Ciro exhortaba a sus soldados: Quien se ame sígame.

Aliaros, me dirán, con aquéllas de vuestra condición, pues la comunidad de su fortuna con la vuestra os las hará más fáciles. ¡Oh necia e insulsa componenda!

Nolo

Barbam vellere mortuo leoni[109].

Alega Jenofonte como objeción y acusación contra Menón, que en su amor empleó a sujetos que ya no estaban en la flor de la vida. Hallo mayor voluptuosidad viendo simplemente la justa y dulce unión de dos jóvenes bellezas o imaginándolo simplemente con la fantasía, que haciendo yo mismo de segundo en una unión triste e informe. Dejo ese fantasioso apetito al emperador Galba, que sólo se dedicaba a las carnes duras y viejas; y a aquél pobre miserable

---

[108] «Hacedme bien por vosotros».
[109] «No quiero arrancarle la barba a un león muerto.» (Marcial, X. XC. 10).

O ego di' faciant talem te cernere possim,
Charáque mutatis oscula ferre comis;
Amplectique meis corpus non pingue lacertis [110].

Y cuento entre las principales fealdades, a las bellezas artificiales y forzadas. Emonez, joven de Chío, creyendo obtener la belleza que la naturaleza le había negado, mediante bellos atavíos, presentóse al filósofo Arcesilao y preguntóle si un sabio podría enamorarse: Sí por cierto, respondió el otro, con tal de que no sea de una belleza adornada y sofisticada como la tuya. Una fealdad y una vejez confesada es menos vieja y menos fea que otra pintada y acicalada.

¿Lo diré con tal de que no me acogoten? Paréceme propio y naturalmente razonable el amor sólo en la edad próxima a la infancia,

Quem si puellarum insereres choro,
Milles sagaces falleret hospites
Discrimen obscurus, solutis
Crinibus ambiguóque vultu [111].

Al igual que la belleza. Pues, aunque Homero la haya extendido hasta que el mentón comience a oscurecer, el propio Platón la resalta entonces como flor rara. Y es notorio el motivo por el cual el sofista Dión llamaba cómicamente a los pelos ralos de la adolescencia Aristogitones y Harmodiones [112].

En la virilidad, hállolo ya fuera de lugar. No tanto como en la vejez:

---

[110] «¡Oh!, plazca a los dioses que pueda verte así, que pueda besarte tiernamente en tus cabellos blancos, y estrechar en mis brazos tu cuerpo delgado.» (Ovidio, *Pónticas,* I. IV. 49).

[111] «Si en medio de un coro de doncellas se encuentra un chico joven de cabellos sedosos y rostro ambiguo, la incierta diferencia equivocaría a mil observadores sagaces.» (Horacio, *Odas,* II. V. 21).

[112] Estas líneas se refieren a la belleza; la alusión significa sin duda que el vello la mata, como estos dos personajes, Aristogitón y Armodio mataron al tirano.

Importunus enim transvolat aridas
Quercus[113].

Y Margarita, reina de Navarra, siendo mujer, prolonga mucho el atractivo de las mujeres, al ordenar que es tiempo a los treinta años de que cambien su título de bellas por el de buenas.

Cuanto más corta sea la posesión que le concedamos de nuestras vidas, mejor nos irá. Ved su comportamiento: es una cabeza loca. ¿Quién no sabe que en su escuela se procede de modo contrario a todo orden? El estudio, la práctica, la costumbre son caminos hacia la incapacidad: los novicios mandan allí «Amor ordinem nescit.»[114]. En efecto, es más elegante su conducta cuando va mezclada con la inadvertencia y la confusión; los errores, los acontecimientos contrarios le dan gracia y viveza; con tal de que esté llena de hambre y de avidez, poco importa que sea prudente. Ved cómo va tambaleándose, tropezando y retozando; se le encarcela cuando se le guía artificial y sensatamente, y se aprisiona su libertad cuando se le somete a esas manos velludas y encallecidas.

Por otra parte, a menudo oigo describir este entendimiento como puramente espiritual, y desdeñar considerar la parte que en él tienen los sentidos. Todo sirve; mas puedo decir que con frecuencia he visto cómo excusábamos la debilidad de sus cerebros en favor de sus bellezas corporales; y que aún no he visto que en favor de la belleza del cerebro, por prudente y maduro que sea, quieran ellas prestar la mano a un cuerpo que esté en decadencia por poco que sea. ¿Por qué no apetecerá alguna de esa noble unión socrática del cuerpo con el espíritu, comprando con sus muslos una inteligencia y concepción filosófica y espiritual, el más alto valor al que pueda llevarlos? Ordena Platón en sus leyes, que a aquél que haya realizado alguna hazaña útil y señalada en la guerra, durante sus expediciones en ésta

---

[113] «Pues sobre los robles desnudos no posa su vuelo.» (Horacio, *Odas,* IV. XIII. 9).

[114] «El amor no conoce reglas.» (San Jerónimo).

no pueda negársele beso u otro favor amoroso de quien él lo pida, sin consideración de su fealdad o su edad. Lo que tan justo estima como recompensa al valor militar, ¿no puede serlo también como recompensa a cualquier otro valor? ¿Y por qué no apetecerá alguna conseguir antes que sus compañeras la gloria de este casto amor? Sí, casto, digo,

> nam si quando ad praelia ventum est,
> Ut quondam in stipulis magnus sine viribus ignis
> Incassum furit [115]

Los vicios que se ahogan en el pensamiento no son de los peores.

Para terminar este notable comentario que se me ha escapado con un impulso charlatán, impulso a veces impetuoso y perjudicial.

> Ut missum sponsi furtivo munere malum
> Procurrit casto virginis è gremio
> Quod miserae oblitae molli sub veste locatum,
> Dum adventu matris prosilit, excutitur,
> Atque illud prono praeceps agitur decursu;
> Huic manat tristi conscius ore rubar [116];

diré que los varones y las hembras están formados en el mismo molde; excepto la educación y la costumbre, la diferencia no es grande.

Platón llama indistintamente a unos y a otros a la práctica de todos los estudios, ejercicios, cargos, ocupaciones de guerra y de paz, en su república; y el filósofo Antístenes eliminaba toda diferencia entre su virtud y la nuestra.

Es mucho más fácil acusar a un sexo que excusar al otro. Ya dicen que el atizador se ríe de la estufa.

---

[115] «Pues cuando se llega al combate es un gran fuego de paja, un fuego sin fuerza.» (Virgilio, *Geórgicas*).

[116] «Así, su madre apareciendo de improviso, la joven se levanta precipitadamente, olvidando la manzana, don furtivo de un amante, oculta en su casto seno bajo la amplia túnica, la fruta cae, rueda y sigue su carrera; consciente de su falta, la pobre niña siente ruborizarse su triste rostro» (Catulo, LXV. 19-24).

CAPÍTULO VI

DE LOS COCHES

RESULTA fácil comprobar que los grandes autores, al escribir sobre las causas, no sólo se sirven de aquéllas que consideran verdaderas sino también de aquéllas que no creen, con tal de que tengan cierta invención y belleza. Hablan bastante verdadera y útilmente si hablan ingeniosamente. No podemos estar seguros de la causa maestra; amontonamos muchas por ver si por casualidad se hallará entre ellas:

> namque unam dicere causam
> Non satis est, verum plures, unde una tamen sit[1].

¿Me preguntáis de dónde viene esa costumbre de bendecir cuando se estornuda? Producimos tres tipos de ventosidades: la que sale por abajo es demasiado sucia; la que sale por la boca lleva consigo cierto reproche de gula; la tercera es el estornudo. Y porque viene de la cabeza y no es condenable, hacémosle este honroso recibimiento. No os burléis de esta sutileza: es, según dicen, de Aristóteles.

Paréceme haber leído en Plutarco (que es de todos los autores que conozco el que mejor ha mezclado el arte con la naturaleza, y el juicio con el saber) al explicar la causa de que se les revuelva el estómago a aquéllos que viajan por mar, que eso les ocurre por temor, habiendo hallado cierta razón por la cual prueba que el temor puede producir ese efecto. Yo que soy harto propenso a ello, sé bien que esa causa no me afecta, y lo sé no por juicio sino por necesaria experiencia. Sin añadir lo que me han dicho, que a menudo les ocurre otro tanto a los animales, en particu-

---

[1] «No es suficiente enunciar una sola causa; hay que indicar varias, una sola sin embargo será la verdadera.» (Lucrecio, VI. 703).

lar a los cochinos, que están exentos de toda aprensión de peligro; y lo que un conocido mío me contó de él, que siendo harto propenso, habíansele pasado las ganas de vomitar por dos o tres veces al verse invadido por el espanto en medio de una gran tormenta, como a aquel clásico: «Pejus vexabar quam ut periculum mihi sucurreret»[2]; jamás tuve miedo en el agua, como tampoco fuera de ella (y bastante a menudo se me han presentado ocasiones propicias, si lo es la muerte) que al menos me turbara o me obnubilara. Nace a veces de la falta de juicio, como de la falta de valor. Todos los peligros que he visto los vi con los ojos abiertos, con la vista libre, sana y entera; también es preciso el valor para temer. Sirvióme antaño, comparado con otros, para conducir y ordenar mi huida, que fue, si no sin temor, sí en todo caso sin espanto ni enloquecimiento; sí agitada, mas ni aturdida ni alocada.

Las grandes almas van mucho más lejos y nos muestran huidas no sólo tranquilas y sanas sino orgullosas. Citemos la que Alcibíades cuenta de Sócrates, su compañero de armas. Halléle (dice) tras la defección de nuestro ejército, a él y a Laches, entre los últimos y fugitivos; y consideréle a mis anchas y en seguridad pues yo estaba sobre un buen caballo y él a pie tal y como habíamos combatido. Observé, en primer lugar, cuánta firmeza y presencia de ánimo mostraba comparado con Laches, y luego su orgulloso modo de andar en absoluto distinto al suyo ordinario, su mirada segura y tranquila, considerando y juzgando cuanto a su alrededor ocurría, mirando ora a unos, ora a otros, a amigos y a enemigos, de una manera que animaba a los unos y significaba a los otros que vendería muy cara su sangre y su vida a quien intentara quitárselas; y salváronse así: pues se prefiere no atacar a éstos; persíguese a los asustados. He aquí el testimonio de aquel gran capitán que nos enseña lo que todos los días comprobamos, que nada nos pone tanto en peligro como el apetito inconsiderado de ponernos fuera de él. «Quo timoris minus est, eo minus ferme periculi

    [2] «Estaba demasiado enfermo para pensar en el peligro» (Séneca, *Epístolas*, 53).

est»[3]. Hace mal en decir nuestro pueblo: éste teme a la muerte, cuando quiere expresar que piensa en ella y la previene. La previsión conviene tanto a lo que nos afecta para bien como para mal. Considerar y juzgar el peligro es, de algún modo, lo contrario de asustarse por él.

No me siento lo bastante fuerte como para aguantar el empuje y la impetuosidad de este sentimiento de miedo, ni de cualquier otro vehemente. Si me viese una vez vencido y derrumbado, ya nunca me levantaría entero. Quien hiciera perder pie a un alma, jamás la volvería a poner derecha en su sitio; se tantea y examina demasiado viva y profundamente, y por ello, no dejaría jamás que se cerrara ni cicatrizara la herida que en ella se hubiera abierto. Muy afortunado soy de que ninguna enfermedad la haya aún sometido. A cada carga que me viene, preséntome y opóngome con todas mis fuerzas; así, la primera que me derrumbare dejaríame sin recursos. No sirvo para dos veces, cualquiera que fuere el lugar por el que los estragos me horadasen el dique, veríame agujereado y ahogado sin remedio. Dice Epicuro que el sabio no puede pasar jamás a un estado contrario. Tengo yo cierta idea de la otra cara de esta sentencia, que, quien haya estado loco del todo una vez, no volverá a estar otra vez del todo cuerdo.

Dios nos da el frío según las ropas y me da las pasiones según los medios que tengo para hacerles frente. La naturaleza, al igual que por un lado me ha descubierto, por otro me ha cubierto; habiéndome dejado desarmado de fuerzas, hame armado de insensibilidad y de una aprensión moderada o roma.

Y es el caso que no puedo sufrir por mucho tiempo (y aún más difícilmente sufríalos en mi juventud) ni coche ni litera ni barco; y odio todo transporte que no sea el caballo, tanto en la ciudad como en el campo. Mas aún menos puedo sufrir la litera que un coche, y, por el mismo motivo, más fácilmente una agitación brusca sobre el agua, que da lugar al miedo, que el movimiento que se siente cuando

---

[3] «Normalmente, cuanto menos miedo se tiene, menos peligro se corre.» (Tito Livio, XXII. 5).

el mar está en calma. Con la ligera sacudida que dan los remos haciendo que se vaya el barco bajo nuestros pies, siento que se me revuelve no sé cómo la cabeza y el estómago, y tampoco puedo soportar un asiento movedizo. Cuando nos arrastra la vela o la corriente del agua de forma seguida o nos remolcan, en modo alguno me molesta ese movimiento uniforme: es la agitación interrumpida la que me ataca, y más cuando es suave. No puedo describirlo de otro modo. Hanme ordenado los médicos apretarme y ceñirme el bajo vientre con un cinturón para poner remedio a este accidente; cosa que no he probado, pues acostumbro a combatir mis defectos y a dominarlos por mí mismo.

Si tuviera la memoria lo bastante informada, no lamentaría perder el tiempo en contar aquí la infinita variedad que las historias nos presentan del uso de los coches al servicio de la guerra, distinto según las naciones, según los siglos, de gran eficacia y necesidad, a mi entender; mas es extraordinario que hayamos perdido todo conocimiento sobre ello. Sólo diré esto, que muy recientemente, en tiempos de nuestros padres, empleáronlos con gran utilidad los húngaros·contra los turcos, colocando en cada uno a un escudero y a un mosquetero y muchos arcabuces alineados, prestos y cargados; todo ello cubierto por una pavesada a la manera de una galeota. Hacían frente a la batalla con tres mil coches de esta guisa y tras haber intervenido el cañón, hacíanles lanzarse adelante para que el enemigo encajase aquella salva antes de recibir el resto, lo que no era ligera ventaja; o los descargaban en sus escuadrones para romperlos y abrir brecha, además del socorro que podían obtener para apoyar en lugar peligroso a las tropas de a pie en campaña, o para cubrir un refugio a toda prisa y fortificarlo. En mi época, en una de nuestras fronteras, un gentilhombre impedido y que no hallaba caballo capaz de soportar su peso, teniendo una querella, marchaba por el país en un coche parecido a los descritos, y le iba muy bien. Mas dejemos estos coches guerreros. Los reyes de nuestra primera dinastía recorrían el país en un carro tirado por cuatro bueyes.

139, de donde hemos tomado este otro ejemplo), que
pero Arnal vino más tarde) que se decoraron en la Re-
gencia y el reinado de Luis XV se emplearon gustosa-

Marco Antonio fue el primero que se hizo conducir a Roma por unos leones enganchados a un carro, llevando con él a una mujer música. Heliogábalo hizo después otro tanto, diciéndose Cibeles, madre de los dioses, y también por tigres, imitando al dios Baco; también alguna vez enganchó a dos ciervos a su coche, y otra vez a cuatro perros, e incluso a cuatro mujeres desnudas haciendo que lo llevaran con gran pompa y todo desnudo. El emperador Firmo hizo arrastrar su coche por unas avestruces de enorme tamaño de forma que parecía volar más que rodar. La rareza de estas ocurrencias me trae a la memoria esta otra idea: que es una especie de pusilanimidad en los monarcas y una prueba de no sentir bastante lo que son, el esforzarse por hacerse valer y mostrarse con gastos excesivos. Sería perdonable en país extranjero; mas entre sus vasallos, donde todo lo puede, obtiene de su dignidad el más alto grado de honor que pueda alcanzar. Así como me parece superfluo que un gentilhombre se vista cuidadosamente en privado; su casa, sus criados, su cocina, responden bastante por él.

Paréceme razonable el consejo que da Isócrates a su rey: que sea espléndido en muebles y utensilios, pues es un gasto que perdura y pasa a sus sucesores; y que evite toda magnificencia que desaparezca rápidamente tanto del uso como de la memoria.

Falto de otros atavíos, gustaba de ataviarme cuando era joven, y caíanme bien; hay otros sobre los que lloran los hermosos ropajes. Tenemos cuentas maravillosas de la frugalidad de nuestros reyes para con su persona y en sus dones; grandes reyes por su fama, su valor y su fortuna. Demóstenes combate a ultranza la ley de su ciudad que asigna los dineros públicos a la pompa de los juegos y de las fiestas; quiere que se muestre su grandeza por la cantidad de navíos bien equipados y por buenos ejércitos bien provistos.

Y tienen razón los que acusan a Teofrasto por haber afirmado en su libro *De las riquezas* una opinión contraria, sosteniendo que los gastos de esa naturaleza son el verdadero fruto de la opulencia. Son placeres, dice Aristóteles, que sólo afectan al vulgo más bajo, que se desvanecen en la memoria tan pronto como se sacia uno de ellos y que ningún hombre juicioso y serio puede tener en gran estima. Parecríame harto más real y más útil, justo y perdurable, el emplearlos en puertos, abras, fortificaciones y murallas, en edificios suntuosos, en iglesias, hospitales, colegios, y en reformas de calles y caminos. Cosa por la que el papa Gregorio XIII ha dejado célebre memoria en mi época, y por la que nuestra reina Catalina probaría por muchos años su natural liberalidad y munificencia, si sus medios se correspondiesen con su intención. Gran disgusto me ha dado la fortuna al interrumpir en nuestra gran ciudad la hermosa obra del Puente Nuevo privándome de la esperanza de verlo en uso antes de morir[4].

Aparte de esto, paréceles a los vasallos, espectadores de esos triunfos, que se les exhíben sus propias riquezas y que se los festeja a sus expensas. Pues suelen dar por hecho los pueblos, así como hacemos con nuestros criados, que han de cuidarse de proporcionarnos en abundancia todo cuanto necesitamos, mas que no han de gastar en modo alguno para ellos. Y por esto el emperador Galba, habiéndose prendado de un músico durante la cena, hizo que le llevaran su bolsa y púsole en la mano un puñado de escudos que sacó, con estas palabras: No es de lo público sino de lo mío. Mas suele ocurrir que el pueblo tiene razón y que alimentan sus ojos con aquello con lo que se habría de alimentar su estómago. Ni siquiera la liberalidad es apropiada para manos soberanas; los particulares tienen más derecho a ella; pues, considerándolo bien, un rey no tiene nada propiamente suyo; débese él mismo a los demás.

No se da la jurisdicción en favor del que la reparte sino del que la recibe. Jamás se nombra a un superior para su provecho sino para el provecho del inferior, y a un médico para el enfermo, no para sí. Toda institución, como todo arte, tiene su fin fuera de ella: «nulla ars in se versartur»[5].

---

[4] El Puente Nuevo fue acabado en 1608, dieciséis años después de la muerte de Montaigne, bajo Enrique IV.

[5] «Ningún arte está encerrado en sí mismo.» (Cicerón, *De los fines,* V. 6).

Por lo cual, los preceptores de los príncipes infantes que se jactan de inculcarles esta virtud de larqueza y les predican para que no sepan negar nada ni estimen nada tan bien empleado como lo que dan (enseñanza muy celebrada en mi época) o bien miran más por su provecho que por el de su señor, o bien no entienden a quién están hablando. Es muy fácil inculcar la generosidad en aquél que tiene con qué proveerla mientras quiera y a expensas de otros. Y puesto que la estima es proporcional no a la medida del presente sino a la medida de los medios de aquél que los ejerce, resulta nula para manos tan poderosas. Resultan pródigos más que generosos. Por ello es poco loable comparada con otras virtudes reales, y la única, como decía Dionisio el Tirano, que se lleva bien con la propia tiranía. Enseñaríales yo mejor este versículo del campesino antiguo:

«Τῆ χειρί δεῖ οπείρειν, ἀλλάμή δλῷ θυλακῷ» [6].

que si se quiere obtener fruto es menester sembrar con la mano, no echarlo del saco (es menester esparcir el grano no derramarlo); y que, habiendo de dar, o mejor dicho, de pagar y recompensar a tantas gentes según hayan servido, deben ser justos y sagaces dispensadores. Si la liberalidad de un príncipe carece de discreción y medida, prefiérolo avaro.

La virtud real parece consistir sobre todo en la justicia; y de todas las clases de la justicia, la que va acompañada de liberalidad es la que más caracteriza a los reyes; pues la han dejado particularmente a su cargo, mientras que prefieren ejercer toda otra justicia por el intermediario de otros. La larqueza inmoderada es un medio harto débil para hacerse querer bien; pues desagrada a más gentes de aquéllas a las que beneficia: «Quo in plures usus sis, minus in multos uti possis. Quid autem est stultius quam quod libenter facias, curare ut diutius facere non possis?» [7] Y si se

---

[6] Montaigne traduce este verso de Corina antes de citarlo.
[7] «Cuanto más se ha practicado, menos capaz se es de practicarla; ¿qué hay más estúpido que volverse incapaz de hacer durante más tiempo lo que a uno le gusta hacer?» (Cicerón, *De las obligaciones,* II. 15).

practica sin respeto al mérito, avergüenza a quien la recibe; y recíbese sin agradecimiento. Algunos tiranos han sido sacrificados al odio del pueblo, de manos de aquéllos a los que habían favorecido inicuamente, pues esa clase de hombres creen asegurarse la posesión de los bienes recibidos indebidamente mostrando que desprecian y odian a aquél del que los consiguieron y se alían al juicio y a la opinión común en esto.

Los vasallos de un príncipe excesivo en dones vuélvense excesivos en peticiones; mídense no por la razón sino por el ejemplo. Ciertamente, tenemos motivos para ruborizarnos por nuestra impudicia; se nos paga en demasía, según lo que es justo, cuando la recompensa iguala a nuestro servicio, pues, ¿acaso nada debemos a nuestros príncipes por obligación natural? Si corre con nuestros gastos, demasiado hace; bastante es que ayude a ellos; lo sobrante se llama favor y no puede exigirse, pues el propio nombre de liberalidad suena a libertad. Jamás consideramos que nos lo hayan hecho; ya no se tiene en cuenta lo recibido; sólo amamos la liberalidad futura: por lo que cuanto más se esquilma un príncipe dando, más se empobrece en amigos.

¿Cómo podría saciar deseos que aumentan a medida que se van cumpliendo? Quien sólo piensa en lo que va a conseguir, no piensa en lo que ya ha conseguido. Nada tan propio de la codicia como la ingratitud. El ejemplo de Ciro no vendrá mal aquí para servir de piedra de toque a los reyes de esta época al reconocer si han sido sus dones bien o mal empleados, y para hacerles ver cuánto más felizmente que ellos los concedía aquel emperador. Por lo que se ven reducidos a tomar prestado de los súbditos desconocidos y más bien de aquéllos a los que han perjudicado que de aquéllos a los que han favorecido; y reciben de ellos ayudas que no tienen de gratuito más que el nombre. Reprochábale Creso su largueza y calculaba a cuánto se elevaría su tesoro si hubiera tenido las manos más restrictivas. Sintió deseos de justificar su liberalidad; y mandando misivas por todas partes a los grandes de su estado a los que había favorecido particularmente, rogó a cada uno le socorriera con cuanto dinero pudiera para una necesidad suya, y se lo enviara por escrito. Cuando todas aquellas notas le fueron entregadas, al estimar cada uno de sus amigos que no hacía bastante ofreciéndole sólo lo mismo que había recibido de su munificencia, añadiendo mucho de lo suyo propio, resultó que aquella suma era harto más elevada que la del ahorro calculado por Creso. Por lo cual, díjole Ciro: No amo las riquezas menos que los otros príncipes, antes bien, soy más ahorrativo. Ved con cuán poco gasto he adquirido el inestimable tesoro de tantos amigos; y cuánto más fieles tesoreros me son de lo que lo serían unos hombres mercenarios sin agradecimiento ni afecto, y cuánto mejor guardada está mi fortuna de lo que estaría en unos cofres, atrayéndome el odio, la envidia y el desprecio de los demás príncipes.

Justificaban los emperadores lo superfluo de sus juegos y exhibiciones públicas por el hecho de que su autoridad dependiese de algún modo (al menos en apariencia) de la voluntad del pueblo romano, el cual acostumbraba desde siempre a sentirse halagado con tal suerte de espectáculos y excesos. Mas eran particulares quienes habían alimentado esa costumbre de gratificar a sus conciudadanos y compañeros, de sus bolsas principalmente, con tal profusión y magnificencia: tuvo sabor muy distinto cuando los señores empezaron a imitarla.

«Pecuniarum translatio a justis dominis ad alienos non debet liberalis videri»[8]. Filipo, cuando su hijo intentaba ganarse la voluntad de los macedonios con presentes, reprendiólo en una carta de esta manera: ¿Cómo? ¿Quieres que tus súbditos te tengan por su tesorero y no por su rey? ¿Quieres atraértelos? Atráetelos con los regalos de tu virtud, no con los regalos de tu cofre.

Era sin embargo muy hermoso mandar traer y plantar en la arena gran cantidad de árboles enormes llenos de ramas y de verdor, imitando un bosque grande y espeso, organizado con bella simetría, y meter dentro el primer día a mil avestruces, mil ciervos, mil jabalíes y mil gamos, de-

---

[8] «Transferir fortunas de sus justos detentores a otros no debe considerarse una ligereza.» (Ibídem, íd., I. 14).

jando que los cazara el pueblo; al día siguiente, hacer matar en su presencia a cien grandes leones, a cien leopardos y a trescientos osos, y el tercer día, hacer combatir a ultranza a trescientas parejas de gladiadores, como hizo el emperador Probo. Era también hermoso ver aquellos grandes anfiteatros cubiertos de mármol por fuera, labrados con relieves y estatuas, relucientes por dentro con muchas y raras riquezas,

Baltheus en gemmis, en illita porticus auro[9]

con todos los lados de aquel gran hueco llenos y rodeados de arriba abajo por sesenta u ochenta filas de escalones, también de mármol, cubiertos de cojines,

exeat, inquit,
Si pudor est, et de pulvino surgat equestri,
Cujus res legi non sufficit[10];

donde podían colocarse cien mil hombres sentados a sus anchas; y el fondo, donde tenían lugar los juegos, hacerlo primero entreabrir y hendir con agujeros formando unos antros que vomitasen a las bestias destinadas al espectáculo; y después, en segundo lugar, inundarlo con un profundo mar que arrastrase gran número de monstruos marinos, cargado de barcos armados para representar una batalla naval; y en tercer lugar, allanarlo y secarlo de nuevo para el combate de los gladiadores; y en cuarto, cubrirlo con bermellón y estoraque en lugar de arena, para organizar allí un solemne festín para todo aquel número infinito de pueblo, último acto de un solo día:

quoties nos descendentis arenae
Vidimus in partes, ruptáque voragine terrae
Emersisse feras, et iisdem saepe latebris

---

[9] «Galería revestida de pedrería, pórtico enriquecido con oro» (Calpurnio, *Églogas,* VII. 47).
[10] «¡Salid, dijo! ¡Un poco de pudor! Que deje los lugares reservados a los caballeros, aquel que no pague sus tributos oficiales» (Juvenal, III. 153).

Aurea cum croceo creverunt arbuta libro.
Nec solum nobis silivestria cernere monstra
Contigit, aequoreos ego cum certantibus ursis
Spectavi vitulos, et equorum nomine dignum,
Sed deforme pecus [11].

Alguna vez, hízose nacer una elevada montaña repleta de frutales y de árboles llenos de verdor, de cuya cumbre surgía un río de agua como de la boca de un manantial. Alguna vez, paseóse por allí un gran navío que se abría y separaba por sí solo y tras vomitar de su vientre cuatrocientas o quinientas bestias de combate, volvíase a juntar y desvanecíase sin ayuda. Otras veces, del fondo de aquella plaza, lanzábanse surtidores y chorros de agua que saltaban hacia arriba y desde aquella altura infinita regaban y perfumaban a aquella infinita multitud. Para protegerse de las inclemencias del tiempo, cubrían aquella inmensa capacidad, ora con unos velos de púrpura tejidos con aguja, ora de seda de uno u otro valor, y los extendían y retiraban en un momento, cuando les venía en gana:

Quamvis non modico calenat spectacula sole,
Vela reducuntur, cum venit Hermogenes [12].

También las redes que tendían ante el pueblo para defenderlo de la violencia de aquellas bestias disparadas, estaban tejidas de oro:

aura quoque torta refulgent
Retia [13].

---

[11] «¡Cuántas veces vimos una parte de la arena hundirse y bestias salvajes y un bosque de árboles dorados con corteza de azafrán surgir de ese abismo entreabierto! Y vi no sólo a los monstruos de los bosques, sino a focas mezcladas en combates de osos, y al horrible rebaño de los caballos marinos.» (Calpurnio, *Églogas,* VII. 64).

[12] «Aunque un sol de fuego queme el anfiteatro, se retiran los toldos en cuanto aparece Hermógenes.» (Marcial, XII. XXIX. 15).

[13] «Las redes tejidas en oro también brillan.» (Calpurnio, *Églogas,* VII. 53).

Si hay algo excusable en esos excesos es la admiración que provocaba la invención y la novedad, no el gasto.

Incluso en esas vanidades descubrimos cuán fértiles en mentes distintas a las nuestras, eran aquellos siglos. Ocurre con esa especie de fertilidad como con todas las demás obras de la naturaleza. No se ha de decir que emplease entonces sus últimas fuerzas. No avanzamos, más bien giramos y damos vueltas aquí y allá. Volvemos sobre nuestros pasos. Temo que nuestra ciencia sea débil en todos sentidos, apenas si vemos hacia adelante y hacia atrás; abarca poco y vive poco, corta es su extensión en el tiempo y en la materia:

> Vixere fortes ante Agamemnona
> Multi, sed omnes illachrimabiles
> Urgentur ignotique longa
> Nocte[14].

> Et supera bellum Trojanum et funera Trojae,
> Multi alias alii quoque res cecinere poetae[15].

Y la narración de Solón sobre cuanto había aprendido de los sacerdotes en Egipto acerca de la larga vida de su estado y la manera de aprender y conservar las historias extranjeras, no me parece prueba contraria a esta consideración. «Si interminatam in omnes partes magnitudinem regionum videremus et temporum, in quam se injiciens animus et intendens ita late longeque peregrinatur ut nulla oram ultimi videat in qua possit insistere in hac immensitate infinita vis innumerabilium appareret formarum»[16].

---

[14] «Hubo héroes antes de Agamenón, pero no les lloramos porque la larga noche les oculta.» (Horacio, *Odas*, IV. IX. 25).

[15] «Antes de la guerra troyana y del aniquilamiento de Troya, otros muchos poetas habían cantado otras hazañas.» (Lucrecio, V. 326).

[16] «Si pudiéramos ver la grandeza infinita de los espacios y de los tiempos, donde el espíritu, hundiéndose y extendiéndose por todas partes, puede errar en todos los sentidos sin encontrar límites que le detengan, en

Aun cuando todo cuanto ha llegado hasta nosotros en relación con el pasado fuera verdad y sabido por alguien, sería menos que nada comparado con lo ignorado. E incluso, ¡cuán insignificante y disminuido es el conocimiento que tienen los más curiosos de la imagen del mundo que transcurre mientras en él estamos! No sólo de los acontecimientos particulares que la fortuna vuelve a menudo ejemplares y trascendentes, sino del estado de las grandes civilizaciones y naciones, se nos escapa cien veces más de lo que llega a nuestro conocimiento. Nos admiramos del prodigioso invento de nuestra artillería, de nuestra imprenta; otros hombres, al otro lado del mundo, en la China, disfrutaban de él mil años antes. Si viéramos del mundo tanto como no vemos, es de creer que observaríamos una perpetua multiplicación y vicisitud de formas. Nada único o raro hay si consideramos la naturaleza; sí por el contrario, si consideramos nuestro conocimiento, el cual es un miserable fundamento de nuestras reglas y el cual suele mostrarnos una muy falsa imagen de las cosas. Así como hogaño concluimos vanamente la pendiente y decrepitud del mundo por los argumentos que sacamos de nuestra propia debilidad y decadencia,

Jamque adeo affecta est aetas, affectaque tellus[17].

así concluía aquél vanamente su nacimiento y juventud por el vigor que veía en las mentes de su época, ricas en novedades e inventos de distintas artes:

Verum, ut opinor, habet novitatem summa recénsque
Natura est mundi, neque pridem exordia caepit:
Quare etiam quaedam nunc artes expoliuntur,
Nunc etiam augescunt, nunc addita navigiis sunt
Multa[18].

esa inmensidad infinita nos aparecería una cantidad de formas innumerables.» (Según Cicerón, *De la naturaleza de los dioses,* I. 20).

[17] «Tan debilitadas están nuestra edad y la tierra.» (Lucrecio, II. 1136).

[18] «En realidad, creo que el universo es joven, que el mundo es reciente, que ha nacido hace poco. Por ello, ciertas artes se perfeccionan hoy y

Nuestro mundo acaba de descubrir otro [19] (y, ¿quién nos asegura que es el último de sus hermanos, puesto que los demonios, las sibilas y nosotros hemos ignorado éste hasta ahora?) no menos grande, pleno y fornido que él, y sin embargo tan nuevo y tan niño que aún le están enseñando el abecedario; no hace cincuenta años, no conocía ni letras, ni pesos, ni medidas, ni ropas, ni trigos, ni viñas. Estaba aún desnudo en el regazo materno y sólo vivía de los medios de su nodriza. Si no erramos al concluir nuestro fin y aquel poeta, la juventud de su siglo, este otro mundo no hará sino comenzar a ver la luz cuando el nuestro deje de verla. La parálisis se apoderará del universo; un miembro estará tullido, el otro lleno de vigor.

Bien creo que habremos apresurado mucho su decadencia y su ruina por nuestro contagio, y que le habremos vendido muy caras nuestras ideas y nuestras artes. Era un mundo niño; y sin embargo no lo hemos azotado y sometido a nuestra disciplina por la ventaja de nuestro valor y de nuestras fuerzas naturales, ni lo hemos seducido con nuestra bondad y justicia, ni subyugado con nuestra magnanimidad. La mayoría de las respuestas y de las relaciones habidas con ellos, atestiguan que nada tenían que envidiarnos en cuanto a claridad de juicio natural y a pertinencia. La impresionante magnificencia de las ciudades de Cuzco y de México, y entre otras cosas, el jardín de este rey donde todos los árboles, los frutos y todas las hierbas, según el orden y el tamaño que tienen en un jardín, estaban excelentemente formados en oro; así como en su aposento, todos los animales que nacían en su estado y en sus mares; y la belleza de sus obras en pedrería, de plumas, de algodón, y sus pinturas, muestran que nada nos debían tampoco en su industria. Mas en cuanto a devoción, obediencia de las leyes, bondad, liberalidad, lealtad, franqueza, nos ha servido de mucho no tener tanto como ellos; hanse perdido por estas cualidades, y vendido y traicionado ellos mismos.

---

aún progresan actualmente, por ello hoy tantas cosas se añaden a nuestros barcos.» (*Ibídem, íd.*, V. 331).

[19] Se refiere al descubrimiento de América. (*Vid.* I. XXXI.)

En cuanto a osadía y valor, en cuanto a constancia, firmeza y resolución contra los dolores y el hambre y la muerte, no temería oponer los ejemplos que encontrare entre ellos a los más famosos ejemplos antiguos que tengamos en las memorias de nuestro mundo de acá. Pues, en cuanto a aquéllos que los subyugaron, supriman las astucias y tretas que usaron para engañarlos y el justo asombro que provocaba en aquellas naciones el ver llegar tan inopinadamente a hombres barbudos, distintos por su lengua, por su religión, por su aspecto y actitud, de un lugar del mundo tan alejado y del que jamás habían pensado pudiera estar habitado por alguien, montados sobre grandes monstruos desconocidos, allí donde no sólo jamás habían visto un caballo, sino ningún animal habituado a llevar o a sostener a un hombre u otra carga; cubiertos con una piel reluciente y dura y provistos de un arma cortante y resplandeciente contra unos que por el prodigio del brillo de un espejo o de un cuchillo cambiaban grandes riquezas en oro y perlas y que no tenía ni ciencia ni materia que les permitiera atravesar nuestro acero; añadid a esto los rayos y truenos de nuestras piezas y arcabuces, capaces de turbar al mismo César al que habrían sorprendido si hubiera contado con la misma inexperiencia, y ahora, contra unos pueblos desnudos, a no ser que hubiere llegado el invento de cierto tejido de algodón, sin más armas, como mucho, que arcos, piedras, palos y escudos de madera; pueblos sorprendidos so pretexto de amistad y de buena fe, por la curiosidad de ver cosas extrañas y desconocidas: contad, digo, con esta desigualdad en los conquistadores y les privaréis de toda ocasión para tantas victorias.

Cuando considero aquel indomable valor con el que tantos millares de hombres, mujeres y niños se presentan y lanzan tantas y tantas veces a inevitables peligros en defensa de sus dioses y de su libertad; aquella generosa obstinación por sufrir todas las extremidades y dificultades, y la muerte, antes que someterse a la dominación de aquéllos que tan vergonzosamente los habían engañado, y algunos escogiendo dejarse desfallecer por el hambre y el ayuno, una vez hechos prisioneros, antes que aceptar víveres de manos de sus enemigos tan vilmente victoriosos, preveo que para quien los hubiese atacado en las mismas condiciones en cuanto a armas, experiencia y número, habría sido tanto o más peligroso que en cualquier otra guerra de las que vemos.

¿Por qué no recaería en Alejandro o en aquellos antiguos griegos y romanos tan noble conquista y tan grande mutación y alteración de tantos imperios y pueblos, en manos que hubieren arrancado y pulido suavemente cuanto de salvaje hubiere, fortaleciendo y favoreciendo las buenas simientes que allí hubiere producido la naturaleza, no sólo mezclando al cultivo de las tierras y al ornamento de las ciudades las artes de acá, en tanto que hubieren sido necesarias, sino mezclando también las virtudes griegas y romanas a las originales del país? ¡Cuánta reparación y enmienda a toda aquella violencia hubiera sido que los primeros ejemplos y actos nuestros que se realizaron allá, hubiesen empujado a aquellos pueblos a la admiración y a la imitación de la virtud, y hubiesen creado entre ellos y nosotros una fraternal sociedad y un fraternal entendimiento! ¡Cuán fácil habría sido sacar provecho de almas tan nuevas, tan sedientas de aprender, la mayor parte con tan hermosos principios naturales!

Por el contrario, nos hemos servido de su ignorancia e inexperiencia, para inclinarlas más fácilmente a la traición, a la lujuria, a la avaricia y a toda suerte de inhumanidad y crueldad, a ejemplo y modelo de nuestras costumbres. ¿Quién pagó alguna vez tan alto precio por el servicio del comercio y del tráfico? Tantas ciudades arrasadas, tantas naciones exterminadas, tantos millones de pueblos pasados a cuchillo y la parte más rica y hermosa del mundo trastocada por el negocio de las perlas y de la pimienta! Mezquinas victorias. Jamás la ambición ni las enemistades públicas empujaron a los hombres unos contra otros a tan horribles hostilidades y a tan miserables calamidades [20].

---

[20] Montaigne fue casi el único en su época, junto con Jean Bodin y Justo Lipsio, en levantar la voz contra los crímenes de la conquista española.

Al bordear el mar en busca de sus minas, algunos españoles tomaron tierra en un paraje fértil y ameno, harto poblado, e hicieron a aquel pueblo sus observaciones acostumbradas: Que eran gentes de paz llegadas de lejanas tierras, enviadas de parte del rey de Castilla, el príncipe más grande de toda la tierra habitable, al que el Papa, representante de Dios en la tierra, había concedido el principado de todas las Indias; que si querían ser sus tributarios, serían tratados muy benévolamente; pedíanles víveres para alimentarse y oro por si necesitaban de alguna medicina; predicábanles por lo demás, la creencia en un solo Dios y la verdad de nuestra religión, la cual aconsejábanles aceptar, añadiendo para ello algunas amenazas.

Ésta fue la respuesta: Que, en cuanto a ser gentes de paz, no lo parecían, si lo eran; en cuanto a su rey, debía de estar en la indigencia y la necesidad puesto que pedía; y aquél que había hecho aquel reparto, hombre amante de las disensiones, pues había dado a un tercero algo que no era suyo, para ponerlo a mal con los primitivos poseedores; en cuanto a los víveres, que se los proporcionarían; con poco oro contaban y era cosa que en nula estima tenían pues era inútil para el servicio de sus vidas, y todo su cuidado consistía únicamente en pasarlas feliz y agradablemente; por ello, que cuanto pudieran hallar, salvo lo que usaban al servicio de sus dioses, lo cogieran sin temor; en cuanto a un solo dios, placíales la idea, mas no querían cambiar de religión pues habíanse servido de la suya con utilidad durante largo tiempo y sólo acostumbraban a dejarse aconsejar por amigos y conocidos; en cuanto a las amenazas, era señal de falta de juicio el ir a amenazar a aquéllos cuyos medios y naturaleza éranles desconocidos; y por ello, que se apresuraran a abandonar sus tierras, pues no acostumbraban a hacer caso de las palabras y amonestaciones de gentes armadas y extranjeras; que si no, harían con ellos lo que con aquéllos otros, mostrándoles las cabezas de algunos hombres ajusticiados alrededor de su ciudad. He aquí un ejemplo de los balbuceos de aquella infancia. Mas el caso es que ni en aquel lugar ni en otros muchos en los que no hallaron las mercancías que buscaban, detuviéronse los españoles ni llevaron adelante su empresa, por muchas otras ventajas que hubiera, prueba de ello, mis caníbales[21].

De los dos monarcas más poderosos de aquel mundo, y quizá de éste, reyes de tantos reyes, los últimos a los que destruyeron, habiendo sido hecho prisionero el del Perú[22], en una batalla y habiéndose pedido por él un rescate tan excesivo que resulta increíble y habiendo sido éste puntualmente pagado, y habiendo dado él por su conversación, pruebas de un valor franco, generoso y firme, y de un entendimiento claro y bien compuesto, apetecieron los vencedores, tras haber obtenido de él un millón veinticinco mil quinientos pesos de oro, además de la plata y otras cosas cuyo valor no era menos elevado, tanto que sus caballos sólo llevaban herraduras de oro macizo, de ver entonces, aun a costa de la deslealtad que fuera, cuál podía ser el resto de los tesoros de aquel rey y de gozar libremente de lo que había conservado. Levantáronse contra él acusaciones y pruebas falsas, intentando sublevar a sus provincias para recuperar la libertad. Tras lo cual, mediante un juicio llevado a cabo por los mismos que le habían tendido aquella traición, condenósele a ser ahorcado y estrangulado públicamente, tras habérsele obligado a librarse del tormento de ser quemado vivo, con el bautismo que recibió en el suplicio mismo. Hecho horrible e inaudito, que sufrió sin embargo sin desdecirse ni por su actitud ni por sus palabras y con un porte y una gravedad verdaderamente reales. Y luego, para apaciguar a los pueblos estupefactos y sobrecogidos por cosa tan extraordinaria, representóse gran duelo por su muerte e hiciéronsele suntuosos funerales.

Habiendo defendido su ciudad sitiada durante largo tiempo el otro, rey de México[23], y mostrado en aquel sitio todo cuanto puede el sufrimiento y la perseverancia, si alguna vez príncipe y pueblo alguno lo mostró, y habiendo tenido

---

[21] Ver I. XXXI.

[22] Se refiere a Atahualpa, último emperador Inca, estrangulado en agosto de 1533, pese a haber aceptado el bautismo.

[23] Se refiere a Cuauhtémoc, último emperador azteca, colgado en 1524, tras haber sido acusado de traición.

la desgracia de caer vivo en manos de sus enemigos, con la capitulación de ser tratado como rey (y nada que fuese indigno de este título les hizo ver en prisión), al no hallar tras aquella victoria todo el oro que se habían prometido, después de haber removido y registrado todo, quisieron obtener información, mediante los más duros tormentos que pudieron inventar, de los prisioneros que tenían. Mas, al no conseguir nada, hallando en ellos un valor más fuerte que sus tormentos, pusiéronse al fin tan rabiosos, que, contra su palabra y contra todo derecho, condenaron al propio rey y a uno de los principales señores de la corte a ser ajusticiados el uno frente al otro. Aquel señor, sintiéndose vencido por el dolor, rodeado de ardientes hogueras, volvió en su final la vista suplicante hacia su rey, como para pedir piedad pues no podía más. El rey, fijando en él sus ojos orgullosos y severos, en reproche a su cobardía y pusilanimidad, díjole sólo estas palabras con voz dura y firme: ¿Es que acaso estoy yo en un baño? ¿Estoy yo acaso más cómodo que tú? El otro sucumbió en seguida a los dolores y murió en el lugar. Lleváronse al rey de allí, a medio quemar, no tanto por piedad (¿acaso anidó ésta alguna vez en almas que por la dudosa información de un vaso de oro que saquear, eran capaces de asar ante sus ojos no sólo a un hombre sino a un rey tan grande en fortuna y en mérito?) como porque su firmeza hacía cada vez más vergonzosa su crueldad. Colgáronlo después, tras haber intentado él valerosamente liberarse con las armas de tan larga cautividad y sujeción, con lo que hizo su fin digno de un príncipe magnífico.

Otra vez, mandaron quemar vivos de golpe, en un mismo fuego, a cuatrocientos sesenta hombres; los cuatrocientos, del pueblo llano, los sesenta, de los principales señores de una provincia, prisioneros de guerra simplemente. Estos relatos los tenemos de ellos mismos [24], pues no sólo los confiesan sino que se vanaglorian y los publican. ¿Será acaso para probar su justicia? ¿O su celo por la religión? En verdad que son caminos harto distintos y enemigos de tan

---

[24] De López de Gomara, en su *Historia general de las Indias*.

santo fin. Si se hubieran propuesto extender nuestra fe, habrían considerado que no se amplía ésta con la posesión de tierras sino con la posesión de hombres, y habríanse contentado con las excesivas muertes que lleva consigo la necesidad de la guerra, sin añadir con indiferencia una carnicería, como si de bestias salvajes se tratara, universal, tan grande como el hierro y el fuego pudieron hacer, sin conservar voluntariamente más que tantos como míseros esclavos quisieron hacer para el servicio de sus minas; hasta tal punto que muchos jefes fueron castigados con la muerte en los lugares de su conquista, por orden de los reyes de Castilla, justamente indignados por el horror de sus desmanes, siendo casi todos odiados y despreciados. Dios permitió que aquellos grandes saqueos fuesen engullidos merecidamente por el mar al ser transportados, o por las guerras intestinas en las que se devoraron entre ellos, y la mayor parte fueron enterrados en aquellos lugares sin sacar fruto alguno de su victoria.

En cuanto al hecho de que el montante, aun en manos de un príncipe ahorrativo y prudente, responda tan poco a las esperanzas que hizo concebir a sus predecesores[25], y a esa primera abundancia de riquezas que se halló al descubrir aquellas nuevas tierras (pues aunque se saque mucho de ellas vemos que no es nada comparado con lo que se debía esperar), el motivo es que el uso de la moneda era enteramente desconocido y por consiguiente su oro hallóse todo reunido, no siendo utilizado más que para exhibición y adorno, como un mueble conservado de padres a hijos por muchos reyes poderosos que agotaban siempre sus minas para formar aquel gran montón de vasos y estatuas, ornamento de sus palacios y de sus templos, al contrario que nuestro oro que está todo en uso y en comercio. Menudeámoslo y transformámoslo en mil formas, lo extendemos y dispersamos. Imaginemos que nuestros reyes amontonasen así todo el oro que pudieran encontrar en varios siglos y lo guardasen inmóvil.

Los del reino de México estaban de algún modo más ci-

[25] Felipe II, rey de España tras la abdicación de Carlos V.

vilizados y cultivados que los de otras naciones de allí. Por esto pensaban, al igual que nosotros, que el universo tocaba a su fin y tomaron como signo de ello la desolación que allí llevamos. Creían que la existencia del mundo se dividía en cinco épocas y en la vida de cinco soles consecutivos, de los cuales los cuatro primeros habían cumplido ya su tiempo y que el que los alumbraba era el quinto. El primero feneció con todas las demás criaturas por inundación general de las aguas; el segundo, por la caída del cielo sobre nosotros, que aplastó a todo ser vivo, época a la que atribuían los gigantes, y mostraron a los españoles unas osamentas en proporción a las cuales la estatura de los hombres venía a ser de veinte palmos de altura; el tercero, por un fuego que todo lo abrasó y consumió; el cuarto, por una ráfaga de viento que derribó incluso muchas montañas; los hombres no murieron, mas convirtiéronse en monos (¡qué impresiones no sufre la cobardía de la credulidad humana!); tras la muerte de aquel cuarto sol, el mundo estuvo veinticinco años en continuas tinieblas, al décimoquinto de los cuales fueron creados un hombre y una mujer que volvieron a hacer la raza humana; diez años después, cierto día, apareció el sol de nuevo creado; y desde entonces, comienza la cuenta de sus años por ese día. Al tercer día de su creación murieron los antiguos dioses; los nuevos nacieron después, de la noche a la mañana. Nada ha sabido mi autor de lo que piensan acerca de cómo morirá este último sol. Mas el año de ese cuarto cambio coincide con esa gran conjunción de los astros que produjo, hace unos ochocientos y pico años, según estiman los astrólogos, muchas grandes alteraciones y novedades en el mundo.

En cuanto a la pompa y magnificencia por las que me he metido en este tema, ni Grecia, ni Roma, ni Egipto, pueden comparar ninguna de sus obras, ni por su utilidad, ni por su dificultad, ni por su nobleza, con el camino que existe en el Perú construido por los reyes del país, desde la ciudad de Quito hasta la de Cuzco (hay trescientas leguas), recto, continuo, de veinticinco pasos de ancho, pavimentado, revestido por los dos lados por hermosas y elevadas murallas y a lo largo de éstas, por dentro, dos riachuelos perennes, bordeados por bellos árboles llamados molís. Cuando se toparon con montañas y rocas, cortáronlas y allanáronlas, y llenaron los hoyos con piedra y cal. En los puntos importantes de cada trecho, hay hermosos palacios provistos de víveres, ropas y armas, tanto para los viajeros como para los ejércitos que por allí han de pasar. Para juzgar de esta obra, he tenido en cuenta la dificultad, que es particularmente considerable en aquel lugar. No construían piedras menores de diez pies de lado; no tenían otro medio de transporte, que el de brazo, arrastrando la carga; y ni siquiera el procedimiento de andamiaje pues no conocían más astucia que la de amontonar contra el edificio tanta tierra como fuera necesaria para su altura, y quitarla después.

Volvamos a nuestros coches. En lugar de usar éstos o cualquier otro vehículo, hacíanse llevar por hombres y a hombros. Este último rey del Perú, el día en que fue hecho prisionero, era llevado así sobre unas parihuelas de oro, sentado en una silla de oro, en medio de la batalla. Y a cuantos porteadores mataban para hacerlo caer abajo (pues querían cogerlo vivo) otros tantos los sutituían voluntariamente, ocupando el lugar de los muertos, de modo que no pudieran derribarlo por muchas de aquellas gentes que mataran, hasta que un hombre a caballo[26] fue a cogerle por el cuerpo lanzándolo al suelo.

[26] Pizarro.

Capítulo VII

DE LOS INCONVENIENTES DE LA GRANDEZA

PUESTO que no podemos alcanzarla, venguémosnos criticándola. (Aunque no es propiamente criticar algo el hallarle los defectos; los hay en todas las cosas, por hermosas y deseables que sean.) En general, tiene esta evidente ventaja, que se rebaja cuando le place y que más o menos puede elegir entre una y otra condición; pues no siempre se cae uno de las alturas; las hay de las que se puede descender sin caer. No deja de parecerme que le concedemos demasiado valor y también a la resolución de aquéllos a los que hemos visto despreciarla o de los que hemos oído que lo han hecho o han renunciado a ella por propia voluntad[1]. No es su esencia tan evidentemente ventajosa como para que sea prodigioso el rechazarla. Estimo harto difícil el esfuerzo para sufrir los males; mas si es para contentarse con una medida de fortuna mediocre huyendo de la grandeza, no veo que sea gran cosa. Es una virtud, a mi entender, a la que yo, que no soy más que un estúpido, podría llegar sin demasiado esfuerzo. ¿Qué habrían de hacer aquéllos que consideraran también la gloria que va unida a esta renuncia, en la que puede caber más ambición que en el propio deseo y goce de la grandeza? Pues de ningún otro modo se conduce la ambición más conforme a su naturaleza que por caminos perdidos e inusitados.

Aguijoneo mi valor para la paciencia, debilítolo para el deseo. Deseo tanto como·cualquier otro y dejo a mis deseos tanta libertad e indiscreción; mas sin embargo, jamás me ha ocurrido el desear ni un imperio, ni la realeza, ni la eminencia de esas altas fortunas comendadoras. A nada as-

---

[1] Alusión a los soberanos que abdicaron voluntariamente: Diocleciano en la época antigua y Carlos V en la moderna.

piro por ese lado, quiérome demasiado. Cuando pienso en crecer, es por lo bajo, con un crecimiento limitado y cobarde, propiamente para mí, en resolución, prudencia, salud, belleza y aún riqueza. Mas esa celebridad, esa autoridad tan poderosa escapa a mis pensamientos. Y muy al contrario de aquel otro[2], quizá prefiriese ser segundo o tercero en Perigueux, que primero en París; y desde luego, sinceramente, sí tercero en París que primero en cargo. No quiero ni disputar con un ujier, miserable desconocido, ni que el pueblo se postre de admiración cuando yo pase. Estoy hecho a un nivel mediano, tanto por mi destino como por mi gusto. Y he demostrado por la conducta de mi vida y de mis empresas que más bien he huido que saltado por encima del grado de fortuna en el que Dios me colocó al nacer. Toda condición natural es igualmente justa y desahogada.

Tengo el espíritu tan poltrón que no mido la buena fortuna según su altura; mídola según su facilidad.

Mas si no tengo valor bastante, tengo el equivalente en sinceridad, la cual me ordena publicar osadamente mi debilidad. Si hubiera de comparar la vida de L. Torio Balbo, hombre noble, bello, sabio, sano, entendido y rico en toda suerte de bienes y de placeres, el cual llevó una vida tranquila y toda suya, con el alma bien preparada contra la muerte, la superstición, los dolores y otros escollos de la necesidad humana, y murió al fin en combate, empuñando las armas y defendiendo a su país, por un lado; y por otro, la vida de Marco Régulo, tan grande y altiva como todos la conocemos, y su fin admirable; la una sin renombre, sin dignidad, la otra maravillosamente ejemplar y gloriosa; diría ciertamente lo que dijo Cicerón, si supiese decir tan bien como él. Mas si hubiera de aplicarlas a la mía, diría que la primera responde tanto a mis posibilidades y a mis deseos, los cuales ajusto a mis posibilidades, como la segunda está lejos de ellos; que a ésta no puedo sino venerarla, mientras que la otra gustoso pondríala en práctica.

Volvamos a nuestra grandeza temporal de la que hemos partido.

---

[2] Julio César.

Me repele la dominación tanto siendo sujeto activo como pasivo. Otanes, uno de los siete que tenían derecho a pretender al reino de Persia, tomó un partido que yo habría tomado de buen grado, y es que cedió a sus compañeros el derecho de poder alcanzarlo por elección o a suertes, con tal de vivir él y los suyos en aquel imperio fuera de toda sujeción y dominación, excepto la de las leyes antiguas, y de tener total libertad siempre que no produjese perjuicio para aquéllas, no pudiendo soportar ni que le mandasen, ni mandar.

El oficio más difícil y más duro del mundo es, a mi parecer, el hacer dignamente de rey. Excuso sus faltas más de lo que se hace comúnmente, por considerar el enorme peso de su carga, el cual me asombra. Es difícil tener moderación con poder tan desmesurado. De forma que es incluso para aquéllos que son de naturaleza menos excelente una singular incitación a la virtud el estar colocado en lugar en el que no hacéis ningún bien que no sea registrado y contado y en el que la mínima buena acción atañe a tantas gentes y en el que vuestra inteligencia, como la de los predicadores, dirígese principalmente al pueblo, juez poco estricto, fácil de engañar y fácil de contentar. Hay pocas cosas sobre las que podamos juzgar sinceramente, porque hay pocas en las que no estemos interesados de algún modo. La superioridad y la inferioridad, la dominación y la sujeción, se ven forzadas a una natural envidia y contestación; se han de atacar recíproca y continuamente. No creo ni a la una ni a la otra sobre los derechos de su compañera; dejemos que hable la razón que es inflexible e impasible, cuando podemos disponer de ella. No hace un mes que hojeaba dos libros escoceses[3] que discutían sobre este tema; el popular considera al rey, de peor condición que un carretero; el monárquico, lo coloca algunas brazas por encima de Dios en poder y soberanía.

Y es el caso que el inconveniente de la grandeza que he recalcado aquí por cierta circunstancia que acaba de recor-

³ El de Buchanan: *De jure sequi apud Scotos* (1579) y la respuesta a éste de Blackwood: *Adversus G. Buchanani dialogum* (1587).

dármelo es éste. Nada hay quizá tan ameno del trato con los hombres como las pruebas que hacemos unos contra otros, celosos de nuestro valor y de nuestro honor, ya sea con ejercicios del cuerpo o de la mente, en los cuales la grandeza soberana no participa verdaderamente. Realmente, parecióme a menudo que a fuerza de respeto se trata a los príncipes desdeñosa e injuriosamente. Pues aquello que tanto me ofendía en mi infancia, que los que contra mí se ejercitaban evitasen emplearse a fondo por hallarme indigno de esforzarse contra mí, es lo que les ocurre a ellos todos los días, pues cada cual se halla indigno de esforzarse contra ellos. Por poco interés que tengan en la victoria, no hay nadie que no se aplique a concedérsela y que no prefiera traicionar su propia gloria que ofender la suya; no se hace con ellos más esfuerzo que el necesario para servir a su honor. ¿Qué parte tienen en la pelea si todos están a su favor? Paréceme ver a aquellos paladines de antaño presentándose a las justas y a los combates con cuerpos y armas fingidas. Brisón, mientras corría con Alejandro, vaciló en la carrera; reprendiólo por ello Alejandro, mas había de ordenar azotarlo. Por esto, decía Carnéades que los hijos de los príncipes sólo aprenden a derechas a manejar el caballo pues en cualquier otro ejercicio ceden todos ante ellos dándoles la victoria; mas un caballo, que no es ni adulador ni cortesano, lanza al suelo al hijo de un rey como lo haría con el de un zapatero. Viose obligado Homero a consentir que Venus, diosa tan dulce y tan delicada, fuera herida en el combate de Troya, para darle valor y osadía, cualidades que en modo alguno residen en aquéllos que están libres de peligro. Hacen enfadar, temer, huir, sentir celos, dolerse y apasionarse a los dioses, para honrarlos con las virtudes que se construyen entre nosotros con esas imperfecciones.

Quien no participa del riesgo y de la dificultad no puede pretender el honor y el placer que acompañan a los actos arriesgados. Es lamentable poder tanto que todo ceda ante nosotros. Vuestra fortuna os aleja en demasía de la sociedad y la compañía, os coloca apartado en demasía. Esa soltura y cobarde facilidad para hacer que todo se incline ante vos es enemiga de toda suerte de placer; esto es resbalar, no andar; es dormir, no vivir. Imaginaos al hombre dotado de omnipotencia, lo estropeáis; ha de pediros, por caridad, obstáculos y resistencia; su ser y su bien están en la indigencia.

Sus buenas cualidades están muertas y perdidas, pues sólo se hacen sentir por comparación y se las pone fuera de ella; tienen poco conocimiento de la verdadera alabanza, al verse acariciados por tan continua y uniforme aprobación. Aunque se las hayan de ver con el más necio de sus vasallos, no pueden aventajarlo; con decir: Es porque es mi rey, parécele haber dicho ya que ha actuado para dejarse vencer. Esta cualidad ahoga y consume las otras cualidades verdaderas y esenciales: están hundidas en la realeza y ésta sólo les permite hacer valer los actos que la afectan directamente y que le sirven los deberes de su cargo. Ser rey es tanto, que sólo se es eso. Ese resplandor extraño o el que lo rodea, lo oculta y nos lo esconde, rómpese en él nuestra vista y se disipa llenándose y deteniéndose con esa poderosa luz. Otorgó el senado el premio de la elocuencia a Tiberio; rechazólo él por estimar que no podía hallar satisfacción en juicio tan poco libre, aunque fuera verdadero.

Así como se les conceden todas las prerrogativas de honor, así se alientan y autorizan los defectos y vicios que tienen, no sólo mediante la aprobación sino también mediante la imitación. Todos los seguidores de Alejandro llevaban la cabeza inclinada hacia un lado; y los aduladores de Dionisio chocaban entre ellos en presencia suya, empujaban y tiraban todo cuanto se hallaba a sus pies, para decir que eran tan cortos de vista como él. Las hernias también alcanzaron a veces celebridad y favor. He visto fingir sordera; y porque su señor odiaba a su mujer, vio Plutarco cómo algunos cortesanos repudiaban a las suyas, a las que amaban. Y lo que es más, la lujuria y el libertinaje se han visto acreditados; al igual que la deslealtad, las blasfemias, la crueldad; como la herejía; como la superstición, la irreligiosidad, la molicie; y aún peor, si es que hay algo peor: siguiendo, con mayor peligro aún, el ejemplo de los aduladores de Mitrídates, los cuales, porque su señor envidiaba el honor de buen médico, ofreciánle sus miembros para que los sajara y cauterizara; pues estos otros sufren cauterizarse el alma, parte más delicada y más noble.

Mas, para terminar por donde empecé, estando Adriano, el emperador, discutiendo con el filósofo Favorino, entrególe éste en seguida la victoria. Al reprochárselo sus amigos, dijo: os burláis de mí; ¿acaso queréis que no sea más sabio que yo, el que manda sobre treinta legiones? Augusto escribió unos versos contra Asinio Polión: Y yo, dijo Polión, me callo; no es sensato escribir contra aquél que puede proscribir. Y tenían razón. Pues Dionisio, por no poder igualarse con Filoxeno en poesía y con Platón en juicio, condenó al uno a las canteras y envió al otro a la isla de Egina para que lo vendieran como esclavo.

CAPÍTULO VIII

DEL ARTE DE CONVERSAR

E S costumbre de nuestra justicia el condenar a unos para prevenir a los otros.

Condenar por haber faltado, sería necedad, como dice Platón. Pues lo que se ha hecho no puede deshacerse; mas es para que no vuelvan a hacer lo mismo o para que se evite el ejemplo de su falta.

No se corrige a aquél al que se cuelga, corrígese a los demás en él. Otro tanto hago yo. Mis errores son ya naturales e incorregibles; mas así como los hombres de bien benefician al público haciéndose imitar, quizá yo lo beneficie haciéndome evitar:

> Nonne vides Albi ut male vivat filius, utque
> Barrus inops? magnum documentum, ne patriam rem
> Perdere quis velit[1].

---

[1] «¿No ves con cuánto esfuerzo vive el hijo de Albo?, ¿y la miseria de

Publicando y criticando mis imperfecciones, alguien aprenderá a temerlas. Las cualidades que más estimo en mí consiguen más honor criticándome que alabándome. He aquí por qué caigo y me detengo en ellas a menudo. Mas, cuando todo se cuenta, jamás se habla de uno mismo sin perjuicio. Los reproches propios siempre se creen, las alabanzas jamás.

Puede haber algunos como yo, que me instruyo mejor por oposición que por ejemplo y huyendo de algo que siguiéndolo. A este aprendizaje referíase Platón cuando decía que los sabios tienen más que aprender de los locos, que los locos de los sabios; y aquel antiguo músico que tocaba la lira, del que Pausanias cuenta que acostumbraba a obligar a sus discípulos a ir a oír a un mal músico que vivía enfrente de él, para que aprendiesen a odiar las notas desafinadas y las medidas equivocadas. El horror de la crueldad me empuja más a la clemencia, que cualquier modelo de clemencia. Un buen escudero no me yergue más en mi silla que un procurador o un veneciano a caballo; y una manera incorrecta de hablar reforma más la mía que una correcta. Cada día, la necia actitud de otro me alerta y previene. Lo que lacera influye y despierta más que lo que agrada. Esta época es propia para enmendarnos únicamente repeliéndonos, por desacuerdo más que por acuerdo, por diferencia más que por similitud. Sintiéndome poco instruido por los buenos ejemplos, sírvome de los malos cuya lección es ordinaria. Héme esforzado por resultar tan agradable como enojosos eran los que veía, tan firme como blandos eran los que veía, tan suave como rudos eran los que veía. Mas proponíame unas cotas inalcanzables.

El más fructífero y natural ejercicio del espíritu, es, a mi parecer, la conversación. Hallo su práctica más dulce que la de cualquier otra acción de nuestra vida; y este es el motivo por el cual, si me viera ahora forzado a elegir, creo que consentiría antes en perder la vista que el oído o el habla. Los atenienses y también los romanos honraban mu-

---

Barro? Excelente ejemplo para no derrochar nuestros bienes.» (Horacio, *Sátiras*, I. IV. 109).

cho este ejercicio en sus academias. En nuestra época conservan los italianos algunos vestigios, como podemos ver si comparamos sus entendimientos con los nuestros. El estudio de los libros es un movimiento lánguido y débil que no enardece: mientras que la conversación enseña y ejercita a un tiempo. Si converso con un alma fuerte y un duro adversario, me ataca por los flancos, me espolea por un lado y por otro; sus ideas impulsan a las mías; los celos, la gloria, la emulación, me empujan y me elevan por encima de mí mismo, y la unanimidad es cosa muy tediosa en la conversación.

Así como nuestra inteligencia se fortalece por la comunicación con las inteligencias vigorosas y ordenadas, es imposible decir cuánto pierde y se envilece por el continuo trato y la continua relación que tenemos con las inteligencias bajas y enfermizas. No hay contagio que se extienda como éste. Bastante sé por experiencia dónde me aprieta el zapato. Gusto de discutir y discurrir, mas sólo con pocos hombres y para mí, pues el servir de espectáculo a los grandes y emularlos haciendo ostentación de la inteligencia y la oratoria, estimo que es oficio impropio de un hombre de honor.

La necedad es una mala cualidad, mas el no poder soportarla e indignarse y reconcomerse con ella como me ocurre a mí, es otra suerte de enfermedad que nada tiene que envidiar a la necedad en inconveniencia, y quiero condenar ahora esto de mi natural.

Entablo conversación y disputa con gran libertad y facilidad, pues la opinión halla en mí terreno poco propicio para penetrar en él y echar hondas raíces. Ninguna idea me asombra, ninguna creencia me hiere, por contraria que sea a la mía. No hay fantasía tan frívola o extravagante como para no parecerme conforme a la inteligencia humana. Nosotros, que privamos a nuestro juicio del derecho a hacer alguna parada, miramos con blandura las diversas opiniones, y, si no les prestamos el juicio, fácilmente les prestamos oídos. Cuando uno de los platos de la balanza está totalmente vacío, dejo vacilar el otro bajo el peso de los sueños de una vieja. Y paréceme excusable preferir el número impar; el jueves en lugar del viernes; hacer en la mesa el número doce o catorce antes que el trece; preferir ver a una liebre seguir mi camino antes que atravesarlo, cuando viajo; y doy el pie izquierdo antes que el derecho para calzarme. Todas estas ocurrencias que están de moda entre nosotros, merecen al menos ser escuchadas. A mi modo de ver, comportan sólo inanidad, mas compórtanla. Tienen las ideas casuales y vulgares mayor peso que sustancia. Y quien no se deje influir por ellas, quizá caiga en el vicio de la obstinación por evitar el de la superstición.

Ni me irritan ni me alteran pues, las contradicciones de los juicios; me despiertan y ejercitan solamente. Nos negamos a que nos corrijan, habríamos de buscarlo y hacerlo, en particular cuando es en forma de conversación, no de enseñanza. En ninguna oposición consideramos si es justa o injusta, sino el modo de librarnos de ella, tengamos razón o no. En lugar de tender las manos, tendemos las uñas. Soportaría que mis amigos me vapulearan con rudeza: Eres un necio, desvarías. Agrádame que los hombres de bien se expresen entre ellos valientemente, que vayan las palabras por donde van los pensamientos. Hemos de fortalecer el oído y endurecerlo contra esa blandura del sonido ceremonioso de las palabras. Gusto de una sociedad y familiaridad fuerte y viril, de una amistad que se plazca en la dureza y vigor de su trato, como el amor en los mordiscos y arañazos ensangrentados.

No es bastante vigorosa y generosa si no es peleona, si es civilizada y artificial, si teme el choque y tiene un comportamiento forzado. «Neque enim disputari sine reprehensione potest» [2].

Cuando me contradicen, despiertan mi atención, no mi cólera; me acerco a aquél que me contradice, que me instruye. La causa de la verdad debería ser la causa común a uno y a otro. ¿Qué responderá? la pasión de la ira le ha alcanzado ya el juicio, la agitación se ha apoderado de él antes que la razón. Sería útil que apostáramos en la deci-

[2] «Pues no hay discusión sin contradicción.» (Cicerón, *De los fines,* I. 8).

sión de nuestras disputas, que quedara una señal material de nuestras pérdidas, para que las tuviéramos en cuenta y pudiera decirme mi criado: El año pasado, por veinte veces, os costó cien escudos el haber sido ignorante y obstinado.

Celebro y acaricio la verdad cualquiera que sea la mano que la detente, y a ella me entrego alegremente y le tiendo mis armas vencidas, en cuanto la veo acercarse a lo lejos. Y con tal de que no procedan con ceño demasiado imperioso y sentencioso, acepto las críticas que hacen a mis escritos; y a menudo los he cambiado más por razón de civismo que por razón de enmienda; pues gusto de satisfacer y alimentar la libertad de corregirme mediante la facilidad para ceder; sí, en mi propio perjuicio. Sin embargo, es ciertamente difícil empujar a ello a los hombres de mi tiempo; no tienen el valor de corregir porque no tienen el valor de aguantar el serlo, y hablan siempre con disimulo en presencia unos de otros. Tanto me place ser juzgado y conocido que me es casi indiferente de cuál de las dos formas lo seré. Tan a menudo se contradice y condena a sí mismo mi pensamiento, que me es lo mismo que otro lo haga: dado principalmente que sólo otorgo a su represión la autoridad que quiero. Mas rompo con aquel que se cree tan importante, como alguno que conozco, que escatima sus consejos si no le creen, y toma como injuria el que se dude en seguirlos. Puede decirse que la causa de que Sócrates aceptase siempre sonriente las oposiciones que se hacían a su razonamiento, era su fuerza y que, habiendo de recaer la victoria de su lado, aceptábalas como materia de nueva gloria. Mas vemos por el contrario que no hay nada que nos haga más susceptibles que la idea de la superioridad y el desdén del adversario; y que, por lógica, corresponde antes al débil el aceptar de buen grado las alegaciones que lo enderezan y corrigen.

Busco más, en verdad, el trato con aquéllos que me atacan que el de aquéllos que me temen. Es un placer soso y perjudicial el de habérselas con gentes que nos admiran y dejan paso. Antístenes ordenó a sus hijos que jamás agradecieran ni favorecieran a un hombre que los alabase. Yo me siento tan orgulloso de la victoria que obtengo sobre mí mismo cuando, en medio del ardor del combate, me inclino ante la fuerza de la razón de mi adversario, que no me alegro de la victoria que obtengo sobre él por su debilidad.

Al fin, acepto y reconozco toda suerte de ataques directos, por poca base que tengan, mas me irritan aquéllos que se hacen sin forma. Poco se me da de la materia y me son iguales las opiniones, así como la victoria del tema más o menos indiferente. Discutiré durante todo un día apaciblemente si la marcha del debate sigue un orden. No le pido tanta fuerza ni sutileza como orden. Ese orden que se da siempre entre los altercados entre pastores y mancebos de botica, y jamás entre nosotros. Si se desmandan, es por falta de educación, en éste andamos bien nosotros. Mas su ira e impaciencia no les desvía del tema: su razonamiento sigue su curso. Si se cortan el uno al otro, si no esperan a que el otro termine, al menos se entienden. Para mí, todos responden bien si responden a propósito. Mas, cuando la disputa es turbia y desordenada, abandono el objeto y me dedico a la forma con indignación e indiscreción, lanzándome a una manera de discutir testaruda, maliciosa e imperiosa de la que luego he de avergonzarme.

Es imposible tratar con un necio, de buena fe. No sólo se me corrompe el juicio en manos de señor tan impetuoso, sino también la conciencia.

Nuestras discusiones habrían de estar prohibidas y penadas como otros crímenes verbales. ¡Cuánto vicio despiertan y amontonan, regidas y mandadas como están siempre por la cólera! Nos enemistamos primero con las ideas y luego con los hombres. No aprendemos a discutir más que para contradecir; y al contradecir cada cual y ser contradicho, ocurre que el fruto de la discusión es perder y anular la verdad. Así, Platón, en su *República,* prohíbe este ejercicio a las mentes ineptas y malnacidas.

¿Para qué meterse en buscar lo que es, con aquél que no tiene ni paso ni andar que valga? No se perjudica al tema cuando se le abandona para ver del procedimiento de tratarlo; no me refiero al procedimiento escolástico y artificial, sino al sistema natural, de un sano entendimiento. ¿Qué saldrá al fin? El uno va a oriente, el otro a occidente; pierden lo principal y lo apartan con la masa de lo anecdótico. Al cabo de una hora de tempestad, no saben lo que buscan: el uno está abajo, el otro arriba, el otro a un lado. Quien, la emprende con una palabra y una similitud; quien, no sabe ya lo que le arguyen de tan lanzado como está en su carrera, y piensa en seguirse a sí mismo, no a vos. Quien, sintiéndose con los riñones al descubierto, teme todo, niega todo, mezcla y confunde desde el principio todo el razonamiento, o, en lo más fuerte del debate, se enoja haciéndose el mudo, por una ignorancia despechada, fingiendo un orgulloso desprecio o una necia modestia que huye de la querella. A éste, con tal de golpear, nada se le da cuánto se descubre. El otro cuenta sus palabras y las pesa por razones. Aquél no emplea más que la capacidad de su voz y de sus pulmones. He aquí a otro que concluye contra sí mismo. ¡Y éste que os ensordece con prefacios y digresiones inútiles! Este otro se arma con puras injurias y busca discusión sobre Alemania para librarse de la sociedad y conversación de una mente que le abruma. Este último nada entiende del fondo, mas os tiene acorralado dentro de la prisión dialéctica de sus cláusulas y con las fórmulas de su arte.

¿Y quién no desconfía de las ciencias y no duda de si se puede sacar algún fruto sólido para la vida, considerando el uso que de ellas hacemos: «nihil sanantibus litteris?»[3]. ¿Quién ha conseguido seso con la lógica? ¿Dónde están sus bellas promesas? «Nec ad melius vivendum nec ad commodius disserendum»[4]. ¿Vemos acaso mayor embrollo en la cháchara de las lavanderas que en los debates públicos de los hombres de esta profesión? Preferiría que mi hijo aprendiese a hablar en las tabernas que en las escuelas del hablar. Buscad a un maestro de las artes, conversad con él: ¿acaso no nos hace sentir esa excelencia artificial y no arre-

---

[3] «Letras que no curan nada.» (Séneca, *Epístolas,* 59).
[4] «(No enseña) ni a vivir mejor, ni a razonar más sabiamente.» (Cicerón, *De los fines,* I. 19).

bata a las mujeres y a los ignorantes como nosotros, por la admiración de la firmeza de sus razones y de la belleza de su orden? ¿Es que acaso no nos domina y convence como quiere? Un hombre tan aventajado en saber y conducta, ¿por qué mezcla a su dialéctica, injurias, indiscreción y rabia? Quítese el birrete, la toga y los latines; que no nos golpee los oídos con Aristóteles puro y crudo, lo tomaréis por uno de nosotros o por alguien peor. Paréceme que ocurre con ese lenguaje intrincado y liado con el que nos abruman, lo que con los prestidigitadores: su habilidad combate y violenta nuestros sentidos, mas en modo alguno conmueve nuestra credulidad: fuera de esa comedia, nada hacen que no sea vulgar y vil. Por ser más cultos no son menos ineptos.

Amo y honro el saber tanto como aquéllos que lo poseen; y, usándolo bien, es la más noble y poderosa adquisición de los hombres. Mas en aquéllos (y son número infinito) que basan en él su mérito y valor fundamental, que confunden el entendimiento con la memoria, «sub aliena umbra latentes»[5], ya nada pueden si no es con un libro, ódiolo, por así decirlo, más que la necedad. En mi país y en estos tiempos, la ciencia enmienda bastante la bolsa, rara vez el alma. Si se topa con una roma, la agobia y ahoga, como masa cruda e indigesta; si es con una preclara, suele purificarla, agudizarla y sutilizarla hasta su anulación. Es cosa de calidad más o menos indiferente, muy útil accesorio para un alma bien nacida y pernicioso y nocivo para otra alma; o más bien cosa de uso muy precioso que no se deja poseer a bajo precio; en ciertas manos es un cetro, en otras, el atributo de la locura. Mas sigamos.

¿Qué mayor victoria esperáis que la de hacer ver al enemigo que no puede venceros? Cuando conseguís la ventaja de lo que preconizáis, gana la verdad; cuando conseguís la ventaja del orden y la elaboración, ganáis vos. Creo que según Platón y Jenofonte, Sócrates discute más a favor de los que discuten que a favor de la discusión; y para instruir a Eutidemo y a Protágoras en el conocimiento de su imper-

---

[5] «Que se ocultan en la sombra de otro» (Séneca, *Cartas*, 33).

tinencia más que en el de la impertinencia de su arte. Empuña la primera materia como aquél que tiene un fin más útil que el de aclararla, a saber, el de aclarar las mentes que se dedica a manejar y a ejercitar. El movimiento y la caza es cosa que nos atañe: no tenemos excusa si la realizamos mal e impertinentemente. El fallar en la presa, ya es otra cosa, pues hemos nacido para perseguir la verdad: corresponde poseerla a un poder superior. No está, como decía Demócrito, escondida en el fondo de los abismos, sino más bien elevada a una altura infinita en el conocimiento divino. No es el mundo sino una escuela de inquisición. No se trata de ver quién mete la lanza en la anilla, sino quién hace la mejor carrera. Tan necio puede parecer el que habla con verdad como el que habla falsamente, pues nos ocupamos de la manera, no de la materia del decir. Yo tiendo a considerar tanto la forma como la sustancia, tanto al abogado como a la causa, así como ordenaba Alcibíades.

Y cada día me entretengo leyendo a autores, sin cuidarme de su ciencia, buscando en ellos el estilo no el tema. Al igual que trato de comunicarme con alguna inteligencia famosa no para que me enseñe sino para conocerla.

Todo hombre puede hablar con verdad; mas pocos pueden hablar con orden, prudencia e inteligencia. Por ello, no me irrita la falsedad que proviene de la ignorancia, es inepcia. He roto varios negocios que me eran útiles, por la falta de pertinencia en la contestación de aquéllos con los que negociaba. Jamás me indignan las faltas de aquéllos sobre los que tengo autoridad; mas por la necedad y obstinación de sus alegaciones, excusas y defensas, propia de asnos y bestias, a punto estamos todos los días de retorcernos el cuello. No entienden ni lo que se dice ni el porqué, y de igual modo responden: es para desesperarse. No siento que me golpeen duramente la cabeza más que con otra cabeza, y soporto mejor el vicio de mis criados que su temeridad, su importunidad y su estupidez. Hagan menos con tal de que sean capaces de hacer más. Vivís con la esperanza de incitar su voluntad, mas de un tocón no hay esperanza ni fruto que valga.

¿Pues qué, si tomo las cosas distintas a como son? Puede ser, y por ello condeno mi falta de paciencia y sostengo en primer lugar que es igualmente viciosa en aquél que tiene razón como en aquél que no la tiene (pues no deja de ser tiránica acritud la de no poder soportar una forma distinta a la propia); y además, no hay mayor necedad en verdad, ni más constante, ni más heteróclita, que la de enojarse y enfadarse por las necedades de las gentes. Pues no enfrenta principalmente a nosotros mismos; y a aquel filósofo[6] de antaño jamás le faltó motivo de llanto mientras se consideró.

Habiéndosele preguntado a Misón, uno de los siete sabios, de tendencias timonianas[7] y democristianas, por qué se reía solo, contestó: Por eso mismo, porque me río solo.

¡Cuántas tonterías digo y respondo cada día, según yo mismo! Y seguro por lo tanto que muchas más según los demás! Si yo me muerdo los labios, ¿qué no harán los demás? En suma, que hemos de vivir entre los vivos y dejar correr el río bajo el puente sin cuidarnos de ello, o, al menos, sin alterarnos. Mas, es más, ¿por qué nos topamos sin indignarnos con alguien que tiene el cuerpo jorobado y contrahecho, y no podemos sufrir el encuentro con una inteligencia mal organizada, sin montar en cólera? Esta viciosa severidad proviene más del juez que de la falta. Tengamos siempre en los labios esta frase de Platón: Lo que hallo malsano, ¿no es porque yo mismo soy malsano? ¿No tengo yo mismo culpa? ¿No puede mi acusación volverse contra mí? Sabia y divina sentencia que azota el error más común y general de los hombres. No sólo los reproches que nos hacemos unos a otros, sino nuestras razones también y nuestros argumentos en las materias de controversia, pueden volverse de ordinario contra nosotros, y nos herimos con nuestras propias armas. De todo ello me ha dejado la antigüedad graves ejemplos. Dijo harto ingeniosamente y harto a propósito aquél que inventó esto:

---

6 Se refiere a Heráclito. *(Vid.* I. 50).
7 De Timón, llamado el «Misántropo», cuyo recuerdo inspiró el drama de Shakespeare, *Timón de Atenas.*

Stercus cuique suum bene olet [8].

Nada ven nuestros ojos por dentro. Cien veces al día burlámonos de nosotros en cabeza ajena y detestamos en otros los defectos que brillan en nosotros más claramente, admirándonos de ellos con prodigiosa impudicia e inadvertencia. Ayer, sin ir más lejos, vi a un hombre de seso y personaje de bien, burlarse con tanto humor como justicia de las ineptas maneras de otro que aturde los oídos a todo el mundo con sus genealogías y alianzas, la mitad de las cuales son falsas (suelen meterse en tales necios temas aquéllos cuya ascendencia es más dudosa y menos segura); y él, si se hubiera mirado a sí mismo, habríase hallado no menos intemperante y enojoso por publicar y hacer ostentación de las prerrogativas del linaje de su mujer. ¡Oh importuna presunción con la que el marido con sus propias manos arma a la mujer! Si entendieran latín sería menester decirles:

Age! si haec non insanit satis sua sponte, instiga [9].

No quiero decir con esto que no acuse nadie que no esté limpio, pues nadie acusaría; ni siquiera, limpio de la misma culpa. Mas quiero decir que nuestro juicio, al emprenderla contra otro del que entonces se trata, no ha de librarnos de un enjuiciamiento interno. Es deber de caridad que el que no pueda extirpar un vicio de sí mismo trate de extirparlo sin embargo de otros en los que puede tener simiente menos maligna y rebelde. Y tampoco me parece respuesta apropiada para aquél que me advierte de mi falta, el decir que también se da en él. ¿Y qué? Sigue siendo verdadera y útil la advertencia. Si tuviéramos buen olfato, habría de apestarnos tanto más nuestra basura cuanto que es nuestra. Y piensa Sócrates que quien se hallase culpable

---

[8] «A cada uno le gusta el olor de su estiércol.» (Erasmo, *Adagios,* III. IV. 2).

[9] «¡Ánimo!, si no está bastante loco, instiga su locura.» (Terencio, *Andria,* IV. II. 9).

con su hijo y un extraño de cualquier violencia e injuria, habría de empezar por sí mismo al presentarse a la condena de la injusticia, e implorar, para purgar, el socorro de la mano del verdugo, en segundo lugar para su hijo y en último para el extraño. Si nos parece demasiado elevado este precepto, al menos sí ha de presentarse el primero al castigo de su propia conciencia.

Los sentidos son nuestros propios y primeros jueces, pues sólo perciben las cosas por los hechos externos. Y no es de extrañar que en todos los aspectos del servicio de nuestra sociedad, haya una mezcla tan continua y general de ceremonias y apariencias superficiales, hasta el punto de que la mejor parte y más efectiva de las sociedades consiste en esto. Siempre es con el hombre con quien hemos de vérnoslas, cuya condición es prodigiosamente corporal. No se asombren aquéllos que estos años pasados quisieron presentarnos una práctica de la religión tan contemplativa e inmaterial[10], si hay quienes piensan que se habría escapado y fundido entre sus dedos si no se mantuviese entre nosotros como marca, título e instrumento de división y separación más que por ella misma. Como en la conversación: la seriedad, la toga y la fortuna de aquél que habla, a menudo concede crédito a discursos vanos e ineptos. No es presumible que un hombre tan servido, tan temido, no tenga dentro cierta inteligencia distinta a la popular, y que un hombre al que se dan tantas misiones y cargos, tan desdeñoso y altivo, no sea más hábil que aquél otro que le saluda desde tan lejos y al que nadie emplea. No sólo las palabras sino también los gestos de esas gentes se consideran y tienen en cuenta, y cada cual se aplica a darles cierta bella y sólida interpretación. Si se rebajan a la conversación común y se les presenta otra cosa que aprobación y reverencia, os abruman con la autoridad de su experiencia: ellos han visto, han oído, han hecho, os veis aplastado por sus ejemplos. De buena gana les diría que el fruto de la experiencia de un cirujano no es la historia de sus operaciones

---

[10] Se refiere a los protestantes, cuya austeridad era desaprobada por Montaigne.

ni el acordarse de que ha curado a cuatro apestados y a tres gotosos si no sabe sacar de esa práctica algo con que formarse el juicio, ni nos hace ver que se haya hecho más sabio con el uso de su arte. Así como en un concierto de instrumentos no se oye ni laud, ni espineta, ni flauta, se oye una armonía en conjunto, la unión y el fruto de toda esa mezcla. Si los viajes y los cargos los han enmendado, han de demostrarlo con la producción de su entendimiento. No basta con llevar la cuenta de sus experiencias, es menester pesarlas y combinarlas y haberlas digerido y destilado, para sacar las razones y conclusiones que contienen. Jamás hubo tantos historiadores. Siempre es bueno y útil escucharlos pues nos ofrecen gran número de hermosas y loables enseñanzas que almacenan en la memoria. Gran parte, ciertamente, para ayuda de la vida, mas no tratamos de saber esto ahora, tratamos de saber si esos narradores y recopiladores son ellos mismos loables.

Odio toda suerte de tiranía, tanto de palabra como de obra. Esfuérzome por escudarme contra esas vanas circunstancias que engañan a nuestro juicio por los sentidos; y acechando esas grandezas extraordinarias, he hallado que son, como mucho, hombres como los demás.

Rarus enim ferme sensus communis in illa
Fortuna[11].

Quizás se les estime y se les vea inferiores a como son, pues atacan y se muestran más: no responden al peso que llevan encima. Es menester que el cargador tenga más vigor y más energías que la carga. Aquél que no ha hecho uso de todas sus fuerzas os deja adivinar si aún le quedan fuerzas y si se ha empleado a fondo; el que ha sucumbido bajo la carga revela su capacidad y la debilidad de sus hombros. Por eso vemos tantas almas ineptas entre los sabios y más que entre otros: habrían sido buenos amos de su casa, buenos tenderos, buenos artesanos, al estar su vigor

---

[11] «Raro es, en efecto, el sentido común en esas grandes fortunas.» (Juvenal, VIII. 73).

natural proporcionado para esa medida. Cosa de mucho peso es la ciencia: no pueden con ella. No tiene su inteligencia ni bastante vigor ni bastante agilidad para mostrar y distribuir esa noble y poderosa materia, para emplearla y servirse de ella: sólo puede albergarse en una naturaleza fuerte; mas éstas escasean. Y los débiles, dice Sócrates, corrompen la dignidad de la filosofía al manejarla. Parece inútil y viciosa cuando está mal sostenida. Ved cómo se echan a perder envileciéndose,

> Humani qualis simulator simius oris,
> Quem puer arridens pretioso stamine serum
> Velavit, nudasque nates ac terga reliquit,
> Ludibrium mensis[12].

Igualmente, no basta con que aquéllos que nos dirigen y gobiernan, aquéllos que tienen el mundo en sus manos, tengan un entendimiento común, con que puedan lo que nosotros podemos; están muy por debajo de nosotros si no están muy por encima. Como prometen más, también deben más. Y por ello, el silencio no sólo es en ellos actitud respetable y seria, sino también a menudo provechosa y ahorrativa: pues Megabises, habiendo ido a ver a Apeles a su taller, estuvo largo tiempo sin decir palabra y luego comenzó a discurrir sobre sus obras, por lo que recibió esta dura reprimenda: Mientras guardaste silencio parecías alguien importante a causa de tus cadenas y de tu pompa, mas ahora que te hemos oído hablar, hasta los mancebos de mi estudio te desprecian. Aquellos magníficos atuendos, aquel gran aparato, no le permitían tener la ignorancia popular ni hablar con desacierto de la pintura: había de mantener, callado, aquella externa y presunta inteligencia. ¡A cuántas almas necias sirvió en mis tiempos un rostro frío y taciturno como título de prudencia y capacidad!

---

[12] «Como el mono que imita la cara humana y que, para bromear, un niño viste con una preciosa tela de seda, dejándole la espalda y el trasero desnudos, para regocijo de los comensales.» (Claudiano, *Contra Eutropio*, I. 303).

Las dignidades, los cargos se dan necesariamente más por fortuna que por mérito y no es justo emprenderla tan a menudo contra los reyes. Al contrario, es prodigioso que tengan tanta suerte, teniendo tan poca habilidad:

Principis est virtus maxima nosse suos[13];

pues no les ha dado la naturaleza una vista que pueda extenderse hasta tantos pueblos, para discernir la preexcelencia y atravesar nuestros corazones, en lo cual reside el conocimiento de nuestra voluntad y de nuestros mejores valores. Han de seleccionarnos por conjeturas y a tientas, por la familia, las riquezas, la educación, la voz del pueblo: muy débiles argumentos. Quien hallara el medio de poder juzgar con justicia y escoger a los hombres con razón, establecería con sólo esto, una forma perfecta de sociedad.

— Sí, mas ha llevado a buen término esta empresa. Es algo, mas no es bastante: pues acéptase con justicia esta sentencia, que no se han de juzgar las decisiones por los acontecimientos. Los cartagineses castigaban las malas resoluciones de sus capitanes aunque se vieran corregidos por un desenlace feliz. Y el pueblo romano negó a menudo el triunfo a grandes y útiles victorias porque la dirección del jefe no respondía a su buen final. Vemos de ordinario en los actos de las gentes que la fortuna, para mostrarnos cuánto puede en todo y cuánto placer siente rebajando nuestra presunción, al no poder hacer sabios a los incapaces, los hace bienaventurados, emulando a la virtud. Gusta de favorecer las realizaciones cuya trama es más suya. Por lo que cada día vemos que los más simples de nosotros llevan a cabo muy grandes tareas, tanto públicas como privadas. Y así como Siranes, el persa, respondió a aquéllos que se asombraban de que fracasaran sus empresas siendo tan sabias sus ideas: que él era sólo señor de sus ideas y que del éxito de sus empresas lo era la fortuna, pueden responder

___
[13] «La primera virtud de un príncipe es conocer a los suyos» (Marcial, VIII. 15).

éstos igual, mas al contrario. La mayor parte de las cosas del mundo ocurren por sí mismas,

Fata viam inveniunt[14].

El desenlace suele autorizar una muy inepta conducta. Nuestra intervención es casi únicamente una rutina, y por lo común, consideración de la costumbre y el ejemplo más que de la razón. Asombrado por la grandeza de la empresa, supe antaño por aquéllos que la habían llevado a buen término sus motivos y procedimientos: sólo hallé ideas vulgares. Y las más vulgares y usadas son quizá también las más seguras y provechosas en la práctica, si no, ved la muestra.

¿Y qué si las razones más sosas son las más asentadas? ¿Si las más bajas y relajadas y las más trilladas, las que mejor se acomodan a nuestros asuntos? Para conservar la autoridad de las decisiones de los reyes no es menester que las personas profanas tengan parte en ellas ni vean más allá de la primera barrera. Han de hacerse reverenciar mediante la fe y en bloque si quieren alimentar su reputación. Mi juicio esboza algo la materia y considérala ligeramente por su primer aspecto; acostumbro a dejar al cielo lo fuerte y principal de la tarea:

Permitte dives caetera[15].

La ventura y la desventura son, a mi parecer, dos poderes soberanos. Gran imprudencia es estimar que la prudencia humana pueda asumir el papel de la fortuna. Y vana empresa es la de aquél que presume abarcar causas y consecuencias, y llevar de la mano la marcha de su actuación, vana sobre todo en las deliberaciones guerreras. Jamás hubo más circunspección ni prudencia militar de la que se da a veces entre nosotros: ¿No será que tememos perdernos por

---

[14] «Los destinos se abren camino.» (Virgilio, *Eneida,* III. 395).
[15] «Deja lo demás a los dioses.» (Horacio, *Odas,* I. IX. 9).

el camino, preservándonos para el deplorable fin de este juego?

Y digo aún más; que nuestra propia sabiduría y opinión sigue la mayoría de las veces la marcha del azar. Vuélvense mi voluntad y mi juicio ora hacia un lado, ora hacia otro, y hay muchos de estos movimientos que se gobiernan sin mí. Tiene mi razón impulsos y agitaciones diarias y casuales:

> Vertuntur species animorum, et pectora motus
> Nunc alios, alios dum nubila ventus agebat,
> Concipiunt[16].

Considérese quiénes son los más poderosos de las ciudades y a los que mejor les va: se hallará de ordinario que son los menos hábiles. Ha ocurrido que mujeres, niños e insensatos han mandado en los grandes estados, igualándose con los príncipes más capaces. Y dice Tucídides que triunfan con más frecuencia los burdos que los sutiles. Atribuimos los resultados de su buena fortuna a su prudencia.

> Ut quisque fortuna utitur
> Ita praecellet, atque exinde sapere illum omnes dicimus[17].

Por lo cual, no dejo de decir en todos los tonos que los acontecimientos son pobres testigos de nuestra valía y capacidad.

Y estaba diciendo que no hay más que ver a un hombre elevado en dignidad: aun cuando lo hayamos conocido tres días antes como hombre de poca monta, fíltrase insensiblemente en nuestra opinión una imagen de grandeza, de inteligencia, y nos persuadimos de que al crecer en séquito y en fama, ha crecido también en mérito. Juzgámoslo, no

---

[16] «Las disposiciones del alma cambian, el corazón concibe pasiones diferentes, según cambie el viento.» (Virgilio, *Geórgicas,* I. 420).

[17] «Al que la fortuna hace destacar, todos le llamamos gran hombre.» (Plauto, *Pseudolus,* II. III. 15).

según su valor, sino como las fichas, según la prerrogativa de su rango. Cambie de nuevo la suerte, vuelva a caer y a mezclarse con el vulgo, todos nos preguntaremos admirados por la causa que tan alto lo colocó. ¿Es él?, se dice, ¿no había algo más cuando allí estaba? ¿Con tan poco se contentan los príncipes? Pues sí que estábamos en buenas manos. Esto helo visto a menudo en mi época. Incluso la máscara de las grandezas que se representan en el teatro nos influye de algún modo y nos engaña. Lo que yo mismo adoro de los reyes, es la masa de adoradores. Esle debida toda inclinación y sumisión, excepto la del entendimiento. No está acostumbrada mi razón a doblarse ni a arrodillarse, lo hacen sólo mis rodillas.

Habiéndosele preguntado a Melanto qué le había parecido la tragedia de Dionisio, respondió: No la he visto de tan oscuro como es su lenguaje. Así, la mayoría de los que juzgan los discursos de los grandes, habrían de decir: Nada he entendido de lo que ha dicho, tan ofuscado estaba de seriedad, grandeza y majestad.

Convencía un día Antístenes a lso atenienses de que ordenasen se empleara a los asnos para labrar las tierras, al igual que a los caballos; a lo cual respondiéronle que tal animal no había nacido para aquel servicio: Es lo mismo, replicó él, sólo depende de vuestras órdenes, pues los hombres más ignorantes e incapaces que empleáis para la dirección de vuestras guerras vuélvense de inmediato muy dignos, por el solo hecho de emplearlos para ellas.

Con lo cual está en relación la costumbre de tantos pueblos que canonizan al rey que han hecho de uno de ellos y no se contentan con honrarlo sino que lo adoran. Los de México, tras las ceremonias de su coronación, no osan ya mirarle al rostro: y, como si lo hubieran divinizado con su realeza, entre los juramentos que le hacen prestar de mantener su religión, sus leyes, sus libertades, de ser valiente, justo y bueno, jura también hacer que brille el sol con su luz acostumbrada, que goteen las nubes en el tiempo oportuno, que sigan los ríos su curso y que dé la tierra todo lo necesario para su pueblo.

Soy yo distinto de lo normal y desconfío más de la inteligencia cuando la veo acompañada de grandeza, de fortuna y celebridad popular. Hemos de ver si no consiste en hablar en su momento, en elegir su oportunidad, en cortar la conversación o en cambiarla con autoridad magistral, en defenderse de la oposición de los demás con un movimiento de cabeza, una sonrisa o un silencio, ante una asistencia que tiembla de reverencia y respeto.

Un hombre de monstruosa fortuna, al dar su opinión sobre cierto tema liviano que era debatido sin ceremonia en su mesa, empezó precisamente así: No puede ser más que un mentiroso o un ignorante el que diga lo contrario de, etc. Seguid esta idea filosófica con un puñal en la mano.

He aquí otra advertencia de la que saco gran provecho: y es que en las disputas y conversaciones no todas las palabras que nos parecen buenas han de ser aceptadas al punto. La mayoría de los hombres son ricos en saber ajeno. Puede ocurrirle a alguien el decir una agudeza, el dar una buena respuesta y una buena frase, y ponerla por delante sin conocer su fuerza. Quizá se pueda comprobar conmigo que no se posee todo cuanto se toma prestado. No se ha de ceder siempre ante ella por mucha verdad o belleza que contenga. O bien se la ha de combatir conscientemente, o bien retroceder so pretexto de no haberla entendido, para palpar por todas partes cómo se aloja en su autor. Puede acontecer que nos atravesemos empujando el golpe más allá de su impulso. Antaño usé en la necesidad y en lo más arduo del combate, de viradas que abrieron brecha mayor de la que pretendía y esperaba; dábalas yo en número, recibíanlas en peso. Así como cuando discuto contra un hombre vigoroso, gusto de anticipar sus conclusiones, líbrole del esfuerzo de interpretarse, trato de prever su idea aún imperfecta y naciente (adviérteme amenazándome desde lejos del orden y la pertinencia de su entendimiento), con estos otros hago todo lo contrario: no se ha de oír nada más que lo que digan, ni se ha de suponer cosa alguna. Si juzgan con palabras universales: Esto es bueno, esto, y aciertan, ved si no es la fortuna la que acierta por ellos.

Que limiten y circunscriban un poco su sentencia: el porqué, el cómo. Esos juicios universales que tan a menudo
veo nada dicen. Son gentes que saludan a todo un pueblo
en masa y en tropel. Aquéllos que lo conocen verdaderamente salúdanle llamándole por su nombre y en particular. Mas es empresa arriesgada. Y he visto cómo más de
una vez al día ocurre que las mentes débilmente asentadas,
por querer hacerse las ingeniosas resaltando en la lectura
de cierta obra su belleza esencial, detienen su admiración
con tan mala elección que en lugar de enseñarnos la excelencia del autor, enséñannos su propia ignorancia. Esta ex-
clamación es segura: ¡Esto sí que es bello!, al oír una pá-
gina entera de Virgilio. Así se salvan los astutos. Mas meterse a seguirlo punto por punto y con juicio expreso y selecto querer resaltar cómo se supera un autor, cómo se real-
za, pesando las palabras, las frases, las ideas unas tras otras,
¡eso no! «Videndum est non modo quid quisque loquatur,
sed etiam quid quisque sentiat, atque etiam qua de causa
quisque sentiat» [18]. A diario oigo decir a los necios palabras
que no son necias; dicen algo bueno; sepamos hasta qué
punto lo saben, veamos cómo lo detentan. Les ayudamos a
emplear esa bella palabra y esa bella razón que no poseen;
sólo la tienen para guardar; la habrán producido por casualidad y a tientas; se la tenemos en cuenta y se la valo-
ramos.

Les tendéis una mano. ¿Para qué? En modo alguno os
lo agradecen, y se vuelven más ineptos. No les secundéis,
dejadlo ir; manejarán la materia como si tuvieran miedo a
escaldarse; no osan cambiarla de asiento, ni de luz, ni pro-
fundizar en ella. A poco que la agitéis, se les escapa; os la
ceden, por fuerte y hermosa que sea. Son armas hermosas,
mas mal empuñadas. ¿Cuántas veces lo he comprobado? Y
si os ponéis a aclarar y a confirmar, apodéranse de inmediato de esa ventaja de vuestra interpretación, robándoos-
la: Eso quería decir yo; es justo mi idea; si no la he expre-

---

[18] «No sólo hay que considerar lo que dice cada uno, sino también lo
que piensa cada uno, y por qué motivo lo piensa.» (Cicerón, *De las obligaciones*, I. 41).

sado no es sino por falta de lengua. Silbad. Se ha de emplear incluso la madad para corregir esa necedad orgullosa. El dogma de Hegesias de que no se ha de odiar ni de acusar, sino de instruir, vale para lo demás; mas en esto es injusticia e inhumanidad el socorrer y levantar a aquél al que de nada le sirve y que con ellos vale menos. Gusto de dejarlos enlodarse y hundirse aún más de lo que están, y tan profundamente, si es posible, que al fin lo reconozcan.

La necedad y el sentido desordenado no es cosa que se cure con una advertencia. Y podemos decir propiamente de esta enmienda lo que Ciro respondió a aquél que le apremiaba para que exhortara a su ejército a punto de la batalla: Que no se vuelven valerosos ni belicosos los hombres de inmediato con una buena arenga, como tampoco se hacen de pronto buenos músicos por oír una buena canción. Son aprendizajes que han de hacerse con antelación, mediante larga y constante educación.

Debémosles ese cuidado a los nuestros y esa asiduidad para corregirles e instruirles, mas es costumbre que aborrezco la de ir a predicar al primero que pasa y a dirigir la ignorancia o inepcia del primero con el que uno se topa. Rara vez lo hago, ni siquiera en las conversaciones mantenidas conmigo, y cedo en todo antes que llegar a esas lecciones retorcidas y magistrales. No se presta mi natural a hablar o escribir para principiantes. Mas en las cosas que se dicen en común o entre otros, por falsas y absurdas que me parezcan, jamás me lanzo a su paso ni de palabra ni de gesto. Por otra parte, nada me enoja tanto de la necedad como el que se guste más de lo que una razón puede gustarse razonablemente.

Gran desgracia es que la prudencia os prohíba estar satisfecho y fiaros de vos, y os envíe siempre descontento y temeroso, mientras que la obstinación y la temeridad llenan a sus huéspedes de gozo y seguridad. A los torpes corresponde mirar a los demás por encima del hombro, volviendo siempre del combate llenos de gloria y alegría. Y a menudo además, ese lenguaje convincente y ese rostro contento hace que la asistencia les dé la victoria, pues es, por lo común, débil e incapaz de juzgar y discernir bien las verdaderas ventajas. Las ideas obstinadas y ardorosas son la prueba más segura de necedad. ¿Hay algo más seguro y resuelto, desdeñoso, contemplativo, grave y serio que el asno?

¿Podemos meter en el apartado de la conversación y de la comunicación, las charlas agudas y entrecortadas a las que dan lugar entre amigos la alegría y la intimidad, llenas de chanzas y burlas dirigidas con gracia y viveza de unos a otros? Ejercicio para el que mi soltura natural me hace bastante propio. Y si no hay otro ejercicio más profundo y serio que ese otro que acabo de citar, no es éste menos sutil e ingenioso, ni menos provechoso, como pensaba Licurgo. Por lo que a mí respecta, aporto más libertad que astucia, y tengo más suerte que imaginación; mas soy perfecto para el sufrimiento, pues soporto la revancha, no sólo dura sino también indiscreta, sin alterarme. Y cuando cargan contra mí, si no tengo réplica brusca e inmediata, no me dedico a prolongar esa agudeza con una contestación tediosa y sin fuerza, obstinadamente: déjola pasar y, bajando alegremente las orejas, pospongo para otra ocasión el quedar encima. No es mejor quien siempre gana. La mayoría cambian de rostro y de voz cuando les fallan las fuerzas, y con una cólera inoportuna, en lugar de vengarse, dejan ver a la par su debilidad y su falta de paciencia. En esta euforia tocamos a veces las cuerdas secretas de nuestras imperfecciones, las cuales, si estuviéramos calmados no podríamos tocar sin ofensa, y así nos advertimos mutuamente de nuestros defectos.

Hay otros ejercicios insensatos y agresivos, a la francesa, por los que siento odio mortal: he visto en mi vida enterrar a dos príncipes nuestros de sangre real[19]. No está bien batirse como pasatiempo.

Por otra parte, cuando quiero juzgar a alguien, pregúntole cuán satisfecho está de sí mismo, hasta qué punto le place su hablar y su obra. Quiero evitar esas hermosas excusas: Hícela por divertirme,

---

[19] Enrique II, muerto en 1559 a consecuencia de una herida recibida en un torneo, y el conde de Enghein, muerto accidentalmente en 1546.

No tardé ni una hora, no la he vuelto a ver desde entonces. —Pues dejemos eso, digo yo, decidme algo que os represente por entero, algo por lo que os plazca que se os mida. Y luego: ¿Qué es lo que halláis más bello de vuestra obra? ¿Este aspecto o este otro? ¿La gracia, la materia, la imaginación, el juicio o la ciencia? Pues observo de ordinario que se falla tanto al juzgar el propio trabajo como el de los demás, no sólo por el sentimiento que en ello se mezcla, sino por carecer de inteligencia para conocerlo y distinguirlo. La obra, por su propia fuerza y fortuna, puede secundar al obrero más allá de su invención y conocimiento yendo más lejos que él. Yo, por mi parte, no juzgo el valor de otro trabajo con más oscuridad que el mío, y coloco los *Ensayos* ora abajo, ora arriba, harto inconstante y dudosamente.

Hay muchos libros útiles por razón de sus temas, con los cuales el autor no obtiene renombre alguno, y buenos libros, como buenas obras, que avergüenzan al autor. Escribiré sobre las maneras de nuestros banquetes y de nuestros vestidos y escribiré sin gana; publicaré los edictos de mi época y las cartas de los príncipes que se hacen públicas; haré un resumen de un buen libro (y todo resumen de un buen libro es necio resumen), el cual llegará a perderse, y cosas semejantes. La posteridad sacará singular provecho de tales trabajos; yo, ¿qué honor si no es por mi buena fortuna? Gran parte de los libros famosos son de esta clase.

Cuando leí a Felipe de Commines, hace varios años, muy buen autor ciertamente, me fijé en este dicho por ser poco vulgar: que hemos de guardarnos de prestar tanto servicio a nuestro señor que le impidamos hallar la justa recompensa. Habría de alabar la idea y no a él, pues la encontré en Tácito, no hace mucho: «Beneficia eo usque laeta sunt dum videntur exolvi possi; ubi multum antevenere, pro

---

[20] «A medio hacer quitaron la obra del yunque.» (Ovidio, *Tristes,* I. VII. 29).

gratia odium redditur»[21]. Y dice Séneca con vigor: «Nam qui putat esse turpe non reddere, non vult esse cui reddat»[22]. Q. Cicerón, en tono más suave: «Qui se non putat satisfacere, amicus esse nullo modo potest»[23].

Según sea el tema, puede hacernos considerar a un hombre, sabio y memorioso, mas, para juzgar de lo más suyo y de lo más digno, de la fuerza y la belleza de su alma, hemos de saber lo que es suyo y lo que no lo es, y, en lo que no es suyo, cuánto se le debe en consideración a la elección, la disposición, el ornamento y el lenguaje que él ha añadido. Pues, ¿y si ha tomado prestada la materia y ha empeorado la forma, como suele ocurrir? Nosotros, que tan poco trato tenemos con los libros, tenemos el problema de que, cuando vemos alguna hermosa idea en un poeta nuevo, algún argumento de peso en algún predicador, no osamos sin embargo alabarle por ello hasta habernos enterado por algún sabio si tal cosa le es propia o ajena: hasta entonces estoy a la espera.

Acabo de leerme de un tirón la historia de Tácito (cosa que casi nunca me ocurre: hace veinte años que no dedico a un libro una hora entera), y lo he hecho persuadido por un gentilhombre muy estimado en Francia, tanto por su propia valía como por cierta inteligencia y bondad que se da en los varios hermanos que son. No sé de otro autor que mezcle en unos anales públicos tantas consideraciones sobre las costumbres e inclinaciones particulares. Y paréceme lo contrario que a él, que, habiendo de seguir las vidas de los emperadores de su época, tan distintas y extremas en toda suerte de aspectos, tantas notables acciones producidas particularmente por su crueldad en las personas de sus súbditos, tenía materia más recia y atractiva para discurrir y narrar que si hubiera tenido que contar batallas

---

[21] «Los favores son motivo de alegría mientras pensamos poderlos devolver; si se exceden, en lugar de gratitud, los pagamos con odio.» (Tácito, *Anales,* IV. 18).

[22] «El que encuentra vergonzoso no devolver (un favor), querría no tener a nadie a quien devolverle.» (Séneca, *Epístolas,* 81).

[23] «Quien no piensa devolver (un favor) no puede de ninguna manera ser un amigo.» (Quinto Cicerón, *De la candidatura al consulado,* 9).

y convulsiones generales; de modo que a menudo hállolo estéril, pasando por encima de aquellas hermosas muertes como si temiera aburrirnos por su gran número y longitud.

Este tipo de historia es, con mucho, la más útil. Los movimientos públicos están más dirigidos por la fortuna, los privados por nosotros mismos. Es más bien un juicio que una deducción de la historia; hay más preceptos que anécdotas. No es un libro para leer, es un libro para estudiar y aprender; está tan lleno de máximas que las hay verdaderas y falsas: es un semillero de razones éticas y políticas para provisión y ornamento de aquéllos que ocupan un puesto en el gobierno del mundo. Aboga siempre con argumentos sólidos y vigorosos, con un estilo agudo y sutil, conforme a las maneras refinadas del siglo; gustaban tanto de hincharse que, cuando no hallaban agudeza o sutileza en las cosas, tomábanla de las palabras. No se parece poco al modo de escribir de Séneca; paréceme más carnoso y Séneca más agudo. Es más propio su servicio para un estado turbio y enfermo como el nuestro de ahora: con frecuencia parece que nos describe y nos censura a nosotros. Quienes dudan de su buena fe revelan bastante que le quieren mal por otra cosa. Tiene sanas las ideas y se inclina por el buen partido en los asuntos romanos. Quéjome algo sin embargo de que juzgara a Pompeyo más agriamente de lo que hizo la opinión de las gentes de bien que con él vivieron y trataron, de que lo considerara del todo igual a Mario y a Sila, con la sola diferencia de que estuviera más encubierto. No se ha estimado exenta de ambición ni de venganza su intervención en el gobierno de los asuntos, e incluso sus amigos temieron que la victoria lo empujase más allá de los límites de la razón, mas no hasta tal punto de desenfreno: nada hay en su vida que amenazara tan expresa crueldad y tiranía. Y además no se ha de conceder el mismo peso a la sospecha que a la evidencia: por ello no le creo. Al hecho de que sean sus relatos ingenuos y rectos, podríase quizá alegar que no concuerdan siempre exactamente con las conclusiones de sus juicios, los cuales sigue según la pendiente que haya tomado, a menudo apartada de la materia que nos muestra, la cual no se ha dignado inclinar ni un ápice. No necesita excusa por haber aprobado la religión de su tiempo, de acuerdo con las leyes que lo ordenaban, e ignorado la verdadera. Esto es su desgracia, no su pecado.

He considerado principalmente su interpretación, y no siempre la tengo clara. Como estas palabras de la carta que Tiberio, viejo y enfermo, envía al Senado: ¿Qué os escribiré ahora? Piérdenme los dioses y las diosas más de lo que me siento yo perecer cada día, lo sé; no veo por qué las atribuye con tanta seguridad a un lacerante remordimiento que atormentaba la conciencia de Tiberio; al menos, cuando a ello me puse, no lo vi así.

También me ha parecido algo cobarde el que, habiéndose visto forzado a decir que había ocupado cierto cargo honorable en Roma, vaya justificándose alegando que no lo ha dicho por ostentación. Paréceme este detalle de poca categoría para un alma de su especie; pues el no osar hablar abiertamente de sí mismo, revela cierta falta de coraje. Un juicio recio y altivo y que juzga sana y seguramente, usa a manos llenas de los ejemplos propios como de cosa ajena, y da franco testimonio de sí como de un tercero. Se han de pasar por alto esas reglas populares del civismo, en favor de la verdad y de la libertad. Yo no sólo oso hablar de mí, sino hablar únicamente de mí; extravíome cuando escribo de otra cosa y desvíome a mi tema. Ni me amo tan insensatamente ni estoy tan atado ni unido a mí como para no poder distinguirme y considerarme aparte, como a un vecino, como a un árbol. Tanto fallo es el no ver cuánto se vale como el decir más de lo que se ve. Debemos más amor a Dios que a nosotros mismos y le conocemos menos, y sin embargo hablamos de Él cuanto queremos.

Si muestran sus escritos algo de sus cualidades, era un gran personaje, recto y valeroso, no de una virtud supersticiosa, sino filosófica y generosa. Se le podrá estimar osado en sus testimonios; como cuando sostiene que, llevando un soldado un haz de leña, pusiéronsele rígidas las manos y pegáronsele a la carga, de manera que quedaron muertas y unidas a ella, separadas de los brazos.

El decir también que Vespasiano, por la gracia del dios Serapis, curó en Alejandría a una mujer ciega ungiéndole los ojos con saliva, y no sé qué otro milagro, lo hace siguiendo el ejemplo y el deber de todos los buenos historiadores: anotan los hechos de importancia; entre los acontecimientos públicos están también los rumores y las ideas populares. Su misión es relatar las creencias comunes, no enmendarlas. Eso corresponde a los teólogos y a los filósofos directores de las conciencias. Por ello dice muy sabiamente aquel compañero suyo y gran hombre como él: «Equidem plura transcribo quam credo: nam nec affirmare sustineo, de quibus dubito, nec subducere quae accepi»[24], y aquel otro: «Haec neque affirmare, neque refellere operae pretium est: Famae rerum standum est»[25]; y aun escribiendo en un siglo en el que la fe en los prodigios comenzaba a decrecer, dice no querer dejar de incluir por ello en sus anales y de dar pie a algo aceptado por tantas gentes de bien y con tanto respeto por la antigüedad. Muy bien dicho. Entréguennos la historia más como la reciben que como la conciben. Yo que soy rey de la materia que trato y que no he de rendir cuentas a nadie, no me creo sin embargo en absoluto; aventuro a menudo ocurrencias de mi magín de las que desconfío, y ciertas agudezas verbales que me hacen menear las orejas; mas déjolas correr al azar. Veo que uno se honra con cosas semejantes. No sólo a mí corresponde juzgarlas. Preséntome de pie y tumbado, por delante y por detrás, por la derecha y por la izquierda, y en todas mis actitudes naturales. Las mentes, aun iguales en fuerza, no siempre son iguales en aplicación y en gusto.

He aquí lo que la memoria me ofrece en conjunto y bastante inciertamente. Todo juicio en conjunto es débil e imperfecto.

---

[24] «Ciertamente transcribo más cosas de las que creo, pues no sabría ni dar por seguras aquellas de las que dudo, ni suprimir las que son transmitidas por la tradición» (Quinto Curcio, IX. 1).

[25] «Son cosas que no merece la pena ni afirmar ni invalidar. Hay que respetar la tradición» (Tito Livio, I y VIII. 6).

Capítulo IX

DE LA VANIDAD

Q UIZÁ no haya otra más evidente que la de escribir sobre ella de manera tan vana. Esto que la divinidad
nos ha expresado tan divinamente[1] debería ser cuidadosa
y continuamente meditado por las gentes de entendimiento.

¿Quién no ve que he tomado un camino por el cual seguiré sin cesar y sin esfuerzo mientras haya tinta y papel
en el mundo? No puedo contar mi vida por mis actos: la
fortuna los pone demasiado abajo; cuéntola por mis pensamientos. Y así he visto a un gentilhombre que sólo co-
municaba su vida por las operaciones de su vientre; po-
díais ver en su casa, expuestos en orden, los orinales de siete u ocho días; constituían su estudio, su conversación; as-
queábale cualquier otro tema. Son éstos, algo más civiles,
los excrementos de un viejo magín, ora duro, ora débil y
siempre indigesto. ¿Y cuándo terminaré de representar la
continua agitación y mutación de mis pensamientos, sea
cual sea la materia en la que caigan, dado que Diomedes
llenó seis mil libros únicamente sobre el tema de la gramática? ¿Qué no ha de producir la cháchara puesto que el
tartamudeo y el desencadenamiento de la lengua asfixió al
mundo con tan horrible carga de volúmenes? ¡Tantas palabras sólo por las palabras! ¡Oh Pitágoras, por qué no con-
juraste aquella tempestad![2]

Acusaban a un tal Galba, de los tiempos pasados, de vivir ociosamente; respondió que cada cual había de rendir
cuentas de sus actos, no de su reposo. Estaba equivocado:
pues conoce y odia también la justicia a aquéllos que huel-
gan.

---

[1] «Vanidad de vanidades, todo es vanidad» *(Eclesiástico,* I. 2).
[2] Pitágoras impuso a sus discípulos un silencio de dos años.

Mas debería haber cierta coerción de las leyes contra los escritores ineptos e inútiles, así como la hay contra los vagos y vagabundos. Desterraríanme a mí y a otros cien de las manos del pueblo. No es broma. La garabatería parece ser síntoma de un siglo desbordado. ¿Cuándo escribimos tanto como desde que vivimos en estos disturbios? ¿Cuándo lo hicieron tanto los romanos como cuando su ruina? Además de que el refinamiento de las mentes no es el asentamiento en una sociedad, esta ocupación ociosa nace del hecho de que cada cual se dedica cobardemente al oficio de su empleo, corrompiéndose. La corrupción del siglo se lleva a cabo mediante la contribución particular de cada uno de nosotros: los unos confieren la traición, los otros la injusticia, la irreligiosidad, la tiranía, la avaricia, la crueldad, según sean de poderosos; los más débiles, entre los cuales me cuento, aportan la necedad, la vanidad, la ociosidad. Parece llegado el tiempo de las cosas vanas cuando las perjudiciales nos abruman. En una época en la que el actuar cruelmente es tan común, el no actuar más que inútilmente es como si fuera loable. Consuélome pensando que seré de los últimos a los que se haya de poner la mano encima. Mientras acudan a los más acuciantes, podré enmendarme. Pues paréceme que sería ilógico luchar contra los males menudos cuando estamos infestados por los grandes. Y el médico Filótimo díjole a uno que le tendía el dedo para que se lo vendara y en el cual reconoció por el rostro y el aliento una úlcera pulmonar: Amigo mío, no es ahora momento para entretenerte con las uñas.

Sin embargo, a propósito de esto, vi hace algunos años cómo un personaje, cuya memoria recuerdo singularmente, en medio de nuestros grandes males cuando no había ni ley ni justicia ni institución que cumpliese con su deber, como tampoco ahora, fue a publicar no sé qué insignificantes reformas sobre los vestidos, la cocina y el comer. Son diversiones con las que alimentan a un pueblo mal dirigido, para decir que no lo han olvidado del todo. Lo mismo hacen estos otros que se detienen a prohibir con insistencia ciertas maneras de hablar, las danzas y los juegos, a un pueblo perdido por toda suerte de vicios execrables. No es tiempo ya de lavarse y limpiarse cuando uno es ya víctima de una buena calentura. Sólo corresponde a los espartanos el ponerse a peinarse y a acicalarse cuando están a punto de lanzar su vida a un riesgo extremo.

En cuanto a mí, tengo esta otra costumbre peor, que si tengo un escarpín torcido, déjome también torcida la camisa y la capa: desdeño arreglarme a medias. Cuando estoy en mal estado, ensáñome con el mal; abandónome por desesperación y déjome ir al abismo, echando la soga tras el caldero, como vulgarmente se dice; empecínome en empeorar sin considerarme digno de mi cuidado: o todo bien, todo mal.

Es un favor para mí el que la desolación de este estado coincida con la desolación de mi vida: sufro mejor que se vean multiplicados mis males que que se hubiesen visto enturbiados mis bienes. Las palabras que profiero en la desgracia son palabras de indignación; erízase mi valor en lugar de aplanarse. Y, al contrario de los demás, siéntome más devoto en la buena fortuna que en la mala, siguiendo el precepto de Jenofonte, si no su razón; y miro al cielo con ojos más tiernos para darle gracias que para pedirle. Cuídome más de aumentar mi salud cuando ésta me sonríe, que de recuperarla cuando la he perdido. Sírveme la prosperidad de disciplina y enseñanza, al igual que a los otros la adversidad y los palos. Como si la buena fortuna fuese incompatible con la buena conciencia, no se vuelven los hombres gentes de bien más que en la mala. Es para mí la ventura singular aguijón para la moderación y la modestia. Véncenme los ruegos, la amenaza me repele; el favor me doblega, el temor me endurece.

Entre las cualidades humanas es ésta bastante común: complacernos más con las cosas ajenas que con las propias y gustar de la agitación y del cambio.

Ipsa dies ideo nos grato perluit haustu
Quod permutatis hora recurrit equis[3].

---

[3] «Incluso el día no nos gusta más que porque la hora corre cambiando de corceles.» (Petronio, fragmento XLII).

Participo yo de ello. Los que están en el otro extremo y se gozan de ellos mismos y estiman lo que tienen por encima de lo demás y no reconocen forma alguna más bella que la que ven, si no son más avispados que nosotros, sí son más felices ciertamente. No envidio su juicio más sí su buena fortuna.

Este natural ávido de cosas nuevas y desconocidas contribuye a alimentar en mí el deseo de viajar, mas otras muchas circunstancias influyen también. Apártome de buena gana del gobierno de la casa. Hay cierto placer en mandar, aunque sólo fuere en una granja, y en ser obedecido por los nuestros, mas es un placer uniforme y monótono en demasía. Y además, mézclanse a él muchas preocupaciones enfadosas: ora os aflige la indigencia y opresión de vuestro pueblo, ora la disputa con vuestros vecinos, ora la usurpación que hacen de vos;

> Aut verberatae grandine vineae,
> Fundusque mendax, arbore nunc aquas
> Culpante, nunc torrentia agros
> Sidera, nunc hyemes iniquas[4];

y apenas enviará Dios una cosecha en seis meses con la que el recaudador se contente plenamente y que favorezca a las viñas sin perjudicar a los prados:

> Aut nimiis torret fervoribus aetherius sol,
> Aut subiti perimunt imbres, gelidaeque pruinae,
> Flabráque ventorum violento turbine vexant[5].

Aparte del zapato nuevo y bien formado de aquel hombre de antaño, que sin embargo os hace daño en el pie[6]; y de

---

[4] «O son viñas destrozadas por el granizo, o la tierra no cumple sus promesas, o los árboles tienen demasiada agua, o los campos demasiado calor, o el invierno es demasiado crudo» (Horacio, *Odas,* III. I. 29).

[5] «O el sol a través del éter quema demasiado o son lluvias repentinas o heladas blancas o viento en tempestad que destrozan y destruyen.» (Lucrecio, V. 216).

[6] Alusión a la anécdota de Plutarco: un romano que había repudiado a su mujer, según sus amigos, sin razón, dijo enseñando su zapato: «¡Ved

que el extranjero no sabe cuánto os cuesta la apariencia de ese orden que se ve en vuestra familia, que tanto os esforzáis por mantener y que quizás compráis demasiado caro.

Tarde me dediqué a la hacienda. Aquéllos a los que la naturaleza había hecho nacer antes que yo, libráronme de esa carga durante largo tiempo. Había tomado ya otros rumbos más de mi gusto. Sin embargo, por lo que he visto, es una ocupación más molesta que difícil; quien sea capaz de otra cosa lo será fácilmente de ésta. Si buscara enriquecerme, este camino parecería me demasiado largo; habría servido a los reyes, negocio más productivo que cualquier otro. Puesto que sólo pretendo conseguir la reputación de no haber conseguido como tampoco dilapidado nada, conforme al resto de mi vida, impropio para hacer el bien y para hacer el mal, y puesto que sólo intento pasar, puedo hacerlo, a Dios gracias, sin cuidado.

En el peor de los casos, adelantaos a la pobreza limitando vuestros gastos. Eso es lo que espero, y reformarme antes de que me fuerce a ello. He establecido en mi alma, por otra parte, bastantes escalones para vivir con menos de lo que tengo; y digo vivir alegremente. «Non aestimatione census, verum victu atque cultu, terminatur pecuniae modus»[7]. Mis verdaderas necesidades no abarcan tan exactamente mi haber como para que no tenga la fortuna donde morderme sin llegar a la carne.

Mi presencia, con todo lo ignorante y desdeñable que es, presta gran ayuda a mis asuntos domésticos; dedícome a ellos, mas de mala gana. Aparte de que ocurre esto en mi casa, que aunque no se tire ésta por la ventana, tampoco se ahorra nada.

Sólo me duelen los viajes por el gasto, que es grande y por encima de mis medios; acostumbrado a hacerlos no sólo con el equipaje necesario sino digno, he de hacerlos tanto más cortos y menos frecuentes, y sólo empleo para

---

qué bonito es este zapato nuevo! Pero yo soy el único que sabe dónde me hace daño» (Plutarco, *Vida de Paulo-Emilio*, III).

[7] «No son los beneficios de un hombre los que indican su fortuna, sino su modo y su tipo de vida.» (Cicerón, *Paradojas*, VI. 3).

ellos lo sobrante y las reservas, aplazándolos y demorándolos según sean éstas. No quiero que el placer del pasear corrompa el placer del reposo; al contrario, entiendo que se alimentan y favorecen el uno al otro. Me ha ayudado la fortuna en esto, que, puesto que mi principal oficio en esta vida ha sido pasarla dulcemente y más bien apática que afanosamente, heme librado de la necesidad de multiplicar mis riquezas para proveer a la multitud de mis herederos. Para uno, si no tiene bastante con aquello con lo que a mí me ha bastado sobradamente, ¡tanto peor para él! No merece su imprudencia que yo le desee más. Y cada cual provee suficientemente a sus hijos, si les provee de modo que tengan lo que él. En modo alguno estoy de acuerdo con el gesto de Crates. Dejó su dinero en un banco con esta condición: si sus hijos eran unos necios, que se lo dieran; si eran hábiles que lo distribuyeran entre los más simples del pueblo. Como si los necios por ser menos capaces de pasarse sin él, fueran más capaces de hacer uso de las riquezas.

El caso es que el perjuicio que acarrea mi ausencia no me parece merecer que rechace las ocasiones que se me presentan de distraerme de ese penoso cuidado, mientras tenga con qué soportarlo. Siempre hay algo que va mal. Ora los negocios de una casa, ora los de otra, os importunan. Os informáis de todo demasiado; vuestra perspicacia os perjudica aquí y os favorece allí. Evito las ocasiones de enojarme y desvíome del conocimiento de las cosas que no marchan bien; y aun así, por mucho que haga, en mi casa tópome a cada paso con algo que me desagrada. Y las bribonerías que más me ocultan son aquéllas que mejor conozco. Hay algunas que, como mal menor, es menester que uno mismo las oculte. Vanos alfilerazos, vanos a veces, mas siempre alfilerazos. Las molestias más débiles y menudas son las más agudas. Y así como las letras pequeñas nos atacan y cansan más la vista, así también nos pinchan los asuntos pequeños. La turba de los males menudos ataca con más violencia que uno, por grande que sea. A medida que esas espinas domésticas se erizan y desarrollan, nos muerden más profundo y sin avisar, sorprendiéndonos fácilmente y de improviso. No soy filósofo, abrúmanme los males según su peso; y pesan según su forma como según su materia, si no más. Tengo mayor conocimiento de ellos que el común de los mortales, aunque tenga más paciencia. En fin, que si me hieren, me hacen sufrir. Es la vida cosa muy tierna y fácil de turbar. Desde que vuelvo el rostro hacia el disgusto, «nemo enim resistit sibi cum caeperit impelli» [8], por necio que sea el motivo que me haya empujado hacia él, irrito mi humor por ese lado y se alimenta y exaspera después con su propio impulso; atrayendo y amontonando una materia sobre otra, para atiborrarse:

Stillicidi casus lapidem cavat [9].

Estas goteras diarias me corroen. Las molestias diarias jamás son livianas. Son continuas e irreparables, en particular cuando nacen de los miembros del matrimonio, continuos e inseparables.

Cuando considero mis negocios desde lejos y en conjunto, hallo, ya sea por no tener la memoria nada exacta, que han ido prosperando hasta ahora más allá de mis cuentas y mis previsiones. Saco de ellos más de lo que hay, creo yo; su felicidad me traiciona. Mas cuando estoy dentro del asunto, cuando veo funcionar todas las parcelas,

Tum vero in curas animum diducimur omnes [10],

mil cosas prodúcenme ansias y temores. El abandonarlos del todo me es muy fácil; el dedicarme a ello sin penar, muy difícil. Es triste estar en un lugar en el que todo cuanto veis os atarea y concierne. Y paréceme que gozo más alegremente de los placeres de una casa ajena y que los saboreo más sencillamente. Diógenes respondió a mi modo a aquél que le preguntó qué clase de vino encontraba mejor: El ajeno, dijo.

---

[8] «Nadie puede resistirse cuando ha cedido al primer impulso» (Séneca, *Epístolas,* 13).
[9] «Gota a gota, el agua perfora la piedra.» (Lucrecio, I. 314).
[10] «Mi alma, entonces, se dividie en mil cuitas» (Virgilio, *Eneida,* V. 720).

Mi padre gustaba de dirigir Montaigne, donde había nacido; y en toda esta organización de asuntos domésticos gusto de servirme de su ejemplo y de sus reglas, y haré cuanto pueda para que le imiten mis sucesores. Si pudiera más por él, haríalo. Y gloríome de que su voluntad se ejerza y actúe aún a través de mí. ¡Quiera Dios que no deje yo perderse entre mis manos imagen alguna de vida que pueda entregar a padre tan bueno! Si me he metido a terminar algún antiguo lienzo de pared y a arreglar alguna parte de la construcción mal acabada, en verdad que siempre ha sido mirando más por su intención que por mi contento. Y acúsome de pereza por no haberme puesto antes a concluir los hermosos comienzos que dejó en su casa; tanto más cuanto que llevo camino de ser el último dueño de mi familia, y de intervenir por última vez. Pues en cuanto a mi dedicación particular, ni ese placer de construir que dicen ser tan atrayente, ni la caza, ni los jardines, ni esos otros placeres de la vida retirada, pueden divertirme mucho. Es cosa por la cual quiérome mal, así como por todos los gustos que me son incómodos. No me preocupo tanto de tenerlos vigorosos y doctos, como de tenerlos fáciles y cómodos para la vida; bastante verdaderos y sanos son, si son útiles y agradables.

Aquéllos que, al oírme confesar mi incapacidad para las tareas domésticas, susúrranme al oído que es desdén y que desconozco los instrumentos de labranza, sus temporadas, su orden, cómo se hacen los vinos, cómo se injerta, el nombre y la forma de las hierbas y de los frutos y el aderezo de los alimentos de los que vivo, el nombre y el precio de los tejidos con los que me visto, por importarme más alguna ciencia más alta, hácenme morir. Es esto estupidez y necedad más que gloria. Preferiría ser buen escudero que buen lógico:

> Quin tu aliquid saltem potius quorum indiget usus,
> Viminibus mollique paras detexere junco? [11]

---

[11] «¿Por qué no te dedicas mejor a cosas útiles, a trenzar cestos con mimbre o con juncos flexibles?» (Virgilio, *Bucólicas*, II. 71).

Enredamos nuestros pensamientos con lo general y con las causas y conductas universales, que harto bien se conducen sin nosotros, y damos de lado a lo nuestro y a nuestra persona que nos toca más de cerca que el hombre. Y es el caso que lo más normal es que pare en casa, mas querría gozar allí más que en otra parte.

> Sit meae sedes utinam senectae,
> Sit modus lasso maris, et viarum,
> Militiaeque [12].

No sé si lo conseguiré. Querría que en lugar de cualquier otra cosa de su herencia, me hubiera legado mi padre ese apasionado amor que sentía en sus últimos años por su hacienda. Harto feliz era centrando sus deseos en su fortuna y sabiendo gozar con lo que tenía. En vano me acusará la filosofía política por la bajeza y esterilidad de mi tarea, si alguna vez puedo tomarle gusto como él. Soy de la opinión de que la ocupación más honrosa es servir a lo público y ser útil a muchos. «Fructus enim ingenii et virtutis omnisque praestantiae tum maximus accipitur, cum in proximum, quemque confertur» [13]. Por lo que a mí respecta, renuncio a ella: en parte por consciencia (pues cuando veo el peso que recae sobre tales ocupaciones, veo también cuán pocos medios tengo de soportarlo, y Platón, maestro artesano en todo gobierno político, no dejó de abstenerse de él) en parte por pereza. Conténtome con disfrutar del mundo sin agobiarme, con vivir únicamente una vida pasable y que no me pese ni a mí ni a los demás.

Jamás hombre alguno entregóse más plena y totalmente al cuidado y gobierno de un tercero, que yo si tuviese a quién. Uno de mis actuales deseos sería encontrar un yerno que supiese alimentar y adormecer cómodamente mi ve-

---

[12] «Que sea éste el refugio de mi vejez, el descanso de mi vida errante en el ejército, por mar y por tierra.» (Horacio, *Odas,* II. VI. 6).

[13] «De los frutos del espíritu, de la virtud, y de toda elevación, nunca gozamos más que compartiéndolos con el prójimo.» (Cicerón, *De la amistad,* XIX).

jez, en cuyas manos dejara yo con entera soberanía la administración y el empleo de mis bienes, que hiciera lo que yo hago y ganara lo que yo gano, con tal de que aportara un corazón auténticamente agradecido y amigo. Mas, ¿qué?, vivimos en un mundo en el que se desconoce la lealtad de los propios hijos.

Quien tiene mi bolsa a su cuidado durante los viajes, tiénela del todo y sin control; igual me engañaría aunque lo contara; y, si no es un demonio, oblígole a portarse bien con tan entregada confianza. «Multi fallere docuerunt, dum timent falli, et aliis jus peccandi suspicando fecerunt»[14]. El modo más común de asegurarme de mis gentes, es el desconocimiento. Sólo supongo los vicios tras haberlos visto, y confío más en los jóvenes, a los que considero menos corrompidos por el mal ejemplo. Prefiero oír decir al cabo de dos meses, que he gastado cuatrocientos escudos que me atruenan los oídos todas las noches con tres, cinco o siete. Sin embargo me han sisado tan poco como a cualquier otro con esta suerte de hurto. Verdad es que favorezco la ignorancia; a sabiendas mantengo turbio e incierto el conocimiento de mi dinero; hasta cierta cantidad, alégrome de poder dudar. Es menester dejar cierto espacio para la deslealtad o imprudencia de vuestro criado. Si nos queda en conjunto bastante para apañarnos, ese exceso de la generosidad de la fortuna dejémoslo de algún modo a su merced: la parte del espigador. Después de todo, no valoro tanto la confianza en mis gentes como desprecio el perjuicio que puedan hacerme. ¡Oh, feo y necio estudio el de estudiar el dinero, complacerse en acariciarlo, pesarlo y contarlo! Así es como nace la avaricia.

En los dieciocho años que llevo gobernando mis bienes, no he sabido ser capaz de ver ni los títulos ni los principales asuntos de los que necesariamente he de enterarme y cuidarme. No es un desprecio filosófico de las cosas transitorias y mundanas; no tengo el gusto tan depurado y las valoro al menos tanto como valen; sino, ciertamente, pe-

---

[14] «Por su temor a ser engañados, muchos enseñan a engañarles, por su recelo les dan derecho a los demás a pecar.» (Séneca, *Epístolas,* 3).

reza y negligencia imperdonable y pueril. ¿Qué no haría yo antes que leer un contrato o que ir a sacudir esos papelorios polvorientos, siendo siervo de mis negocios? O peor, de los de los demás, como hacen tantas personas a cambio de dinero. Nada me es tan odioso como la preocupación y el esfuerzo, y sólo busco vivir con indolencia y dejadez.

Nací más bien, creo yo, para vivir de la fortuna de otros, si esto pudiera ser sin obligación ni servidumbre. Aunque no sé, pensándolo bien, si, con mi natural y mi suerte, lo que he de sufrir de los asuntos y de los servidores y de los criados no es más abyecto, importuno y desagradable que el servir a un hombre nacido más grande que yo, que me guiase un poco a mi aire. «Servitus obedientia est fracti animi et abjecti, arbitrio carentis suo»[15]. Peor fue lo que hizo Crates lanzándose a la franca pobreza por librarse de las indignidades y preocupaciones de la casa. No haría yo eso (odio tanto la pobreza como la enfermedad), mas sí cambiar este tipo de vida por otro menos agitado y atareado.

Apártome, estando ausente, de tales pensamientos; y sentiría entonces menos el derrumbamiento de una torre o la caída de una teja que estando presente. Deslígase muy fácilmente mi alma si está lejos, mas, presente, sufre como la de un viñador. Una rienda torcida de un caballo, el extremo de un estribo golpeándome la pierna, me pondrán de mal humor para todo el día. Elevo bastante el corazón frente a los males, mas no puedo hacer lo mismo con los ojos.

Sensus, o superi, sensus[16].

Soy responsable en mi casa de todo cuanto va mal. Pocos amos, y hablo de los de mediana condición como yo, y si algunos hay pueden considerarse felices, pueden descansar tanto en un segundo suyo como para que no les quede

---

[15] «La esclavitud es la servidumbre de un espíritu cobarde y débil, falto de voluntad personal.» (Cicerón, *Paradojas*, V. 1).

[16] «¡Los sentidos, oh dioses, los sentidos!» (Anónimo).

buena parte de la carga. Esto cambia a menudo mi modo de tratar a los que llegan de improviso (y quizás haya podido atraer a alguien más por mi cocina que por mi encanto, como los aburridos) y me priva de gran parte del placer que debería sentir con la visita y reunión de mis amigos en casa. La situación más ridícula de un gentilhombre en su hogar es que lo vean preocupado por la marcha de la organización, hablarle al oído a un criado, amenazar a otro con la mirada; ha de fluir aquélla insensiblemente y parecer que lleva el curso ordinario. Y no me agrada que se hable a los invitados de cómo se les trata, ya sea para disculparse o para vanagloriarse. Prefiero el orden y la limpieza:

> et cantharus et lanx
> Ostendunt mihi me» [17],

a la abundancia; y en mi casa miro estrictamente por la necesidad y poco por la ostentación. Si en casa ajena un criado se pelea, o se vierte un plato, no hacéis sino reír; dormitáis mientras el señor arregla las cosas con su maestresala para trataros bien al día siguiente.

Hablo por mí, sin dejar de estimar en general cuán dulce entretenimiento es para ciertos temperamentos, una casa tranquila, próspera, dirigida con ajustado orden, y sin querer atribuir al asunto mis propios errores y defectos, ni contradecir a Platón, que considera el que cada uno lleve sus propias cosas sin injusticia la más feliz ocupación.

Cuando viajo no he de pensar sino en mí y en el uso de mi dinero: esto se dispone con un solo precepto. Requiérense demasiadas cualidades para ahorrar: nada entiendo de ello. De gastar, entiendo algo, y de hacer brillar el gasto, lo cual es lo principal. Mas espero de él demasiado ambiciosamente, lo que hace que sea éste desigual y cambiante, y además inmoderado tanto en un aspecto como en otro. Si se nota, si sirve, déjome ir sin discreción, y apriétome

---

[17] «Y las fuentes y los vasos me devuelven mi imagen» (Horacio, *Epístolas,* I. V. 23).

el cinturón también con poca discreción si no luce ni me sonríe.

Ya sea arte o naturaleza lo que nos imprime esa condición de vivir en relación a los demás, nos hace mayor mal que bien. Frustramos nuestra propia utilidad para ordenar las apariencias según la opinión general. No nos importa tanto nuestra propia y real existencia como el conocimiento público que de ella se tenga. Incluso el bien de la inteligencia y la sabiduría nos parece sin fruto si no se exhibe ante la mirada y la aprobación ajena. Hay hombres cuyo oro corre a borbotones por lugares subterráneos, imperceptiblemente; otros lo extienden todo en láminas y hojas; de modo que para unos los ochavos valen escudos y para otros lo contrario, pues estima el mundo la cantidad y el valor según la exhibición. Todo cuidado atento en torno a las riquezas se parece a la avaricia, incluso la generosidad y la liberalidad demasiado ordenada y artificial: no valen una preocupación y solicitud penosa. Quien quiere gastar lo justo, gasta escasa y apretadamente. La conservación y el empleo son en sí cosas indiferentes y toman sólo buen o mal color según se aplique nuestra voluntad.

El otro motivo que me empuja a esos paseos es el desacuerdo con las costumbres actuales de nuestro estado. Consolaríame fácilmente de esta corrupción, mirando por el interés público,

> pejoraque saecula ferri
> Temporibus, quoerum sceleri non invenit ipsa
> Nomen, et à nullo posuit natura metallo[18],

mas por el mío, no. Véome yo en particular demasiado agobiado por ella. Pues, en mi vecindad, por la larga licencia de estas guerras civiles, hemos envejecido ya en una forma de Estado tan desbordada,

---

[18] «Siglos peores que la edad de hierro, tan criminales que la propia naturaleza no ha podido nombrarles ni designarles con ningún metal» (Juvenal, XIII. 28).

Quippe ubi fas versum atque nefas[19],

que en verdad que es prodigioso que pueda mantenerse.

Armati terram exercent, sempérque recentes,
Convectare juvat praedas et vivere rapto[20].

Veo al fin, por nuestro ejemplo, que la sociedad de los hombres se sujeta y se cose, a cualquier precio. En cualquier asiento que se les ponga, se apilan y colocan moviéndose y amontonándose como los cuerpos mal unidos que se meten sin orden en una bolsa hallan por sí mismos la manera de unirse y acomodarse unos entre otros a menudo mejor que si se los hubiera dispuesto artificialmente. El rey Filipo agrupó a los hombres más crueles e incorregibles que pudo hallar y albergólos a todos en una ciudad que les hizo construir y que llevaba su nombre[21]. Estimo que erigieron de los propios vicios, una contextura política entre ellos y una cómoda y justa sociedad.

Veo, no ya una acción ni tres ni cien, sino unas costumbres de uso común y aceptado, tan monstruosas por su falta de humanidad y sobre todo por su deslealtad, la cual es para mí la peor especie de los vicios, que no tengo valor para pensar en ellas sin horror; y admírolas casi tanto como las detesto. El ejercicio de esas insignes crueldades revela tanto vigor y fuerza de espíritu como error y desorden. La necesidad guía a los hombres y los une. Esa sutura fortuita se transforma luego en leyes; pues las ha habido tan feroces que ninguna inteligencia humana habría podido concebirlas, y sin embargo conservaron el cuerpo con tanta salud y longevidad como podrían hacer las de Platón y Aristóteles.

---

[19] «Donde el justo y el injusto se confunden» (Virgilio, *Geórgicas,* I. 505).
[20] «Se labra la tierra armado, sólo se piensa en cometer pillajes y en vivir de saqueos» (Virgilio, *Eneida,* VII. 748).
[21] Poperópolis, «la ciudad de los malvados» *(Vid.* Plutarco, *De la curiosidad,* X).

Y ciertamente, todas esas sociedades descritas, imaginadas artificialmente, resultan ridículas e ineptas para ser puestas en práctica. Esas grandes y largas discusiones sobre la mejor forma de sociedad y sobre las reglas más convenientes para relacionarnos, son discusiones propias sólo para el ejercicio de nuestra mente; así como en las artes hay varios temas cuya esencia es la agitación y la disputa y que no tienen vida alguna fuera de eso. Semejante modelo de sociedad podría aplicarse en un mundo nuevo, mas encontramos nosotros a los hombres obligados ya y habituados a ciertas costumbres, no los engendramos como Pirra o como Cadmo. Sea cual sea el medio por el que intentemos enderezarlos y alinearlos de nuevo, no podemos torcer su inclinación acostumbrada sin romper todo. Preguntaban a Solón si había establecido las mejores leyes que había podido para los atenienses: Desde luego, respondió, las mejores de aquéllas que hubieran aceptado.

Discúlpase Varrón de igual modo: que si hubiere de escribir sobre la religión como de cosa nueva, diría lo que él cree, mas que estando ya aceptada y formada, hablará según lo acostumbrado más que según su naturaleza.

Verdaderamente, no teóricamente, la sociedad excelente y mejor es para cada nación, aquélla con la cual se ha mantenido. Su forma y cualidad esencial depende de la costumbre. Nos desagrada a menudo la condición presente. Mas sostengo sin embargo que el desear el mando de unos pocos en un Estado popular, o en la monarquía otra especie de gobierno, es vicio y locura.

> Ama al Estado tal como lo ves:
> Si es monárquico, ama la monarquía;
> Si es de pocos o bien comunidad,
> Ámalo también pues Dios te ha hecho nacer en él[22].

Así hablaba el buen señor de Pibrac, al que acabamos de perder, un alma tan noble, de ideas tan sanas y de costum-

---

[22] Cuarteto de Gui du Four de Pibrac (1529-1584), consejero del rey, que había publicado en 1576 la edición completa de sus Cuartetos.

bres tan dulces; esta pérdida y la del señor de Foix que hemos padecido al tiempo, son pérdidas importantes para la corona. No sé si le queda a Francia otra pareja con la que sustituir a estos dos gascones en sinceridad e inteligencia para aconsejar a nuestros reyes. Eran almas bellas de distinto modo, y ciertamente, según el siglo, raras y bellas, cada una en su estilo. Mas, ¿quién las había colocado en esta época, tan inadecuadas y desproporcionadas para nuestra corrupción y nuestras tempestades?

Nada perjudica tanto a un estado como la innovación: el cambio sólo da paso a la injusticia y a la tiranía. Cuando alguna pieza se desencaja, se la puede apuntalar: es posible oponerse a que la alteración y la corrupción connatural a todo nos aleje en demasía de nuestros comienzos y principios. Mas el acometer la refundición de masa tan grande y el cambiar los fundamentos de tan grande edificio, es cosa de los que para limpiar borran, de los que quieren enmendar los defectos particulares mediante una confusión universal y curar las enfermedades con la muerte, «non tam commutandarum quam evertendarum rerum cupidi»[23]. El mundo es incapaz de curarse; es tan poco paciente con aquello que le atormenta que sólo aspira a librarse de ello sin considerar a qué precio. Vemos por mil ejemplos que suele curarse a costa suya; el librarse del mal presente no es curación si no hay una enmienda general de la condición.

El fin del cirujano no es hacer que muera la carne mala; esto no es sino el camino para su curación. Mira más lejos, hacer que renazca la natural y volver la parte a su debido ser. Quien sólo proponga eliminar lo que le roe, se queda corto, pues el bien no sigue necesariamente al mal; otro mal puede sucederle, y peor, como acontecióles a los asesinos de César[24] que llevaron la cosa pública a tal punto que hubieron de arrepentirse de haberse mezclado en ella. A muchos otros, desde entonces hasta nuestros días, hales acontecido otro tanto. Los franceses contemporáneos míos

---

[23] «Que buscan menos el cambio que la conmoción.» (Cicerón, *De las obligaciones,* II. 1).
[24] Bruto y Casio.

saben muy bien lo que digo. Toda gran mutación agita el Estado y lo desordena.

Quien aspirase directamente a la curación y meditase antes de obrar, entibiaríase a menudo antes de ponerse a ello. Pacuvio Calavio corrigió el vicio de este proceder con un ejemplo insigne. Habíanse rebelado sus conciudadanos contra las instituciones. Él, personaje de gran autoridad en la ciudad de Capua, halló el medio un día de encerrar al Senado en palacio, y, tras convocar al pueblo en la plaza, díjoles que había llegado el día en el que podían vengarse con plena libertad de los tiranos que durante tanto tiempo le habían oprimido, a los cuales tenía a su merced solos y desarmados. Opinó que los sacaran a uno tras otro echándolo a suertes y que sobre cada uno ordenasen particularmente haciendo ejecutar de inmediato lo que fuere decretado, con tal de que también al mismo tiempo nombrasen a algún hombre de bien para ocupar el lugar del condenado, a fin de que no quedase vacío el cargo. En cuanto hubieron oído el nombre de un senador, elevóse un grito de descontento general contra él. Bien veo, dijo Pacuvio, que es menester deponer a éste: es un malvado; busquemos a uno bueno a cambio. Hízose un repentino silencio por verse todo el mundo incapaz de elegir; al más descarado que primero propuso el suyo, ha aquí que le contesta un vocerío aún más de acuerdo para rechazar a éste con cien imperfecciones y justas causas para no aceptarle. Habiéndose encendido aquellas preferencias contradictorias, aconteció aún peor con el segundo senador y con el tercero; tanta discordia para la elección como acuerdo para la dimisión. Tras cansarse inútilmente con aquel disturbio, comienzan unos aquí, otros allá, a abandonar poco a poco la asamblea, todos con esta conclusión en el alma, que más vale malo conocido que bueno por conocer.

Por vernos agitados muy lamentablemente, pues, ¿qué otra cosa hemos hecho?

> Eheu cicatricum et sceleris pudet,
> Fratrumque, quid nos dura refugimus
> Aetas? quid intactum nefasti

Liquimus? unde manus juventus
Metu Deorum continuit? quibus
Percit aris? [25]

no voy a concluir sin más:

ipsa si velit salus,
Servare prorsus non potest hanc familiam [26].

Quizás no estemos sin embargo en nuestros últimos tiempos. La conservación de los estados es cosa que probablemente escape a nuestra inteligencia. Como dice Platón, una
sociedad civil es cosa poderosa y de difícil disolución. A menudo permanece a pesar de las enfermedades mortales e intestinas, a pesar de la agresión de las leyes injustas, a pesar
de la tiranía, a pesar de los excesos y la ignorancia de los
jefes, y la licencia y sedición de los pueblos.

En todas nuestras situaciones nos comparamos con aquellos que está por encima de nosotros y miramos a aquéllos
que están mejor. Midámonos con lo que está por debajo:
no hay nadie tan contrahecho que no halle mil ejemplos
con los que consolarse. Tenemos el vicio de preferir ver lo
que está detrás de nosotros a lo que está delante. Y así decía Solón que, si se amontonaran todos los males juntos,
no habría nadie que no escogiera el quedarse con los males
que tiene antes que llegar a la división legítima con los demás hombres de aquel montón de males, y tomar su parte
correspondiente. ¿Que está mal nuestra sociedad? Otras
estuvieron sin embargo más enfermas y no murieron.
Los dioses juegan a la pelota con nosotros y nos agitan sin
cesar:

---

[25] «Nuestras cicatrices, nuestros crímenes, nuestras guerras fratricidas
nos cubren de vergüenza. ¿Ante qué ha retrocedido nuestra época bárba-
ra? ¿Qué hemos salvaguardado? ¿El miedo a los dioses ha contenido la
mano de nuestra juventud? ¿Qué altares hemos respetado? (Horacio,
Odas, I. XXXV. 33).

[26] «Aunque la propia salud lo quisiera, no podría salvar a esta familia.»
(Terencio, *Adelfos,* IV. VII. 43).

Los astros destinaron fatalmente al estado de Roma a servir como ejemplo de lo que pueden en ese sentido. Encierra en sí mismo todas las formas y aventuras que afectan a un estado; todo cuanto puede el orden y los disturbios, y la ventura y la desventura. ¿Quién ha de desesperarse de su condición, viendo las sacudidas y convulsiones con las que se vio agitado aquél y que soportó? Si la extensión de la dominación es la salud de un estado (opinión de la que en modo alguno participo y pláceme Isócrates que enseña a Nicocles no a que envidie a los príncipes que tienen dominios amplios sino a los que saben conservar los que les han caído en suerte), jamás estuvo aquél tan sano como cuando estuvo más enfermo. La peor de sus formas fuele la más afortunada. Apenas si se reconoce la imagen de una sociedad bajo los primeros emperadores; es la más horrible y densa confusión que imaginarse pueda. Sin embargo, la soportó y duró con ella, conservando no una monarquía contenida en sus límites, sino tantas naciones tan distintas, tan alejadas, tan mal avenidas, tan desordenadamente mandadas e injustamente conquistadas;

> nec gentibus ullis
> Commodat in populum terrae pelagique potentem,
> invidiam fortuna suam[28].

No todo lo que se agita cae. La contextura de un cuerpo tan grande depende de más de un clavo. Sostiénese incluso por su antigüedad, como los viejos edificios a los que la edad ha privado de base dejándolos sin fachada ni cimientos y que aún así viven y se mantienen por su propio peso,

---

[27] «Los dioses nos tienen a los hombres casi como si fuéramos pelotas.» (Plauto, *Captivi,* Prólogo, 22).
[28] «La fortuna no permite a ningún país la venganza contra el pueblo rey de la tierra y de los mares.» (Lucano, *Farsalia,* I. 82).

nec jam validis radicibus haerens,
    Pondere tuta suo est[29].

Además no es un proceder correcto el reconocer sólo el flanco y el foso: para juzgar de la seguridad de una plaza, es menester ver por dónde se puede llegar a ella, en qué estado se halla el asaltante. Pocos navíos zozobran por su propio peso y sin violencia ajena. Y, miremos por todas partes, todo se derrumba a nuestro alrededor. Mirad todos los grandes estados que conocemos, ya sean de la cristiandad o de fuera de ella: veréis una evidente amenaza de cambio y de ruina:

    Et sua sunt illis incommoda, parque per omnes
    Tempestas[30].

Muy fácil lo tienen los astrólogos al avisarnos, como hacen, de grandes alteraciones y mutaciones próximas; sus adivinaciones son presentes y palpables, no es menester recurrir al cielo para hacerlas.

No sólo hemos de sacar cierto consuelo de esta unanimidad universal en el mal y la amenaza, sino también cierta esperanza de permanencia de nuestro estado, pues nada cae naturalmente cuando todo cae. La enfermedad general es salud particular, la conformidad es cualidad enemiga de la disolución. Yo, por mi parte, no desespero y paréceme ver caminos para salvarnos:

    Deus haec fortasse benigna
    Reducet in sedem vice[31].

¿Quién sabe si Dios no querrá que ocurra como con los cuerpos que se purgan y recuperan mejor estado mediante

---

[29] «Ya no se sostiene por poderosas raíces, sino sólo por su propio peso.» *(Ibídem, íd.,* I. 138).

[30] «Tienen también sus enfermedades y las mismas calamidades les amenazan a todos.» (Virgilio, *Eneida,* XI. 422).

[31] «Quizá un dios por un cambio favorable nos devuelva a nuestro estado inicial.» (Horacio, *Epodos,* XIII. 7).

largas y graves enfermedades que les devuelven una salud más entera y más limpia que aquélla que les habían quitado?

Lo que más me pesa es que al contar los síntomas de nuestro mal, veo tantos naturales y de los que el cielo nos envía y propiamente suyos, como de los que produce nuestro desenfreno y la imprudencia humana. No parece sino que incluso los astros ordenasen que ya hemos durado bastante más de los límites ordinarios. Y pésame también esto, que el mal más cercano que nos amenaza no es la alteración de la masa entera y sólida, sino su disolución y divulsión, nuestro extremo temor.

Temo que en estas lucubraciones me haya traicionado la memoria, que por inadvertencia me haya hecho escribir dos veces una misma cosa. Odio reconocerme, y sólo involuntariamente vuelvo a tocar una cosa que se me haya escapado. Y es el caso que nada nuevo aporto aquí. Son ideas comunes; habiéndolas pensado quizás cien veces, temo haberlas expuesto ya. Siempre es enojosa la repetición, aunque se hallare en Homero, mas es desastrosa en lo que no tiene más que una apariencia superficial y pasajera; desagrádame la insistencia, incluso en cosas útiles, como en Séneca, y la práctica de su escuela estoica de repetir en cada materia de cabo a rabo los principios y supuestos que sirven en general y volver a alegar siempre de nuevo los argumentos y las razones comunes y universales. Empeora mi memoria cruelmente cada día,

Pocula Lethaeos ut si ducentia somnos
Arente fauce traxerim[32].

Será menester de ahora en adelante (pues a Dios gracias hasta ahora no se ha producido error) que, mientras los demás buscan tiempo y ocasión para pensar en lo que han de decir, yo evite prepararme, por no atarme a una obligación de la cual haya de depender. El estar ligado y obli-

---

[32] «Como si hubiera bebido, con una garganta sedienta, las copas que conducen al sueño de Leteo.» (*Ibídem, íd.,* XIV. 3).

gado me hace equivocarme, y el depender de tan débil instrumento como la memoria.

Jamás leo esta historia sin indignarme con sentimiento propio y natural: Lincestis, acusado de conjuración contra Alejandro, el día en que fue llevado ante el ejército, según la costumbre, para ser oídas sus defensas, tenía en la cabeza un discurso estudiado del cual pronunció algunas palabras, con tono vacilante y tartamudeando. Como se turbaba cada vez más, mientras lucha con su memoria y la tantea, he aquí que lo matan a golpes de pica los soldados que más cerca están de él, teniéndolo por convicto. Su estupor y su silencio sirvióles de confesión: habiendo tenido en la prisión tanto tiempo para prepararse, no es, en su opinión, que le falle la memoria, sino que la conciencia le brida la lengua y le quita la fuerza. ¡Muy bien pensado en verdad! Impresiona el lugar, la asistencia, la expectación, incluso cuando sólo está en juego la ambición de hablar bien. ¿Qué no ocurrirá cuando la consecuencia del discurso es la propia vida?

Por mi parte, el hecho mismo de depender de lo que he de decir, sirve para desligarme de ello. Cuando me he entregado y confiado por entero a mi memoria, átome tanto a ella que la abrumo: se espanta de su misión. En tanto que me remito a ella, póngome fuera de mí hasta el punto de ensayar mi actitud; y heme visto obligado alguna vez a ocultar la esclavitud que me atenazaba, cuando mi intención es aparentar al hablar un profundo descuido y unos movimientos fortuitos e impremeditados como si naciesen de las ocasiones presentes; pues prefiero no decir nada que valga, a demostrar que he venido preparado para hablar bien, cosa improcedente sobre todo en personas de mi profesión, y cosa de excesiva responsabilidad para aquél que no puede ofrecer demasiado: la afectación deja esperar más de lo que da. A menudo nos ponemos neciamente el jubón para luego no saltar mejor que con el sayo. «Nihil est his qui placere volunt tam adversarium quam expectatio» [33]. Se

---

[33] «Nada les es más adverso a los que quieren gustar que dejar esperar mucho de ellos.» (Cicerón, *Académicas*, II. 4).

ha escrito del orador Curión, que, cuando explicaba en cuántas partes había dividido su discurso, si en tres o en cuatro, o el número de sus argumentos y razones, solía acaecerle el olvidar alguno, o el añadir uno o dos más. Heme guardado siempre de caer en este fallo, pues siempre odié esas promesas y prescripciones; no sólo por desconfiar de mi memoria, sino también por ser una manera demasiado artificial «Simpliciosa militares decent.»[34]. Básteme decir que he prometido no asumir desde ahora la carga de hablar en lugar respetable. Pues en cuanto a hablar leyendo el escrito, además de ser monstruoso, es gran inconveniente para aquéllos que por naturaleza podrían algo espontáneamente. Y en cuanto a lanzarme a merced de mi inventiva momentánea, aún menos: téngola pesada y torpe, y no sabría atender a necesidades súbitas e importantes.

Lector, deja correr aún este intento de ensayo y este tercer alargamiento de las otras partes de mi descripción. Añado, mas no corrijo. Primero, porque aquél que ha hipotecado su obra al mundo, hallo lógico que no tenga derecho a ello. Que hable mejor, si puede, en otro lugar, sin corromper el trabajo que ha vendido. De tales gentes sería conveniente no comprar nada hasta después de su muerte. Piensen bien antes de manifestarse. ¿Quién los apremia?

Mi libro es siempre uno. Salvo que a medida que se le renueva para que el comprador no se vaya con las manos vacías, permítome adjuntarle (pues no es más que una marquetería mal ensamblada)[35] algún mosaico superpuesto. No es más que un añadido que en modo alguno condena la forma primera sino que da cierto valor particular a cada una de las siguientes mediante una pequeña sutileza ambiciosa. De aquí que me ocurra sin embargo el cometer alguna trasposición de cronología, pues mis cuentos ocupan lugar según su oportunidad y no siempre según su edad[36].

---

[34] «Más sencillez les conviene a los militares.» (Quintiliano, XI. 1).

[35] Obsérvese la sutileza y precisión del término («marquetería») con el que Montaigne define la estructura de su obra, ajena a cualquier articulación concatenada.

[36] Adviértase, una vez más, la modernidad de Montaigne que reivindi-

Segundo, porque en mi caso, temo perder con el cambio; no siempre avanza mi entendimiento, también retrocede. No desconfío menos de mis ocurrencias por ser segundas o terceras y no primeras, o presentes y no pasadas. Con frecuencia nos corregimos tan neciamente como a los demás. Mis primeras publicaciones son del año mil quinientos ochenta. Desde entonces he envejecido mucho, mas en verdad que no me he hecho ni un poco más juicioso. Desde luego que somos dos el de ahora y el de entonces, mas, ¿cuál mejor? Nada puedo decir. Sería bueno envejecer si no hiciéramos más que enmendarnos. Es el movimiento de un borracho titubeante, con vértigos, informe, o de juncos que el aire agita casualmente a su guisa.

Antíoco había escrito con vigor en favor de la Academia; a la vejez tomó otro partido. Tomara yo el que tomara, ¿acaso no seguiría siempre a Antíoco? Querer afirmar la certeza de las opiniones humanas tras haber afirmado la duda, ¿no era afirmar la duda y no la certeza, y prometer que si hubiera durado más, habría estado siempre dispuesto a una nueva agitación, no por ello mejor que otra?

Me ha dado el favor público algo más de osadía de la que esperaba, mas lo que más temo es hartar; preferiría molestar que cansar, como hizo un hombre sabio de mis tiempos. El elogio es siempre agradable venga de donde venga y sea por lo que sea; sin embargo, es menester, para alegrarse con justicia, informarse de su causa. Incluso las imperfecciones pueden alcanzar estima. La opinión vulgar y común resulta casualmente poco feliz; y en mi época, o mucho me equivoco o los peores escritos fueron aquéllos que estuvieron a la cabeza de las preferencias populares. Agradezco ciertamente a algunos hombres de bien el dignarse tomar en consideración mis débiles esfuerzos. No hay ocasión en la que se hagan tan evidentes las faltas de estilo como cuando la materia de por sí carece de mérito. No me atribuyas a mí, lector, las que se cuelen aquí por fantasía o

---

ca para la escritura ontológica el valor absoluto del presente, recuperando la autenticidad de la cronología autobiográfica más allá de la cronología histórica

inadvertencia de otros; cada mano, cada artesano, aporta las suyas. Ni siquiera me ocupo de la ortografía, ordenando sólo que sigan la antigua, ni de la puntuación: soy poco experto en la una y en la otra. Cuando rompen del todo el sentido, tómolo poco a pecho, pues al menos me libran de él; mas cuando lo sustituyen por uno falso, me pierden. En todo caso, cuando la frase no esté a mi altura, el hombre de bien ha de rechazarla como mía. A quien sepa cuán poco laborioso soy, cuán mío soy, no le costará creer que preferiría volver a dictar otros tantos ensayos que obligarme a releer éstos, por esa pueril corrección.

Decía, pues, antes, que hallándome en la mina más profunda de este nuevo metal, no sólo me veo privado de gran trato con gentes de costumbres distintas a las mías y de otras ideas, mediante las cuales únense con un lazo que huye de cualquier otro lazo, sino que ni siquiera dejo de correr peligro entre aquéllos para los que todo es igualmente posible y de los cuales la mayor parte no puede empeorar ahora su relación con nuestra justicia, de donde nace este extremo grado de licencia. Teniendo en cuenta las particulares circunstancias que me rodean, no hallo hombre alguno de los nuestros a quien le cueste más que a mí la defensa de las leyes en cuanto a ganancias perdidas y a daños sufridos se refiere, como dicen los abogados. Y muchos presumen de valientes por su ardor y firmeza, haciendo mucho menos que yo, en justa balanza.

Como casa libre desde siempre, acogedora y oficiosa para todos (pues jamás dejéme inducir a hacer de ella instrumento de guerra, en la que gusto más de meterme cuanto más alejada esté de mi vecindad), ha merecido siempre mi casa bastante afecto popular, y sería harto difícil vencerme en mi terreno; y considero maravillosa victoria y ejemplar, que aún esté virgen de sangre y saqueos, con tan larga tormenta y tantos cambios y agitaciones vecinas. Pues, a decir verdad, érale posible a un hombre de mi carácter escapar de una forma constante y continua fuere cual fuere; mas las invasiones e incursiones contrarias y las alternancias y vicisitudes de la fortuna a mi alrededor han exasperado más que suavizado hasta ahora los sentimientos del país, acechándome con peligros y dificultades invencibles. Líbrome, mas me desagrada que ello sea más por fortuna e incluso por mi prudencia, que por justicia, y desagrádame estar fuera de la protección de las leyes y bajo distinta salvaguarda a la suya. Tal y como están las cosas, vivo más que a medias de los favores de otros, lo cual es dura obligación. No quiero deber mi seguridad, ni a la bondad y benevolencia de los grandes a los que complace mi legalidad y libertad, ni a la dulzura de las costumbres de mis predecesores y de las mías. Pues, ¿qué ocurriría si fuera distinto? Si mi conducta y la franqueza de mi conversación obligan a mis vecinos y parientes, es crueldad que puedan cumplir dejándome vivir y que puedan decir: Concedémosle la libre continuación del servicio divino en la capilla de su casa, habiendo saqueado y destruido nosotros todas las iglesias de alrededor, y concedémosle el uso de sus bienes y de su vida, como él nos conserva a nuestras mujeres y a nuestros bueyes en caso de necesidad. Desde hace mucho, en mi casa, tenemos derecho al elogio del ateniense Licurgo, el cual era depositario general y guardián de las bolsas de sus conciudadanos.

Y yo sostengo que se ha de vivir por derecho y por autoridad, no por recompensa ni favor. ¡Cuántos hombres de bien prefirieron perder la vida a deberla! Huyo de someterme a cualquier suerte de obligación, mas sobre todo a aquélla que me ata por deber de honor. No encuentro nada tan caro como aquello que se me da y aquello por lo que mi voluntad queda hipotecada so pretexto de gratitud, y prefiero recibir los favores que están en venta. Desde luego: por éstos sólo doy dinero, por los otros, me doy a mí mismo. El lazo que me sujeta por ley de honestidad, paréceme harto más apretado y pesado que el de la obligación civil. Un notario me ata más suavemente que yo mismo. ¿No es lógico que mi conciencia se sienta harto más comprometida por el hecho de que se hayan fiado simplemente de ella? De otro modo, mi palabra nada debe pues nada le han prestado; ¡ayúdense con la garantía y seguridad que han conseguido fuera de mí! Preferiría con mucho romper la prisión de una muralla y de las leyes, que la de mi palabra. Soy riguroso hasta la superstición para observar mis promesas y de buena gana las hago para todo inciertas y condicionadas. A aquéllas cuyo peso es nulo, les doy peso por el celo de mis principios; me atormentan y me cargan con su propio interés. Sí, en las empresas sólo mías y libres, si digo su meta, paréceme que me la impongo y que ponerla en conocimiento de otros es ordenármela a mí mismo; paréceme que lo prometo al decirlo. Por ello, aireo poco mis proyectos.

La condena que me hago es más viva y fuerte que la de los jueces que sólo me consideran por el aspecto de la obligación común, el abrazo de mi conciencia, más apretado y más severo. Cumplo con desidia los deberes a los que me arrastrarían si no fuera yo por mí mismo. «Hoc ipsum ita justum est quod recte fit, si est voluntarium»[37]. Si el acto no tiene cierto brillo de libertad, tampoco tiene gracia ni honor.

Quod me jus cogit, vix voluntate impetrent[38].

Cuando la necesidad tira de mí, gusto de ablandar mi voluntad, «quia quicquid imperio cogitur, exigenti magis quám praestanti acceptum refertur»[39]. Sé de algunos que se dejan llevar por esta tendencia hasta la injusticia, dan en lugar de devolver, prestan en lugar de pagar, escatiman el favorecer a aquél con el que más obligados están. No llego yo a esto, mas esfuérzome contra ello.

Gusto tanto de descargarme y liberarme, que, a veces, conté en mi provecho las ingratitudes, ofensas e indignidades que había recibido de parte de aquéllos con los que, por naturaleza o accidente, tenía algún deber de amistad, tomando aquélla ocasión de su pecado como liberación y

---

[37] «Incluso la acción justa no es justa más que si es voluntaria» (Cicerón, *De las obligaciones,* I. 9).

[38] «A lo que me obliga la ley, le pongo poca voluntad.» (Terencio, *Adelfos,* III. V. 44).

[39] «Porque las cosas que son impuestas se le agradecen más al que las ordena que al que las cumple.» (Valerio Máximo, II. II. 6).

descarga de mi deuda. Aunque siga pagándoles los oficios aparentes de la razón pública, hallo gran alivio sin embargo en hacer por justicia lo que hacía por sentimiento, y en aligerarme algo de la atención y solicitud de mi voluntad interna («est prudentis sustinere ut cursum, sic impetum benevolentiae»)[40] la cual tengo algo urgente y apremiante cuando me entrego, al menos para un hombre que en modo alguno desea verse agobiado; y sírveme este proceder de cierto consuelo para las imperfecciones de aquéllos que me importan. Lamento mucho que valgan menos, mas disminuye de este modo mi dedicación y compromiso para con ellos. Apruebo a aquél que quiere menos a su hijo por ser tiñoso o jorobado y no sólo cuando es malo sino cuando es desgraciado y mal nacido (el propio Dios ha rebajado así su valor y estima natural), con tal de que se comporte en esa su frialdad, con moderación y exacta justicia. En mi caso, la proximidad no atenúa los defectos, más bien los agrava.

Después de todo, según entiendo yo la ciencia de los favores y el agradecimiento, ciencia harto sutil y de gran uso, no sé de nadie más libre y menos endeudado que yo hasta ahora. Lo que debo, débolo a las obligaciones comunes y naturales. No hay nadie que esté más exento de otras,

nec sunt mihi nota potentum
Munera[41].

Me dan bastante los príncipes si nada me quitan y harto bien me hacen cuando no me hacen mal alguno: eso es todo cuanto pido. ¡Oh cuán agradecido le estoy a Dios de haber querido que yo haya recibido directamente de su gracia todo cuanto tengo, de haberse quedado Él con toda mi deuda! ¡Con cuánta insistencia suplico de su santa misericordia el

---

[40] «Es prudente contener, como se hace con un carro que se lanza, el primer impulso de amistad» (Cicerón, *De la amistad,* XVII). En el texto de Cicerón aparece, en efecto, *currum,* en lugar de *cursum.*

[41] «Y los presentes de los poderosos me son desconocidos.» (Virgilio, *Eneida,* XII. 519).

no deber jamás un gran favor a nadie! Afortunada libertad que tanto me ha durado. ¡Dúreme hasta el final!

Trato de no necesitar expresamente de nadie.

«In me omnis spes est mihi»[42]. Es cosa que todos pueden, mas, con mayor facilidad, aquéllos a los que Dios ha protegido de las necesidades naturales y urgentes. Muy lamentable y arriesgado es depender de otros. Ni siquiera uno mismo, que es la persona más justa y segura a la que recurrir, es lo bastante seguro. Nada tengo más mío que yo mismo y sin embargo es mi posesión en parte incompleta y prestada. Cultívome en valor, que es lo más fuerte, y también en fortuna, para hallar con qué satisfacerme si todo lo demás me abandonara. El eleo Hipias no se abasteció sólo de ciencia, para poder apartarse alegremente en el seno de las musas de toda otra compañía en caso necesario, ni sólo del conocimiento de la filosofía, para enseñar a su alma a contentarse consigo misma y a prescindir virilmente de los bienes que le vienen de fuera cuando lo ordena la suerte; fue tan precavido como para aprender también a cocinar, a afeitarse, a coser, a hacerse los zapatos, los vestidos, para fundamentarse en sí mismo tanto como pudiera y sustraerse a la ayuda ajena.

Gózase harto más libre y alegremente de los bienes prestados cuando no es un goce obligado ni coaccionado por la necesidad, y cuando se tiene, en la voluntad y en la fortuna, la fuerza y los medios de prescindir de él. Me conozco bien. Mas resúltame difícil de imaginar una libertad de alguien tan pura, una hospitalidad tan franca y gratuita que no me pareciera desgraciada, tiránica y teñida de reproche, si la necesidad me hubiere inmerso en ella. Así como el dar es cualidad ambiciosa y de prerrogativa, así el aceptar es cualidad de sumisión. Prueba de ello el injurioso y agresivo rechazo que hizo Bayaceto a los presentes que Temir le enviaba. Y aquéllos que ofrecieron de parte del emperador Solimán al emperador de Calicut produjéronle tal indignación, que no sólo los rechazó rudamente diciendo que

---

[42] «Toda mi esperanza está en mí mismo.» (Terencio, *Adelfos,* III. V. 9).

ni él ni sus predecesores acostumbraban a recibir y que lo suyo era dar, sino que además mandó encerrar a los embajadores enviados a tal efecto en una mazmorra.

Cuando Tetis halaga a Júpiter, dice Aristóteles, cuando los lacedemonios halagan a los atenienses, no les refrescan la memoria con los bienes que les han hecho, lo cual es siempre odioso, sino con los favores que de ellos han recibido. Aquéllos a los que con tanta frecuencia veo emplear a cada cual obligándose con ello, no lo harían si sopesasen cuánto le ha de pesar a un hombre sensato el compromiso de una obligación; quizá se pague a veces, mas jamás desaparece. Cruel atadura para aquél que quiere ampliar el campo de su libertad en todos los sentidos. Los que me conocen, tanto si están por encima como por debajo de mí, sabrán si han visto alguna vez a alguien que cargue menos sobre los demás. Si de ello soy más capaz que cualquier otro contemporáneo, no es de extrañar, pues contribuyen muchos aspectos de mi carácter: algo de orgullo natural, el no saber soportar las negativas, la contradicción de mis deseos y designios, la torpeza para toda suerte de negocios y mis condiciones favoritas, la ociosidad y la libertad. Por todo ello he tomado odio mortal a sentirme obligado a otro y por otro que por mí mismo. Empleo harto ardorosamente todo cuanto puedo para prescindir de algo, antes de hacer uso de la beneficencia de otro ya sea liviana o trascendente la ocasión.

Me importunan extraordinariamente mis amigos cuando me piden que pida algo a un tercero. Y apenas si me parece menos costoso librar de su obligación a aquél que me debe, usando de él, que obligarme por ellos con aquél que nada me debe. Con esta condición y con esta otra, que no quieran de mí cosa trabajosa ni cavilosa (pues he declarado guerra a muerte a toda preocupación), soy cómodo y fácil para la necesidad de todos. Mas he huido más de recibir, de lo que he intentado dar; bien es verdad que es más fácil, según Aristóteles. Poco bien me ha permitido hacer a los demás la fortuna y ese poco que me ha permitido lo ha alojado pobremente. Si me hubiera hecho nacer para ocupar algún puesto entre los hombres, habría ambicionado ser amado más que ser temido o admirado. ¿Lo diré con más insolencia? Habría mirado tanto por complacer como por ser provechoso. Ciro, muy sabiamente y por boca de un muy buen capitán y mejor filósofo aún, considera que están su bondad y sus buenos actos, muy por encima de su valor y de sus belicosas conquistas. Y el primer Escipión, siempre que quiere hacerse valer, da más peso a su bondad y humanidad que a su osadía y a sus victorias, y no se le cae de la boca esta frase gloriosa: que dejó a sus enemigos tantos motivos para amarle como a sus amigos.

Quiero decir pues, que, si se ha de deber algo, ha de ser a título más legítimo que aquél del que hablo, al que la ley de esta guerra miserable me obliga, y no tan pesada deuda como la de mi total conservación: me abruma. Heme acostado mil veces en mi casa imaginando que me traicionarían y matarían aquella noche, llegando con la fortuna al arreglo de que fuera sin espanto y en poco tiempo. Y he exclamado tras el padrenuestro:

> Impius haec tam culta novalia miles habebit![43]

¿Qué remedio? Aquí nací yo y nacieron la mayoría de mis antepasados; en este lugar dejaron su amor y su nombre. Nos endurecemos a todo cuanto nos acostumbramos. Y con una mísera condición como la nuestra, ha sido la costumbre, presente harto favorable de la naturaleza, pues nos adormece el sentimiento para el sufrimiento de muchos males. Tienen las guerras civiles algo peor que las demás guerras, y es que está uno en vilo en su propia casa.

> Quám miserum porta vitam muroque tueri,
> Vixque suae tutum viribus esse domus[44].

---

[43] «Un soldado impío poseerá estos campos tan bellos.» (Virgilio, *Bucólicas,* I. 71).

[44] «¡Qué desgracia tener que proteger la vida con una puerta y una muralla, y estar apenas seguro en nuestra propia casa!» (Ovidio, *Tristes,* III. X. 69).

Es el colmo sentirse acechado en el propio hogar y reposo doméstico. El lugar en el que vivo es siempre el primero y el último en las peleas de nuestros disturbios y en él jamás es completa la paz,

Tum quoque cum pax est, trepidant formidine belli[45].

quoties pacem fortuna lacessit,
Hac iter est bellis. Melius, fortuna, dedisses
Orbe sub Eoo sedem, gelidaque sub Arcto,
Errantésque domos[46].

A veces hallo el medio de soportar estas consideraciones con indiferencia y dejadez; también nos llevan de algún modo a la resolución. A menudo me ocurre el imaginar con cierto placer los peligros mortales y esperarlos; húndome cabizbajo y estúpido en la muerte, sin considerarla ni reconocerla, como en un abismo mudo y oscuro que me engulle de un golpe y me sume en un instante en un poderoso sopor insípido e indolente. Y la consecuencia que preveo a esas muertes cortas y violentas me consuela más de lo que me agita. Dicen que cuando la vida no es la mejor para durar, la muerte es la mejor para no durar. No siento tanto espanto de estar muerto, como confianza tengo en el morir. Me acurruco y me cubro en esta tormenta que ha de cegarme y arrebatarme de furia, con carga pronta e insensible.

Si al menos ocurriese, como dicen algunos jardineros acerca de las rosas y las violetas que nacen más olorosas cerca de los ajos y las cebollas porque chupan y se atraen el mal olor que hay en la tierra, que esas naturalezas depravadas absorbieran también todo el veneno del aire y del clima y me lo dejaran tanto mejor y más puro por su pro-

---

[45] «Incluso cuando reina la paz, tememos la guerra.» *(Ibídem, íd.,* III. X. 67).
[46] «Cada vez que la fortuna rompe la paz, se abre la vía de la guerra. ¡Oh, fortuna!, hubiera sido mejor situar mi morada en Oriente, o en el Ártico helado, o en casas móviles.» (Lucano, *Farsalia,* I. 256. 251).

ximidad que no perdiera yo todo. No es así; mas puede ocurrir algo de lo que sigue: que la belleza es más bella y atractiva cuando es rara, y que la contrariedad y diversidad endurece y afirma en uno el obrar bien encendiéndolo mediante el celo de oponerse y la gloria.

Los ladrones, por propio impulso, no la toman particularmente conmigo. ¿No hago yo lo mismo con ellos? Habría de emprenderla con demasiada gente. Conciencias iguales tienen cabida en distintas especies de fortuna, igual crueldad, deslealtad, latrocinio, y tanto peor cuanto que son más cobardes, más seguras y más oscuras, a la sombra de las leyes. Odio menos la injuria manifiesta que la traidora, la guerrera que la pacífica. Nuestra fiebre ha aparecido en un cuerpo al que apenas si ha empeorado: ya estaba él en el fuego, sólo se ha encendido la llama; es más grande el ruido, poco más el mal.

Suelo responder a aquéllos que me preguntan por la razón de mis viajes; que sé muy bien de lo que huyo mas no sé lo que busco. Si me dicen que entre los extranjeros los hay también con salud igual de escasa y que sus costumbres no valen más que las nuestras, respondo: en primer lugar, que es difícil,

Tam multae scelerum facies![47]

En segundo lugar, que siempre es mejor cambiar un estado malo por otro incierto, y que los males ajenos no han de dolernos como los nuestros.

No quiero olvidar esto, que jamás me enojo tanto con Francia como para no ver París con buenos ojos; tiene mi corazón desde la infancia. Y me ha ocurrido con ella como con las cosas excelentes; cuantas más ciudades hermosas he visto después, más puede ésta sobre mi cariño y se apodera de él. Ámola por sí misma y más por sí sola que recargada de pompas ajenas. Ámola tiernamente hasta con sus verrugas y sus manchas. No soy francés más que por esta gran ciudad; grande por sus pueblos, grande por la felici-

---

[47] «¡Tantas caras tiene el crimen!» (Virgilio, *Geórgicas,* I. 506).

dad de su asentamiento, mas sobre todo, grande e incomparable por la variedad y diversidad de bienes, gloria de Francia y uno de los más nobles ornamentos del mundo. ¡Que Dios expulse lejos de ella nuestras divisiones! Entera y unida, véola defendida de toda otra violencia. Adviértola de que de todos los partidos el peor será aquél que la meta en discordia. Y no temo para ella más que a ella misma. Y ciertamente temo por ella tanto como por otra parte de este estado. Mientras dure, no me faltará un refugio desde donde ladrar, suficiente para hacerme perder el sentimiento por todo otro refugio.

No porque lo haya dicho Sócrates, sino porque es mi talante y quizá no sin cierta exageración, considero a todos los hombres compatriotas míos y abrazo a un polaco como a un francés, posponiendo ese lazo nacional al universal y común. No soy ningún apasionado de la dulzura del aire natural. Los conocimientos nuevos y míos parécenme valer tanto como esos conocimientos comunes y fortuitos de mi vecindad. Las amistades puras trabadas por nosotros aventajan de ordinario a aquéllas a las que nos une la proximidad de la región o de la sangre. La naturaleza nos ha puesto en el mundo libres y desligados; nosotros nos aprisionamos en ciertos estrechos; así como los reyes de Persia, los cuales obligábanse a no beber jamás de otra agua que de la del río Coaspes, renunciaban por necedad al derecho de usar de cualquier otra y secaban con su mirada el resto del mundo.

A mi parecer, jamás estaré tan apegado ni tan estrechamente habituado a mi país como para hacer lo que hizo Sócrates al final de su vida, considerar peor una sentencia de exilio que una sentencia de muerte contra él. Esas vidas celestiales tienen bastantes hechos que acepto más por estima que por sentimiento. Y tienen también otros tan elevados y extraordinarios que ni siquiera por estima puedo aceptarlos, pues no puedo concebirlos. Aquella actitud fue muy blanda en un hombre que consideraba el mundo como su ciudad. Verdad es que desdeñaba las peregrinaciones y no había puesto los pies fuera de Ática. ¿Cómo? Que rechazaba el dinero de sus amigos para salvar su vida y se negó a salir de prisión por intervención de otros para no desobedecer a las leyes en un tiempo en el que estaban por otra parte tan corrompidas. Estos ejemplos son de la primera especie para mí. De la segunda son otros que podría hallar en este mismo personaje. Muchos de estos raros ejemplos superan la fuerza de mi acción, mas ninguno supera aún la fuerza de mi juicio.

Aparte de estas razones, paréceme el viajar actividad provechosa. Ejercítase el alma continuamente observando las cosas desconocidas y nuevas; y no conozco mejor escuela para formar la vida que el proponerle sin cesar la diversidad de tantas otras vidas, ideas y costumbres, y hacerle gustar una tan perpetua variedad de formas de nuestra naturaleza. No está el cuerpo ni ocioso ni trabajado, y esa agitación moderada lo alienta. Manténgome a caballo sin desmontar y sin hartarme, con todo lo colicoso que estoy, ocho y diez horas,

Vires ultra sortemque senectae[48].

Ninguna estación es mi enemiga, excepto el asfixiante calor de un sol abrasador; pues las sombrillas, de las que se sirve Italia desde los antiguos romanos, cárganme más los brazos de lo que me descargan la cabeza. Me gustaría saber qué hacían los persas en tiempos tan lejanos y cuando nacía el lujo, para proporcionarse aire fresco y sombras a su guisa, como dice Jenofonte. Me agradan las lluvias y el lodo como a los patos. El cambio de aires y de clima no me afecta: todo cielo es para mí igual. Sólo me vapulean las alteraciones internas que en mí se producen y éstas súfrolas menos viajando.

Soy difícil de mover; mas, estando en camino, voy tan lejos como se quiera. Resístome tanto a las pequeñas empresas como a las grandes, a equiparme para hacer una jornada y visitar a un vecino como para un verdadero viaje. He aprendido a hacer las jornadas a la española, de un ti-

---

48 «Más allá de las fuerzas y del destino de un anciano.» (Virgilio, *Eneida,* VI. 114).

rón: grandes y razonables jornadas; y en los extremos calores hágolas de noche desde la puesta de sol hasta el amanecer. La otra manera de comer por el camino, con tumulto y a toda prisa, para el desayuno, es incómoda. Valen más mis caballos. Jamás caballo alguno me falló no pudiendo hacer conmigo la primera jornada. Los abrevo en todas partes y sólo me cuido de que les quede bastante camino para absorber el agua. La pereza para levantarme permite desayunar a sus anchas antes de salir a aquéllos que me siguen. Para mí, jamás es tarde para comer; viéneme el apetito al comer y no de otro modo; no tengo hambre más que en la mesa.

Quéjanse algunos de que haya gustado de continuar esta práctica una vez casado y viejo. No tienen razón. Es mejor momento para abandonar a la familia cuando se la ha preparado para continuar sin uno, cuando se la ha dejado en orden con las mismas formas que en tiempos pasados. Es harto más imprudente alejarse de ella dejando allí una guardia menos fiel y que se cuide menos de atender a vuestras necesidades.

La ciencia y ocupación más útil y honorable para una mujer, es la ciencia del hogar. Veo algunas avaras, ahorrativas muy pocas. Es su cualidad principal y la que se ha de buscar antes que cualquier otra, como la única dote capaz de arruinar o salvar nuestras casas. No me hablen de esto: conforme a cuanto me ha enseñado la experiencia, exijo de una mujer casada, antes que cualquier otra virtud, la virtud económica. Póngola a prueba, al dejar durante mi ausencia todo el gobierno en sus manos. En muchos hogares veo con indignación cómo el señor vuelve tristón y preocupado por el jaleo de los asuntos, hacia el mediodía, mientras que la señora está aún peinándose y atusándose en su gabinete. Está bien para las reinas y ni siquiera estoy seguro de ello. Es ridículo e injusto que mantengamos con nuestro sudor y nuestro trabajo, la ociosidad de nuestras mujeres. No habrá nadie, si puedo evitarlo, que use de mis bienes con más liquidez, tranquilidad y libertad que yo. Si el marido pone la materia, la propia naturaleza quiere que ellas pongan la forma.

En cuanto al hecho de que se vean afectados los deberes del amor conyugal por esta ausencia, no lo creo. Al contrario, es una relación que se enfría fácilmente con una presencia demasiado continua, y a la que perjudica la asiduidad. Toda mujer extranjera nos parece honrada. Y todos sentimos por experiencia que el verse continuamente no puede producir el placer que se siente al separarse y reunirse interrumpidamente. Llénanme estas pausas de un amor nuevo hacia los míos y me hacen más dulce la costumbre de mi casa. La vicisitud despiértame el apetito primero hacia una cosa y luego hacia la otra. Sé que el amor tiene bastante largos los brazos para agarrarse y unirse desde un rincón del mundo a otro; en particular éste en el que hay una continua comunicación de tareas que avivan la obligación y el recuerdo. Bien dicen los estoicos que existe tan grande entendimiento y relación entre los sabios; que si uno desayuna en Francia alimenta a su compañero en Egipto; y con que uno solo extienda el dedo, esté donde esté, todos los sabios que hay sobre la tierra habitable sienten su ayuda. El goce y la posesión pertenecen principalmente a la imaginación. Abraza con más ardor lo que va persiguiendo que lo que tocamos, y más continuamente. Pensad en vuestras ocupaciones diarias, hallaréis que estáis entonces más lejos de vuestro amigo cuando está cerca de vos: su presencia debilita vuestra atención y da libertad a vuestro pensamiento para ausentarse a todas horas por cualquier motivo.

Desde Roma, poseo y regento mi casa y los bienes que en ella he dejado; veo crecer y decrecer las murallas, los árboles y las rentas, tan de cerca, como cuando allí estoy:

Ante oculos errat domus, errat foma locorum[49].

Si sólo gozamos de aquello que tocamos, ¡adiós a nuestros escudos cuando están en los cofres, y a nuestros hijos cuando están de caza! Los queremos más cerca. ¿En el jar-

---

[49] «Ante mis ojos flotan la imagen de mi casa y la imagen de estos lugares.» (Ovidio, *Tristes*, III. IV. 57).

dín están lejos? ¿A media jornada? Pues, ¿y a diez leguas? ¿Es eso lejos o cerca? Si es cerca, ¿por qué no once, doce o trece? Y así paso a paso. Verdaderamente, la que prescriba a su marido en qué paso termina lo cerca y en qué paso comienza lo lejos, opino que ha de detenerlo entre dos:

excludat jurgia finis.
Utor permisso, caudaeque pilos ut equinae
Paulatim vello, et demo unum, demo etiam unum,
Dum cadat elusus ratione ruentis acervi[50];

y atrévanse a llamar a la filosofía en su ayuda: a la cual podríasele reprochar, puesto que no ve ni uno ni otro extremo de la juntura entre lo demasiado y lo poco, lo ligero y lo pesado, lo cerca y lo lejos, puesto que no reconoce ni el principio ni el fin, que juzga muy inciertamente del medio. «Rerum natura nullan nobis dedit cognitionem finium.»[51]. ¿Acaso no siguen siendo mujeres y amigas de los difuntos, los cuales no están al otro extremo de este mundo sino en el otro? Abrazamos a aquéllos que han sido y a aquéllos que aún no son, con mayor motivo aún a los ausentes. No hicimos el trato, al casarnos, de estar continuamente atados el uno al otro, como ciertos animalillos que vemos, o como los hechizados de Karenty, a la manera canina. Y una mujer no ha de tener los ojos clavados tan glotonamente en la delantera de su marido, que no pueda verlo por detrás, si es necesario.

Mas, ¿acaso no vendrá a cuento, para mostrar el motivo de sus quejas, este dicho de ese tan excelente pintor de sus humores?

---

[50] «¡Acabemos! Decid un número, si no, como las crines de un caballo arrancadas una a una, quito una unidad y luego otra, hasta que no quede nada y os quedéis convencido por mi razonamiento» (Horacio, *Epístolas,* III. I. 38 y 45). Se trata de una variación del sofisma antiguo: ¿a partir de qué cantidad de arena se puede emplear la expresión 'montón de arena'?
[51] «La naturaleza no nos ha permitido conocer el límite de las cosas» (Cicerón, *Académicas,* II, XXIX).

Uxor, si cesses, aut te amare cogitat,
Aut tete amari, aut potare, aut animo obsequi,
Et tibi bene esse soli, cum sibi sit malè[52].

¿O no será que de por sí la oposición y contradicción las ocupan y alimentan, y que se acomodan bastante con tal de incomodaros?

En la verdadera amistad, en la cual soy experto, entrégome a mi amigo más de lo que hacia mí lo atraigo. No sólo prefiero hacerle el bien yo a él a que él me lo haga a mí, sino incluso que se lo haga él mismo a él que a mí. Y si la ausencia le es placentera o útil, me es harto más dulce que su presencia; y no es propiamente ausencia cuando hay medio de avisarse recíprocamente. Saqué antaño uso y provecho de nuestro alejamiento. Llenábamos mejor y extendíamos la posesión de la vida al separarnos; él vivía, gozaba, veía por mí, y yo por él, tan plenamente como si hubiera estado allí. Una parte permanecía ociosa cuando estábamos juntos: nos confundíamos. La separación del lugar hacía más rica la conjunción de nuestras voluntades. Ese hambre insaciable de la presencia corporal revela de algún modo la debilidad del goce de las almas.

En cuanto a la vejez que me alegan, al contrario, corresponde a la juventud el doblegarse a las ideas comunes y el violentarse por otros. Puede atender a dos, al pueblo y a sí misma: demasiado tenemos para nosotros solos. A medida que los bienes naturales nos fallan, nos sostenemos con los artificiales. Es injusto justificar a la juventud por perseguir los placeres, y prohibirle a la vejez que los busque. Cuando era joven cubría mis pasiones alegres con prudencia; ahora que soy viejo, separo las tristes del libertinaje. Así prohíben las leyes platónicas el peregrinar antes de los cuarenta o cincuenta años, para hacer más útil e instructiva la peregrinación. Aceptaría de mejor grado este segundo artículo de las mismas leyes que lo prohíbe tras los sesenta. —Mas,

---

[52] «Tu mujer, si te retrasas, piensa que estás haciendo el amor o que te lo hacen, que bebes y te lo pasas bien, que te diviertes solo, mientras que ella se consume.» (Terencio, *Adelfos,* I. I. 7).

a tal edad, ¿volveréis de tan largo camino? —¿Qué se me da? No lo emprendo para volver, ni para terminarlo; empréndolo sólo para moverme ahora que me place moverme. Y paséome por pasearme. Aquéllos que corren tras un beneficio o una liebre, no corren; corren aquéllos que corren vallas y para ejercitarse en la carrera.

Puede mi proyecto truncarse en cualquier momento; no se funda en grandes esperanzas; cada día es su fin. E igual marcha lleva el viaje de mi vida. He visto sin embargo bastantes lugares alejados en los que hubiera deseado detenerme. ¿Por qué no, si Crisipo, Cleanto, Diógenes, Zenón, Antipatro, tantos hombres sabios de la secta más seria, abandonaron su país sin tener motivo alguno de queja y sólo por gozar de otros aires? Ciertamente, el mayor inconveniente de mis peregrinaciones es no poder llevar esa resolución de fijar mi morada donde me plazca, y el haber de pensar siempre en volver, para adaptarme a las ideas comunes.

Si temiera morir en lugar distinto al de mi nacimiento, si pensara morir menos a gusto alejado de los míos, apenas si saldría de Francia, no saldría sin espanto fuera de mi parroquia. Siento que la muerte me va pisando continuamente los talones. Mas estoy hecho de otro modo: para mí es igual en todas partes. Sin embargo, si hubiera de elegir, preferiría morir a caballo que en la cama, creo yo, y fuera de mi casa y alejado de los míos. El despedirte de los amigos más parte el corazón que consuela. De buen grado olvido este deber de civismo, pues, de los oficios de la amistad, éste es el único desagradable, y así olvidaría gustoso el decir ese eterno y gran adiós. Si alguna ventaja tiene esa presencia, tiene mil inconvenientes. He visto a muchos moribundos asediados harto lamentablemente por todo ese público: ahógales tal gentío. Va contra el deber y es prueba de poco afecto y poca atención hacia vos, el dejaros morir tranquilamente: el uno os atormenta los ojos, el otro los oídos, el otro la boca; no hay sentido ni miembro que no os vapuleen. Se os encoge el corazón de pena, al oír otros lamentos fingidos y simulados. Quien siempre haya tenido sensible el gusto, debilitado, tiénelo aún más. Precisa, en tan grande necesidad, de una mano suave y apropiada a su sentimiento, que le rasque justo donde le pique; o que nadie lo toque. Si necesitamos de una partera que nos traiga al mundo, harto necesitamos de un hombre aún más sabio que nos saque de él. A uno así y amigo, para servirnos en tal ocasión, habríamos de comprarlo muy caro.

No he llegado a ese vigor desdeñoso que se fortalece en sí mismo, al que nada ayuda ni agita; estoy en un punto más bajo. Trato de esquivar y escabullirme de ese paso, no por temor sino por habilidad. No es mi intención el hacer gala o dar prueba de firmeza en ese acto. ¿Para quién? Cesará entonces todo el derecho y el interés que tengo en mi reputación. Conténtome con una muerte recogida, tranquila y solitaria, toda mía, conforme a mi vida retirada y privada. Al contrario de la superstición romana que consideraba desventurado a aquél que moría sin hablar, sin sus parientes para que le cerraran los ojos, bastante tengo con consolarme a mí mismo sin haber de consolar a los demás, bastantes pensamientos tengo en la cabeza sin que las circunstancias me traigan otros nuevos, y bastante materia en qué ocuparme sin pedir prestada más. Este asunto no incumbe a la sociedad; es el acto de un solo personaje. Vivamos y riamos con los nuestros, vayamos a morir y a refunfuñar con los desconocidos. Pagando, se encuentra a alguien que os gire la cabeza y os frote los pies, que no os abrume más de lo que queráis y os presente un rostro indiferente, dejándoos ocuparos y quejaros a vuestra guisa.

Líbrome cada día discurriendo, de ese sentir pueril e inhumano que nos hace desear el excitar con nuestros males la compasión y el duelo de nuestros amigos. Damos a nuestras desgracias más importancia de la que tienen, para provocar sus lágrimas. Y la entereza que elogiamos en cada cual para soportar su mala fortuna, criticámosla reprochándosela a nuestros íntimos, cuando se trata de la nuestra. No nos contentamos con que se enteren de nuestros males si no se afligen. Hemos de hacer extensiva la alegría, mas restringir la tristeza todo cuanto podamos. Quien se haga compadecer sin razón es hombre al que no se ha de compadecer cuando haya razón para ello. El quejarse siempre es cosa para no ser nunca compadecido, al querer inspirar lástima tan a menudo que no se sea lastimoso para nadie. Quien se hace el muerto estando vivo corre el riesgo de que lo crean vivo estando moribundo. He visto a algunos enojarse porque les hallaran el rostro fresco y el pulso pausado, y aguantar la risa por revelar ésta su curación, y odiar la salud por no ser digna de conmiseración. Y lo más grande es que no eran mujeres.

Muestro mis enfermedades, como mucho, tales y como son, y evito las palabras de mal pronóstico y las exclamaciones de compromiso. Si no la alegría, sí al menos la compostura tranquila de los asistentes es propia a la cabecera de un enfermo sensato. No por verse en estado contrario está reñido con la salud, y le place contemplarla en otros fuerte y entera, y gozar de ella al menos por compañía. No por sentir que se va al fondo rechaza en absoluto los pensamientos de la vida, ni rehúye las conversaciones comunes. Quiero estudiar la enfermedad cuando estoy sano, cuando está en mí bastante real es la impresión que me produce sin que la ayude mi imaginación. Nos preparamos de antemano para los viajes que emprendemos, y estamos decididos a ellos: el momento en el que hemos de montar a caballo dámoselo a la asistencia y, en su favor, lo alargamos.

Siento este provecho inesperado de la publicación de mis hábitos, que me sirve de algún modo de regla. Viéneme a veces la idea de no traicionar la historia de mi vida. Esta declaración pública me obliga a mantenerme en mi camino y a no contradecir la imagen de mis cualidades, comúnmente menos desfiguradas y contradichas de lo que creen la maldad y enfermedad de los juicios de hoy. La uniformidad y sencillez de mis hábitos muestra un aspecto de fácil interpretación, mas, como las maneras son algo nuevas y desacostumbradas, favorecen la maledicencia. De modo que a quien me quiera criticar abiertamente, paréceme proporcionarle materia más que suficiente en la que morder mis imperfecciones confesadas y conocidas, y con la que saciarse sin pelear con el viento. Si por anticipar yo mismo la acusación y el descubrimiento, parécele que suavizo el mordisco, es lógico que lo compense con el aumento y la extensión (el ataque tiene derechos más allá de la justicia), y que haga árboles de los vicios cuyas raíces le muestro en mí, empleando para ello no sólo los que me invaden sino también aquéllos que no hacen sino amenazar. Perniciosos vicios en calidad y en número; atáqueme por ahí.

Seguiría francamente el ejemplo del filósofo Bión. Quería picarlos Antígono con el tema de sus orígenes; cortóle drásticamente: Soy, dijo, hijo de un siervo, carnicero, estigmatizado, y de una puta con la que casó mi padre por bajeza de su fortuna. A ambos los castigaron por algún delito. Compróme un orador siendo niño, por hallarme agradable, al morir dejóme todos sus bienes y, tras traer éstos a esta ciudad de Atenas, dediquéme a la filosofía. No se molesten los historiadores buscando noticias sobre mí; diréles cuanto hay. La confesión generosa y libre debilita el reproche y desarma la injuria.

Y es el caso que, a fin de cuentas, paréceme que me alaban más de lo debido con tanta frecuencia como me desprecian del mismo modo. Así como también me parece que desde la infancia, en rango y grado de honor, hanme otorgado un lugar más bien más alto que más bajo de lo que me corresponde.

Sentiríame mejor en un país en el cual estos órdenes estuvieran o bien regulados, o bien despreciados. Entre los hombres, en cuanto el ofrecimiento mutuo de la prerrogativa para pasar o para sentarse supera las tres réplicas, es incivil. En modo alguno temo ni ceder ni preceder inicuamente para evitar tan importuna discusión; y jamás he dejado de otorgar la prelación a ningún hombre que la haya deseado.

Además de este provecho que saco escribiendo sobre mí, espero este otro, que si ocurre el que mis lucubraciones plazcan y convengan a algún hombre de bien antes de que yo muera, intente tratarme: le doy mucho ya hecho, pues todo cuanto un largo conocimiento y una larga familiaridad podría proporcionarle en muchos años, lo ve a través de este escrito en tres días y con mayor seguridad y exactitud. Extraña idea: muchas cosas que a nadie querría decir, dígolas al pueblo, y para mis más secretos saberes o pensamientos, remito a una biblioteca a mis amigos más fieles.

Excutienda damus praecordia[53].

Si supiera de alguien que efectivamente me conviniera, en verdad que iría a buscarlo muy lejos; pues no puede comprarse fácilmente la dulzura de una adecuada y agradable compañía. ¡Oh, un amigo! ¡Cuán cierta es esta antigua frase de que su uso es más necesario y dulce que el de los elementos del agua y del fuego!

Volviendo a lo mío, no hay pues gran mal en morir lejos y apartado. Y así consideramos que hemos de retirarnos para unos actos naturales menos desgraciados que éste y menos horribles. Mas aún hay más, aquéllos que llegan al punto de arrastrar, desfallecidos, largo espacio de vida, quizá no debieran desear estorbar con sus miserias a una gran familia. Por ello estimaban justo los indios, el matar a aquél que hubiere caído en tal necesidad; en otra región, abandonábanlo dejándolo solo para que se salvara como pudiera. ¿Para quién no se vuelven al fin molestos e insoportables? Los oficios comunes no llegan hasta eso. A la fuerza enseñáis crueldad a vuestros mejores amigos, endureciendo a mujer e hijos por larga costumbre para que ya no sientan ni teman vuestros males. Mis suspiros de cólico ya no conmueven a nadie. Y aun cuando obtuviéramos algún placer con su conversación, lo que no siempre ocurre pues la disparidad de situación produce fácilmente desprecio o envidia hacia cualquiera, ¿no es demasiado abusar toda una vida? Cuanto más los viera violentarse de buena fe por mí, más lamentaría su esfuerzo. Podemos apoyarnos, mas no tendernos tan pesadamente sobre los demás ni apuntalarnos con su ruina; como aquél que mandaba degollar a niños pequeños sirviéndose de su sangre para curar de una enfermedad[54], o aquel otro al que llevaban jóvenes retoños

---

[53] «Les hago que examinen los recovecos de mi corazón.» (Persio, V. 22).

[54] Luis XI que, según los historiadores, hubiera bebido sangre de unos niños para recuperar la salud.

para calentarle los pies por la noche y mezclar su aliento con el suyo agrio y pastoso[55]. Aconsejaríame yo de buen grado Venecia para retirarme, en tal situación y debilidad de vida.

Es la decrepitud cualidad solitaria. Soy sociable hasta el exceso. Por ello, paréceme razonable sustraer de la vista del mundo mi importunidad, e incubarla yo solo, acurrucarme y recogerme en mi concha, como las tortugas. Aprendo a ver a los hombres sin agarrarme a ellos: sería un ultraje teniendo paso tan lento. Es tiempo de volverle la espalda a la compañía.

—Mas, en tan largo viaje, iréis a parar a cualquier cabaña donde todo os faltará. —La mayor parte de las cosas necesarias llévolas conmigo. Y además, no podríamos evitar a la fortuna si decidiera echársenos encima. No preciso de nada extraordinario cuando estoy enfermo: lo que no puede en mí la naturaleza, no quiero que lo pueda un talismán. Al primer indicio de mis fiebres y de las enfermedades que me abruman, entero aún y casi sano, reconcíliome con Dios mediante los últimos oficios cristianos y hállome así más libre y descargado, pareciéndome soportar mejor la enfermedad. De notarios y de consejos, necesito aún menos que de médicos. Lo que no haya arreglado de mis asuntos estando sano, no esperen que lo haga estando enfermo. Lo que quiero hacer para el servicio de la muerte, ya está hecho; no osaría aplazarlo ni un solo día. Y, si no hay nada hecho, querrá decir: o que la duda habrá retrasado mi elección (pues a veces, efectivamente, es elegir el no elegir), o que declaradamente no habré querido hacer nada.

Escribo este libro para pocos hombres y para pocos años. Si hubiera sido materia de larga duración, habría sido menester encargársela a lengua más sólida[56]. Conforme a la continua variación que ha sufrido la nuestra hasta ahora, ¿quién puede esperar que su forma actual esté en uso de aquí a cincuenta años? Se nos va cada día de las manos y

---

[55] Alusión a la historia del rey David y de Abisag. *Libro de los Reyes,* I.
[56] El latín.

desde que vivo hase alterado al menos en la mitad. Decimos que está ahora acabada. Lo mismo dice de la suya cada siglo. No me cuido de conservarla así mientras huya y se deforme como lo hace. Corresponde a los buenos y útiles escritos el fijarla en ellos, y dependerá su autoridad de la fortuna de nuestro estado.

Por ello, no temo incluir en él muchos artículos privados que consumen su utilidad entre los hombres que viven hoy, y que atañen al conocimiento particular de algunos que verán en él más que la inteligencia común. Después de todo, no quiero que vayan discutiendo, así como veo a menudo remover la memoria de los muertos: Pensaba, vivía así; quería esto; si hubiera hablado al final, habría dicho, habría dado; conocíalo mejor que cualquier otro. Y muestro aquí mis inclinaciones y afectos tanto como me lo permite el decoro; mas hágolo con más libertad y más gustoso, de palabra, a cualquiera que desee informarse de ello. De cualquier modo, en estas memorias, si se mira de cerca, se hallará que todo lo he dicho o designado. Lo que no puedo expresar, lo señalo con el dedo.

> Verum animo satis haec vestigia parva sagaci
> Sunt, per quae possis cognoscere cetera tute [57].

Nada dejo de mí que se haya de ignorar o adivinar. Si se ha de hablar, quiero que se haga con verdad y justicia. De buena gana volvería del otro mundo para desmentir a aquél que me hiciera distinto de como fui, aunque fuera para honrarme. Incluso de los vivos veo que siempre se habla de modo distinto a como son. Y si no hubiera conservado a toda costa al amigo que perdí, habríanmelo desgarrado en mil aspectos contrarios.

Para terminar de contar mi débil carácter, confesaré que, al viajar, siempre que llego a un alojamiento se me pasa por la cabeza si podré estar allí a gusto enfermo y moribundo. Quiero que me pongan en lugar que me sea bien

---

[57] «Aquí estos leves rasgos le bastan al sutil que puede, sin equivocarse, descubrir el resto.» (Lucrecio, I. 403).

privado, sin ruido, que no esté ni sucio ni ahumado ni ahogado. Trato de halagar a la muerte con estas frívolas circunstancias, o, mejor dicho, de descargarme de toda otra molestia, para no haber de hacer sino esperarla a ella que querrá pesarme sin más carga. Quiero que participe del desahogo y de la comodidad de mi vida. Es un gran retazo de ella y de importancia, y espero ahora que no desmienta el pasado.

Hay maneras de morir más fáciles que otras y de distintas cualidades según la imaginación de cada cual. De las naturales, la que viene del debilitamiento y del desfallecimiento, paréceme suave y dulce. De las violentas, cuéstame más imaginar un precipicio que una ruina viniéndoseme encima, y el tajo de una espada que un arcabuzazo; y habría bebido el brebaje de Sócrates antes que atravesarme como Catón. Y aunque sea lo mismo, siente mi imaginación tanta diferencia como de la vida a la muerte entre lanzarme a una hoguera ardiente o al cauce de un río tranquilo. Así de neciamente considera nuestro temor más el medio que el efecto. No es más que un instante, mas de tal peso, que gustoso daría muchos días de mi vida por pasarlo a mi manera.

Puesto que la fantasía de cada cual halla que su acritud puede ser mayor o menor, puesto que cada cual tiene ciertas preferencias entre las formas de morir, avancemos algo más tratando de descubrir alguna desprovista de todo sufrimiento. ¿No podríamos volverla incluso voluptuosa como los coagonizantes Antonio y Cleopatra? Dejo aparte las fuerzas que proporcionan la filosofía y la religión, firmes y ejemplares. Mas, entre los hombres de a pie, ha habido casos como el de un Petronio y un Tigelino en Roma, comprometidos en darse muerte, que la adormecieron con la blandura de sus preparativos. Hiciéronla correr y resbalar entre la vulgaridad de sus pasatiempos acostumbrados, rodeados de mujeres y de buenos amigos; ninguna frase de consuelo, ninguna mención al testamento, ninguna afectación ambiciosa de firmeza, ningún discurso sobre su condición futura; sino juegos, festines, chanzas, charlas comunes y populares, música y versos de amor. ¿No podríamos imitar esta resolución con más noble actitud? Puesto que hay muertes buenas para los locos, buenas para los sabios, busquemos algunas que sean buenas para los que están entre unos y otros. Muéstrame mi imaginación alguna forma fácil, y, puesto que hemos de morir, deseable. Los tiranos romanos creían dar vida al criminal al que dejaban elegir su muerte. Mas Teofrasto, filósofo tan exquisito, tan modesto, tan prudente, ¿no se vio acaso forzado por la razón a osar decir este verso latinizado por Cicerón?:

Vitam regit fortuna, non sapientia[58].

Cuánto ayuda la fortuna a la facilidad de mi caso, habiendo llevado mi vida a tal punto que a nadie hace falta ahora ni a nadie molesta. Es un estado que habría aceptado en todas las épocas de mi vida, mas, en este momento de recoger las sobras y hacer el equipaje, pláceme particularmente el no dar ni alegría ni disgusto a nadie al morir. Con hábil compensación, ha hecho que aquéllos que puedan aspirar a algún fruto material con mi muerte, sufran por otra parte y al mismo tiempo una pérdida material. La muerte nos pesa a menudo más porque pesa a los demás, y nos importa por ellos casi tanto como por nosotros mismos, y a veces más y sólo por ellos.

En esta comodidad para la morada que pretendo, no incluyo ni pompa ni amplitud; más bien la odio; sino cierta propiedad sencilla que suele darse más en los lugares en los que hay menos artificio y a los que la naturaleza honra con cierta gracia suya. «Non ampliter sed munditer convivium»[59]. «Plus salis quam sumptus»[60].

Y es cosa de aquéllos a los que arrastran los negocios en pleno invierno por los Grisones, el verse sorprendidos en el camino por esta extremidad. Yo, que casi siempre viajo

---

[58] «La fortuna, y no la sabiduría, rige nuestra vida.» (Cicerón, *Tusculanas,* V. 9).

[59] «Una mesa no grandiosa, sino limpia.» (citado por Nonio, IX. 19, y Justo Lipsio, I. VI).

[60] «(Con) más espíritu que lujo.» (Cornelio Nepote, *Vida de Ático,* XIII).

por placer, no me conduzco tan mal. Si hace malo por la derecha, tiro por la izquierda; si no me encuentro bien para montar a caballo, me detengo. Y haciéndolo así, no veo, en verdad, nada que no sea tan placentero y cómodo como mi casa. Verdad es que hallo siempre superfluo lo superfluo, y hallo inconvenientes en la propia exquisitez y abundancia. ¿Heme dejado algo sin ver tras de mí? Vuelvo allí; siempre me coge de camino. No trazo ninguna línea segura, ni recta ni curva. ¿Que no hallo allí donde voy lo que me habían dicho? (pues suele ocurrir que los juicios de otros no coincidan con los míos y hállolos falsos a menudo), no lamento mi esfuerzo: heme enterado de que aquello que decían no está allí.

Soy de complexión física libre y de gusto más común que nadie en el mundo. La diversidad de maneras de una nación a otra sólo me afecta por el placer de la variedad. Cada costumbre tiene su razón. Ya sean platos de estaño, de madera, de barro, cocido o asado, manteca o aceite de nuez o de oliva, caliente o frío, todo me es igual, y tan igual, que con la vejez se me acusa esta generosa facultad, y necesitaría que la exquisitez y la selección detuvieran la indiscreción de mi apetito y aliviasen a veces mi estómago. Cuando he estado fuera de Francia y por cortesía hacia mí me han preguntado si quería que me sirvieran a la francesa, heme burlado, lanzándome siempre a las mesas más repletas de extranjeros.

Me avergüenzo cuando veo a nuestros hombres invadidos por esa manía de escandalizarse por las formas contrarias a las suyas: paréceles estar fuera de su elemento cuando están fuera de su pueblo. Vayan donde vayan, se aferran a sus maneras y abominan de las extranjeras. Si se encuentran a un compatriota en Hungría, celebran esta casualidad: helos ahí aliados y unidos para condenar tantas costumbres bárbaras como ven. ¿Cómo no van a ser bárbaras si no son francesas? Y son además los más listos, pues las han descubierto para criticarlas. La mayoría no hacen la ida más que para la vuelta. Viajan cubiertos y apretados con una prudencia taciturna e incomunicable, defendiéndose del contagio de un aire desconocido.

Lo que digo de éstos, recuérdame, en cosa parecida, lo que a veces observé en algunos de nuestros jóvenes cortesanos. No les importan más que los hombres de su clase, nos miran como a gentes de otro mundo, con desdén o piedad. Privadles de las conversaciones de los misterios de la corte, están fuera de su ambiente, tan inexpertos y torpes para nosotros, como nosotros para ellos. Dicen bien los que dicen que un hombre de valía es un hombre mezclado.

Por el contrario, yo peregrino muy harto de nuestras maneras, no para buscar gascones en Sicilia (bastantes he dejado en mi casa); busco más bien griegos o persas; relaciónome con éstos y los estudio; a esto me dedico y me empleo. Y lo que es más, paréceme haber encontrado muy pocas costumbres que no valgan tanto como las nuestras. Lo cual no es raro pues apenas si he perdido de vista el campanario de mi pueblo.

Por otra parte, la mayoría de las compañías fortuitas que encontráis por el camino son más incómodas que placenteras: no me ato a ellas, y menos ahora que la vejez me individualiza y me aparta de algún modo de las formas comunes. Sufrís por el otro y el otro por vos; ambos inconvenientes son de peso, mas el último paréceme aún más duro. Es rara fortuna, mas alivio inestimable, el tener a un hombre de bien, de entendimiento firme y de hábitos acordes con los vuestros, que guste de seguiros. En todos los viajes he padecido su falta extrema. Mas una compañía tal, es menester haberla elegido y conseguido desde casa. No disfruto de ningún placer si no lo comunico. No me viene ni un solo pensamiento vigoroso a la cabeza sin molestarme el que se me haya ocurrido estando solo y sin nadie a quien ofrecérselo. «Si cum hac exceptione detur sapientia ut illam inclusam teneam nec euntiem, rejiciam» [61]. Pláceme la opinión de Arquitas, que sería desagradable incluso en el cielo, el pasearse por esos grandes y divinos cuerpos celestes sin la presencia de un compañero. El otro exagerólo aún más. «Si contigerit ea vita sapienti ut, omnium re-

---

[61] «Si me concedieran la sabiduría a condición de mantenerla encerrada y de no comunicarla, la rechazaría.» (Séneca, *Epístolas,* 6).

rum affluentibus copiis, quamvis omnia quae cognitione dignas unt summo otio secum ipse consideret et contempletur, tamen si solitudo tanta sit ut hominem videre non possit, excedat e vita» [62].

Mas, vale más estar solo que en compañía tediosa e inepta. Gustaba Arístipo de vivir como extranjero en todas partes.

Me si fata meis paterentur ducere vitam
Auspiciis [63].

Elegiría pasarla sentado en la silla:

visere gestiens,
Qua parte debacchentur ignes,
Qua nebulae pluviique rores [64].

¿No tenéis pasatiempos más cómodos? ¿Qué os falta? ¿Acaso no goza vuestra casa de aire bueno y sano, no está bien provista y no tiene capacidad más que suficiente? Ha usado de ella más de una vez su real majestad con toda su pompa. No tiene vuestra familia en autoridad a más por debajo de ella, de los que tiene por encima en eminencia? ¿Hay algún pensamiento local que os ofenda por extraordinario e indigesto?

Quae te nunc coquat et vexet sub pectore fixa? [65]

¿Dónde pensáis poder estar sin molestia ni agitación? «Numquam simpliciter fortuna indulget» [66]. Mirad, pues,

---

[62] «Si un sabio pudiera vivir en la abundancia de todo, pudiendo contemplar y estudiar a placer todo lo que es digno de ser conocido, pero obligado a una soledad que le impidiera ver a cualquier ser humano, se quitaría la vida.» (Cicerón, *De las obligaciones,* I. 43).

[63] «Si los destinos me dejaran conducirme a mi antojo.» (Virgilio, *Eneida,* IV. 340).

[64] «Deseando ver esos países devorados por los fuegos del sol o aquéllos anegados por las lluvias y la escarcha.» (Horacio, *Odas,* III. III. 54).

[65] «¿Quién, alojada en tu alma, te consume y te roe?» (Ennio, citado por Cicerón, *De la vejez,* I).

[66] «Los favores de la fortuna no son nunca puros.» (Quinto Curcio, IV. 14).

que sólo vos os molestáis y que os seguiréis a todas partes y en todas partes os quejaréis. Pues aquí abajo no hay satisfacción más que para las almas brutales o divinas. Quien no está contento con tantos y justos motivos, ¿dónde piensa encontrarlos? ¿De cuántos millares de hombres no es la meta una situación como la vuestra? Reformaos vos solamente que en esto lo podéis todo, mientras que sólo tenéis derecho a la paciencia para con la fortuna. «Nulla placida quies est, nisi quam ratio composuit» [67].

Veo cuánta razón tiene esta advertencia, y véolo muy bien; mas habría sido más rápido y pertinente el decirme en una palabra: Sed sensato. Esta resolución está fuera de la sensatez: es su obra y su producción. Lo mismo hace el médico que le grita al pobre enfermo desfallecido que se alegre; aconsejaríale algo menos ineptamente si le dijera: Sanad. Yo no soy más que un hombre vulgar. Es precepto saludable, cierto y fácil de entender: Contentaos con lo vuestro, es decir, con la razón. Por ello el ejecutarlo no corresponde más a los sabios que a mí. Es un dicho popular mas tiene una terrible extensión. ¿Qué nos abarca? Todo es susceptible de opinión y modificación.

Bien sé que tomándolo al pie de la letra, este gusto por viajar es prueba de inquietud e irresolución. Y es que son nuestras cualidades principales y predominantes. Sí, lo confieso, no veo cosa alguna, ni en sueños, ni que desee, a la que me pueda agarrar. Sólo la variedad y la posesión de la diversidad me llena, si es que hay algo que me llene. El viajar tiene esto incluso de bueno, que puedo detenerme sin perjuicio y que puedo dejarlo fácilmente. Gusto de la vida privada porque gusto de ella por elección propia, no porque me disguste la vida pública, la cual quizá sea tan conforme como aquélla a mi naturaleza. Sirvo a mi príncipe con más alegría porque lo hago por libre elección de mi juicio y de mi razón, sin obligación particular, y porque no me veo empujado ni forzado a ello por no ser aceptado y ser odiado por los otros partidos. Así con todo lo demás.

---

[67] «No hay absoluta calma más que la que da la razón.» (Séneca, *Epístolas*, 56).

Aborrezco los pedazos que me corta la necesidad. Todo bien me acogotaría si hubiera de depender de él:

Alter remus aquas, alter mihi radat arenas[68].

Jamás me atarán a una silla con una sola cuerda. —Hay vanidad, decís, en este entretenimiento. —Mas, ¿y en qué no la hay? Y estos hermosos preceptos son vanidad, y vanidad es toda la sabiduría. «Dominus novit cogitationes sapientum, quoniam vanae sunt»[69]. Estas sutilezas rebuscadas sólo son propias para la predicación: son discursos que quieren mandarnos muy compuestos al otro mundo. Es la vida movimiento material y corpóreo, acción imperfecta por su propia esencia, y desordenada; aplícome a servirla según es.

Quisque suos patimus manes[70].

«Sic est faciendum ut contra naturam universam nihil contendamus; ea tamen conservata, propriam sequamur»[71].

¿Para qué sirven esas ideas elevadas de la filosofía en las que ningún ser humano puede basarse, y esas reglas que están fuera de nuestras costumbres y de nuestras fuerzas? A menudo veo cómo nos proponen unos modelos de vida que ni el orador ni los oyentes tienen esperanza alguna de imitar, ni, lo que es peor, gana ninguna. De ese mismo papel en el que acaba de escribir el decreto de condena contra un adulterio, quita un trozo el juez para darle una tajada a la mujer de su compañero. Aquélla con la que acabáis de yacer ilícitamente gritará al momento, con más severidad que Porcio, incluso en vuestra presencia, ante una falta igual

---

[68] «Un remo en el agua, el otro rozando la costa.» (Propercio, III. III. 25).
[69] «El Señor conoce los pensamientos de los sabios y sabe que son vanos.» (San Pablo, *Corintios,* I. III. 20).
[70] «Cada uno sufre sus propios castigos.» (Virgilio, *Eneida,* VI. 743).
[71] «Hay que actuar de modo que nunca transgredamos las leyes de la naturaleza; pero una vez observadas, debemos seguir las propias» (Cicerón, *De las obligaciones,* I. 31).

de su compañera. Y aquel otro condena a morir a unos hombres por crímenes que no considera faltas. Vi en mi juventud a un hombre de categoría, presentar al pueblo con una mano versos excelentes tanto en belleza como en desbordamiento, y con la otra mano y en el mismo instante, la reforma teológica más agresiva que se haya desayunado el mundo desde hace mucho tiempo.

Así van los hombres. Dejamos que las leyes y los preceptos sigan su camino; nosotros llevamos otro, no sólo por corrupción de costumbres, sino a menudo por opinión y juicio contrario. Leed un discurso de filosofía; la imaginación, la elocuencia, la pertinencia golpea de inmediato vuestra mente y os conmueve; nada cosquillea ni hiere vuestra conciencia; ¿no es ella a quien hablan, no es cierto? Por ello decía Aristón que ni un baño, ni una lección da fruto alguno si no limpia y lava. Puede uno quedarse con la corteza mas después de haber sacado el tuétano; así como tras habernos bebido el buen vino de una copa, consideramos los grabados y la obra.

En todos los aposentos de la filosofía antigua hallaremos esto, que un mismo artífice publica reglas de templanza y publica a un tiempo escritos de amor y libertinaje. Y Jenofonte, en el seno de Clinias, escribió contra la voluptuosidad aristípica. No es que se produzca una conversión milagrosa que los agite a ráfagas. Sino que Solón se muestra ora por sí mismo, ora como legislador: ora habla para el vulgo, ora para sí; y adopta para él reglas libres y naturales, seguro como está de una salud sólida y entera.

Curentur dubii medicis majoribus aegri[72].

Permite Antístenes al sabio el amar y hacer a su guisa lo que considere oportuno, sin atenerse a las leyes; pues tiene mejor juicio que ellas, y más conocimiento de la virtud. Su discípulo Diógenes decía oponer a las perturbaciones la razón, a la fortuna la confianza y a las leyes la naturaleza.

---

[72] «¡Que los enfermos en peligro llamen a los mejores médicos!» (Juvenal, XIII. 124).

Para los estómagos delicados son precisas prescripciones severas y artificiales. Los buenos estómagos siguen simplemente los impulsos de su natural apetito. Así hacen nuestros médicos, que comen melón y beben vino fresco, mientras tienen a sus pacientes a dieta de caldo y sopa de pan.

No sé qué libros, decía la cortesana Lais, qué sabiduría, qué filosofía es ésta, mas estas gentes llaman tanto a mi puerta como los demás. Como nuestra licencia nos lleva siempre más allá de lo que nos es lícito y permitido, se han estrechado con frecuencia más allá de la razón universal los preceptos y las leyes de nuestra vida.

> Nemo satis credit tantum delinquere quantum
> Permittas [73].

Sería deseable que hubiere más proporción entre la orden y la obediencia; y parece desmedida la meta que no se puede alcanzar. No hay hombre tan justo que, si examina todos sus actos y pensamientos a la luz de las leyes, no haya de ser ahorcado diez veces en su vida, incluso aquél al que sería muy lamentable e injusto castigar y perder.

> Olle, quid ad te
> De cute quid faciat ille, vel illa sua? [74]

Y alguno podría no transgredir las leyes sin merecer en modo alguno el elogio de un hombre virtuoso y siendo vapuleado muy justamente por la filosofía. Así de turbia y desigual es esta relación. No nos cuidamos de ser hombres de bien según Dios; no sabríamos serlo según nosotros. Jamás llegó la sabiduría humana a los deberes que ella misma se había impuesto, y si hubiera llegado, habríase impuesto otros más altos a los que seguir aspirando y preten-

---

[73] «Nadie piensa delinquir más de lo que está permitido.» *(Ibídem, íd.,* XIV. 233).

[74] «¿Qué te importa, Ollo, lo que éste o aquélla hagan de su persona?» (Marcial, VII. IX. 1).

diendo, tan enemiga es de la consistencia nuestra condición. Ordénase el hombre a sí mismo el estar necesariamente en falta. No es inteligente el cortar las obligaciones de uno por el patrón de la razón de otro ser distinto al propio. ¿A quién prescribe aquello que no espera que haga nadie? ¿Es injusto que no haga aquello que le es imposible hacer? Las leyes que nos condenan a no poder, nos condenan ellas mismas por no poder.

A lo peor, esta deforme libertad de presentarse en dos lugares y con los actos de un modo y los discursos de otro, puede ser posible para aquéllos que cuentan las cosas; mas no para aquéllos que se cuentan a sí mismos, como yo; he de ir con la pluma como con los pies. La vida común ha de tener relación con las otras vidas. La virtud de Catón era vigorosa más allá de la medida de su época; y en un hombre que se ocupaba de gobernar a los otros, destinado al servicio común, podría decirse que era una justicia si no injusta, sí al menos vana y fuera de lugar. Mi propia conducta, que no desentona con la que se usa ni en un dedo, vuélveme sin embargo algo hosco a mi edad e insociable. No sé si las gentes que frecuento me desagradan sin razón, mas sé muy bien que me quejaría sin razón de desagradarles yo a ellas más que ellas a mí.

La virtud asignada a los asuntos del mundo es una virtud de varios sesgos, ángulo y recodos, para aplicarse y unirse a la debilidad humana, mezclada y artificial, no recta, clara, constante ni puramente inocente. Reprochan ahora a alguno de nuestros reyes[75], el haberse dejado llevar demasiado simplemente por las concienzudas persuasiones de su confesor. Los asuntos de estado tienen preceptos más osados:

exeat aula
Qui vult esse pios[76].

---

[75] Carlos VIII, que, convencido por su confesor, Maillard, entregó el Rosellón al rey de Castilla.
[76] «Que deje la corte el que quiera permanecer íntegro.» (Lucano, *Farsalia*, VIII. 493).

Intenté antaño emplear para el servicio de los manejos públicos, las opiniones y reglas de vida tan rudas, nuevas, sin pulir e impolutas como las tengo innatas en mí o como me las ha inculcado mi educación y de las que me sirvo si no cómodamente, al menos seguramente, en privado, una virtud escolástica y novicia. Hallélas ineptas y peligrosas. El que se mete entre el gentío deja de esquivar, apretar los codos, retroceder o avanzar, incluso desviarse del camino recto, según lo que encuentre; ha de vivir no tanto según él como según los demás, no según lo que se propone, sino según lo que le proponen, según el tiempo, según los hombres, según los asuntos.

Platón dice que si alguien escapa con las calzas limpias de las empresas del mundo, es un milagro. Y dice también que cuando hace a su filósofo jefe de una sociedad, no entiende una sociedad corrompida como la de Atenas y aún menos como la nuestra, con las cuales la propia sabiduría malgastaría sus latines. Así como una hierba trasplantada a un suelo harto distinto a su condición se adapta a éste en lugar de adaptarlo a ella.

Siento que si hubiera de dedicarme del todo a tales ocupaciones, precisaría de muchos cambios y revestimientos. Aunque pudiera conseguir esto de mí mismo (y por qué no habría de poder con tiempo y cuidado), no querría. Heme asqueado de lo poco que intenté en esos menesteres. Siento a veces humear en mi alma algunas tentaciones de ambición; mas escúdome y obstínome en lo contrario:

At tu, Catulled, obstinatus obdura [77].

Apenas si me llaman a ella e igualmente poco invítome yo. La libertad y la ociosidad, que son mis cualidades principales, son cualidades diametralmente opuestas a esa profesión.

No sabemos distinguir las facultades de los hombres; tienen divisiones y límites difíciles de escoger y delicados. El concluir de la capacidad para una vida particular, cierta ca-

---

[77] «Pero tú, Catulo, sigue obstinado.» (Catulo, VIII. 19).

pacidad para la práctica pública, es mala conclusión; uno se conduce bien y no conduce bien a los demás, y hace unos *Ensayos* sin saber realizar los efectos; uno organiza bien un sitio y organizaría mal una batalla, y discurre bien en privado y arengaría mal a un pueblo o a un príncipe. Incluso el poder en una cosa quizá sea prueba de no poder en la otra, más que al contrario. Creo que las inteligencias elevadas no son menos aptas para las cosas bajas que las inteligencias bajas para las elevadas. ¿No es de creer que Sócrates proporcionase a los atenienses materia para que se rieran a su costa por no haber sabido jamás computar los sufragios de su tribu ni informar al consejo? Ciertamente, la veneración que siento por las perfecciones de este personaje merece que su destino ofrezca tan magnífico ejemplo para disculpar mis principales imperfecciones.

Nuestra inteligencia está dividida en partes menudas. La mía no tiene extensión alguna, y es escasa en número. Saturnino dijo a aquéllos que le habían otorgado todo el mando: Compañeros, habéis perdido a un buen capitán por hacer un mal general en jefe. El que se jacte, en una época enferma como ésta, de emplear en el servicio del mundo una virtud natural y sincera, o bien no la conoce (oíd describirla, en verdad, oíd a la mayoría gloriarse de sus comportamientos y enunciar sus reglas: en lugar de describir la virtud, pintan la injusticia pura y el vicio, y ofrécenla así de falsa para la educación de los príncipes); o bien, si la conoce, jáctase sin razón, y, por mucho que diga, hace mil cosas que le reprocha su conciencia. Me gustaría creer a Séneca sobre la experiencia que tuvo en ocasión semejante, con tal de que quisiera hablar abiertamente. La señal más honorable de bondad en tal necesidad, es reconocer libremente la propia falta y la de los demás, combatir y retrasar todo cuanto se pueda la tendencia al mal, seguir a contrapelo esa inclinación, esperar y desear algo mejor.

En este desmembramiento y esta división de Francia en la que hemos caído, cuánto trabaja cada cual por defender su causa, mas, incluso los mejores, con disimulo y mentira. Quien escribiera claramente, escribiría temeraria y perniciosamente. Ni siquiera el partido más justo se libra de ser el miembro de un cuerpo podrido y corrompido. Mas al miembro menos enfermo de tal cuerpo, se le llama sano; y por derecho, pues nuestras cualidades no son más que por comparación. Mídese la inocencia civil según los lugares y los tiempos. Mucho me agradaría ver en Jenofonte este elogio de Agesilao: habiéndole rogado un príncipe vecino con el que había estado antes en guerra, le dejara pasar por sus tierras, concedióselo, abriéndole paso a través del Peloponeso; y no sólo no lo apresó ni envenenó, teniéndolo a su merced, sino que lo acogió cortésmente, sin hacerle ofensa alguna. Nada les diría a éstos de ahora; en otro lugar y en otro momento, se hará justicia a la nobleza y magnanimidad de tal acción. Estos babuinos colegiados se habrían reído, de tan poco como se parece la inocencia espartana a la francesa.

No dejamos de tener hombres virtuosos, mas según nosotros. Quien rija su conducta con normas que estén por encima de su época, retuerza o lime sus normas, o, cosa que yo más bien le aconsejo, apártese de nosotros y no se mezcle. ¿Qué ganaría con ello?

> Egregium sanctúmque virum si cerno, bimembri
> Hoc monstrum puero, et miranti jam sub aratro,
> Piscibus inventis, et faetae comparo mulae[78].

Podemos añorar tiempos mejores, mas no huir de los presentes; podemos desear otras instituciones, mas, no obstante, hemos de obedecer a éstas. Y quizá sea más meritorio obedecer a las malas que a las buenas. Mientras brille en algún rincón el resplandor de las leyes recibidas y antiguas de esta monarquía, allí estaré yo plantado. Si por desgracia llegan a contradecirse y a estorbarse entre ellas dando lugar a dos partes de ·dudosa y difícil elección, escogeré probablemente el escapar y escabullirme de esa tempestad; la naturaleza podrá echarme entonces una mano, o los aza-

---

[78] «Si encuentro a un hombre de élite, un hombre de bien, para mí es un prodigio, como un niño con dos cuerpos, o peces encontrados en medio de la tierra o una mula fecunda.» (Juvenal, XIII. 64).

res de la guerra. Entre César y Pompeyo, habríame pronunciado francamente. Mas con aquellos tres ladrones[79] que vinieron luego, habría sido menester o bien ocultarse, o bien dejarse llevar por el viento; cosa que estimo lícita cuando deja de guiar la razón.

Quo diversus abis?[80]

Este relleno está algo fuera del tema. Extravíome, mas antes por licencia que por despiste. Mis fantasías se siguen, mas a veces de lejos, y se miran, mas con mirada oblicua. He echado un vistazo a un diálogo de Platón dividido en una fantástica mezcolanza, una parte dedicada al amor y otra a la retórica[81]. No les tienen miedo a esos cambios y tienen una gracia extraordinaria para dejarse arrastrar así por el viento, o para parecerlo. Los nombres de mis capítulos no siempre abarcan la materia; a menudo la esbozan sólo con alguna marca; como estos otros títulos: el «Andria», el «Eunuco»[82], o estos otros nombres: Sila, Cicerón, Torcuato[83]. Me gusta el andar poético, a saltos y zancadas. Es un arte, como dice Platón, ligero, cambiante, divino. Hay obras de Plutarco en las que olvida el tema, en las que el tema de su argumento no se halla más que por accidente, ahogado como está por materia extraña: ved su andar en el *Demonio de Sócrates*. ¡Oh, Dios, cuánta belleza tienen esas alegres escapadas y esa variación, y tanta más cuanto más descuidadas y fortuitas parecen! Es el lector poco diligente quien pierde el tema, no yo; siempre habrá en algún rincón una palabra que no dejará de ser bastante, aunque esté apretada. Yo voy cambiando indiscreta y tumultuosamente. Mi estilo y mi mente vagabundean igual. Se ha de tener cierta locura si no se quiere tener más necedad,

---

79 Octavio, Antonio y Lépido.
80 «¿Por qué ese rodeo?» (Virgilio, *Eneida*, V. 166).
81 *Fedra*.
82 Comedias de Terencio.
83 Títulos de *Vidas* de Plutarco, y que significan El Rojo, El Garbanzo, El Hombre del Collar.

dicen los preceptos de nuestros maestros y aún más sus ejemplos.

¡Mil poetas se alargan y languidecen en lo prosaico! Mas la mejor prosa antigua (y cítola aquí indiferentemente como verso) brilla siempre con el vigor y la osadía poética e imita el aire de su furor. En verdad que ha de prescindir del magisterio y la preeminencia en el hablar. El poeta, dice Platón, sentado en el trípode de las musas, arroja con furia todo cuanto se le viene a la boca, como el caño de una fuente, sin rumiarlo ni sopesarlo, y escápansele cosas de distinto color, de contraria sustancia y con curso interrumpido. Él mismo es todo poesía, así como la vieja teología, dicen los sabios, y la primera filosofía. Es el lenguaje original de los dioses.

Entiendo que la materia se distingue a sí misma. Muestra bastante dónde cambia, dónde concluye, dónde empieza, dónde vuelve a tomarse, sin entrelazarla con palabras de unión ni de sutura introducidas para ayuda de los oídos débiles e indolentes, y sin glosarme a mí mismo. ¿Quién no prefiere que no lo lean a que lo hagan dormitando o a toda prisa? «Nihil est tam utile, quod in transitu prosit» [84]. Si coger los libros fuera aprenderlos, si verlos fuera mirarlos, y hojearlos asimilarlos, mal haría en considerarme tan ignorante como digo.

Puesto que no puedo fijar la atención del lector por el peso, «manco male» [85] si ocurre que la fijo por el enredo. —Sí, mas se arrepentirá después de haberse ocupado en ello. —De acuerdo, mas no dejará de haberse ocupado. Y además, hay naturales, desdeñados por la inteligencia, que me estimarán más por no saber lo que digo: sacarán en conclusión la profundidad de mi sentido por la oscuridad, la cual, hablando sinceramente, odio mucho y evitaría si pudiera evitarme. Jáctase Aristóteles, en algún lugar, de imitarla: viciosa imitación.

---

[84] «No hay nada más útil que lo que puede serlo al pasar.» (Séneca, *Epístolas* , 2).
[85] «¡No tan mal!» (expresión italiana).

Había de decir que detesto esa razón aguafiestas, y que esos extravagantes proyectos que hacen más dura la vida y esas opiniones tan agudas, si es que tienen alguna verdad, paréceme demasiado cara e incómoda. Por el contrario, yo me dedico a hacer valer la propia inanidad y la necedad, si me produce placer, y déjome llevar por mis inclinaciones naturales sin examinarlas tan de cerca.

He visto por ahí casas en ruinas y estatuas del cielo y de la tierra: no dejan de ser hombres. Todo esto es verdad; y sin embargo no podría volver a ver la tumba de aquella ciudad, tan grande y poderosa, tan a menudo como para no admirarla y reverenciarla. Se nos recomienda el cuidado de los muertos. Y me han educado desde la infancia con éstos. Tuve conocimiento de los asuntos de Roma, mucho antes de tenerlo de los de mi casa: conocía el Capitolio y su plano, antes de conocer el Louvre, y el Tíber antes que el Sena. Tuve más en la cabeza la condición y el destino de Lúculo, Metelo y Escipión, que los de cualquier hombre de los nuestros. Están muertos. Así está también mi padre y tanto como ellos, y se ha alejado de mí y de la vida lo mismo en dieciocho años, que aquéllos en mil seiscientos; sin embargo, no dejo por ello de abrazar y cultivar su memoria, su amistad y sociedad, con unión perfecta y muy viva.

Incluso, por mi natural, vuélvome más oficioso con los muertos; ya no se ayudan; paréceme que necesitan por ello más de mi ayuda. La gratitud está precisamente ahí, en su lustre. Es menos generoso hacer un favor si éste es devuelto y recíproco. Arcesilao, al visitar a Ctesibio enfermo, y hallarlo en estado de pobreza, metióle buenamente bajo la almohada de la cama un dinero que le daba; y, ocultándoselo, liberábalo además de agradecérselo. Aquéllos que merecieron mi amistad y agradecimiento no lo perdieron jamás por dejar de estar aquí: helos pagado mejor y más cuidadosamente, estando ausentes e ignorantes. Hablo más afectuosamente de mis amigos cuando ya no hay medio de que lo sepan.

Y he emprendido cien disputas en defensa de Pompeyo y por la causa de Bruto. Esa unión se da también entre nosotros; hasta las cosas presentes las agarramos sólo con el

pensamiento. Viéndome inútil en este siglo, vuélvome al otro y siéntome tan seducido que el estado de aquella vieja Roma, libre, justa y floreciente (pues no me agrada ni su nacimiento ni su vejez) me interesa y apasiona. Por lo cual, no podría ver el asentamiento de sus calles y de sus casas, y esas ruinas profundas hasta las Antípodas, tan a menudo como para no ocuparme de ellas. ¿Es natural o un error del juicio el que la vista de los lugares que sabemos fueron frecuentados y habitados por personas cuya memoria es célebre, nos conmueva de algún modo más que oír el relato de sus hazañas o leer sus escritos?

«Tanta vis admonitionis inest in locis. Et udquidem in hac urbe infinitum: quacunque enim ingredimur in aliquam historiam vestigium ponimus»[86]. Pláceme considerar su rostro, su porte y sus vestidos: mascullo esos grandes nombres entre dientes y hágolos retumbar en mis oídos. «Ego illos venero et tantis nominibus semper assurgo»[87]. De las cosas que son en algún aspecto grandes y admirables, admiro incluso los aspectos comunes. ¡De buen grado veríalos charlar, pasear y cenar! Sería ingrato despreciar las reliquias y estatuas de tantos hombres de bien y tan valiosos a los que he visto vivir y morir y que tan buenas enseñanzas nos dan con su ejemplo si supiéramos seguirlo.

Y luego esa misma Roma que sabemos merecedora de que se la ame, aliada desde hace tanto y por tantos motivos a nuestra corona: única ciudad común y universal. La autoridad soberana que manda en ella es aceptada igualmente fuera: es la ciudad metropolitana de todas las naciones cristianas; el español y el francés, todos están allí en su casa. Para estar entre los príncipes de este estado no hay sino ser de la cristiandad, se sea de donde se sea. No hay lugar aquí abajo que haya sido abrazado por el cielo

[86] «¡Qué grandeza es el poder de evocación de estos lugares! Y en esa ciudad es infinito, pues allí donde se pone el pie, se anda sobre la historia» (Cicerón, *De los fines,* V. 1 y 2).

[87] «Yo a esos los venero y me levanto siempre al oír sus nombres.» (Séneca, *Epístolas,* 64).

con tal influencia de favor y tal constancia. Incluso su ruina es gloriosa y ampulosa,

Laudandis preciosior ruinis[88].

Hasta en la tumba conserva marcas e imagen imperiales. «Ut palam sit uno in loco gaudentis opus esse naturae»[89]. Reprocharíanse algunos el sentirse acariciar por tan vano placer, enojándose consigo mismos. No son nuestros humores tan vanos si son placenteros; sean cuales sean, si contentan constantemente a un hombre capaz de sentido común, no podría tener el valor de lamentarlo.

Débole mucho a la fortuna por no haber hecho hasta ahora nada exagerado contra mí, al menos nada más allá de mis fuerzas. ¿No será acaso su manera de dejar en paz a aquéllos que no la importunan?

> Quanto quisque sibi plura negaverit,
> A Diis plura feret. Nil cupientium
> Nudus castra peto...
>
> Multa petentibus
> Desunt multa[90].

Si sigue así, me enviará muy contento y satisfecho.

> nihil supra
> Deos lacesso[91].

Mas, ¡cuidado con el golpe! Hay muchos que encallan en el puerto.

---

88 «Aún más bella por esas admirables ruinas.» (Sidonio Apolinar, *Poemas,* XXIII. 62).

89 «Se diría que en ese lugar único la naturaleza se ha complacido en su obra.» (Plinio, *Historia natural,* III. 5).

90 «Al que se ha negado mucho, los dioses le concederán mucho. Yo, pobre, entre los sin-deseos me sitúo. A quien mucho pide, mucho le falta.» (Horacio, *Odas,* III. 16, 21 y 42).

91 «No les pido nada más a los dioses.» (*Ibídem, íd.,* II. XVIII. 11).

Consuélome fácilmente de lo que aquí acontecerá cuando yo ya no esté; las cosas presentes me atarean bastante,

Fortunae caetera mando[92].

Por otra parte, no tengo ese lazo tan fuerte del que se dice ata a los hombres al porvenir por los hijos que llevan su nombre y su honor, y quizá haya de desear aún menos, si son tan deseables. No tengo sino demasiado apego al mundo y a esta vida por mí mismo. Conténtome dependiendo de la fortuna por las circunstancias propiamente necesarias a mi ser, sin alargarle fuera de ella su jurisdicción sobre mí; y jamás consideré que el no tener hijos fuera una falta que hubiera de hacer la vida menos completa y menos alegre. La condición estéril tiene también sus ventajas. Los hijos pertenecen a ese orden de cosas que no tienen muchos motivos para ser deseadas, en particular ahora que sería tan difícil hacerlos buenos. «Bona jam nec nesci licet, ita corrupta sunt semina»[93], y sin embargo aquél que las pierde tras haberlas tenido, échalas justamente de menos.

El que me dejó al cargo de mi casa pronosticaba que yo había de arruinarla, considerando mi natural tan poco casero. Se equivocó; estoy ahora igual que cuando llegué, si no algo mejor; sin oficio ni beneficio, pues.

Por otra parte, si no me ha hecho la fortuna ninguna ofensa violenta y extraordinaria, tampoco ninguna merced. Todos los dones que nos ha hecho datan de cien años antes que yo. No tengo particularmente ningún bien esencial ni sólido que deba a su liberalidad. Me ha otorgado algunos favores halagadores, honoríficos y titulares, sin sustancia; y en verdad que más que concedérmelos, me los ha regalado, ¡sólo Dios lo sabe!, a mí que soy yo todo materia, para el que sólo cuenta la realidad y bien concreta, y que, si osara confesarlo, diría que no hallo la avaricia menos ex-

---

[92] «Le encomiendo el resto a la fortuna.» (Ovidio, *Metamorfosis,* II. 140).
[93] «Tan corrompidos están los gérmenes que, en este momento, ya nada bueno puede nacer» (Tertuliano, *Apologética*).

cusable que la vergüenza, ni la salud menos deseable que el saber, o la riqueza que la nobleza.

Entre esos vanos favores, no hay ninguno que agrade más a esa necia inclinación que en mí alimento, que una bula auténtica de ciudadanía romana, la cual fueme otorgada cuando estuve allí últimamente[94], pomposa por sus sellos y letras doradas, y otorgada con graciosa liberalidad. Y como se dan en distintos estilos más o menos favorables y como antes de haber visto una de ellas me hubiera gustado que me mostraran un formulario, quiero transcribirla aquí en su forma original, para satisfacer a alguno si se ve atacado por igual curiosidad a la mía:

QUODHORATUS MAXIMUS, MARTIUS CECIUS, ALEXANDER MUTUS, ALMAE URBIS CONSERVA! TORES DE ILLUSTRISSIMO VIRO MICHAELE MONTANO, EQUITE SANCTI MICHAELIS ET A CUBICULO REGIS CHRSITIANISSIMI, ROMANA CIVITATE DONANDO, AD SENATUM RETULERUNT, S.P.Q.R. DE EA RE ITA FIERI CENSUIT:

Cum veteri more et instituto cupide illi semper studioséque suscepti sint, qui, virtute ac nobilitate praestantes, magno Reip, nostrae usui atque ornamento fuissent vel esse aliquando possent: Nos, majorum nostrorum exemplo atque auctoritate permoti, praeclaram hanc Consuetudinem nobis imitandam ac servandam fore censemus. Quamobrem, cum Illustrissimus Michael Montanus, Eques sancti Michaelis et a Cubiculo Regis Christianissimi, Romani nominis studiossisimus, et familiae laude atque splendore et propriis virtutum meritis dignissimus sit, qui summo Senatus Populique Romani judicio ac studio in Romanam Civitatem adsciscatur, placere Senatui P.Q.R. Illustrissimum Machaelem Montanum, rebus omnibus ornatissimum atque huic inclyto populo charissimum, ipsum posterosque in Romanam Civitatem adscribi ornarique omnibus et praemiis et honoribus quibus illi fruuntur qui Cives patritiique Romani nati aut jure optimo facti sunt. In quo censere Senatum P.Q.R. se non tam illi Jus Civitatis largiri quam debitum tribuere neque magis beneficium dare quam ab ipso accipere qui, hoc Civitatis munere accipiendo, singulari Civitatem ipsam ornamento atque honore affecerit. Quam quidem S.C. auctoritatem iidem Conservatores per Senatus P.Q.R. scribas in acta referri

---

94 El 13 de marzo de 1581. (*Vid. Diario de viaje.*)

atque in Capitolii curia servari, privelegiúmque hujusmodi fieri, solitóque urbis sigillo communiri curarunt. Anno ab urbe condita CXCCCCXXI, post Christum natum M.D.LXXXI., III. Idus Martii.

Horatius Fuscus, sacri S.P.Q.R. scriba,
Vincen. Martholus, sacri S.P.Q.R. scriba[95].

No siendo ciudadano de ciudad alguna, mucho me place serlo de la más noble que ha existido y que existirá. Si se mi-

---

[95] «A la vista del informe remitido al Senado por Horacio Máximo, Marcio Cecio, Alejandro Muto, conservadores de la ciudad de Roma, concerniente al derecho de ciudadanía romana solicitado en favor del ilustrísimo señor Michel de Montaigne, Caballero de la Orden de San Miguel y Gentilhombre ordinario de la Cámara del Rey Cristianísimo, el Senado y el Pueblo Romano han decretado:

Considerando que por antigua costumbre e institución, aquéllos han sido siempre acogidos entre nosotros con ardor y diligencia, quienes eminentes en virtud y en nobleza, habían servido y honrado con grandeza a nuestra República, o podrían hacerlo un día, nosotros, respetando el ejemplo y la autoridad de nuestros antepasados, creemos deber imitar y conservar esta bella costumbre. También, puesto que el ilustrísimo Michel de Montaigne, caballero de San Miguel y Gentilhombre ordinario de la cámara del Rey Cristianísimo, muy interesado por el nombre Romano, es, tanto por el rango y honor de su familia, como por la eminencia de sus cualidades personales, muy digno de poseer la ciudadanía romana por el supremo juicio y sufragio del Senado y del Pueblo Romano, place al Senado y al Pueblo Romano que el ilustrísimo Michel de Montaigne, ornado con todos los méritos y muy querido por este glorioso pueblo, sea, junto con su posteridad, inscrito como ciudadano Romano y llamado a gozar de todos los honores y privilegios de los que gozan todos los que han nacido ciudadanos y patricios de Roma, o se han convertido en ello por razones gloriosas. A este respecto, el Senado y el Pueblo Romano piensan que más que conceder un derecho pagan una deuda, y que más que devolver un servicio lo reciben del que, aceptando este derecho de ciudadanía, honra e ilustra a la propia ciudad.

Los conservadores han hecho transcribir este Senado-Consulto por los secretarios del Senado y del Pueblo Roamno, para ser depositado en los archivos del Capitolio, y han hecho levantar este acta con el sello ordinario de la ciudad estampado. El año de la fundación de Roma 2331 y del nacimiento de Jesucristo 1581, a 13 de marzo.»

Horacio Fosco
Secretario del Sagrado Senado y del Pueblo Romano.
Vicente Martolli
Secretario del Sagrado Senado y del Pueblo Romano.

rasen los demás atentamente como yo, hallaríanse, como yo, llenos de inanidad y necedad. Librarme de ella no puedo, sin librarme de mí mismo. Estamos todos impregnados, tanto unos como otros; mas aquéllos que se dan cuenta son más perdonables; aunque no lo sé.

Esta tendencia y hábito común de mirar fuera de nosotros es buena cosa. Somos un objeto lleno de descontento; no vemos en nosotros sino miseria y vanidad. Para no desanimarnos, la naturaleza ha expulsado muy oportunamente la acción de nuestra vista hacia afuera. Vamos hacia alante aguas abajo, mas remontar hacia nosotros la corriente es penoso movimiento: enrédase y estórbase el mar cuando se ve impelido hacia sí. Mirad, dice cada cual, los movimientos del cielo, mirad lo público, la disputa de éste, el pulso de aquél, el testamento del de más allá; en suma, mirad siempre arriba o abajo, a un lado, delante o detrás de vosotros. Aquél dios de Delfos[96] nos daba antaño la orden contraria: Mirad dentro de vosotros, reconoceos, ateneos a vosotros; volved a vosotros vuestra mente y vuestra voluntad que se consume fuera; fluis, os esparcís; apilaos, sosteneos; os traicionan, os disipan, os roban a vosotros mismos. ¿No ves que este mundo tiene todas sus miradas vueltas hacia dentro y los ojos abiertos para contemplarse a sí mismo? Siempre es vanidad en tu caso, dentro y fuera, mas es menos vanidad si está menos extendida. Salvo tú, oh hombre, decía aquel dios, cada cosa se estudia la primera a sí misma y se limita, según su necesidad, a sus trabajos y a sus deseos. No hay ni una sola tan vacía y menesterosa como tú que abarcas el universo; eres el escrutador sin conocimiento, el magistrado sin jurisdicción, y, después de todo, el bufón de la farsa.

---

[96] Alusión al precepto «Conócete a ti mismo», inscrito en el frontón del templo de Delfos.

Capítulo X

DE PRESERVAR LA VOLUNTAD

EN comparación con el común de los mortales, pocas cosas me importan, o, mejor dicho, me atan; pues es lógico que nos importen, con tal de que no nos posean. Mucho me cuido de aumentar estudiando y discurriendo este privilegio de la insensibilidad que, de modo natural, está bastante arraigado en mí. Cásome y me apasiono, por consiguiente, con pocas cosas. Tengo clara la vista, mas fíjola en pocos objetos, el sentido, delicado y blando. Mas la aprehensión y aplicación téngola dura y sorda: comprométome difícilmente. Dedícome sólo a mí todo cuanto puedo; e incluso en este objeto, embridaría y retendría gustoso mi sentimiento para que no se hundiera en él por entero, puesto que es un objeto que poseo por merced ajena y sobre el cual tiene la fortuna más derechos que yo. De modo que, hasta la salud que tanto estimo, sería menester no desearla ni entregarme a ella tan furiosamente que hallara, como hallo, insoportables las enfermedades. Hemos de moderarnos entre el odio al dolor y el amor a la voluptuosidad, y ordena Platón un camino de vida intermedio entre los dos.

Mas a los sentimientos que me distraen de mí mismo atándome a otra cosa, a éstos, opóngome ciertamente con todas mis fuerzas. Opino que se ha de prestar a los demás y no darse más que a sí mismo. Si mi voluntad fuera fácil de hipotecarse y entregarse, no duraría: soy tierno en demasía, tanto por naturaleza como por hábito,

fugax rerum, securaque in otia natus[1].

---

[1] «Enemigo de los problemas, nacido para la seguridad de los placeres» (Ovidio, *Tristes,* III. II. 9).

Los debates contestados y obstinados que dieran al fin ventaja a mi adversario, el desenlace que hiciera vergonzosa mi acalorada persecución, roeríame quizá harto cruelmente. Si me entregara como los demás, jamás tendría mi alma fuerzas suficientes para soportar las alarmas y emociones que siguen a aquéllos que tanto abarcan; veríase irremisiblemente dislocada por esa agitación intestina. Si alguna vez me empujaron a ocuparme de asuntos, prometí tomarlos en mis manos, mas no tomarlos a pecho ni echar el hígado; encargarme de ellos, mas no incorporármelos; cuidarme de ellos, sí, mas de ningún modo apasionarme: miro por ellos mas no los incubo. Bastante tengo con disponer y ordenar la inquietud doméstica que tengo en mis entrañas y en mis venas, sin albergar una inquietud ajena que me atormente; y bastante ocupado estoy con mis asuntos esenciales, propios y naturales, sin invitar a otros foráneos. Aquéllos que saben cuánto se deben y cuántos compromisos les obligan, consideran que la naturaleza les ha dado misión bastante llena y en modo alguno ociosa. Tienes grande quehacer en tu casa, no te alejes.

Arriéndanse los hombres. No son para ellos sus facultades sino para aquéllos a los que se someten; sus arrendados están en ellos, no son ellos. No me agrada esa tendencia general: es menester preservar la libertad de nuestra alma y no hipotecarla más que en las ocasiones justas; las cuales son harto escasas, si juzgamos rectamente. Ved a las gentes que han aprendido a dejarse llevar y dominar, hácenlo siempre, en las cosas pequeñas como en las grandes, en lo que no les afecta como en lo que les afecta; métense indiferentemente donde hay trabajo y obligación, y se les va la vida cuando carecen de agitación tumultuaria. «In negotiis sunt negotii causa»[2]. No buscan la tarea más que por atarearse. No es tanto que quieran ir como que no se puedan retener. Ni más ni menos que una piedra derribada que cae y no se detiene hasta llegar al suelo. La ocupación es, para cierta clase de gentes, marca de inteligencia y dig-

---

[2] «No están en los negocios más que por los negocios.» (Séneca, *Epístolas*, 22).

nidad. Su espíritu busca reposo en el movimiento, como los niños en la cuna. Pueden decirse tan serviciales para sus amigos como importunos para ellos mismos. Nadie reparte su dinero entre los demás, todos reparten su tiempo y su vida; nada hay de lo que seamos tan pródigos como de esas cosas, las únicas para las que seríanos útil y loable la avaricia.

Adopto yo actitud harto distinta. Limítome a mí mismo y, por lo general, deseo débilmente cuanto deseo, y deseo poco; ocúpome y me atareo del mismo modo; rara y tranquilamente. Todo cuanto quieren y dirigen, hácenlo con toda su voluntad y vehemencia. Hay tantos malos pasos que, lo más seguro es recorrer este mundo algo ligera y superficialmente. Se ha de resbalar por el, no hundirse. La misma voluptuosidad es dolorosa en profundidad:

> incendis per ignes
> Suppositos cimeri doloso[3].

Eligiéronme alcalde de su ciudad los señores de Burdeos, estando alejado de Francia y aún más de tal idea. Excuséme de ello, mas dijéronme que hacía mal pues mediaban también órdenes del rey[4]. Es un cargo que ha de parecer tanto más bello cuanto que no tiene más salario ni ganancia que el honor de su ejecución. Dura dos años, mas puede verse prolongada por una segunda elección, cosa que acontece muy raramente. Acontecióme a mí y sólo se había dado antes dos veces: hacía algunos años con el señor de Lansac y recientemente con el señor de Birón, mariscal de Francia, al que yo había sucedido; y dejé yo mi lugar al señor de Matignon, también mariscal de Francia. Orgulloso de tan noble compañía,

---

[3] «Andas sobre un fuego cuyas cenizas te engañan.» (Horacio, *Odas*, II. I. 7).

[4] Montaigne no deseaba ese cargo, pero una carta del rey le obligó a aceptar.

Quiso la fortuna tener parte en mi promoción mediante esta particular circunstancia que puso de su propia cosecha. No del todo vana; pues desdeñó Alejandro a los embajadores corintios que le ofrecían la ciudadanía de su ciudad, mas cuando le dijeron que Baco y Hércules también estaba en aquella lista, agradecióselo graciosamente.

Al llegar, describíme fiel y concienzudamente, tal y como me siento: sin memoria, sin vigilancia, sin experiencia y sin vigor; sin odio también, sin ambición, sin avaricia y sin violencia; para que estuvieren informados e instruidos de lo que podían esperar de mis servicios. Y como sólo el conocimiento de mi difunto padre habíalos empujado a aquello[6], y el honor de su memoria, añadí harto claramente que mucho lamentaría el que cosa alguna hiciese tanta impresión en mi voluntad como habían hecho antes en la de él, sus asuntos y su ciudad, mientras la había gobernado en aquel mismo lugar al que me habían llamado. Recordaba haberlo visto de viejo, en mi infancia, con el alma cruelmente agitada por aquella preocupación pública, olvidándose del dulce aire de su casa a la que lo había atado mucho antes la debilidad de sus años, y de su hogar y de su salud, y despreciando ciertamente su vida la cual creyó perder, comprometido por ellos en largos y penosos viajes. Así era, y veníale aquel proceder, de una gran bondad natural: jamás hubo alma más caritativa ni popular. Este comportamiento que alabo en los demás, no gusto de seguirlo en modo alguno, y no carezco de justificación. Había oído decir él, que lo particular no tenía consideración alguna comparado con lo general.

---

[5] «Buenos ambos para las labores de la paz como para las de la guerra» (Virgilio, *Eneida,* XI. 658).
[6] Su padre había sido elegido alcalde el 1 de agosto de 1554. Pero no fue sólo por el recuerdo de su padre por lo que Montaigne fue elegido; sus extraordinarias cualidades eran apreciadas tanto por Enrique de Navarra (protestante) como por Enrique III (católico).

La mayoría de las reglas y preceptos del mundo adoptan esa tendencia de empujarnos fuera de nosotros mismos y ponernos en mitad de la plaza para uso de la sociedad pública. Creyeron hacer algo bueno desviándonos y distrayéndonos de nosotros, presuponiendo que nos tendríamos demasiado apego y estaríamos atados a nosotros mismos con lazo demasiado natural; y no escatimaron nada que decir a este fin. Pues no es cosa nueva que los sabios prediquen las cosas tal y como sirven, no tal y como son. Tiene la verdad sus molestias, inconvenientes e incompatibilidades con nosotros. A menudo es menester engañar para no engañarnos, y enturbiarnos la vista y aturdirnos el entendimiento para enderezarlos y enmendarlos. «Imperiti enim judicant, et qui frequenter in hoc ipsum fallendi sunt, ne errent»[7]. Cuando nos ordenan amar antes que a nosotros mismos, tres, cuatro y cincuenta órdenes de cosas, imitan el arte de los arqueros, los cuales, para dar en la diana, apuntan muy por encima de ella. Para enderezar una madera curvada, se la curva en sentido contrario.

Creo que en el templo de Palas, así como vemos en otras religiones, había unos misterios evidentes para mostrar al pueblo, y otros misterios más secretos y elevados para mostrárselos sólo a los que profesaban. Es lógico pensar que en éstos resida el verdadero punto del amor que cada uno se debe. No un amor falso que nos haga abrazar la gloria, la ciencia, la riqueza y cosas tales, con interés principal e inmoderado, como miembros de nuestro ser, ni un amor blando y falto de juicio con el cual ocurre lo que con la hiedra, que corrompe y arruina la pared a la que se pega; sino un amor saludable y ordenado, igualmente útil y placentero. Quien conoce los deberes de éste y los cumple, en verdad que pertenece al gabinete de las musas; ha alcanzado la cima de la sabiduría humana y de nuestra ventura. Este, sabiendo exactamente lo que se debe, ve que su misión consiste en aplicarse a sí las costumbres de los otros hombres y del mundo, y, para esto, en contribuir a la sociedad pú-

---

[7] «Son los ignorantes los que juzgan y debemos a menudo engañarlos para que no se equivoquen.» (Quintiliano, II. 17).

blica con los deberes y oficios que le incumben. Quien no vive en modo alguno para los demás, no vive para sí. «Qui sibi amicus est, scito hunc amicum omnibus esse»[8]. La principal tarea que cada cual tiene, es su propia conducta; y para esto estamos aquí. Por ello, quien olvidare vivir bien y santamente y pensare estar libre de su deber por guiar y conducir a otros, sería un necio; igualmente, quien abandone su propio vivir sano y alegre para servir a otros, toma, a mi parecer, mal partido y desnaturalizado.

No quiero que se nieguen a los cargos que se aceptan, la atención, los pasos, las palabras, el sudor y la sangre necesarios:

> non ipse pro charis amicis
> Aut patria timidus perire[9].

mas ha de hacerse de prestado e incidentalmente, conservando siempre el espíritu en reposo y con salud, no sin acción, mas sin sufrimiento ni padecimiento. Cuéstale tan poco el actuar simplemente, que, incluso durmiendo, actúa. Mas es menester impulsarlo con discreción; pues el cuerpo acepta las cargas que se le ponen encima, justamente según sean; auméntalas el espíritu en extensión y en peso a menudo a costa suya, dándoles la medida que mejor le parece. Hácense cosas iguales con distintos esfuerzos y distinta contención de la voluntad. No va unido lo uno con lo otro. Pues, ¿cuántas gentes no se arriesgan todos los días en las guerras, por algo que nada se les da, y se lanzan a los peligros de batallas cuya pérdida no les quitará el próximo sueño? Siéntese éste en su casa, fuera de ese peligro que no osaría mirar, mas apasionado por el desenlace de esa guerra, y atorméntase el alma más que el soldado que entrega en ella su sangre y su vida. He podido meterme

---

[8] «Quien es amigo de sí mismo es, sabedlo, amigo de todo el mundo.» (Séneca, *Epístolas,* 6).
[9] «Dispuesto yo mismo a morir por amigos queridos o por la patria.» (Horacio, *Odas,* IV. IX. 51).

en cargos públicos sin apartarme de mí ni un dedo, y darme a los demás sin robarme a mí mismo.

Ese deseo ávido y violento nos estorba más que servirnos para la realización de aquello que emprendemos, nos impide soportar con paciencia los acontecimientos contrarios o tardíos, y nos llena de acritud y sospecha hacia aquéllos con los que negociamos. Jamás llevamos a buen término aquello que nos posee y domina.

> male cuncta ministrat
> Impetus [10].

Aquél que sólo emplea para ello su juicio y su habilidad, actúa con más felicidad: finge, pliega, difiere todo a su guisa según lo requiera la ocasión; cuando falla lo hace sin tormento ni aflicción, presto y entero para una nueva empresa; conserva siempre las riendas en la mano. En aquél que está embriagado por esa intención violenta y tiránica, vemos necesariamente mucha imprudencia e injusticia; se ve arrastrado por el ímpetu de su deseo; son movimientos temerarios, y, si la fortuna no pone mucho de su parte, de escaso fruto. Quiere la filosofía que, al castigar las ofensas recibidas, evitemos la cólera: no con el fin de que la venganza sea menor, sino, por el contrario, con el fin de que la asestemos mejor y con más fuerza; para lo cual parécele que estorba esa impetuosidad. La cólera no sólo turba, sino que, de por sí, cansa también los brazos de aquéllos que castigan. Ese fuego aturde y consume su fuerza. Así como la precipitación «festinatio tarda est» [11], la prisa se pone a sí misma la zancadilla, se estorba y se para. «Ipsa se velocitas implicat» [12]. Por ejemplo, según veo yo de ordinario, la avaricia no tiene mayor obstáculo que ella misma: cuanto más firme y vigorosa, menos fértil. Por lo general, atrapa las riquezas más rápidamente enmascarada con la careta de la liberalidad.

---

[10] «La pasión es siempre un mal guía.» (Estacio, *Tebaida*, X. 704).
[11] «La precipitación produce el retraso» (Quinto Curcio, IX. IX. 12).
[12] «La prisa se traba ella misma.» (Séneca, *Epístolas*, 44).

Un gentilhombre, gran hombre de bien y amigo mío, creyó trastornarse por una atención y un interés demasiado apasionados para con los asuntos de un príncipe, su señor. El cual señor[13], hase descrito a sí mismo ante mí, de este modo: que ve el peso de los acontecimientos como cualquier otro, mas que con aquéllos que no tienen remedio, resígnase pronto a padecerlos; con los otros, tras haber ordenado las medidas necesarias, cosa que puede hacer con prontitud por la viveza de su inteligencia, espera tranquilo lo que pueda acontecer. En verdad, helo visto yo así, manteniendo una gran calma y libertad de acción y de aspecto en medio de importantes y espinosos asuntos. Hállolo más grande y más capaz en mala que en buena situación. Sonle más gloriosas sus derrotas que sus victorias, y su duelo que su triunfo.

Considerad cómo, incluso en los actos que son vanos y frívolos, en el juego del ajedrez, del frontón y otros semejantes, esa ávida y ardiente entrega de un deseo impetuoso, lanza irremisiblemente la mente y los miembros a la falta de juicio y al desorden: obnubílase y estórbase uno mismo. Aquél que va más moderadamente a ganar o a perder, siempre está en sí; cuanto menos se pica y apasiona con el juego, más ventajosa y seguramente lo dirige.

Además, no dejamos que el alma agarre y apriete si le damos tantas cosas que coger. Ha de mirar solamente unas, atar otras e incorporarse las demás. Puede ver y sentir todo, mas no ha de alimentarse sino de sí misma, y ha de conocer lo que la atañe propiamente, y lo que es propiamente de su haber y de su sustancia. Las leyes de la naturaleza nos enseñan aquello de lo que precisamos con justicia. Después de decirnos que, según ella, nadie es indigente y que cada cual lo es según su propia opinión, distinguen los sabios sutilmente los deseos que provienen de ella y aquéllos que provienen del desorden de nuestra imaginación; aquéllos cuyo extremo podemos ver, son suyos, aquéllos que huyen ante nosotros y cuyo fin no podemos alcanzar, son

---

[13] Se trata probablemente de Enrique de Navarra.

nuestros. La pobreza de bienes es fácil de curar; la pobreza de alma, imposible.

Nam si, quod satis est homini, id satis esse potesset,
Hoc sat erat: nunc, cum hoc non est, qui credimus porro
Divitias ullas animum mi explere potesse?[14]

Viendo transportar con gran pompa por su ciudad gran cantidad de riquezas, joyas y objetos de valor, dijo Sócrates: Cuántas cosas hay que no deseo. Vivía Metrodoro del peso de doce onzas al día. Epicuro con menos. Metrocles dormía en invierno con las ovejas y en verano en los claustros de las iglesias. «Sufficit ad id natura, quod poscit»[15]. Cleanto vivía con el trabajo de sus manos y jactábase de que Cleanto, si quisiera, alimentaría también a otro Cleanto.

Si es demasiado poco aquello que nos pide la naturaleza estricta y originalmente para la conservación de nuestro ser (y en verdad que cuán poco es y a cuán bajo precio puede mantenerse nuestra vida, no hay nada que lo demuestre mejor que esta consideración, que es tan poco que escapa a las manos y a los golpes de la fortuna por su pequeñez), permitámonos algo más: consideremos también natural el hábito y la condición de cada uno de nosotros; limitémonos, tratémonos según esta medida, extendamos nuestras pertenencias y nuestras cuentas hasta ahí. Pues hasta ahí paréceme que tenemos alguna excusa. La costumbre es una segunda naturaleza y no menos poderosa. Lo que le falta a mi costumbre, sostengo que me falta. E importaríame casi tanto que me quitaran la vida, como que me la disminuyeran y alejaran mucho del estado en el que la he vivido tan largo tiempo.

No estoy ya en situación de un gran cambio ni de lanzarme a una nueva e inusitada vida. Ni siquiera a una más rica. Ya no es tiempo de volverme otro. Y así como la-

---

[14] «Si el hombre se contentara con lo que le basta, yo sería suficientemente rico; pero como no es así, ¿qué riquezas podrían llenarme?» (Lucilio, V).
[15] «La naturaleza atiende a sus necesidades.» (Séneca, *Epístolas,* 90).

mentaría cualquier gran aventura que cayese en mis manos por no haber llegado en momento en el que poder gozar de ella,

Quo mihi fortuna, si non conceditur uti? [16]

¡lamentaría igualmente cualquier adquisición interna! Vale casi más no hacerse nunca hombre de bien que tan tarde, y por supuesto si se vive cuando ya no se tiene vida. Yo que me voy, gustoso cedería a alguien que viniese cuanta prudencia aprendo para el comercio del mundo. Mostaza después de cenar. No sé qué hacer con un bien del que nada puedo hacer. ¿De qué le sirve el saber a quien ya no tiene cabeza? Es injuria y mala jugada de la fortuna el ofrecernos unos presentes que nos llenan de justa indignación por habernos faltado en su momento. No me guiéis más; no puedo seguir. De tantas partes como tiene la inteligencia, bástanos con la paciencia. Dadle la capacidad de un excelente tenor a un cantor que tenga podridos los pulmones, y la elocuencia al eremita relegado a los desiertos de Arabia. No se necesita arte alguno para caer: el fin viene por sí mismo al final de cada tarea. Mi mundo se ha perdido, mi forma está vacía; soy todo del pasado y véome obligado a reconocerlo y a conformar a ello mi desenlace.

Quiero decir esto: que el nuevo eclipse de diez días del Papa [17] me ha cogido tan tarde que no puedo adaptarme buenamente. Pertenezco a los años en los que contábamos de otro modo. Reivindícase costumbre tan antigua y tan larga atrayéndome hacia sí. Véome obligado a ser un poco herético por ello, incapaz de novedad, ni siquiera correcta; mi imaginación, a pesar de mis dientes, échase diez días delante o atrás, y murmúrame al oído. Esta regla atañe a todos cuantos han de ser. Si la propia salud, tan dulce, viene a encontrarse conmigo a sacudidas, es para darme nostal-

---

[16] «¿Para qué la fortuna, si no puedo gozar de ella?» (Horacio, *Epístolas*, I. V. 12).
[17] Gregorio XIII, que creó el Calendario gregoriano en 1582 pasando del 9 al 20 de diciembre.

gia más que posesión de sí; no tengo ya donde guardarla. El tiempo me abandona; sin él nada se posee. ¡Oh, de cuán poco serviríanme esas grandes dignidades electivas que veo en el mundo y que sólo se dan a los hombres antes de partir! Para las que no se mira tanto cuán debidamente se ejercerán como cuán poco tiempo se ejercerán: desde la entrada se piensa en la salida. En suma, heme aquí presto a acabar este hombre, no a rehacer otro. Mediante largo hábito ha pasado esta forma a ser sustancia, y la fortuna naturaleza.

Digo, pues, que es disculpable que uno de nosotros, debilucho como es, considere suyo lo comprendido en esa medida. Mas también que más allá de esos límites no hay sino confusión. Es la extensión mayor que podamos otorgar a nuestros derechos. Cuanto más ampliamos nuestra necesidad y nuestra posesión, más nos exponemos a los golpes de la fortuna y de las adversidades. La carrera de nuestros deseos ha de circunscribirse y restringirse al corto límite de los bienes más próximos y contiguos; y además ha de desarrollarse la carrera, no en línea recta allá lejos, sino en redondo, manteniéndose y terminando los dos extremos en nosotros, tras un breve contorno. Los actos realizados sin esta reflexión, entiéndase reflexión vecina y esencial, como los de los avaros, los ambiciosos y tantos otros que corren de frente y cuya carrera les lleva siempre hacia delante, son actos erróneos y enfermizos.

La mayoría de nuestras ocupaciones son comedia. «Mundus universus exercet histrioniam» [18]. Hemos de representar debidamente nuestro papel, mas como el papel de un personaje de prestado. De la máscara y la apariencia no hemos de hacer una esencia real, ni de lo ajeno, lo propio. No sabemos distinguir la piel de la camisa. Ya es bastante empolvarse el rostro, sin empolvarse el pecho. Veo a muchos que se transforman y se transustancian en otras tantas nuevas figuras y nuevos seres como cargos asumen, y que se hacen prelados hasta el hígado y los intestinos, arras-

---

[18] «El mundo entero representa una comedia.» (Petronio citado por Justo Lipsio, *De la constancia*).

trando su oficio hasta el vestidor. No puedo enseñarles a distinguir los sombrerazos que a ellos van dirigidos de aquéllos que van dirigidos a su función o a su séquito o a su mula. «Tantum se fortunae permittunt, etiam ut naturam dediscant» [19]. Hinchan y agrandan su alma y su juicio natural hasta ponerlo a la altura de su puesto magistral. El alcalde y Montaigne siempre fueron dos, con harto clara separación. Por ser abogado o financiero, no se ha de desconocer el engaño que hay en tales ocupaciones. Un hombre de bien no es responsable del vicio o la necedad de su profesión y por tanto no ha de rechazar su ejercicio: es la costumbre de su país y es provechosa. Se ha de vivir del mundo y valerse de él tal y como es. Mas el juicio de un emperador ha de estar por encima de su imperio y verlo y considerarlo como accidente ajeno; y él ha de saber gozar de sí aparte y comunicarse como Santiago y Pedro, al menos consigo mismo.

No sé comprometerme tan profunda y enteramente. Cuando toma partido mi voluntad, no lo hace con obligación tan violenta que mi entendimiento quede infectado. En las actuales peleas de este estado, mi interés no me ha hecho ignorar ni las cualidades loables de nuestros adversarios, ni las reprochables de aquéllos a los que he seguido. Adoran todo cuanto está de su lado; yo, ni siquiera excuso la mayoría de las cosas que veo en el mío. No pierde sus encantos una buena obra por abogar contra mi causa. Fuera del meollo del debate, heme mantenido ecuánime y del todo indiferente. «Neque extra necessitates belli praecipuum odium gero» [20]. De lo cual me congratulo pues veo pecar generalmente de lo contrario. «Utatur motu animi qui uti ratione non potest» [21]. Aquéllos que extienden su cólera y su odio más allá de los asuntos, como hace la mayo-

---

[19] «Se identifican tanto a su destino que llegan a olvidar su naturaleza.» (Quinto Curcio, III. II. 18).

[20] «Y fuera de las necesidades de la guerra, no alimento ningún odio capital.» (Anónimo).

[21] «Que use la pasión el que no pueda usar la razón.» (Cicerón, *Tusculanas*, IV. 25).

ría, muestra que nace de otro motivo y de causa particular: al igual que cuando permanece la fiebre una vez curada la úlcera, es porque tenía otro principio más oculto. Lo hacen porque no están contra la causa en común y en tanto que lesiona el interés de todos y del Estado; sino que sólo les importa por lo que les atañe en privado. He aquí por qué apasiónanse particularmente y más allá de la justicia y de la razón pública. «Non tam omnia universi quam ea quae ad quemque pertinent singuli carpebant» [22].

Quiero que llevemos nosotros ventaja, mas si no la llevamos, no desvarío. Adopto firmemente el partido más sano, mas no pretendo destacar especialmente como enemigo de los demás, ni más allá de la razón general. Odio extraordinariamente esta viciosa manera de pensar: es de la Liga pues admira la gracia del señor de Guisa; asómbrale el proceder del rey de Navarra: es hugonote; halla esta pega al comportamiento del rey: es sedicioso en su corazón. Y ni a la propia autoridad concedí que tuviera razón en condenar un libro por haber colocado a un hereje [23] entre los mejores poetas de este siglo. ¿No osaremos decir de un ladrón que tiene buen porte? ¿Y forzoso es, si es puta, que le apeste además la nariz? ¿Acaso, en los siglos más sabios, revocaron el soberbio título de Capitolino que habían otorgado antes a Marco Manlio como conservador de la religión y la libertad pública? ¿Apagaron acaso la memoria de su liberalidad y de sus hazañas guerreras y recompensas militares concedidas a su valor, porque abrazase después el realismo, en perjuicio de las leyes de su país? Si han tomado odio a un abogado, al día siguiente es para ellos inelocuente. He hablado en otro lugar [24] del celo que empujó a gentes de bien a errores semejantes. Yo por mi parte puedo muy bien decir: Hace esto malvadamente y virtuosamente lo de más allá.

---

[22] «No se ponían de acuerdo para criticar todos el conjunto, pero cada uno estaba de acuerdo en censurar al detalle lo que le concernía personalmente.» (Tito Livio, XXXIV. 36).

[23] Alusión a la Inquisición que le había censurado en Roma por haber loado a Teodoro de Bèze.

[24] *Vid.* II. 19.

De igual modo, en los pronósticos o eventos siniestros de los asuntos, quieren que cada cual en su partido esté ciego o atontado, que nuestra persuasión y nuestro juicio sirva no a la verdad, sino a lo que deseamos. Pecaría yo más bien por el otro extremo, de tanto como temo que me soborne mi deseo. Además de que desconfío con cierta blandura de las cosas que quiero. Heme maravillado en mi época de la poco juiciosa y prodigiosa facilidad de los pueblos para dejarse llevar y para dejar manejar su fe y su esperanza cuando plugo y convino a sus jefes, a pesar de cientos de errores unos sobre otros y a pesar de fantasmas y sueños. Ya no me asombran aquéllos que se dejaron embaucar por las trapisondas de Apolonio y de Mahoma. La pasión les ahoga totalmente el sentido y el entendimiento. A su discernimiento no le queda más elección que lo que les sonríe y lo que reconforta a su causa. Observé esto principalmente en el primero de nuestros partidos febriles[25]. Este otro[26] que nació después lo supera al emularlo. De lo que deduzco que es cualidad inseparable de los errores populares. Tras la primera que parte, empújanse entre sí las ideas según el viento, como las olas. No pertenece uno al cuerpo si puede desdecirse, si no sigue la marcha común. Mas en verdad que se perjudica a los partidos justos cuando se les quiere socorrer con mentiras. Siempre estuve en contra de ello. Este recurso sólo surte efecto con las cabezas enfermas; con las sanas, hay caminos más seguros y no sólo más honrados, para mantener los ánimos y justificar los acontecimientos contrarios.

No ha visto el cielo desacuerdo tan importante como el de César y Pompeyo, ni lo verá jamás. Sin embargo, creo descubrir en aquellas hermosas almas una gran moderación del uno para con el otro. El celo del honor y de la autoridad jamás los empujó al odio furioso y demente, carecía de maldad y detracción. En sus hazañas más duras observo cierto fondo de respeto y de benevolencia, y juzgo por ello que, si les hubiera sido posible, cada uno de ellos habría de-

[25] Se refiere a los protestantes.
[26] La Liga.

seado conseguir sus fines sin la ruina del compañero antes que con ella. Cuán distinto fue con Mario y Sila: consideradlo.

No hemos de lanzarnos tan alocadamente tras de nuestros afectos e intereses. Así como, siendo joven, oponíame al progreso del amor que sentía aumentar en demasía dentro de mí y pensaba que no me sería tan agradable que llegara a violentarme al fin y a tenerme del todo a su merced, así procedo igual en todas las demás ocasiones en las que mi voluntad se entrega con demasiado apetito: échome hacia el lado opuesto a su inclinación cuando la veo hundirse y embriagarse con su vino; rehúyo alimentar tanto su placer que no pueda recuperarla sin pérdida sangrienta.

Las almas que, por estupidez, sólo ven las cosas a medias, gozan de esta ventura, que les duelen menos las perjudiciales; es una lepra espiritual que tiene cierto aire de salud, y de una salud tal que en modo alguno es despreciada por la filosofía. Mas no por ello es razonable llamarla sabiduría, cosa que solemos hacer. Y así antaño burlóse alguien de Diógenes por abrazar, en pleno invierno y todo desnudo, una estatua de nieve para poner a prueba su paciencia. Al encontrarlo uno en esa tesitura, díjole: ¿Tienes mucho frío ahora? —En absoluto, dijo Diógenes. —Pues, continuó el otro, ¿qué cosa difícil y ejemplar crees hacer manteniéndote ahí? Para medir la constancia es menester conocer el sufrimiento. Mas empleen todo su arte para guardarse de hilvanar las causas y desvíense de sus caminos las almas que hayan de ver los accidentes contrarios y las injurias de la fortuna en toda su profundidad y dureza, aquéllas que hayan de pesarlas y gustarlas según su acritud natural y su carga. ¿Qué hizo el rey Cotis? Pagó generosamente la hermosa y rica vajilla que le habían ofrecido; mas como era singularmente frágil, rompióla de inmediato él mismo, para librarse en seguida de motivo tan proclive al enojo contra sus servidores. De igual modo, quise evitar el tener mis asuntos mezclados e intenté que mis bienes no estuvieran contiguos a los de mis parientes y aquéllos a los que me une una estrecha amistad, pues de ello nacen de ordinario motivos de odio y disensión. Antaño gustaba de los juegos de azar de las cartas y los dados; abandonélos hace ya tiempo, por esto sólo, porque por muy buena cara que pusiera al perder, no dejaba de tener por dentro cierta comezón. Evite el hombre de honor, que ha de sentir un mentís y una ofensa en lo más hondo de su corazón y que no es capaz de aceptar una necedad como pago y consuelo a su pérdida, el avance de los asuntos dudosos y de las discusiones contenciosas. Huyo de los naturales tristes y de los hombres huraños como de los apestados, y no me meto si a ello no me obliga el deber, en los temas que no puedo tratar sin interés ni emoción. «Melius non incipient, quam desinent»[27]. Lo más seguro es pues, prepararse antes de las ocasiones.

Bien sé que algunos sabios tomaron otro camino y no temieron unirse ni comprometerse hasta el fondo en muchos temas. Esas gentes están seguras de su fuerza, tras la cual están a cubierto en toda suerte de triunfos enemigos, repeliendo los males con el vigor de su paciencia:

velut rupes vastum quae prodit in aequor,
Obvia ventorum furiis, expostáque ponto,
Vim cunctam atque minas perfert caelique marisque,
Ipsa immota manens[28].

No sigamos esos ejemplos; no los alcanzaríamos. Obstínanse en ver resueltamente y sin turbarse, la ruina de su país, el cual poseía y dominaba toda su voluntad. Para nuestras almas vulgares, esto exige demasiado esfuerzo y demasiada dureza. Catón entregó así la vida más noble que jamás haya existido. Nosotros, pequeños, hemos de huir de la tormenta desde más lejos; hemos de atender al sentimiento, no a la paciencia, y esquivar los golpes que no podríamos encajar. Zenón, viendo acercarse a Cremónides, joven al que amaba, para sentarse a su lado, levantóse brus-

---

[27] «Más vale no empezar que detenerse.» (Séneca, *Epístolas,* 72).
[28] «Como la roca que se adentra en el ancho mar, expuesta al furor de los vientos y de las olas, soporta todas las amenazas violentas del cielo y del mar y permanece inquebrantable.» (Virgilio, *Eneida,* X. 693).

camente. Y al preguntarle Cleanto el motivo, dijo: Entiendo que los médicos ordenan principalmente el reposo y prohíben la emoción para todos los tumores. Sócrates nos dice: No os rindáis ante los atractivos de la belleza, hacedle frente, esforzáos contra ella. Huid de ella, dice, corred a poneros fuera de su vista y de su encuentro como de un poderoso veneno que se lanza y golpea desde lejos. Y su buen discípulo, imaginando las raras perfecciones de aquel gran Ciro, descríbelo desconfiado de sus fuerzas para soportar los atractivos de la divina belleza de aquella ilustre Pantea, su cautiva, y encomendando el visitarla y vigilarla a otro con menos libertad que él. Y lo mismo el Espíritu Santo: «ne nos inducas in tentationem»[29]. No pedimos que nuestra razón no se vea combatida y vencida por la concupiscencia, sino que ni siquiera se vea tentada, que no seamos llevados a una situación en la que hayamos de sufrir las aproximaciones, las solicitudes y las tentaciones del pecado; y suplicamos a Nuestro Señor que mantenga nuestra conciencia tranquila, plena y perfectamente libre del comercio con el mal.

Aquéllos que dicen tener razón para su pasión vengativa o cualquier otra especie de pasión penosa, suelen decir con verdad cómo son las cosas, mas no cómo fueron. Nos hablan cuando ellos mismos han alimentado y engordado ya las causas de su error. Mas retroceded más atrás, retrotraed las causas a su principio: entonces las cogeréis de improviso. ¿Acaso quieren que su falta sea menor por ser más antigua y que la continuación de un comienzo injusto sea justa?

Quien como yo desee el bien para su país sin que le salga una úlcera y sin adelgazar, se sentirá dolido mas no lacerado, viendo que amenaza ruina o una vida no menos ruinosa. ¡Pobre navío empujado por las olas, los vientos y el piloto en tan contrarias direcciones!

in tam diversa magister,
Ventus et unda trahunt[30].

---

[29] «No nos induzcas a la tentación.» (Mateo, VI. 13).
[30] Versos atribuidos a Buchanan y que Montaigne traduce antes de citarlos.

A quien no va tras el favor de los príncipes como tras cosa de la que no podría prescindir, no se duele mucho de la frialdad de su acogida o de su rostro, ni de la inconstancia de su voluntad. Quien no incuba a sus hijos ni sus honores con esclava dedicación, no deja de vivir bien tras haberlos perdido. Quien actúa bien principalmente por su propia satisfacción, apenas si se altera al ver a los hombres juzgar sus actos contra su mérito. Un cuarto de onza de paciencia basta para tales males. Me va bien con esta receta, librándome en los comienzos al precio más bajo posible, y siento que he escapado, gracias a ella, de mucho trabajo y muchas dificultades. Con muy poco esfuerzo detengo este primer movimiento de mis emociones y abandono el objeto que empieza a pesarme antes de que me arrastre. Quien no detiene la partida no intente detener la carrera. Quien no sabe cerrarles la puerta no las expulsará una vez dentro. Quien no puede terminar con el comienzo no terminará con el final. Ni impedirá la caída quien no pudo impedir la agitación. «Etenim ipsae se impellunt, ubi semel a ratione discessum est: ipsaque sibi imbecillitas indulget, in altúmque provehitur imprudens, nes reperit locum consistendi»[31]. Percátome a tiempo de los vientecillos que me acarician y hormiguean por dentro, presagiando tormenta: «animus, multo antequam opprimatur, quatitur»[32],

> ceu flamina prima
> Cum deprensa fremunt sylvis, et caeca volutant
> Murmura, venturos nautis prodentia ventos[33].

¿Cuántas veces no me he hecho harto evidente injusticia, por huir del peligro de recibirla aún peor de los jueces,

---

[31] «Si nos separamos de la razón, las pasiones avanzan por sí mismas; la debilidad se complace en sí, e insensiblemente nos adentramos en alta mar, donde ya no hay lugar para soltar el ancla.» (Cicerón, *Tusculanas,* IV. 28).

[32] «El alma es quebrantada mucho antes de ser vencida» (Anónimo).

[33] «Así, cuando, aprisionados por los bosques, tiemblan los primeros vientos y poco a poco dejan oír un sordo estruendo, anunciando la tormenta inminente a los marineros.» (Virgilio, *Eneida,* X. 97).

tras un siglo de molestias y de sucias y viles prácticas más enemigas de mi natural que la tortura y el fuego? «Convenit a litibus quantum licet, et nescio an paulo plus etiam quam licet, abhorrentem esse. Est enim non modo liberale, paululum nonnunquam de suo jure decedere, sed interdum etiam fructuosum»[34]. Si tuviéramos juicio, deberíamos alegrarnos y jactarnos al igual que un niño de noble familia al que oí yo un día celebrar con ingenuidad el que su madre acabara de perder un proceso, como si de una tos, una fiebre u otra cosa importuna se tratara. Incluso los favores que podía haberme concedido la fortuna, parentescos y relaciones con aquéllos que tienen autoridad soberana en estas cosas, siempre traté, de acuerdo con mi conciencia, de evitar insistentemente el emplearlos en perjuicio de otros y de poner mis derechos por encima de su recta valía. Al fin, tanto he hecho mediante mis actos (puedo decirlo en buena hora), que heme aquí virgen aún de procesos, los cuales no dejaron de presentarse merecidamente varias veces a mi servicio, por si hubiera querido oírlos, y virgen de querellas. He pasado una larga vida sin ofensa de peso, ni activa ni pasiva, y sin haber escuchado cosa peor que mi nombre; rara merced del cielo.

Nuestras mayores agitaciones tienen resortes y causas ridículas. Cuánta ruina hubo de padecer nuestro último duque de Borgoña por la querella sobre una carreta de pieles de oveja. ¿Y no fue la impresión de un sello[35] el motivo primero y principal del más tremendo derrumbamiento que esta máquina haya sufrido jamás? Pues Pompeyo y César no son sino los retoños y la consecuencia de los otros dos. Y he visto en mi época a las cabezas más sabias del reino reunidas con gran ceremonia y público dispendio, para tratados y acuerdos cuya verdadera decisión dependía sin em-

---

[34] «Para evitar los procesos, debemos hacer todo lo posible e incluso algo más de lo posible, pues no sólo es conveniente, sino a veces ventajoso abdicar un poco de nuestros derechos.» (Cicerón, *De las obligaciones,* II. 18).

[35] La guerra entre Mario y Sila se originó por un sello en el que Sila había hecho grabar sus victorias sobre Yugurta.

bargo con toda soberanía de las conversaciones de gabinete de las damas y de la inclinación de alguna mujerzuela. Bien entendieron esto los poetas que enfrentaron a sangre y fuego a Grecia y Asia por una manzana. Mirad por qué aquél va a arriesgar su honor y su vida, con su espada y su puñal; que os diga cuál es el origen de tal disputa, no podrá hacerlo sin enrojecer, de tan frívolo como es el motivo.

Al principio, no depende más que de un poco de presencia de ánimo; mas una vez embarcado, todas las cuerdas tiran. Son menester grandes provisiones, harto más difíciles e importantes. ¡Cuánto más fácil es no entrar que salir! Y se ha de proceder al contrario que la caña, la cual produce de primeras un tallo largo y recto; mas luego, como si desfalleciera y perdiera el aliento, empieza a hacer nudos frecuentes y espesos, como pausas, que muestran que ya no tiene aquel primer vigor ni aquella primera constancia. Se ha de comenzar más bien, buena y fríamente, y guardar el aliento y los vigorosos impulsos para el grueso y la perfección de la tarea. En los comienzos dirigimos los asuntos y los tenemos a nuestra merced: mas luego, cuando se han puesto en movimiento, son ellos los que nos dirigen y arrastran, y hemos de seguirles.

Sin embargo, no puedo decir que este sistema me haya librado de toda dificultad y que no me haya costado a menudo combatir y embridar mis pasiones. No siempre se gobiernan en proporción al peso de los motivos y con frecuencia hacen incluso su entrada ávida y violentamente. Mas no por ello se hace menos ahorro y consíguese menos fruto, salvo aquéllos que para el buen proceder no se contentan con ningún fruto si viene a faltar la celebridad. Pues realmente, tal efecto sólo cuenta para uno mismo interiormente. Os sentís con ello más contento mas no más estimado, habiéndoos enmendado antes de estar en danza y de que la materia estuviera a la vista. De todos modos también, no sólo en esto sino en todos los demás deberes de la vida, el camino de aquellos que aspiran al honor es harto distinto del de aquéllos que se proponen el orden y la razón.

Sé de algunos que entran en combate inconsiderada y furiosamente, y aminoran en la carrera. Así como dice Plutarco que aquéllos que por el vicio de la mala vergüenza son blandos y fáciles para conceder cualquier cosa que se les pida son fáciles después para no cumplir su palabra y desdecirse; así quien entra en querella con ligereza es propenso a salir de ella con la misma ligereza. Esta misma dificultad que me guarda de iniciarla, incitaríame, cuando estuviera ya agitado y acalorado. Es mal proceder; una vez que se está dentro, se ha de seguir o morir. Emprended débilmente, decía Bías, mas continuad con calor. Por falta de prudencia se cae en la falta de valor, lo que es aún menos soportable.

La mayoría de los acuerdos de las querellas de hoy son vergonzosos y falsos; no tratamos sino de salvar las apariencias y, mientras, traicionamos y ocultamos nuestras verdaderas intenciones. Encubrimos la realidad; sabemos cómo lo hemos dicho y en qué sentido, y sábenlo los asistentes y nuestros amigos, a los que hemos querido demostrar nuestra ventaja. Contradecimos nuestro pensamiento a costa de nuestra franqueza y del honor de nuestro corazón, y buscamos madrigueras en la falsedad para ponernos de acuerdo. Nos desmentimos nosotros mismos para salvar un mentís que hemos dado. No habéis de mirar si vuestro acto o vuestra palabra puede tener otra interpretación; habéis de mantener ahora vuestra verdadera y sincera interpretación, cueste lo que cueste. Se habla a vuestra virtud y a vuestra conciencia; no son cosas que se puedan enmascarar. Dejemos esos medios viles y expeditivos para las trapisondas de palacio. Parécenme las excusas y reparaciones que veo hacer todos los días para purgar la indiscreción, peores que la propia indiscreción. Más valdría ofenderle otra vez que ofenderse a sí mismo enmendándose de tal modo ante el adversario. Lleno de cólera le provocáis, y vais a apaciguarlo y a halagarlo cuando estáis en vuestro mejor y frío sentido, así os sometéis más de lo que habíais avanzado. Nada de cuanto diga un gentilhombre me parece tan vicioso como vergonzoso me parece que se desdiga cuando a ello le obligan por autoridad; pues le es más perdonable la obstinación que la pusilanimidad.

Son para mí las pasiones tan fáciles de evitar como difíciles de moderar. «Abscinduntur facilius animo quam temperantur»[36]. Quien no pueda alcanzar la noble impasibilidad estoica, acójase en el seno de esta popular estupidez mía. Lo que aquéllos harían por virtud, acostumbro yo a hacerlo por naturaleza. La región del medio alberga las tempestades; los dos extremos, el de los hombres filósofos y el de los hombres toscos, coinciden en tranquilidad y ventura.

Faelix qui putuit rerum cognoscere causas
Atque metus omnes et inexorable fatum
Subjecit pedibus, strepitúmque Acherintis avari.
Fortunatus et ille Deos qui novit agrestes,
Panaque, Sylvanúmque senem, nymphásque sorores[37].

Todo al nacer es débil y tierno. Por ello hemos de tener los ojos abiertos en los comienzos; pues así como entonces, por su pequeñez, no descubrimos el peligro, cuando ha crecido, ya no descubrimos el remedio. Habría hallado un millón de pasos más difíciles de digerir, en el correr de la ambición, que el de detener la inclinación natural que a ella me impelía:

jure perhorrui
Late conspicuum tollere verticem[38].

Todo acto público está sujeto a inciertas y diversas interpretaciones, pues lo juzgan demasiadas cabezas. Algunos dicen de esta mi ocupación ciudadana[39] (y me alegro

---

[36] «Se las arranca más fácilmente del alma que se las contiene.» (Anónimo).

[37] «¡Dichoso el que pudo conocer las causas, despreciar los terrores y la fatalidad y la fama del avaro Aqueronte! ¡Dichoso también el que conoce a los dioses agrestes, y a Pan, y al viejo Silvano, y a las ninfas hermanas.» (Virgilio, *Geórgicas,* II. 490).

[38] «Con razón me horrorizó levantar alto la cabeza y ser visto de lejos» (Horacio, *Odas,* III. XVI. 18).

[39] Recordemos que Montaigne fue elegido y luego reelegido, por dos años más, alcalde de Burdeos.

de decir cuatro cosas sobre ella, no porque lo valga, sino para que sirva de muestra de mis costumbres en tales cosas) que me he comportado como hombre que se conmueve demasiado poco y con desfallecido interés; y no están nada lejos de la verdad. Trato de mantener en reposo mi alma y mis pensamientos. «Cum semper natura, tum etiam aetate jam quietus»[40]. Y, si a veces se desmandan por alguna impresión ruda y penetrante, en verdad que ello es sin mi permiso. Esta languidez natural no se ha de considerar sin embargo prueba de impotencia (pues falta de cuidado y falta de juicio son dos cosas), y aún menos de desprecio e ingratitud hacia ese pueblo que empleó los medios más extremos que en sus manos tuvo para gratificarme, antes de conocerme y después, e hizo mucho más por mí volviéndome a dar el cargo, que dándomelo por primera vez. Deséole todo el bien posible y en verdad que si se hubiera presentado la ocasión, nada habría escatimado para servirle. Heme movido por él como hago por mí mismo. Es un buen pueblo, guerrero y generoso, capaz por tanto de obediencia y disciplina, y de servir para algo bueno si está bien dirigido. Dicen también que este cargo mío pasó sin dejar marca ni huella alguna. Bien está: critican mi inactividad en un tiempo en el que casi todo el mundo está convencido de hacer demasiado.

Tengo un hacer trepidante cuando me arrastra la voluntad. Mas ese impulso es enemigo de la perseverancia. Quien quiera servirse de mí según soy, deme asuntos en los que sea menester vigor y libertad, que tengan un desarrollo recto y corto e incluso arriesgado; algo podré. Si han de tenerlo largo, sutil, laborioso, artificial y tortuoso, mejor será dirigirse a algún otro.

No todos los cargos importantes son difíciles. Estaba preparado para trabajar algo más duramente si hubiera habido gran necesidad. Pues está en mi poder el hacer algo más de lo que hago y de lo que gusto hacer. No escatimé, que yo sepa, ninguna gestión que el deber requiriese de mí

---

[40] «Tranquilo siempre por naturaleza, y más aún ahora por la edad.» (Quinto Cicerón, *De la candidatura al consulado*, II).

seriamente. He olvidado fácilmente aquéllos que la ambición confunde con el deber y encubre con su nombre. Son los que suelen llenar los ojos y los oídos, y contentar a los hombres. No les satisface la realidad sino la apariencia. Si no oyen ruido, paréceles que uno duerme. Mi natural es contrario a los naturales ruidosos. Sofocaría un disturbio sin turbarme, y castigaría un desorden sin alteración. ¿Para qué necesito de la cólera y el enardecimiento? Tómolos prestados y enmascárome con ellos. Es mi humor romo, más bien soso que desapacible. No le reprocho a un cargo que duerma, con tal de que los que están bajo su tutela duerman igualmente; también duermen las leyes. Por lo que a mí respecta, alabo una vida que fluya oscura y muda, «neque submissam et abjectam, neque se efferentem»[41]. Así lo quiere mi fortuna. Pertenezco a una familia que ha pasado sin brillo ni escándalo y, desde que se recuerda, particularmente ambiciosa de honradez.

Están nuestros hombres tan hechos a la agitación y a la ostentación que ni la bondad, ni la moderación, ni la equidad, ni la constancia, ni otras cualidades semejantes tranquilas y oscuras se sienten ya. Siéntense los cuerpos ásperos, los pulidos manéjanse imperceptiblemente; siéntese la enfermedad, la salud, poco o nada; ni las cosas que nos acarician, comparadas con las que nos laceran. Es actuar por la propia reputación y el provecho particular, no por el bien común, el dejar para hacer en la plaza aquello que puede hacerse en la cámara del consejo, y a pleno día lo que hubiera debido hacerse la noche antes, y el querer hacer uno mismo, por celos, lo que el compañero hace igual de bien. Así hacían las operaciones de su arte algunos cirujanos de Grecia, sobre unos escenarios a la vista de los que pasaban, para conseguir más fama e importancia. Consideran que las buenas órdenes sólo pueden oírse al son de la trompeta.

No es la ambición un vicio de compadres ni de esfuerzos como los nuestros. Decíanle a Alejandro: Os dejará

---

[41] «Ni servil, ni abyecta, ni tampoco petulante.» (Cicerón, *De las obligaciones*, I. 34).

vuestro padre un gran dominio, desahogado y pacífico. Aquel joven envidiaba las victorias de su padre y la justicia de su gobierno. No habría querido gozar del imperio del mundo blanda y apaciblemente. Alcibíades, según Platón, prefiere morir joven, bello, rico, noble y sabio por excelencia, que detenerse en el estado de esa condición. Esta enfermedad quizá sea perdonable en un alma tan fuerte y tan llena. Cuando esas almillas enanas e insignificantes se pavonean y creen extender su nombre por haber juzgado a derechas sobre un asunto o haber proseguido el orden de las guardias de la puerta de una ciudad, muestran tanto más el culo cuanto más esperan alzar la cabeza. Este menudo bien hacer no tiene ni cuerpo ni vida: desvanécese en la primera boca y paséase sólo de un lado a otro de la calle. Contádselo con osadía a vuestro hijo o a vuestro criado, como aquel clásico que, al no tener más auditorio de sus elogios ni aprobación de su valor, jactábase ante su camarera exclamando: ¡Oh, Petrita, cuán noble y capaz es tu amo! Hablad con vos mismo, en el peor de los casos, como un consejero que yo conozco, al cual, habiendo desembuchado un montón de parrafadas harto rebuscadas e ineptas, al retirarse de la cámara del consejo al urinario del palacio, oyéronle decir murmurando entre dientes muy concienzudamente: «Non nobis, Domine, non nobis, sed nomini tuo da gloriam»[42]. Quien no pueda de otro modo, páguese de su propia bolsa.

No se prostituye el renombre a tan vil precio. Los actos raros y ejemplares a los que es debido no sufrirían la compañía de esa multitud innumerable de pequeños actos cotidianos. El mármol elevará vuestros títulos tanto como queráis, por haber hecho restaurar un trozo de muralla o limpiar un riachuelo público, mas no los hombres que tienen sentido. No sigue la fama a toda bondad si no va unida a la dificultad y a la rareza. Ni siquiera la simple estimación le es debida, según los estoicos, a todo acto que nazca de la virtud, y ni siquiera quieren que se le agradezca a

---

[42] «No a nosotros, Señor, no a nosotros, sino a tu nombre dale gloria.» (*Salmos,* CXV).

aquél que por templanza se abstiene de una vieja legañosa. Aquéllos que conocieron las admirables cualidades de Escipión el Africano, niéganle la gloria que Panecio le concede de haber sido abstinente de dones, por ser gloria no tanto suya propia como de todo su siglo.

Tenemos los placeres adecuados a nuestra fortuna; no usurpemos los de la grandeza. Son los nuestros más naturales y tanto más sólidos y seguros cuanto más bajos. Puesto que no lo hacemos por conciencia, al menos por ambición rechacemos la ambición. Desdeñemos ese apetito de renombre y de honor, bajo y pedigüeño, que nos hace mendigarlo a toda suerte de gentes. «Quae est ista laus quae possit è macello peti?»[43], por medios abyectos y a cualquier precio, por vil que sea. Es deshonor ser honrado así. Aprendamos a no ser más ávidos que capaces de gloria somos. El ahuecarse por todo acto útil e inocente es cosa de gentes para las que es extraordinario y raro; quieren tasarlo según el precio que a ellas les cuesta. Cuanto más llamativa es una buena acción, más rebajo de su bondad la sospecha que en mí nace de que haya sido realizada más por ser llamativa que por ser buena; al ser exhibida, casi se vende. Harto más mérito tienen estas acciones si escapan de manos del artífice en un descuido y sin ruido, siendo elegidas después y recogidas de la oscuridad por algún hombre de bien, para sacarlas a la luz, por ellas mismas. «Mihi quidem laudibiliora videntur omnia, quae sine venditatione et sine populo teste fiunt»[44], dice el hombre más vanidoso del mundo.

Yo, sólo había de guardar y conservar, lo cual es un acto callado e insensible. Es la innovación de mucho lustre, mas está prohibida en estos tiempos en los que no nos vemos abrumados ni nos hemos de defender sino de las novedades. El abstenerse de actuar es a menudo tan generoso como el actuar, mas es menos brillante; y lo poco que yo valgo

---

[43] «¿Cuál es esta gloria que se puede encontrar en el mercado?» (Cicerón, *De los fines*, II. 15).

[44] «Yo encuentro mucho más digno de elogio lo que se hace sin ostentación y sin poner al pueblo por testigo» (Cicerón, *Tusculanas*, II. 26).

está casi todo de este lado. En suma, que las circunstancias en este cargo han seguido mi natural; por lo cual les estoy harto agradecido. ¿Acaso desea alguien estar enfermo por ver a su médico trabajar, y no se habría de azotar a un médico que nos deseara la peste para poner en práctica su arte? No he tenido ese vicio inicuo y bastante común de desear que los disturbios y la enfermedad de los asuntos de esta ciudad realzara y honrara mi gobierno: de buen grado arrimé el hombro para su desahogo y acomodo. Quien no quiera agradecerme el orden, la dulce y muda tranquilidad que acompañó mi gestión, al menos no podrá privarme de la parte que me corresponde a causa de mi buena fortuna. Y estoy hecho de tal modo que gusto tanto de ser venturoso como sabio, y de deber mis éxitos tanto a la gracia de Dios puramente como a la mediación de mi actividad. Bastante claramente habíale publicado al mundo mi incapacidad para tales manejos públicos. Y tengo algo peor que esa incapacidad: y es que no me desagrada en modo alguno y que no trato de subsanarla, dada la marcha de vida que me he proyectado. Esta mi intervención tampoco me ha satisfecho a mí mismo, mas he llegado más o menos a lo que me había prometido y he superado con mucho lo que había prometido a aquéllos con los que había de vérmelas: pues suelo prometer algo menos de lo que puedo y de lo que espero conseguir. Seguro estoy de no haber dejado ni ofensa ni odio. En cuanto a dejar nostalgia y deseo de mí, sé al menos esto, que no lo he buscado demasiado:

> me ne huic confidere monstro,
> Mene salis placidi vultum fluctúsque quietos
> Ignorare? [45].

---

[45] «¡Yo! ¡Que me fíe de esa extraña tranquilidad! ¡Que sea capaz de olvidar lo que pueden ocultar ese apacible mar y sus tranquilas olas!» (Virgilio, *Eneida,* V. 849).

Capítulo XI

DE LOS COJOS

DESDE hace dos o tres años, en Francia, se acorta el año en diez días[1]. ¡Cuántos cambios habrían de seguir a esta reforma! Fue propiamente mover el cielo y la tierra a la vez. Sin embargo, nada se ha movido de su sitio: mis vecinos hallan el momento de la siembra, de la cosecha, la oportunidad de sus negocios, los días malos y propicios exactamente en el mismo punto que les habían asignado desde siempre. Ni se sentía el error antes, ni se siente ahora la enmienda. De tanta como es la incertidumbre que hay en todo; de tan tosca, obtusa y oscura como es nuestra percepción. Dicen que esta regulación podía haberse hecho de manera menos incómoda: sustrayendo, como hizo Augusto, de algunos años el día del bisiesto, que no deja de ser un día molesto y turbador, hasta llegar a satisfacer exactamente esta deuda (cosa que tampoco se ha hecho con esta corrección, pues conservamos aún un retraso de varios días). Y además, de este modo, podríamos haber atendido al porvenir, ordenando que tras la revolución de tal o cual número de años, se eclipsara siempre ese día extraordinario, de modo que a partir de ahora no podría exceder nuestro error las veinticuatro horas. No tenemos más cuenta del tiempo que los años. ¡Sírvese el mundo de ellos desde hace tantos siglos! Y sin embargo, es una medida que aún no hemos acabado de fijar y es tal que seguimos preguntándonos qué formas distintas le habrían dado las otras naciones y cuál sería su uso. ¿Será, como dicen algunos, que los cielos se compriman hacia nosotros al envejecer y nos hunden en la incertidumbre incluso de las horas, de los días y de los meses? ¿O lo que dice Plutarco, que ni siquiera en su época supo la astrología delimitar el movimiento de la

---

[1] Ver nota 17, al capítulo anterior.

luna? Apañados estamos para llevar un registro de las cosas pasadas.

Estaba yo dándole vueltas ahora, como suelo hacer, a cuán libre y vago instrumento es la razón humana. Veo de ordinario que los hombres, en los hechos que se les presentan, prefieren ocuparse de buscar la razón que de buscar la verdad: dejan las cosas como están y se ocupan de tratar de las causas. Curiosos razonadores. El conocimiento de las causas corresponde sólo a aquél que dirige las cosas, no a nosotros que no hacemos sino padecerlas y que bastante tenemos con ellas, según nuestra naturaleza, sin penetrar en su origen y esencia. No es el vino más agradable para aquél que conoce sus facultades primeras. ¡Al contrario! Y el cuerpo y el alma interrumpen y alteran el derecho que tienen a usar del mundo, al mezclar en ello la opinión de la ciencia. El determinar y el saber, como el dar, corresponde al que dirige y domina; al inferior, al vasallo y al aprendiz corresponde el gozar, el aceptar. Volvamos a lo que acostumbramos. Pasan por encima de los hechos, mas examinan con cuidado las consecuencias. Suelen comenzar así: ¿Cómo ocurre esto? —Mas, ¿ocurre?, habríamos de decir. Nuestro discurrir es capaz de construir otros cien mundos y de hallar sus principios y su contextura. No precisa ni de materia ni de base; dejadlo correr: construye tanto en vacío como en lleno, y a partir de la inanidad como de la materia,

dare pondus idonea fumo[2].

Casi siempre estimo que habría de decirse: Nada de eso hay; y a menudo daría esta respuesta, mas no me atrevo, pues gritan que es una derrota producida por una mente débil e ignorante. Y de ordinario he de hacer el tonto, por el qué dirán, tratando de temas y cuentos frívolos que para nada me creo. Además de que resulta en verdad algo rudo y agresivo el negar drásticamente una afirmación hecha. Y particularmente en aquellas cosas difíciles de asegurar, po-

---

[2] «Capaz de dar peso al humo». Persio, V, 20

cos dejan de afirmar que lo han visto, o de citar algunos testigos cuya autoridad detiene nuestra contradicción. Por esta costumbre, conocemos los fundamentos y las causas de mil cosas que jamás ocurrieron. Y peléase el mundo por mil cuestiones cuyos pros y contras son falsos. «Ita finitima sunt falsa veris, ut in praecipitem locum non debeat se sapiens committere»[3]. Tienen la verdad y la mentira rostros conformes, y porte, gusto y andares iguales; vémoslas con los mismos ojos. Estimo que no sólo somos débiles para defendernos del engaño, sino que tratamos de encerrarnos en él, convidándonos a ello. Gustamos de enredarnos en la vanidad, conforme a nuestro ser.

Asistí al nacimiento de muchos milagros en mi época. Aunque se ahoguen al nacer, no dejamos de imaginar la marcha que hubieran llevado si hubieran seguido con vida. Pues no hay más que hallar el extremo de la madeja, y devánase todo cuanto se quiere. Y hay más distancia entre nada y la cosa más pequeña del mundo, que entre ésta y la más grande. Y resulta que los primeros que se abrevan con este comienzo de rareza, al ir sembrando su historia, van sintiendo por las objeciones que se les hacen, dónde reside la dificultad de persuadir, y van calafateando ese lugar con alguna pieza falsa. Aparte de que, «insita hominibus libidine alendi de industria rumores»[4], por naturaleza nos remuerde la conciencia si entregamos lo que nos han prestado sin ninguna modificación ni añadido de nuestra propia cosecha. El error particular provoca primero el error público, y después, a su vez, el error público provoca el error particular. Así va toda esta obra, construyéndose y formándose de mano en mano; de manera que el testigo más alejado está más enterado que el más próximo, y el que se ha informado el último, más convencido que el primero. Es una evolución natural. Pues todo el que cree algo considera

---

[3] «Lo falso está tan próximo de lo verdadero, que el sabio no se debe arriesgar en un lugar tan lleno de precipicios.» (Cicerón, *Académicas*, II. 21).

[4] «Por el placer inherente a los hombres de dar pábulo a los rumores» (Tito Livio, XXVIII. 24).

que es un deber de caridad el convencer de ello a otro; y para hacerlo, no teme añadir de su invención todo cuanto crea necesario para su historia, para vencer la resistencia y suplir la falta que según él existe en el pensamiento de los demás.

Yo mismo, que me remuerde singularmente la conciencia al mentir y que para nada me preocupo de dar fe y autoridad a lo que digo, percátome sin embargo en los temas que tengo entre manos, de que, al acalorarme, ya sea por la resistencia de otro, ya por el propio calor de la narración, aumento e hincho el objeto con la voz, los movimientos, el vigor y la fuerza de mis palabras, e incluso con la extensión y ampliación, no sin perjuicio para la verdad pura. Mas hágolo sin embargo, con la condición de que en cuanto alguien me vuelva al principio y me pida la verdad desnuda y cruda, ceje inmediatamente en mi esfuerzo y se la dé, sin exageración, sin énfasis ni relleno. El hablar vivo y ruidoso, como es el mío normal, se deja llevar fácilmente por la hipérbole.

En general, no hay nada por lo que los hombres se esfuercen más que por abrir camino a sus opiniones. Cuando vienen a faltarnos los medios ordinarios, añadimos la autoridad, la fuerza, el hierro y el fuego. Gran desgracia es haber llegado a una situación en la que la mejor prueba de la verdad sea la multitud de creyentes, con un gentío en el que los locos superan tanto en número a los cuerdos. «Quasi veró quidquam sit tam valdè, quàm nil sapere vulgare» [5]. «Sanitatis patrocinium est, insanientum turba» [6]. Es cosa difícil el afirmar el juicio contra las ideas comunes. La primera convicción, tomada del propio tema, se apodera de los simples; de ahí, extiéndese a los listos so pretexto de la autoridad del número y la antigüedad de los testimonios. Por lo que a mí respecta, en lo que no creyese a uno, no creería a ciento uno, y no juzgo las ideas por los años.

[5] «Como si la falta de juicio no fuera lo más común.» (Cicerón, *De la adivinación,* II. 39).

[6] «¡Qué apoyo para la sabiduría, una multitud de locos!» (San Agustín, *Ciudad de Dios,* VI. 10).

Hace poco, uno de nuestros príncipes cuyo buen natural y alegre compostura habíanse visto arruinados por la gota, dejóse convencer tanto, por el relato que le hacían de las maravillosas operaciones de un sacerdote que mediante palabras y gestos curaba todas las enfermedades, que hizo un largo viaje para ir a verlo, y, por la fuerza de su imaginación, convenció y adormeció sus piernas durante algunas horas, de manera que obtuvo de ellas un servicio que ya no sabían hacerle desde hacía mucho tiempo. Si la fortuna hubiera dejado superponerse cinco o seis aventuras semejantes, habrían sido capaces de conservar este milagro. Hallóse después tanta simpleza y tan poco artificio en el hacedor de tales obras, que juzgósele indigno de castigo alguno. Y así ocurriría con la mayoría de las cosas si se las examinase en su guarida «Miramur ex intervallo fallentia»[7]. De este modo suele forjarse nuestra vista desde lejos imágenes extrañas que se desvanecen al acercarnos. «Nunquam ad liquidum fama perducitur»[8].

Es prodigioso cuán vanos son los comienzos y cuán frívolas las causas de las que suelen nacer tan famosas impresiones. Esto mismo perjudica su conocimiento. Pues mientras se buscan las importantes y dignas de tan gran nombre, piérdense las verdaderas; escapan a nuestra vista por su pequeñez. Y en verdad que es menester un muy prudente, atento y sutil inquisidor para tales investigaciones, indiferente y sin prejuicios previos. Hasta ahora, todos esos milagros y acontecimientos extraños se han ocultado ante mí. No he visto fantasma ni milagro en el mundo más evidente que yo mismo. Se acostumbra uno a toda extrañeza por el hábito y el tiempo, mas cuanto más me trato y me conozco, más me asombra mi deformidad y menos me entiendo.

El principal derecho a mostrar y producir tales acontecimientos le está reservado a la fortuna. Al pasar antes de ayer por un pueblo, a dos leguas de mi casa, hallé el lugar

---

[7] «Admiramos las cosas cuyo alejamiento nos engaña.» (Séneca, *Epístolas*, 118).

[8] «Nunca la fama se atiene a la verdad.» (Quinto Curcio, IX. 2).

aún caliente de un milagro que acababa de acaecer, en el cual habíase ocupado el vecindario durante varios meses y por el que comenzaban a conmoverse las provincias vecinas y a acudir en tropel y de todas las categorías. Habíase entretenido un joven del lugar imitando la voz de un espíritu, sin pensar en más astucia que en gozar de una broma para aquel momento. Habiéndole salido mejor de lo que esperaba, para ampliar su farsa con más recursos, asocióse con una moza del pueblo, harto estúpida y necia; y al final fueron tres, de la misma edad y parecida inteligencia; y de sermones domésticos pasaron a sermones públicos, escondiéndose bajo el altar de la iglesia, hablando sólo de noche y prohibiendo que se llevase allí luz alguna. De palabras referidas a la conversión del mundo y a la amenaza del día del juicio (pues son temas tras cuya autoridad y respeto ocúltase más fácilmente la impostura), pasaron a ciertas visiones y movimientos tan necios y ridículos que apenas si hay algo tan burdo en los juegos de los niños. Sin embargo, si hubiera querido concederles cierto favor la fortuna, ¿quién sabe hasta dónde habría llegado la broma? Aquellos pobres diablos están ahora en prisión y cargarán probablemente con la pena de la estupidez común, y no sé si algún juez no vengará en ellos la suya. Vemos claro en ésta que ha sido descubierta, mas en muchas cosas del mismo orden que están fuera de nuestro conocimiento, soy de la opinión de dejar en suspenso nuestro juicio, tanto para rechazar como para aceptar.

Se da lugar a muchos engaños en el mundo, o por decirlo más osadamente, todos los engaños del mundo tienen lugar porque nos enseñan a temer el mostrar nuestra ignorancia y porque nos vemos obligados a aceptar todo cuanto no podemos refutar. Hablamos de todo con seguridad y convicción. El proceder de Roma consistía en que lo que un testigo declaraba haber visto con sus propios ojos y lo que un juez ordenaba con su más cierto saber, concebíase con este modo de hablar: paréceme. Me hacen odiar las cosas verosímiles cuando me las imponen como cosas infalibles. Gusto de esas palabras que suavizan y moderan la temeridad de nuestras afirmaciones: Quizá, En cierto modo,

Algo, Dicen, Creo y otras semejantes. Y si tuviera que educar a los niños, pondríales tanto en los labios esa manera de responder inquisitiva y no resolutiva: ¿Qué quiere decir? No lo entiendo, Podría ser, ¿Es verdad?, que habrían conservado las maneras de los aprendices con sesenta años antes que parecer doctores con diez, como ocurre. Quien quiera curarse de su ignorancia ha de confesarla. Iris es hija de Taumante. Es la admiración el fundamento de toda filosofía, la inquisición su progreso, la ignorancia su final. Incluso hay cierta ignorancia fuerte y generosa que nada tiene que envidiarle en honor y en valor a la ciencia, ignorancia que para concebirla no es menester menos ciencia que para concebir la ciencia.

Vi en mi infancia un proceso que, Corras, consejero de Toulouse, mandó imprimir, sobre un hecho extraño de dos hombres que se hacían pasar el uno por el otro. Recuerdo (y tampoco recuerdo más) que me pareció que describía la impostura de aquél al que juzgó culpable[9] como algo tan prodigioso y fuera de nuestro conocimiento y del suyo que era el juez, que consideré muy osado el veredicto que lo condenó a ser colgado. Aceptemos una forma de sentencia que diga: Nada entienden los tribunales, más libre e ingenuamente que los areopagitas, los cuales, viéndose abrumados por una causa que no podían aclarar, ordenaron que las partes volvieran a los cien años.

La vida de las brujas de mi vecindad está en peligro cada vez que un nuevo autor viene a dar cuerpo a sus sueños. Para adaptar los ejemplos que la palabra divina nos ofrece de tales cosas, muy ciertos e irrefutables ejemplos, y relacionarlos con nuestros acontecimientos modernos, puesto que no vemos ni las causas ni los medios, es menester una mente distinta a la nuestra. Quizá sólo corresponda a ese muy poderoso testimonio el decirnos: Éste lo es, y aquélla, y no este otro. Dios ha de ser creído, esto es en verdad muy razonable; mas no sin embargo uno de nosotros que se admira de su propio relato (y admírase necesariamente

---

[9] Por mediación de la magia.

si no ha perdido el juicio), ya lo emplee para un hecho ajeno, ya lo emplee contra sí mismo.

Soy pesado, y aténgome a lo concreto y a lo verosímil, evitando los reproches de los clásicos: «Majorem fidem homines adhibent iis quae non intelligunt» [10]. «Cupidine humani ingenii libentius obscura creduntur» [11]. Bien veo que hay quien se enfada y me prohíbe dudar so pena de execrables injurias. Nueva manera de convencer. A Dios gracias, no se manipula mi fe a puñetazos. Ataquen a aquéllos que acusan de falsedad a su opinión, yo no la acuso sino de dificultad y osadía, y condeno igualmente la afirmación contraria, si bien no tan imperiosamente. «Videantur sanè, ne affirmentur modo» [12]. Quien impone su idea por la fuerza y la autoridad, muestra que su razón es débil. En una discusión verbal y escolástica puede que tengan tanta base como sus oponentes; mas en la consecuencia efectiva que sacan, éstos les llevan gran ventaja. Para matar a alguien, es menester una claridad luminosa y limpia, y es nuestra vida demasiado real y esencial para garantizar esos accidentes sobrenaturales y fantásticos. En cuanto a las drogas y venenos, no los cuento: son homicidas y de la peor especie. Sin embargo, incluso en esto, dicen que no ha de atenerse uno a la propia confesión de esas gentes, pues se les ha visto a veces acusarse de haber matado a personas que se hallaban sanas y vivas.

En cuanto a esas otras acusaciones extravagantes, prefiero decir que ya es bastante con que a un hombre se le crea sobre lo humano, por mucha autoridad que tenga. Sobre lo que está fuera de su comprensión y es cosa sobrenatural, sólo se le ha de creer cuando lo haya autorizado una aprobación sobrenatural. No se ha de envilecer ni de conceder a la ligera ese privilegio que Dios ha querido otorgar a algunos testimonios nuestros. Martilléanme los oídos con

---

[10] «Los hombres tienen más fe en lo que no comprenden.» (Anónimo).

[11] «El espíritu humano se inclina a creer más en las cosas oscuras.» (Tácito, *Historias,* I. 22).

[12] «Que se propongan estas cosas como verosímiles, pero que no se afirmen.» (Cicerón, *Académicas,* II. 27).

mil historias de este tipo: Viéronlo tres, tal día, por levante; viéronlo otros tres, al día siguiente, por occidente, a tal hora, en tal lugar, así vestido. En verdad que no me creería ni a mí mismo. ¿Cuánto más natural y más verosímil no me parece que dos hombres mientan, que que un hombre pase en doce horas, como los vientos, de oriente a occidente? ¿Cuánto más natural que la volubilidad de nuestra mente trastornada nos saque de quicio el entendimiento, que que uno de nosotros eche a volar en una escoba por el tiro de la chimenea, en carne y hueso, por la intercesión de un espíritu extraño? No busquemos ilusiones de fuera y desconocidas, nosotros que nos vemos agitados permanentemente por ilusiones propias y caseras. Paréceme perdonable el no creer un prodigio, al menos cuando se pueda dar la vuelta y demostrarlo por vía no prodigiosa. Y comparto la opinión de san Agustín, que más vale inclinarse por la duda que por la seguridad en cosas difíciles de probar y peligrosas de creer.

Hace algunos años pasé por las tierras de un príncipe soberano, el cual, en mi propio bien y para acabar con mi incredulidad, hízome la merced de mostrarme en su presencia, en lugar privado, a diez o doce prisioneros de esta naturaleza, y, entre otros, a una vieja harto bruja en verdad por su fealdad y deformidad, muy famosa desde hacía largo tiempo en esta profesión. Vi pruebas y libres confesiones y no sé qué marca insensible[13] en aquella mísera vieja; y pregunté y hablé a mis anchas prestando la más sana atención que pude; y no soy hombre que se deje atar el entendimiento con prejuicios. Al fin y en conciencia, habríales ordenado más bien eléboro que cicuta: «Captisque res magos mentibus, quám conscelerátis similis visa»[14]. Tiene la justicia sus propios correctivos para tales enfermedades.

En cuanto a las objeciones y argumentos que algunos hombres de bien me alegaron entonces y muchas otras veces, no he oído ninguno que me convenza ni que no sea

---

[13] La del diablo.
[14] «El asunto me pareció resultar más de la locura que del crimen.» (Tito Livio, VIII. 18).

susceptible de una solución siempre más verosímil que sus conclusiones. Bien es verdad que las pruebas y razones que se fundan en la experiencia y en los hechos, no las desentraño; además no tienen ni principio ni fin: suelo cortarlas, como hizo Alejandro con el nudo. En todo caso, es poner precio muy alto a sus conjeturas, el mandar quemar vivo a un hombre por ellas. Cuentan varios casos y Prestancio el de su padre, que, presa del sopor y dormido harto más profundamente que con un sueño perfecto, soñó ser mula y servir de bestia de carga a unos soldados. Y era lo que soñaba. Si sueñan los brujos así de materialmente, si pueden los sueños tomar cuerpo a veces, entonces no creo que nuestra voluntad haya de rendir cuentas a la justicia.

Cuanto digo, hagalo como aquél que no es ni juez ni consejero de reyes, ni se considera en modo alguno digno de ello, sino hombre vulgar, nacido y destinado a obedecer a la razón pública tanto de palabra como de obra. Quien usare de mis lucubraciones en contra de la ley más insignificante de su pueblo, o idea, o costumbre, haríase gran perjuicio y también a mí. Pues no garantizo más certeza en lo que digo sino que es lo que entonces tenía en mi pensamiento, pensamiento tumultuario y vacilante. Hablo de todo platicando, no asegurando. «Nec me pudet, ut istos, fateri nescire quod nesciam» [15]. No hablaría con tanta osadía si me correspondiera el ser creído; y así respondí a un grande que se quejaba de la dureza y agresividad de mis exhortaciones: Sintiéndoos fuerte y preparado por un lado, os propongo el otro con todo el interés que puedo, para aclarar vuestro juicio, no para obligarlo; Dios tiene vuestros corazones y os ayudará a elegir. No soy tan presuntuoso ni siquiera como para desear que mis ideas inclinen hacia un lado u otro, en cosa de tal importancia, no las ha destinado mi fortuna a tan poderosas y elevadas conclusiones. Ciertamente, tengo no sólo muchas cualidades, sino bastantes opiniones de las que desviaría a mi hijo, si lo tuviera. Pues, ¿qué? ¡Si las más verdaderas no son siempre

---

[15] «No me avergüenza, como a esas gentes, confesar que ignoro lo que ignoro.» (Cicerón, *Tusculanas,* I. 25).

las más convenientes para el hombre, de tan salvaje como es su forma de ser!

Venga a cuento o no, da igual, dícese en Italia como proverbio común que no conoce la perfecta dulzura de Venus aquél que no se ha acostado con una coja. El azar o algún incidente particular ha puesto desde hace mucho este dicho en boca del pueblo, y se dice tanto de los hombres como de las mujeres. Pues la reina de las amazonas respondió al escita que la invitaba al amor: «ἄριστα χωλός οἰφεῖ»; un cojo lo hace mejor. En aquella república femenina, para evitar la dominación de los varones, rompíanles desde la infancia, brazos, piernas y otros miembros que les daban ventaja sobre ellas y servíanse de ellos sólo para lo que nosotros nos servimos de ellas ahora. Habría pensado que el movimiento descompuesto de una coja podría aportar algún nuevo placer al ayuntamiento y cierta punta de dulzura a aquéllos que lo prueban, mas acabo de enterarme que incluso la filosofía antigua opinó sobre ello; dice que al no recibir las piernas ni los muslos de las cojas, a causa de su imperfección, el alimento que les es debido, ocurre que las partes genitales, que están encima, están más llenas, más nutridas y vigorosas, o bien que, al impedir este defecto el ejercicio, aquéllos que se ven afectados por él, disipan menos sus fuerzas y llegan más enteros a los juegos de Venus. Razón por la cual también los griegos acusaban a las tejedoras de ser más ardorosas que las demás mujeres: a causa del oficio sedentario que practican, sin gran ejercicio del cuerpo. ¿De qué no podremos razonar de este modo? De éstas podríase decir también que el traqueteo que les da su trabajo al estar así sentadas, las despierta y solicita, como les ocurre a las damas con el bamboleo y temblor de los coches.

¿No sirven acaso estos ejemplos para lo que decía al principio: que nuestras razones a menudo anticipan los hechos y tienen para su jurisdicción una extensión tan infinita que juzgan y se ejercitan incluso con la inanidad y el no ser? Aparte de la flexibilidad de nuestra inventiva al forjar razones para toda suerte de sueños, nuestra imaginación resulta ser igualmente fácil para recibir impresiones de la falsedad con harto frívolos motivos. Pues con sólo la autoridad del uso antiguo y público de este dicho, hice creer antaño que había obtenido más placer de una mujer por no estar derecha, y añadí esto al número de sus gracias.

Torcuato Tasso, cuando compara Francia e Italia, dice haber observado esto, que tenemos nosotros las piernas más flacas que los gentilhombres italianos, y lo atribuye al hecho de que estamos continuamente a caballo; hecho que es el mismo del que Suetonio saca conclusión totalmente opuesta: pues dice por el contrario que a Germánico le habían engordado las suyas mediante la continua práctica de este mismo ejercicio. Nada hay tan moldeable y errante como nuestro entendimiento: es el zapato de Teramene, bueno para cualquier pie. Y es doble y cambiante como las materias son dobles y cambiantes. Dame un dracma de plata, decía un filósofo cínico a Antígono. —No es presente de rey, respondió éste. —Dame pues un talento. —No es presente para un cínico.

> Seu plures calor ille vias et caeca relaxat
> Spiramenta, novas veniat qua succus in herbas;
> Seu durat magis et venas astringit hiantes.
> Ne tenues pluviae, rapidive potentia solis
> Acrior, aut Boreae penetrabile frigus adurat[16].

«Ogni medaglia ha il suo riverso»[17]. He aquí por qué Clitómaco decía antaño que Carnéades había superado los trabajos de Hércules, por haber arrancado de los hombres el consentimiento, es decir, la opinión y la temeridad de juzgar. Esta idea de Carnéades, tan vigorosa, nació antiguamente, a mi parecer, de la impudicia de aquéllos que se jactan de saber, y de su desmesurada soberbia. Pusieron en venta a Esopo con otros dos esclavos. El comprador pre-

---

[16] «El calor, bien dilata muchos caminos y poros ocultos de la tierra, por donde le llega la savia a las nuevas hierbas, bien la endurece y estrecha sus venas, protegiéndola contra las lluvias, el poder devorador de un sol ardiente, o el frío penetrante de Bóreas.» (Virgilio, *Geórgicas*, I. 89).
[17] «Toda medalla tiene su reverso.» (Proverbio italiano).

guntó al primero lo que sabía hacer; éste, para hacerse valer, respondió maravillas sin cuento, que sabía esto y lo otro; el segundo respondió sobre sí mismo otro tanto o más; cuando le tocó a Esopo y le hubieron preguntado también lo que sabía hacer, dijo: Nada, pues se han quedado éstos con todo: saben todo. Así aconteció con la escuela de filosofía: el orgullo de aquéllos que atribuían a la mente humana capacidad para todo, provocó en otros, por despecho y emulación, la idea de que no es capaz de nada. Los unos adoptan para la ignorancia la misma extremidad que los otros para la ciencia. Para que no se pueda negar que el hombre es siempre inmoderado y que no se detiene más que por la necesidad e impotencia de ir más allá.

Capítulo XII

DE LA FISONOMÍA

CASI todas las ideas que tenemos están aceptadas por autoridad de otros y por confianza en ellos. No hay mal alguno en esto; no podríamos escoger peor que por nosotros mismos, en siglo tan débil. Esa representación de los discursos de Sócrates que nos dejaron sus amigos, no la aprobamos sino por respeto a la aprobación pública; no es por conocimiento nuestro: no están de acuerdo con nuestras costumbres. Si naciera ahora algo igual, pocos hombres lo valorarían.

Sólo nos percatamos de las gracias agudas, pomposas e hinchadas por artificio. Aquéllas que pasan bajo la naturalidad y la sencillez, escapan fácilmente a una vista tosca como la nuestra; tienen una belleza delicada y oculta; se ha de tener la vista clara y bien purgada para descubrir esa luz secreta. ¿No es la ingenuidad, para nosotros, hermana de la necedad y cualidad digna de reproche? Sócrates mueve su alma con movimiento natural y común. Así habla un campesino, así habla una mujer. No se le caen de la boca cocheros, carpinteros, zapateros ni albañiles. Son inducciones y semblanzas sacadas de los actos más vulgares y comunes de los hombres; todos le entienden. Bajo forma tan vil, jamás habríamos entresacado la nobleza y esplendor de sus conceptos admirables nosotros que consideramos romos y bajos todos los que no están realzados por la ciencia y que sólo percibimos la riqueza exhibida con pompa. No está formado nuestro mundo sino para la ostentación: ínflanse los hombres sólo con viento y manéjanse a saltos como los balones. No se propuso aquél vanas fantasías: fue su fin proporcionarnos cosas y preceptos que sirvieran real y estrechamente a la vida,

> servare modum, finemque tenere,
> Naturámque sequi[1].

Fue también y siempre uno e igual, y elevóse, no a sacudidas sino por naturaleza, hasta el último grado de vigor. O mejor dicho, no se elevó en modo alguno, sino que más bien rebajó y retrotrajo a su punto original y natural, sometiéndoselos, el vigor, la dureza y las dificultades. Pues, en el caso de Catón, vemos muy claro que es la suya una marcha esforzada y muy por encima de la común; en las valerosas hazañas de su vida y en su muerte, siéntesele siempre montado sobre sus grandes caballos. Este está a ras de tierra y, con paso relajado y ordinario, hace los más útiles razonamientos; y condúcese en la muerte y en los pasos más espinosos que puedan presentarse, con el andar de la vida humana.

Ha acontecido que el hombre más digno de ser conocido y mostrado al mundo como ejemplo, es aquél del que tenemos mayor conocimiento. Los hombres más clarividentes que jamás hayan existido, echaron luz sobre él: los testigos[2] que de él tenemos son admirables por su fidelidad e inteligencia.

---

[1] «Observar la justa medida, mantenerse en los límites, seguir la naturaleza.» (Lucano, *Farsalia*, II. 381).
[2] Platón y Jenofonte.

Gran cosa es el haber podido dar tal orden a las puras imaginaciones de un niño que, sin alterarlas ni estirarlas, haya producido con ellas los más bellos efectos en nuestra alma. No la presenta ni elevada ni rica; sólo la presenta sana, mas ciertamente con una salud bien alegre y limpia. Con esos resortes vulgares y naturales, con esos pensamientos ordinarios y comunes, sin conmoverse ni excitarse, dirigió no sólo las más ordenadas sino las más altas y vigorosas ideas, acciones y costumbres que jamás existieran. Fue él quien hizo bajar del cielo, donde no hacía sino perder el tiempo, a la sabiduría humana, para devolvérsela al hombre en el que reside su más justa y laboriosa tarea y la más útil.

Vedle abogar ante sus jueces, ved con qué razones despierta su valor en los peligros de la guerra, con qué argumentos fortalece su paciencia contra la calumnia, la tiranía, la muerte y contra el proceder de su mujer, nada toma prestado del arte ni de las ciencias; los más simples reconocen en ello sus propios medios y su propia fuerza; no es posible retroceder ni bajar más. Gran favor le ha hecho a la naturaleza humana mostrándole cuánto puede por sí misma.

Somos todos más ricos de lo que pensamos; mas nos educan para pedir y tomar prestado: nos enseñan a servirnos más de lo ajeno que de lo nuestro. En ninguna cosa sabe el hombre detenerse en el punto de su necesidad: abraza más voluptuosidad, más riqueza, más poder, del que puede estrechar; es su avidez incapaz de moderación. Estimo que con la curiosidad de saber ocurre lo mismo; ofrécese harto más trabajo del que puede hacer y del que le puede servir, extendiendo la utilidad del saber tanto como su materia. «Ut omnium rerum, sic litterarum quoque intemperantia laboramus»[3]. Y hace bien Tácito en alabar a la madre de Agrícola por haber frenado el apetito de ciencia demasiado ardiente de su hijo. Es un bien, si se mira con ojos serenos, que tiene, como los demás bienes de los hombres, mu-

---

[3] «Como en todo, también en el estudio de las letras mostramos intemperancia.» (Séneca, *Epístolas,* 106).

cha vanidad y debilidad propia y natural, y que cuesta muy caro.

Su ingestión es harto más peligrosa que la de cualquier otra vianda o bebida. Pues, con el resto, lo que hemos comprado llevámoslo a casa en algún recipiente y allí, podemos examinar su valor y cuánto y a qué hora lo tomaremos. Mas las ciencias, de entrada sólo podemos ponerlas en nuestra alma: nos las tragamos al comprarlas y salimos ya del mercado o empachados o enmendados. Hay algunas que no hacen sino estorbarnos y cargarnos en lugar de alimentarnos, y otras que, so pretexto de curarnos, nos envenenan.

Agradóme ver en algunos lugares a hombres que, por devoción, hacían voto de ignorancia, como de castidad, de pobreza o de penitencia. Es también castrar nuestros apetitos desordenados, el limar esa concupiscencia que nos aguijonea empujándonos al estudio de los libros, y el privar al alma de esa complacencia voluptuosa que nos acaricia con la idea de la ciencia. Y es cumplir generosamente el voto de pobreza, el unirle también la de la inteligencia. Apenas si precisamos de saber para vivir a nuestras anchas. Y nos enseña Sócrates que éste reside en nosotros, y la manera de hallarlo y de usar de él. Toda esta inteligencia nuestra que está más allá de la natural, es más o menos vana y superflua. Ya es mucho que no nos cargue y trastorne más de lo que nos sirve. «Paucis opus est litteris, ad mentem bonam»[4]. Son excesos febriles de nuestra mente, instrumento revoltoso e inquieto. Recogeos: hallaréis en vosotros los argumentos verdaderos de la naturaleza contra la muerte, y los más adecuados para serviros en la necesidad; son aquéllos que hacen que un campesino y pueblos enteros mueran con la misma serenidad que un filósofo. ¿Habría muerto yo menos alegremente antes de haber leído las *Tusculanas?* Creo que no. Y cuando me hallo en peligro, siento que mi lengua se ha enriquecido, mi valor, para nada; está tal y como me lo forjó la naturaleza, y, para el conflicto, adopta un andar popular y común. Hanme servido

---

[4] «Pocas letras bastan para formar un alma sana.» *(Ibídem, íd.,* 106).

los libros no tanto de instrucción como de ejercicio. ¿Cómo no?, si la ciencia, tratando de armarnos con nuevas defensas contra los males naturales, nos ha grabado más en el pensamiento su grandeza y su peso que las razones y sutilezas para protegernos de ellos. Son sutilezas efectivamente, con las cuales nos despierta a menudo harto vanamente. Ved cuántos argumentos livianos y, si se miran de cerca, incorpóreos, siembran en torno a uno bueno los autores, incluso los más serios y sabios. No son sino argucias verbales que nos engañan. Mas como ello puede ser con utilidad, no quiero desmenuzarlas más. Bastantes hay aquí de esa condición en varios párrafos, ya sean prestadas o imitadas. Por ello, hemos de guardarnos de llamar fuerza a lo que no es sino distinción, o sólido a lo que no es sino agudo, o bueno a lo que no es sino bello: «quae magis gustata quam potata delectant»[5]. No todo cuanto gusta alimenta. «Ubi non ingenii, sed animi negotium agitur»[6].

Viendo los esfuerzos que hace Séneca para prepararse contra la muerte, viéndole sudar hasta quedarse sin aliento para permanecer firme y seguro, y debatirse tanto tiempo en esa garrocha, habría yo echado abajo su reputación, si no la hubiera mantenido valerosamente al morir. Su agitación tan ardiente, tan frecuente, muestra que era él mismo ardoroso e impetuoso. «Magnus animus remissius loquitur et securius... Non est alius ingenio, alis animo color»[7]. Es menester convencerlo a pesar suyo. Y muestra de algún modo que le abrumaba su adversario. El estilo de Plutarco, por ser más desdeñoso y relajado, es, a mi parecer, tanto más viril y persuasivo; no me cuesta creer que tuviera su alma movimientos más seguros y ordenados. El uno, más vivo, nos excita e impulsa con sobresalto, llega más al espíritu. El otro, más sentado, nos informa, nos tranquiliza

---

[5] «Cosas que nos complace más saborear que tragar.» (Cicerón, *Tusculanas,* V. 5).

[6] «Cuando se trata de asuntos del alma y no del espíritu.» (Séneca, *Epístolas*, 75).

[7] «Un alma grande se expresa de forma más tranquila y reposada... No hay un color para el espíritu y otro para el alma.» (*Ibídem, íd.,* 95).

y conforta constantemente, llega más al entendimiento. Aquél nos arrebata el juicio, éste lo invade.

También he visto otros escritos aún más respetados, que, al describir la lucha que sostienen contra los aguijoneos de la carne, los representan tan ardientes, tan poderosos e invencibles, que nosotros mismos, que pertenecemos al común de los mortales, hemos de admirar tanto la rareza y el desconocido vigor de su tentación como su resistencia.

¿Para qué intentar armarnos con esos esfuerzos de la ciencia? Miremos a esas pobres gentes a las que vemos tendidas en tierra, con la cabeza colgando tras el combate, que no conocen ni a Aristóteles, ni a Catón, ni ejemplo, ni precepto; de ellos toma la naturaleza cada día actos de constancia y de paciencia, más puros y firmes que los que estudiamos con tanto interés en la escuela. ¿A cuántos no veo yo diariamente ignorar la pobreza? ¿A cuántos que desean la muerte o que la pasan sin alarma ni aflicción? Este que trabaja mi jardín, ha enterrado esta mañana a su padre o a su hijo. Incluso los nombres que les ponen a las enfermedades suavizan y ablandan su dureza; la tisis es para ellos tos; la disentería, desarreglo del estómago; una pleuresía, un catarro; y así como las llaman suavemente, así también las soportan. Muy graves han de ser para interrumpir su trabajo diario; no se acuestan sino para morir. «Simplex illa et aperta virtus in obscuram et solertem scientiam versa est»[8].

Escribía esto más o menos en la época en la que una fuerte avalancha de estos disturbios nuestros lanzóse sobre mí[9] durante varios meses, con todo su peso. Tenía por una parte a los enemigos a la puerta, por otra, a los merodeadores, enemigos peores aún: «non armis sed vitiis certatur»[10]; y padecía toda suerte de ataques militares a la vez.

---

[8] «De esta virtud sencilla e ingenua se ha hecho una ciencia oscura y sutil.» (*Ibídem, íd.*, 95).

[9] Hacia 1586, las luchas entre católicos y protestantes tuvieron lugar en los alrededores del Castillo de Montaigne. Castillon, enclave protestante, fue sitiado por el ejército real y las tropas de la Liga.

[10] «Quienes luchan con los vicios, no con las armas» (Anónimo).

Hostis adest dextra leváque à parte timendus,
Vicinóque malo terret utrúmque latus[11].

Monstruosa guerra: las otras actúan desde fuera, ésta se deshace royéndose a sí misma, con su propio veneno. Es de naturaleza tan maligna y destructiva, que se destruye al tiempo que el resto, y se desgarra y despedaza de rabia. Vémosla más a menudo disolverse por sí misma que por falta de algo necesario o por la fuerza enemiga. Apártase de ella toda disciplina. Viene a curar la sedición y está llena de ella; y, dedicada a la defensa de las leyes, rebélase por su parte contra las suyas propias. ¿En qué situación estamos? Nuestra medicina produce infección,

> Nuestro mal se envenena
> Con la ayuda que se le presta.

Exuperat magis aegrescitque medendo[12].

Omnia fanda, nefanda, malo permista furore,
Justificam nobis mentem avertere deorum[13].

En estas enfermedades populares, pueden distinguirse al principio los sanos de los enfermos, mas, cuando duran, como la nuestra, resiéntese todo el cuerpo de la cabeza a los pies; ninguna parte está exenta de corrupción. Pues no hay aire que ahúme tan rápidamente, que se extienda y penetre como el libertinaje. Nuestros ejércitos no están unidos ni se mantienen más que con argamasa ajena; ya no se puede formar con franceses un cuerpo de ejército firme ni ordenado. ¡Qué vergüenza! No hay más disciplina que la que nos muestran los soldados prestados. En cuanto a nosotros, nos conducimos a nuestra guisa, y no a la del jefe,

---

[11] «Un enemigo a la derecha, otro a la izquierda, temible, un peligro acuciante amenaza por uno y otro lado.» (Ovidio, *Pónticas,* I. III. 57).

[12] Hexámetro de Virgilio, *Eneida,* XIII. 46, que Montaigne traduce antes de citarlo.

[13] «La virtud y el crimen confundidos por nuestros furores han disuadido a los dioses de tratarnos con justicia.» (Catulo, *Epitalamio,* 406).

cada cual a la suya: hay más quehacer dentro que fuera. Tócale al mando seguir, cortejar y plegarse, sólo a él toca obedecer; todo lo demás está libre y disoluto. Gusto de ver cuánta cobardía y pusilanimidad hay en la ambición, mediante cuánta abyección y servidumbre ha de alcanzar sus fines. Mas duéleme ver cómo naturalezas buenas y capaces de justicia se corrompen cada día actuando y mandando en esta confusión. El sufrimiento largo produce hábito, el hábito, consentimiento e imitación. Bastantes almas mal nacidas teníamos sin estropear las buenas y generosas. De manera que, si seguimos así, difícilmente quedará alguien a quien confiar la salud de este estado, en el caso de que la fortuna nos la devuelva.

> Hunc saltem everso juvenem sucurrere seclo
> Ne prohibite[14].

¿Qué ha sido de este antiguo precepto, que los soldados han de temer más a su jefe que al enemigo? ¿Y de este maravilloso ejemplo, que habiendo quedado encerrado un manzano en el recinto del campamento del ejército romano, trasladóse éste al día siguiente dejándole al propietario la totalidad de sus manzanas, maduras y deliciosas? Mucho me complacería que nuestra juventud, en lugar del tiempo que emplea en peregrinaciones menos útiles y en aprendizajes menos honrosos, empleara la mitad en ver la guerra en el mar, a las órdenes de cierto buen capitán comendador de Rodas[15], y la otra mitad en conocer la disciplina de los ejércitos turcos, pues tiene muchas diferencias y ventajas sobre la nuestra. Ocurre esto, que nuestros soldados se vuelven más licenciosos en las expediciones, y los suyos, más contenidos y temerosos; pues las ofensas y los robos al pueblo llano, que en la paz se castigan con una paliza, son capitales en la guerra; por un huevo cogido sin pagar,

---

[14] «No impidáis a este joven héroe socorrer a este siglo desquiciado.» (Virgilio, *Geórgicas,* I. 500).
[15] Quien, cuando la isla fue ocupada por los turcos en 1522, realizó el traspaso a Malta de la orden de San Juan de Jerusalén.

son cincuenta palos, asignados desde antes; por cualquier otra cosa, por liviana que sea, que no se pueda comer, los empalan o decapitan sin más tardar. Asombréme con la historia de Selim, el conquistador más cruel que jamás existiera, de ver, cuando subyugó Egipto, cómo los admirables jardines que hay alrededor de la ciudad de Damasco, muy abundantes y delicados, quedaron vírgenes de las manos de sus soldados, estando abiertos y no cerrados como ahora.

Mas, ¿puede haber mal alguno en una sociedad, que merezca ser combatido con droga tan mortal? No lo merece, decía Faonio, la usurpación de la posesión tiránica de un estado. Tampoco Platón consiente que se violente la tranquilidad de su país para curarlo, y no acepta la enmienda que cuesta la sangre y la ruina de los ciudadanos, afirmando que el deber de un hombre de bien, en ese caso, es dejar las cosas como están; sólo rogar a Dios para que intervenga con su mano extraordinaria. Y parece reprochar a su gran amigo Dión, el haber procedido de modo algo distinto.

Era yo ya platónico por ese lado, antes de saber que existiese un tal Platón en el mundo. Y si este personaje ha de ser rechazado de nuestro trato, él, que por la sinceridad de su conciencia mereció del favor divino el penetrar tanto en la luz cristiana a través de las tinieblas públicas del mundo de su tiempo, no creo que sea propio dejar que un pagano nos enseñe cuánta impiedad es no esperar de Dios ningún socorro únicamente suyo y sin ninguna cooperación nuestra. Pregúntome a menudo si entre tantas gentes que se meten en tal empresa se ha dado algún entendimiento tan imbécil como para haberse convencido sinceramente de que se iba a reformar mediante la última de las deformaciones, que se acercaba a la salvación mediante las causas más claras que tenemos de una muy segura condenación, que, echando abajo la sociedad, el gobierno y las leyes para cuya tutela lo colocó Dios, despedazando a su madre y echando los trozos a sus antiguos enemigos para que los royeran, llenando de odios parricidas los corazones fraternos, llamando en su ayuda a los diablos y a las furias, iba a poder socorrer la sacrosanta justicia y dulzura de la palabra divina. La ambición, la avaricia, la crueldad, la venganza no tienen bastante impetuosidad propia y natural; enardezcámoslas y aticémoslas con el glorioso título de justicia y devoción. No puede imaginarse peor estado de las cosas que aquél en el que la maldad llega a ser legítima y a ponerse, con permiso de la autoridad, el manto de la virtud. «Nihil in speciem fallacius quám prava religio, ubi deorum numen praetenditur sceleribus»[16]. La clase más extrema de injusticia, según Platón, es que aquello que es injusto sea considerado justo.

. El pueblo sufrió entonces con largueza no sólo los perjuicios presentes,

> undique totis
> Usque adeo turbatur agris[17],

sino también los futuros. Los vivos hubieron de padecer; y los que aún no habían nacido. Saqueáronlo, y por lo tanto a mí, arrebatándole hasta la esperanza y todo cuanto tenía para prepararse a vivir por luengos años.

> Quae nequeunt secum ferre aut abducere perdunt,
> Et cremat onsontes turba scelesta casas[18].

> Muris nulla fides, squallent populatibus agri[19].

Aparte de esta sacudida sufrí otras. Padecí los males que acarrea la moderación en tales enfermedades. Maltratáronme por todos lados: para el gibelino era güelfo y para el güelfo, gibelino; ya lo dice alguno de mis poetas, mas no sé dónde. La situación de mi casa y el trato con los hombres de mi vecindad presentaban mi vida con un aspecto[20]

---

[16] «Nada más falaz que la superstición que cubre sus crímenes con el interés de los dioses.» (Tito Livio, XXXIX. 16).
[17] «Por todas partes, nuestros campos están agitados» (Virgilio, *Bucólicas*, I. 11).
[18] «Lo que no pueden quitar o llevarse, lo destrozan, y su banda criminal incendia estas pobres cabañas.» (Ovidio, *Tristes,* III. X. 65).
[19] «Ninguna seguridad en las ciudades, los campos son presa de los peores estragos.» (Claudiano, *Contra Eutropio,* I. 244).
[20] Protestante.

y mis actos con otro[21]. No había acusaciones formales, pues no había a qué agarrarse: jamás desacato las leyes, y quien me hubiera espiado habría tenido sobradas razones para sentirse obligado conmigo. Eran sospechas mudas que corrían bajo cuerda, para las que jamás faltan motivos en tan confuso jaleo, como tampoco espíritus envidiosos o ineptos. Suelo contribuir a las presunciones injuriosas que la fortuna siembra contra mí por la manera de ser que tengo de evitar siempre el justificarme, disculparme o explicarme, por considerar que ello es poner a mi conciencia en el compromiso de abogar por ella. «Perspicuitas enim argumentatione elevatur»[22]. Y, como si cada cual viera en mí tan claro como yo, en lugar de echar abajo la acusación, adéntrome en ella confirmándola más bien con una confesión irónica y burlona, si no me callo sencillamente, en tanto que cosa indigna de respuesta. Más aquéllos que lo toman por confianza demasiado altiva apenas si me quieren mejor que aquéllos que lo toman por debilidad en una causa indefendible, en particular los grandes, para los cuales la falta de sumisión es la falta más extrema, y son duros en toda justicia que se sepa y se sienta no prosternada, ni humilde, ni suplicante. Topéme a menudo con este pilar. En todo caso, con lo que me acaeció entonces, habríase colgado un ambicioso; y otro tanto habría hecho un avaricioso.

No tengo interés alguno en acumular.

Sit mihi quod nunc est, etiam minus, ut mihi vivam
Quod superest aevi, si quid superesse volent dii[23].

Mas las pérdidas que sufro por la ofensa de otros, ya sea robo o violencia, hiérenme casi como a un hombre enfer-

---

[21] Católico.

[22] «Pues la discusión debilita la evidencia.» (Cicerón, *De la naturaleza de los dioses,* III. 4).

[23] «No más bienes de los que tengo, y aun menos, con tal de que sea para mí para quien viva el resto de mis días, si los dioses me lo conceden.» (Horacio, *Epístolas,* I. XVIII. 107).

mo y atormentado por la avaricia. Es la ofensa, sin comparación, más amarga que la pérdida.

Mil clases distintas de males echáronse sobre mí uno tras otro; habríalos soportado más gallardamente en bloque. Llegué a pensar a cuál de mis amigos podría encomendar una vejez menesterosa y desgraciada; después de volver los ojos a todas partes, halléme desnudo. Para dejarse caer con todo el peso y desde tan alto, es menester que sea en los brazos de un afecto sólido, vigoroso y feliz: éstos son escasos, si es que los hay. Al fin, dime cuenta de que lo más seguro era confiarme a mí mismo y a mi necesidad, y, si me acaecía el que la fortuna me mirase con frialdad, encomendarme tanto más a mí mismo, ligarme y mirarme más de cerca. Para todo buscan los hombres apoyos ajenos para ahorrarse los propios, únicos ciertos y poderosos si sabe armarse con ellos. Todos corren a otro lugar y al futuro, pues nadie ha llegado a sí. Y persuadíme de que eran males útiles.

Primero, porque es menester advertir con azotes a los malos discípulos, cuando la razón no puede bastante, así como con el fuego y la violencia de las cuñas volvemos a enderezar un madero torcido. Predícome desde hace mucho tiempo el atenerme a mí y el apartarme de las cosas ajenas: sin embargo, sigo volviendo los ojos a un lado y a otro: tiéntame la inclinación, una palabra favorable de un grande, un buen gesto. ¡Dios sabe si hay escasez de ello en estos tiempos y qué sentido tiene! Oigo aún sin fruncir el ceño los sobornos que me hacen para sacarme a la palestra, y defiéndome tan débilmente que parece que prefiero ser vencido. Por ello, un espíritu tan rebelde necesita de palizas; y es preciso recomponer y tapar a golpe de mazo este tonel que se desencaja, se desune, escapándose y saliéndose de sí mismo.

Segundo, porque este accidente servíame de ejercicio para prepararme a algo peor, al ser uno de los primeros en verme atrapado por aquella tormenta, yo, que por el favor de la fortuna y la condición de mi proceder, esperaba ser de los últimos, aprendiendo tempranamente a violentar mi vida y a ordenarla para un nuevo estado. La verdadera libertad es poderlo todo sobre sí. «Potentissimus est qui se habet in potestate»²⁴.

En tiempos ordenados y tranquilos uno se prepara a accidentes moderados y comunes, mas en esta confusión en la que estamos desde hace treinta años, cualquier francés, ya sea particularmente o en general, está expuesto a cada momento a que dé la vuelta su fortuna. Por ello, tanto más fuertes y vigorosas han de ser las provisiones del corazón. Agradezcámosle a la suerte que nos haya hecho vivir en un siglo que no es ni muelle, ni lánguido, ni ocioso: aquél que de otro modo no habría llegado a ser famoso, lo será por su desgracia.

Así como apenas si leo en las historias aquellas confusiones de los otros estados sin lamentar el no haberlas podido estudiar mejor estando presente, así la curiosidad me hace alegrarme de algún modo de ver con mis propios ojos este notable espectáculo de nuestra muerte pública, sus síntomas y su forma. Y puesto que no puedo retrasarla, estoy contento de estar destinado a asistir a ella y a instruirme.

Buscamos ávidamente reconocer, incluso por la sombra y en la fábula de los teatros, la exhibición de los trágicos juegos de la fortuna humana.

No lo hacemos sin compadecernos de lo que oímos, mas gustamos de despertar nuestro disgusto por la rareza de esos lamentables acontecimientos. Nada excita si no pellizca. Y los buenos historiadores huyen, como de agua adormecida y de un mar muerto, de las narraciones tranquilas, para ocuparse de las sediciones, las guerras, a las que saben que los llamamos. No sé si puedo confesar bastante honradamente con cuán poca influencia sobre el reposo y la tranquilidad de mi vida, ha pasado más de la mitad en medio de la ruina de mi país. Tengo una dosis demasiado grande de paciencia para los accidentes que no me afectan directamente, y a la hora de quejarme, miro no tanto lo que me quitan como lo que me queda sano y salvo dentro y fuera. Es consolador esquivar ora uno, ora otro de los males

---

²⁴ «El hombre más poderoso es el que tiene poder sobre sí mismo.» (Séneca, *Epístolas,* 90).

que nos miran de reojo al pasar y golpean a nuestro alrededor en otra parte. Aparte de que, en materia de intereses públicos, a medida que se extiende más universalmente mi sentimiento, se hace más débil. Unido a que «tantum ex publicis malis sentimus, quantum ad privatas res pertinent»[25]. Y que la salud de la que partimos era tal que alivia ella misma la nostalgia que de ella deberíamos tener. Era salud, mas sólo en comparación con la enfermedad que la ha seguido. No hemos caído desde muy alto. Lo menos soportable paréceme la corrupción y el bandidaje considerados dignos y en orden. Se nos roba menos injuriosamente en un bosque que en lugar seguro. Era una unión general de miembros estropeados en particular, emulándose unos a otros, y afectados la mayoría de úlceras, los cuales no admitían más ni pedían curación.

Este derrumbamiento animóme, pues, ciertamente, más de lo que me deprimió, con la ayuda de mi conciencia que se sentía no sólo en paz sino orgullosa, y no hallaba cosa alguna que reprocharse. Además, como Dios jamás envía ni los males ni los bienes puros a los hombres, mi salud aguantó bien en aquel tiempo, más de lo que acostumbra; y así como sin ella nada puedo, pocas cosas hay que no pueda con ella. Permitióme despertar todos mis recursos y llevarme la mano a la herida que fácilmente podría haber empeorado, para atajarla. Y comprobé con mi paciencia que tenía cierta firmeza contra la fortuna y que para hacerme perder los arzones era menester gran golpe. No lo digo para empujarla a cargar contra mí con más vigor. Soy su servidor, tiéndole las manos, ¡por Dios, conténtese! ¿Que siento sus asaltos? Esto hago. Así como aquéllos a los que la tristeza abruma e invade, déjanse acariciar sin embargo a intervalos por algún placer y se les escapa una sonrisa, puedo yo también bastante sobre mí para hacer mi estado ordinario apacible y descargado de enojosos pensamientos. Mas déjome sorprender a pesar de todo, a sacudidas, por los mordiscos de esas desagradables ideas que me gol-

---

[25] «Sentimos tanto más los males públicos cuanto que afectan a nuestros intereses particulares.» (Tito Livio, XXX. 44).

pean mientras me armo para expulsarlas o luchar contra ellas.

He aquí otro mal que por añadidura me acaeció tras los otros. Vime atacado dentro y fuera de mi casa por una peste[26], más vehemente que cualquier otra. Pues, así como los cuerpos sanos están sujetos a enfermedades más graves porque sólo pueden ser violentados por éstas, mi aire, harto salubre, en el que no se recordaba que hubiera echado raíces contagio alguno por cercano que estuviera, al envenenarse, produjo efectos extraños.

> Mista senum et juvenum densantur funera, nullum
> Saeva caput Proserpina fugit[27].

Hube de padecer esta curiosa situación, que la vista de mi casa érame espantosa. Todo cuanto allí había estaba sin guarda y abandonado a quien tuviera gana de ello. Yo, que tan hospitalario soy, vime obligado a buscar refugio penosamente para mi familia, una familia perdida que asustaba a sus amigos y a sí misma, y producía horror allí donde intentaba instalarse, habiendo de desalojar en cuanto a uno del grupo comenzaba a dolerle la punta de un dedo. Cree uno que todas las enfermedades son la peste y no puede examinarlas. Y lo grande es que, según las reglas establecidas para cualquier peligro que os ronde, es menester estar cuarenta días con la zozobra de este mal, y mientras tanto la imaginación os atormenta a su modo haciendo incluso que enferme vuestra salud.

Habríame afectado todo esto mucho menos, si no hubiese tenido que padecer la pena de los demás ni servir de guía miserablemente durante seis meses a aquella caravana. Pues llevo conmigo mis preservativos que son la resolución y la resignación. Apenas si me invade la aprensión, cosa que se teme particularmente en este mal. Y si, estan-

---

[26] Se refiere a la terrible epidemia que asoló los alrededores del Castillo de Montaigne en 1585.

[27] «Jóvenes y viejos se amontonan en las tumbas, ninguna cabeza escapa a la dura Proserpina.» (Horacio, *Odas*, XXVIII. 19).

do solo, hubiera querido cogerla, habría sido una huida harto más alegre y alejada. Es una muerte que no me parece de las peores: normalmente es corta, con desvanecimiento, sin dolor, consolada por la situación pública, sin ceremonia, sin duelo, sin gente. Mas en cuanto a las personas de alrededor, ni la centésima parte de las almas pudo salvarse:

videas desertáque regna
Pastorum, et longè saltus latéque vacantes [28].

En esta tierra, mi mayor ganancia es manual: lo que cien hombres trabajaban para mí está abandonado por mucho tiempo.

Y entonces, ¿qué ejemplo de resolución no vimos en la sencillez de todo un pueblo? Generalmente, todos renunciaban a cuidar de su vida. Las uvas quedaron colgadas de las viñas, principal bien del país, pues todos sin distinción preparábanse y esperaban la muerte para aquella tarde, o para el día siguiente, con rostro y voz tan poco asustada que parecían haberse entregado a aquella necesidad como a una condena universal e inevitable. Siempre es así. Mas, ¿de cuán poco depende la resolución en el morir? La distancia y diferencia de algunas horas, la sola consideración de la compañía, nos hacía distinta su aprensión. Mirad a éstos: por el hecho de morir en el mismo mes niños, jóvenes y viejos, ya no se espantan, ya no lloran. Vi a algunos que temían quedarse de los últimos, como en horrible soledad, y no vi más cuidado, por lo general, que el de las sepulturas: preocupábales el ver los cuerpos esparcidos por los campos, a merced de las alimañas que los invadieron de inmediato. (Cuán distintas son las ideas humanas: los neoritas, nación subyugada por Alejandro, echaban los cuerpos en lo más hondo de sus bosques para que fueran comidos, única forma de sepultura considerada feliz por ellos.) Alguno, sano, cavaba ya su fosa, otros tendíanse en ella aún vivos. Y un jornalero de los míos, con sus manos

---

[28] «Se hubiera visto el reino desierto de pastores, y vacíos los bosques a lo largo y a lo ancho.» (Virgilio, *Geórgicas,* III. 476).

y sus pies, se cubrió con tierra mientras agonizaba: ¿no era esto abrigarse para dormir más a gusto? Acto tan alto, en cierto modo, como el de los soldados romanos a los que hallaron, tras la batalla de Cannas, con la cabeza hundida en unos agujeros que habían hecho y tapado con sus manos para asfixiarse en ellos. En suma, toda una nación adoptó de inmediato, por costumbre, una actitud que nada tiene que envidiarle a ninguna resolución estudiada y meditada.

La mayoría de las enseñanzas de la ciencia para animarnos son más ostentosas que fuertes y tienen más adorno que fruto. Hemos abandonado a la naturaleza y queremos enseñarle su propia lección, a ella que tan feliz y seguramente nos guiaba. Y mientras, la ciencia se ve obligada cada día a tomar prestados los restos de su enseñanza y ese poco de su imagen que, por el beneficio de la ignorancia, queda grabado en la vida de esa turba rústica de hombres toscos, para que sirva de modelo de constancia, inocencia y tranquilidad a sus discípulos. Bueno es ver que éstos, llenos de tan hermoso saber, han de imitar esa tonta sencillez y de imitarla en los primeros actos de la virtud y que nuestra sabiduría aprende de los propios animales las más útiles enseñanzas para los aspectos más grandes y necesarios de nuestra vida: cómo hemos de vivir y de morir, conservar nuestros bienes, querer y criar a nuestros hijos, impartir justicia, prueba singular de la enfermedad humana; y que esta razón que manejamos a nuestra guisa, hallando siempre alguna diferencia y novedad, no deja en nosotros rastro alguno de la naturaleza. Y han hecho los hombres como los perfumadores de aceite: la han sofisticado con tantos argumentos y tantas razones ajenas a ella, que se ha vuelto variable y particular para cada uno, perdiendo su aspecto propio, constante y universal, y hemos de buscar el testimonio de los animales que no está sujeto a favor, ni a corrupción, ni a diversidad de opiniones. Pues bien es verdad que ellos mismos no van siempre exactamente por el camino de la naturaleza, mas, si se desvían, es tan poco que siempre se ve el surco. Así como los caballos a los que se conduce por el ronzal no dejan de dar saltos y hacer escapadas, mas sólo lo que éste les permite y siguen siempre por lo tanto los pasos del que los guía, y así como el pájaro echa a volar más con la brida de la correa. «Exilia, tormenta, bella, morbos, naufragia meditare, ut nullo sis malo tiro» [29].

¿De qué nos sirve esa curiosidad de pensar de antemano en todos los males de la naturaleza humana, y prepararnos con tanto esfuerzo incluso contra aquéllos que quizá no van a alcanzarnos? «Parem passis tristitiam facit, pati posse» [30]. No sólo nos hiere el golpe, sino el viento y el pedo también. ¿O como los más febriles, pues ciertamente es fiebre el ir desde ahora a que os azoten porque puede acaecer que la fortuna os lo haga sufrir algún día, o poneros el abrigo de piel desde san Juan porque lo hayáis de necesitar en Navidad? Experimentad los males que os puedan ocurrir, en particular los más extremos: probaos así, dicen, fortaleceos con ellos. Por el contrario, lo más fácil y natural sería librar de ellos incluso a vuestro pensamiento. No vendrán bastante pronto, no os dura bastante su verdadero ser; ha de extenderlos y alargarlos nuestra mente e incorporárselos de antemano y alimentarse de ellos, como si no les pesasen razonablemente a nuestros sentidos. Ya pesarán bastante cuando lleguen, dice uno de nuestros maestros [31], no de alguna secta blanda, sino de la más dura. Mientras tanto, goza; cree aquello que prefieras. ¿De qué te sirve ir acogiendo y previniendo tu mala fortuna y perder el presente por temor al futuro y ser ahora miserable porque debas serlo con el tiempo? No son más que palabras. No deja de hacernos gran favor la ciencia instruyéndonos bien exactamente de las dimensiones de los males,

Curis acuens mortalia corda [32].

---

[29] «Medita los tormentos, las guerras, las enfermedades, los naufragios, para que ningún mal te sorprenda.» (Séneca, *Epístolas,* 91 y 107).
[30] «A los que han sufrido, la eventualidad del sufrimiento les duele tanto como el propio dolor.» *(Ibídem, íd.,* 74).
[31] Séneca.
[32] «Aguzando con preocupaciones nuestros corazones mortales.» (Virgilio, *Geórgicas,* I. 123).

Gran perjuicio sería si parte de su grandeza escapara a nuestro sentimiento y conocimiento.

Cierto es que a la mayoría hales atormentado más la preparación a la muerte que el sufrimiento. Dijo antaño un autor harto juicioso: «minus afficit sensus fatigatio quam cogitatio»[33].

El sentimiento de una muerte inmediata nos anima a veces por sí mismo a una pronta resolución de no evitar ya lo que es del todo inevitable. A muchos gladiadores se les vio, en los tiempos pasados, tras haber combatido cobardemente, abrazar la muerte valerosamente, ofreciendo el cuello al hierro del enemigo e incitándole. La vista de una muerte por venir necesita de una firmeza lenta y, por consiguiente, difícil de mantener. Si no sabéis morir, no os importe, la naturaleza os informará en el momento mismo, plena y suficientemente; hará exactamente ese trabajo por vos, no os toméis la molestia de cuidaros de ello.

> Incertam frustra, mortales, funeris horam
> Quaeritis, et qua sit mors aditura via![34]

> Poena minor certam subito perferre ruinam,
> Quod timeas gravius sustinuisse diu[35].

Turbamos la vida por cuidarnos de la muerte, y la muerte, por cuidarnos de la vida. La una unos aburre, la otra nos espanta. No es contra la muerte contra lo que nos preparamos; es cosa demasiado momentánea. Un cuarto de hora de padecimiento sin consecuencia, sin perjuicio, no merece preceptos particulares. A decir verdad, nos preparamos contra la preparación de la muerte. La filosofía nos ordena tener siempre la muerte presente, preverla y considerarla antes de que llegue, y nos da después las reglas y las pre-

---

[33] «El sufrimiento afecta menos a nuestros sentidos que a nuestra imaginación.» (Quintiliano, I. 12).

[34] «En vano, mortales, queréis saber la hora incierta y el camino en el que moriréis un día.» (Propercio, II. 27, 1).

[35] «Es menos penoso soportar de repente un mal seguro que sufrir durante mucho tiempo la pena de temerlo.» (Pseudo Galo) I, 277-278.

cauciones para conseguir que no nos hiera esa previsión ni ese pensamiento. Así hacen los médicos que nos provocan las enfermedades para tener algo en lo que emplear sus drogas y su arte.

Si no hemos sabido vivir, es injusto enseñarnos a morir y deformar el final del todo. Si hemos sabido vivir firme y tranquilamente, sabremos morir igual. Se jactarán tanto como quieran. «Tota philosophorum vita commentatio mortis est»[36]. Mas creo que es el final, no por ello el fin de la vida; es el extremo, la punta, no por ello el objeto. Ha de ser ella misma su propia meta; su designio, su estudio recto es ordenarse, conducirse, sufrirse. En el número de muchos otros deberes comprendidos en este capítulo general y principal de saber vivir, está éste artículo de saber morir, y sería de los más livianos si no le diera peso nuestro temor.

A juzgar por su utilidad y por su verdad ingenua, las lecciones de la sencillez nada tienen que envidiar a las que nos predica el saber, al contrario. Son distintos los hombres en gusto y en fuerza; se los ha de llevar al bien según ellos y por caminos distintos. «Quo me cumque rapit tempestas, diferor hospes»[37]. Jamás vi a campesino alguno de mis vecinos meditar con qué serenidad y seguridad pasaría ese último momento. La naturaleza le enseña a no pensar en la muerte más que cuando se muere. Y entonces, le va mejor que a Aristóteles, al cual le abruma la muerte doblemente, por ella y por tan larga previsión. Por ello, César fue de la opinión de que la muerte menos pensada era la más venturosa y descargada. «Plus dolet quam necesse est, qui ante dolet quam necesse est»[38]. La acritud de este pensamiento nace de nuestra curiosidad. Siempre nos estorbamos así, queriendo adelantarnos y dirigir las prescripcio-

---

[36] «Toda la vida de los filósofos es una meditación sobre la muerte.» (Cicerón, *Tusculanas*, I. 30).

[37] «Allá donde me lleve la tempestad, actuaré como un huésped.» (Horacio, *Epístolas*, I. I. 15).

[38] «Sufre más de lo necesario el que sufre antes de que sea necesario.» (Séneca, *Epístolas*, 78).

nes naturales. Sólo toca a los doctores el cenar peor estando sanos y preocuparse con la imagen de la muerte. El común de los mortales no necesita ni de remedio ni de consuelo más que en la brecha, y no la aprecia más que en la medida justa en que la siente. ¿No decimos que la estupidez y la falta de conocimiento del vulgo le da esa paciencia en los males presentes y esa profunda indiferencia por los siniestros accidentes futuros; que su alma por ser tosca y obtusa es menos penetrable y agitable? Por Dios, si es así, hagamos escuela de necedad de ahora en adelante. ¡Conduce ésta tan dulcemente a sus discípulos al fruto último que las ciencias nos prometen!

No nos faltarán buenos maestros, intérpretes de la sencillez natural. Sócrates será uno de ellos. Pues, por lo que recuerdo, habla más o menos en ese sentido a los jueces que deliberan sobre su vida: Señores, temo caer en la acusación que se me hace, que es que me creo más entendido que los demás, como si tuviera un conocimiento más oculto de las cosas que están por encima y por debajo de nosotros, si os ruego que no me hagáis morir. Sé que no he tratado con la muerte ni la he conocido; ni he visto a nadie que haya probado sus cualidades para instruirme sobre ellas. Aquéllos que la temen presuponen conocerla. En cuanto a mí, no sé ni cómo es, ni cómo se está en el otro mundo. Quizá sea la muerte cosa indiferente, quizá deseable. (Es de creer, sin embargo, si es una transmigración de un lugar a otro, que sea para bien el ir a vivir con tantos grandes personajes fallecidos y librarse de tenérselas que ver con jueces inicuos y corrompidos. Si es la anulación de nuestro ser, también es para bien el entrar en una larga y apacible noche. Nada más dulce en la vida que un reposo y un sueño tranquilo y profundo, sin sueños. Las cosas que sé malas, como ofender al prójimo y desobedecer a un superior, ya sea dios, ya sea hombre, evítolas cuidadosamente. Aquéllas de las que no sé si son buenas o malas, no sabría temerlas. Si yo muero y os dejo con vida, sólo los dioses ven a quién le va mejor, si a vosotros o a mí. Por lo cual, en lo que a mí concierne, ordenaréis lo que os plazca. Mas, según mi manera de ver las cosas justas y útiles, digo ciertamente que, en conciencia, si no veis más que yo en mi causa, haríais mejor alejándome; y, considerando mis actos pasados tanto públicos como privados, mis intenciones y el provecho que sacan cada día de mi conversación tantos ciudadanos nuestros, jóvenes y viejos, y el fruto que os produzco a todos, sólo podéis pagar mis méritos debidamente, ordenando que sea mantenido, dada mi pobreza, en el pritaneo, a expensas públicas, cosa que he visto conceder a otros por menos motivo. No toméis por obstinación ni desdén el que no os suplique ni mueva a conmiseración, como suele hacerse. Tengo amigos y parientes (pues no fui engendrado, como dice Homero, ni de madera ni de piedra, como tampoco los demás) capaces de presentarse con lágrimas y duelo, y tengo tres hijos desconsolados que podrían empujaros a la piedad. Mas avergonzaría a mi ciudad, a la edad que tengo y con tal reputación de sabiduría que por ello estoy en prisión preventiva, si me entregara a tan cobarde actitud. ¿Qué se diría de los otros atenienses? Siempre aconsejé a aquéllos que me oyeron hablar, que no salvaran la vida con un acto deshonesto. Y en las guerras de mi país, en Anfípolis, en Potidea, en Delia y en otras en las que me hallé, mostré con mi proceder cuán lejos estaba de proteger mi vida con el deshonor. Además, influiría en vuestro deber incitándoos a cosas feas; pues no corresponde a mis ruegos, sino a las razones puras y sólidas de la justicia, el convenceros. Habéis jurado a los dioses que os mantendríais así: parecería que quería yo sospechar y recriminaros el no creer que los hay. Y yo mismo probaría contra mí que no creía en ellos como debo, desconfiando de su gobierno y sin ponerme puramente en sus manos. Fíome del todo y tengo por cierto que harán en esto lo más conveniente para vosotros y para mí. Las gentes de bien ni vivas ni muertas han de temer cosa alguna de los dioses.

¿No es éste un alegato claro y sano, mas también ingenuo y sencillo, de altura inimaginable, verdadero, franco y justo más allá de todo ejemplo, y empleado en qué necesidad? Verdaderamente tuvo razón en preferirlo al que Lisias, aquel gran orador, había puesto por escrito para él, excelentemente creado en estilo judicial, mas indigno de tan noble criminal. ¿Oiríase por boca de Sócrates una voz suplicante? ¿Y su rica y poderosa naturaleza habría encomendado al arte su defensa y renunciado en su más alta prueba a la verdad y la naturalidad, ornamentos de su hablar, para adornarse con los afeites de las figuras y fingimientos de un discurso aprendido? Actuó muy sabiamente y de acuerdo con él mismo, al no corromper toda una vida incorruptible y una imagen tan santa de la humanidad, para alargar un año su decrepitud y traicionar la memoria inmortal de aquel glorioso final. Debía su vida, no a sí mismo sino al ejemplo del mundo; ¿acaso no habría sido un gran perjuicio público que la hubiera acabado de una manera ociosa y oscura? Ciertamente, una preocupación tan indolente y descuidada de su muerte, merecía que la posteridad la tuviera tanto más en consideración: cosa que hizo. Y jamás hizo la justicia nada tan justo como lo que ordenó la fortuna para su renombre. Pues tanto abominaron los atenienses a aquéllos que habían sido su causa, que huían de ellos como de personas excomulgadas; consideraban infectado todo cuanto hubieren tocado; nadie, en los baños, se lavaba con ellos, nadie los saludaba ni trataba; de modo que al fin, al no poder soportar más aquel odio público, colgáronse ellos mismos.

Si alguien estima que entre tantos otros ejemplos que podía haber escogido para servir a mi propósito sobre lo dicho por Sócrates, he elegido mal éste, y piensa que este discurso se eleva por encima de las ideas comunes, helo hecho a conciencia. Pues pienso, por el contrario, y sostengo, que es un discurso que está harto más atrás y más abajo en rango y en ingenuidad, que las ideas comunes: manifiesta, con osadía inartificial y simple, con seguridad pueril, la pura y primera impresión e ignorancia de la naturaleza. Pues es creíble que tengamos, naturalmente, temor al dolor, mas no a la muerte por ella misma: es una parte de nuestro ser no menos esencial que el vivir. ¿Para qué nos habría imbuido la naturaleza el odio y el horror a ella, dado que le sirve de muy grande utilidad para alimentar la sucesión y vicisitud de sus obras, y que en esta república uni-

versal sirve más de nacimiento y aumento que de pérdida
o de ruina?

Sic rerum summa novatur[39].

Mille animas una necata dedit[40].

El desfallecimiento de una vida es el paso a otras mil vidas. La naturaleza ha grabado en los animales el cuidado
de ellos mismos y de su conservación. Llegan hasta a temer su empeoramiento, a golpearse y a herirse si los en-
cadenamos y apaleamos, accidentes sujetos a sus sentidos
y a su experiencia. Mas que los matemos, no pueden temerlo, ni tampoco tienen la facultad de imaginar ni de concluir la muerte. Por ello, dícese incluso que podemos verlos no sólo sufrirla alegremente (la mayoría de los caballos
relinchan al morir, los cisnes cantan), sino además, buscarla en caso de necesidad, como muestran varios ejemplos de
los elefantes.

Aparte de que, ¿no es admirable igualmente por su sencillez y su vehemencia, la manera de argumentar de la que
se sirve Sócrates aquí? Verdaderamente es harto más fácil
hablar como Aristóteles y vivir como César, que hablar y
vivir como Sócrates. En ello reside el más alto grado de perfección y de dificultad: el arte no puede alcanzarlo. Y ocurre que nuestras facultades no están así educadas. No las
probamos, ni las conocemos, nos investimos de las de los
demás y dejamos las nuestras inactivas.

Al igual que alguno podría decir de mí que no he hecho
aquí sino un amasijo de flores ajenas sin aportar de mi propia cosecha más que el hilo para unirlas. Ciertamente, con-
cédole a la opinión pública que estos adornos prestados me
acompañan. Mas no entiendo por ello que me cubran ni
me oculten: es lo contrario de mi intención que no quiere
hacer gala más que de lo mío, y de lo que es mío por naturaleza; y si me hubiera escuchado a mí mismo, a todo

---

[39] «Así todo se renueva» (Lucrecio, II. 74).
[40] «De una sola muerte nacen mil vidas.» (Ovidio, *Fastos,* I. 380).

evento, habría hablado sencillamente solo. Cárgome todos los días con más peso, contra mi propósito y mi manera original, por la fantasía del siglo y las exhortaciones de los demás. Si no me cae bien, como creo, no importa: puede serle útil a cualquier otro. Algunos citan a Platón y a Homero sin haberlos leído jamás. Y yo, he tomado párrafos de lugares harto distintos a las fuentes. Sin esfuerzo ni habilidad, teniendo mil volúmenes de libros a mi alrededor aquí donde escribo, sacaría, si quisiera, una docena de estos zurcidores, gentes a las que apenas si hojeo, para salpicar el tratado de fisionomía. No es menester más que la epístola preliminar de un alemán para abastecerme de citas, y conseguiremos así una apetecida gloria, engañando al necio mundo.

Estos frangollos de lugares comunes con los que tantas gentes se ahorran el estudio, sólo sirven para sujetos comunes; y sirven para mostrarnos, no para conducirnos, ridículo fruto de la ciencia que tan cómicamente critica Sócrates contra Eutidemo. He visto hacer libros sobre cosas jamás estudiadas ni entendidas, encargando el autor a distintos amigos sabios la búsqueda de esta y aquella materia para construirlos, contentándose por su parte con haber hecho el proyecto y apilado industriosamente ese montón de provisiones desconocidas; al menos son suyos la tinta y el papel. Eso, en conciencia, es comprar un libro o tomarlo prestado, no hacerlo. Es demostrar a los hombres no que se sabe hacer un libro, sino aquello sobre lo que les podía caber la duda, que no se sabe hacerlo. Vanagloriábase un presidente, allí donde yo estaba, de haber acumulado doscientas y pico citas ajenas en un decreto suyo presidencial. Al contárselo a todos parecióme borrar la gloria que le atribuían. Pusilánime y absurda jactancia, a mi modo de ver, para tal asunto y tal persona. Entre tantos préstamos, alégrome yo si puedo ocultar alguno, disfrazándolo y deformándolo para nuevo servicio. A riesgo de que digan que es por no haber entendido su fin natural, les doy cierta forma particular con mis propias manos, para que sean tanto menos puramente ajenos. Estos exhiben y cuentan sus robos: tienen más confianza en sus facultades que yo. Nosotros, naturalistas, estimamos que tiene grande e incomparable preferencia el honor de la invención sobre el honor de la citación.

Si hubiera querido hablar por ciencia, habría hablado más pronto; habría escrito en tiempos más próximos de mis estudios, en los que tenía más inteligencia y más memoria; y habría confiado más en el vigor de aquella edad que en el de ésta, si hubiera querido hacer profesión del escribir. Además la graciosa merced[41] que pueda haberme ofrecido la fortuna por mediación de esta obra habría encontrado entonces ocasión más propicia. Dos conocidos míos, hombres grandes en esta facultad, han perdido la mitad, a mi parecer, por haberse negado a publicar a los cuarenta años para esperar a los sesenta. Tiene la madurez sus defectos, como el verdor, y peores. Y tan perjudicial es la vejez para esta clase de trabajo como para cualquier otro. Todo el que ponga su decrepitud ante los ojos del público está loco si espera atraerse humores que no huelan a desgraciado o a soñador o a adormilado. Nuestra mente se entumece y se atasca al envejecer. Hablo pomposa y ampulosamente de la ignorancia y hablo de la ciencia escasa y lamentablemente; accesoria y accidentalmente de ésta y de aquélla expresa y principalmente. Y no hablo justamente de nada más que de la nada, ni de más ciencia que de la no ciencia. He escogido el tiempo en el que mi vida, que es lo que he de pintar, está toda ante mí: lo que queda tiene más que ver con la muerte. Y sólo de mi muerte, si fuera charlatana, como la de otros, estaría dispuesto aún a dar opinión al pueblo al desalojar.

Duéleme que Sócrates, que fue un ejemplo tan perfecto en todas las grandes cualidades, tuviera un cuerpo y un rostro tan feos como dicen, y tan impropios de la belleza de su alma, él tan amoroso y loco por la belleza como era. Fue injusta con él la naturaleza. No hay nada tan lógico como la conformidad y relación entre el cuerpo y el espíritu. «Ipsi

---

[41] Variante de 1595, «me hubiera podido encontrar en un momento mejor que éste: en el que poseerlo es igualmente deseable y se está dispuesto a perderlo».

animi magni refert quali in corpore locati sint: multa enim è corpore existunt quae acuant mentem, multa quae obtundant»[42]. Éste habla[43] de una fealdad desnaturalizada y de deformidad de los miembros. Mas también llamamos fealdad a un desagrado de primera vista que reside principalmente en el rostro y que a menudo nos repele por causas harto livianas: por la tez, por una mancha, por un gesto duro, por algún motivo inexplicable en unas facciones bien ordenadas y enteras. La fealdad que encubría un alma hermosa en el caso de La Boétie, era de este predicamento. Esa fealdad superficial que es sin embargo muy imperiosa, es menos perjudicial para la actitud mental y tiene poca seguridad en la opinión de los hombres. La otra, a la que se la llama más propiamente deformidad, es más sustancial, suele afectar más profundamente. No todo zapato de cuero bien liso muestra la forma interior del pie, sino todo zapato bien formado.

Así como decía Sócrates que la suya revelaba justamente otro tanto en su alma, si no la hubiera corregido por educación. Mas considero que al decirlo burlábase, como acostumbraba a hacer, y jamás alma tan excelente hízose a sí misma.

No puedo decir bastante a menudo cuán poderosa y ventajosa cualidad paréceme la belleza. Llamábala él corta tiranía, y Platón, privilegio de la naturaleza. No tenemos otra que la supere en reputación. Ocupa el primer lugar en el trato con los hombres, preséntase por delante, seduce y predispone a nuestro juicio con gran autoridad y maravillosa impresión. Friné habría perdido su causa en manos de un excelente abogado si no hubiera corrompido a los jueces con su deslumbrante belleza, abriéndose el vestido. Y creo que ni Ciro, ni Alejandro, ni César, aquellos tres amos del mundo, la olvidaron al emprender sus grandes asuntos. Tampoco el primer Escipión. Una misma palabra abarca

---

[42] «La naturaleza del cuerpo le importa mucho al alma que lo habita: pues muchas cualidades corporales contribuyen a aguzar el espíritu y otras a embotarlo.» (Cicerón, *Tusculanas*, I. 33).
[43] Cicerón.

en griego lo bello y lo bueno. Y el Espíritu Santo suele llamar buenos a los que quiere llamar bellos. Estaría de acuerdo en mantener el orden de los bienes como decía aquella canción tomada de algún poeta antiguo, la cual calificó Platón de trivial: salud, belleza, riqueza. Dice Aristóteles que corresponde a los bellos el derecho a mandar y que, cuando hay algunos cuya belleza se acerca a la de las imágenes de los dioses, también les es debida la veneración. A aquél que le preguntaba por qué se frecuenta a los bellos más a menudo y más largamente, contestóle: Esa pregunta sólo puede hacerla un ciego. La mayoría de los grandes filósofos pagaron su formación y adquirieron su sabiduría por intervención y favor de su belleza.

No sólo en los hombres que me sirven sino también en los animales, considérola a dos dedos de la bondad. Sin embargo, paréceme que esos rasgos y esa forma del rostro y esas facciones de las cuales se deducen ciertas cualidades internas y nuestras fortunas futuras, es cosa que no cabe directa y simplemente en el capítulo de la belleza y la fealdad. Como tampoco todo aire sereno y de buen olor promete salud, ni todo aire cargado y maloliente, infección en tiempo pestilente. Los que acusan a las damas de contradecir su belleza con sus costumbres, no siempre aciertan; pues una cara que no esté muy bien compuesta puede tener cierto aire de probidad e inspirar confianza, y al contrario, a veces he leído entre unos hermosos ojos, amenazas de una naturaleza malvada y peligrosa. Hay fisonomías favorables; y entre una masa de enemigos victoriosos, elegiréis al punto, entre hombres desconocidos, a uno antes que a otro, para entregaros a él y confiarle vuestra vida; y no precisamente por la consideración de la belleza.

Débil garantía es la cara; sin embargo tiene cierta consideración. Y si hubiera de azotarlos, haríalo más duramente con los malos que desmienten y traicionan las promesas que la naturaleza les ha puesto en la frente: castigaría más enconadamente la maldad en una apariencia bondadosa. Parece que hay algunos rostros felices y otros desgraciados. Y creo que hay cierto arte en distinguir los rostros bondadosos de los necios, los severos de los duros, los malos de los tristes, los desdeñosos de los melancólicos, y otras cualidades vecinas semejantes. Hay bellezas no sólo orgullosas sino agrias, hay otras dulces e incluso sosas. El pronosticarles acontecimientos futuros es materia que dejo indecisa.

Por lo que a mí respecta, como ya he dicho antes, he adoptado, harto simple y crudamente, este precepto antiguo: que no podremos fallar si obedecemos a la naturaleza, que el precepto soberano es conformarse a ella. No he corregido, como Sócrates, por la fuerza de la razón, mis cualidades naturales y en modo alguno he desviado artificialmente mi inclinación. Déjome llevar como he venido, no combato nada; mis dos partes dominantes viven por sí mismas en paz y buen acuerdo, mas la leche de mi crianza fue, a Dios gracias, medianamente sana y templada.

¿Diré acaso esto al paso: que veo tener en más estima de la que merece, a cierta imagen de la honestidad escolástica, que casi se da sólo entre nosotros, sierva de los preceptos, forzada por la esperanza y el temor? Ámola con tal que no esté hecha por las leyes ni por las religiones, sino acabada y autorizada, que haga sentir que tiene con qué sostenerse sin ayuda, nacida entre nosotros con sus propias raíces por la semilla de la razón universal grabada en todo hombre no desnaturalizado. Esa razón que endereza a Sócrates de su desviación viciosa, lo hace obediente a los hombres y a los dioses que mandan en su ciudad, valeroso en la muerte, no porque su alma sea inmortal sino porque es mortal. Ruinosa enseñanza para toda sociedad y harto más perjudicial que ingeniosa y sutil, la que persuade a los pueblos de que basta la fe religiosa, sola y sin los actos, para contentar a la justicia divina.

Tengo un físico favorecido tanto por su aspecto como por lo que inspira:

Quid dixi habere me? Imo habui, Chreme![44]

---

[44] «¿He dicho tengo? No. Cremes, ¡he tenido!» (Terencio, *Heautontimorúmenos*, I. I. 42).

y que da una imagen contraria a la de Sócrates. Hame acontecido con frecuencia que, por la simple autoridad de mi presencia y de mi aspecto, personas que de nada me conocían se fiaron totalmente de mí, ya para sus propios asuntos, ya para los míos; y conseguí con ello en los países extranjeros, favores singulares y raros. Mas quizá merezcan estas dos experiencias que las cuente por separado.

Un fulano decidió tomar mi casa y a mí. Su procedimiento fue llegar solo a mi puerta y forzar la entrada con cierta insistencia. Conocíalo de nombre y tenía motivos para fiarme de él como vecino mío y, en cierto modo, como aliado. Mandé abrirle, como hago con todos. Hele aquí harto asustado, con el caballo sin aliento y extenuado. Contóme esta historia: Que acababa de toparse a media legua de allí con un enemigo suyo al que yo también conocía y había oído hablar de su discordia; que este enemigo había picado espuelas extraordinariamente y que habiéndose visto desconcertado por la sorpresa y menor en número, habíase lanzado a mi puerta para ponerse a salvo; que estaba muy preocupado por los suyos a los cuales decía creer muertos o prisioneros. Traté ingenuamente de reconfortarlo, tranquilizarlo y refrescarlo. Poco después he aquí que se presentan cuatro o cinco soldados suyos en la misma actitud y con el mismo espanto, para entrar; y luego otros y otros más después, bien equipados y armados, hasta veinticinco o treinta, fingiendo tener al enemigo pisándoles los talones. Aquel misterio comenzaba a despertar mis sospechas. No ignoraba en qué siglo vivía, cuán envidiada podía ser mi casa, y sabía de otros casos de conocidos míos a los que les había acontecido otro tanto. De todos modos, considerando que nada ganaba habiendo comenzado a dar satisfacción si no terminaba, y sin poder librarme a no ser huyendo de todo aquello, tomé el partido más natural y más sencillo, como hago siempre, ordenando que entraran. Además, soy en verdad poco desconfiado y malpensado por na-

---

[45] «¡Ah!, ya no ves más que un viejo esqueleto!» (Pseudo Galo, I. 238).

turaleza. Suelo tender a la excusa y a la interpretación más suave. Tomo a los hombres según el orden común y no creo en esas tendencias perversas y desnaturalizadas más que en fantasmas o milagros, si no me veo forzado a ello por alguna gran prueba. Y soy hombre, por añadidura, que gusto de encomendarme a la fortuna y me pongo sin reservas en sus manos. De lo cual, hasta ahora, he tenido más motivos para alabarme que para quejarme; y hela hallado más enterada y más amiga de mis asuntos que yo. Hay ciertos actos en mi vida de los que se puede citar con justicia el proceder difícil o, si se quiere, prudente; incluso en éstos, poned que la tercera parte haya sido de mi cosecha, ciertamente, son dos tercios largos de ella. Fallamos, a mi parecer, porque no nos confiamos bastante al cielo y pretendemos de nuestro proceder más de lo que nos corresponde. Por ello tuércense tan a menudo nuestros designios. Está celoso de la extensión que concedemos a los derechos de la prudencia humana en detrimento de los suyos, y nos los recorta tanto como los ampliamos. Aquéllos, quedáronse a caballo en el patio, su jefe conmigo en la sala, el cual no había querido que llevaran su caballo a las caballerizas, alegando que había de retirarse en cuanto tuviera noticia de sus hombres. Viose dueño de su empresa y ya no le quedaba en aquel punto más que ejecutarla. Después dijo a menudo, pues no temía contar aquella historia, que mi rostro y mi franqueza habíanle arrebatado la traición de las manos. Volvió a montar en su caballo mientras sus gentes no le quitaban ojo por ver qué señal les haría, harto extrañados de verlo salir y renunciar a su ventaja.

Otra vez, fiándome de no sé qué tregua que acababa de hacerse pública en nuestros ejércitos, emprendí un viaje por cierto país particularmente cosquilloso. Apenas si había sido descubierto y ya cabalgaban de tres o cuatro lugares distintos para atraparme. Alcanzáronme unos a la tercera jornada y vime atacado por quince o veinte gentilhombres enmascarados, seguidos de una oleada de arqueros. He aquí que me cogen, me entregan, me llevan a la espesura de un bosque cercano, me desmontan y me desvalijan, registran mis cofres, me roban la bolsa y se hacen nuevos dueños de mis caballos y de mi equipaje. Discutimos largamente en aquella breña sobre el asunto de mi rescate, el cual ponían tan alto que parecía que no me conocían. Entraron en gran disputa sobre mi vida. En verdad que había muchas circunstancias que me amenazaban del peligro que corría.

Tunc animis opus, Aenea, tunc pectore firmo[46].

Sostuve siempre mi justificación de la tregua aunque cediéndoles las ganancias que habían obtenido al despojarme, que no eran despreciables, sin prometer otro rescate. Tras haber estado allí dos o tres horas y haberme hecho subir a un caballo del que no temían se les escapara, y haber encomendado mi custodia particular a quince o veinte arcabuceros y dispersado a mis hombres entregándoselos a otros, habiendo ordenado que nos llevasen prisioneros por distintos caminos y habiendo sido yo conducido ya a dos o tres arcabuzazos de allí,

Jam prece Pollucis, jam Castoris implorata[47],

he aquí que se apodera de ellos una súbita y harto inopinada mutación. Vi volver hacia mí al jefe, con palabras más suaves, esforzándose por buscar entre la tropa a mis gentes separadas y ordenando se me devolviera todo cuanto pudiera recobrarse, incluso mi bolsa. El mejor presente que me hicieron fue al fin mi libertad; el resto nada me importaba en aquel momento. En verdad que aún no sé muy bien cuál fue la auténtica causa de cambio tan brusco y de aquel mudar de parecer sin ningún motivo aparente, y de un arrepentimiento tan milagroso, en aquel tiempo, en una empresa premeditada y deliberada, la cual habíase vuelto justa por la costumbre (pues conféseles abiertamente, de entrada, el partido del que era y el camino que llevaba). El que

---

[46] «¡Qué valor te hizo falta, Eneas, y qué corazón tan firme!» (Virgilio, *Eneida,* VI. 261).

[47] «Habiendo rogado a Pólux e implorado a Cástor» (Catulo, LXVI. 65).

más a la vista estaba, el cual descubrióse e hízome conocer su nombre, díjome entonces varias veces que debía aquella liberación, a mi rostro, a la libertad y firmeza de mis palabras, que me hacían indigno de tal desventura, y pidióme protección para una semejante. Es posible que la bondad divina quisiera servirse de aquel vano instrumento para salvarme. Defendióme de nuevo al día siguiente de otras emboscadas peores, de las que incluso aquéllos habíanme advertido. El último aún vive para contarlo; el primero fue muerto no hace mucho.

Si mi rostro no respondiera por mí, si no se leyera en mis ojos y en mi voz la rectitud de mi intención, no habría permanecido tanto tiempo sin querella ni ofensa, con esta libertad indiscreta de decir a diestro y siniestro todo cuanto se me ocurre y de opinar temerariamente de las cosas. Estas maneras pueden parecer, con razón, inciviles e impropias de nuestro uso, mas no sé de nadie que las haya considerado ultrajantes o malvadas, ni que se haya ofendido por mi libertad, si la ha recibido por boca mía. Las palabras repetidas, así como tienen otro sonido, tienen otro sentido. Además no odio a nadie y soy tan blando para atacar que no puedo hacerlo ni siquiera por servir a la razón. Y cuando las circunstancias me invitaron a las condenas criminales, falté antes a la justicia. «Ut magis peccari nolim quam satis animi ad vindicanda peccata habeam»[48]. Reprochábanle a Aristóteles, según dicen, el haber sido demasiado misericordioso con un hombre malo. He sido misericordioso con el hombre, ciertamente, dijo él, no con la maldad. Los juicios ordinarios se exasperan y se lanzan a la venganza por horror del crimen. Precisamente esto enfría el mío: el horror del primer crimen me hace temer un segundo y el odio por la primera crueldad me hace odiar toda imitación. A mí que no soy más que un valet de tréboles puede alcanzarme lo que decían de Carilo, rey de Esparta: No puede ser bueno puesto que no es malo con los malos. O bien esto, pues preséntalo Plutarco de estas dos mane-

---

[48] «Querría que no se cometieran pecados, pues no tengo valor para castigar los que se han cometido.» (Tito Livio, XXIX. 21).

ras, como otras mil cosas, distinta y contrariamente: Forzoso es que sea bueno puesto que lo es incluso con los malos. Así como me desagrada emplearme en acciones legítimas con aquéllos que no gustan de ellas, tampoco, a decir verdad, me remuerde la conciencia emplearme en ilegítimas con aquéllos que las consienten.

CAPÍTULO XIII

DE LA EXPERIENCIA

NO hay deseo más natural que el deseo de conocimiento. Probamos todos los medios que pueden llevarnos a él. Cuando nos falla la razón, usamos de la experiencia,

> Per varios usos artem experientia fecit:
> Exemplo mostrante viam[1].

que es un medio más débil y menos digno; mas es la verdad cosa tan grande que no debemos desdeñar ningún camino que a ella nos lleve. Tiene la razón tantas formas que no sabemos a cuál agarrarnos, no tiene menos la experiencia. La consecuencia que queremos sacar de acontecimientos parecidos es insegura, pues son siempre distintos: no hay ninguna cualidad tan universal en esta imagen de las cosas como la diversidad y variedad. Y los griegos y los latinos y nosotros, como ejemplo más claro de similitud ponemos el de los huevos. Sin embargo, ha habido hombres, y concretamente uno de Delfos que reconocía marcas distintivas entre los huevos, de modo que nunca los confundía; y como tenía varias gallinas sabía decir de cuál era el

---

[1] «El arte nació de experiencia e intentos repetidos, y el ejemplo enseñó el camino.» (Manilio, I. 59).

huevo. La diferencia se injiere por sí misma en nuestras obras; ningún arte puede alcanzar la similitud. Ni Perrozet ni nadie puede pulir ni blanquear el reverso de las cartas tan cuidadosamente como para que algunos jugadores no las distingan sólo con verlas resbalar en manos de otro. El parecido no hace igual tanto como hace otro la diferencia. Hase obligado la naturaleza a no hacer nada que no fuera distinto.

Por ello, no me gusta la idea de aquél[2] que pensaba embridar la autoridad de los jueces con una multitud de leyes, cortándoles los trozos: no se percataba de que hay tanta libertad y amplitud en la interpretación de las leyes como en su forma. Y búrlanse aquéllos que creen disminuir nuestros debates y detenerlos, remitiéndonos a la palabra expresa de la Biblia. Pues no halla nuestro juicio menos espacio para controlar el sentido de los demás que para representar el suyo, y como si hubiera menos animosidad y acritud en glosar que en inventar. Ya vemos cuán equivocado estaba. Pues tenemos en Francia más leyes que en todo el resto del mundo junto y más de las necesarias para legislar todos los mundos de Epicuro, «ut olim flagitiis, sic nunc legubis laboramus»[3]; y así hemos dejado opinar y decidir tanto a los jueces, que jamás hubo libertad más poderosa ni licenciosa. ¿Qué han ganado nuestros legisladores con elegir cien mil especies y hechos particulares y unirles cien mil leyes? Ese número no tiene ninguna proporción con la infinita diversidad de los actos humanos. La multiplicación de nuestras invenciones no llegará a la variedad de los ejemplos. Añadid cien veces más: no ocurrirá por ello que de los acontecimientos futuros se dé alguno que de todo ese gran número de millares de acontecimientos, encuentre uno con el que pueda unirse y emparejarse tan exactamente que no quede ninguna circunstancia ni diferencia que requiera distinta consideración de juicio. Poca relación hay entre nuestros actos que están en continua mutación y

---

[2] El emperador Justiniano.

[3] «Igual que antaño los crímenes, ahora sufrimos las leyes» (Tácito, *Anales*, III. 25).

las leyes fijas e inmóviles. Las más deseables son las más raras, las más simples y generales; e incluso creo que más valdría no tener ninguna que tener tantas como tenemos. La naturaleza las da siempre más felices que las que nos damos nosotros. Prueba de ello es la pintura de la edad dorada de los poetas y el estado en el que vemos vivir a las naciones que no tienen otras. Hay algunas en las que, por todo juez, emplean en sus causas al primero que pasa de viaje a lo largo de sus montañas. Y en otras, eligen el día de mercado a alguno de ellos, que en el momento decide sobre todos sus procesos. ¿Qué mal habría en que los más sabios litigasen así los nuestros, según las circunstancias y a ojo, sin obligación de ejemplo ni de consecuencia? A cada pie su zapato. El rey Fernando, al colonizar las Indias, previó sabiamente que no llevaran allí ningún cargo de jurisprudencia, por temor a que los procesos invadieran aquel nuevo mundo, en tanto que son, por naturaleza, ciencia generadora de discordia y división; considerando, como Platón, que jurisconsultos y médicos son mala provisión para un país.

¿Por qué nuestro lenguaje común, tan fácil para todo otro uso, se vuelve oscuro e ininteligible en contratos y testamentos, y el que tan claramente se expresa diga lo que diga y escriba lo que escriba, no halla para ello manera alguna de declararse que no sea dudosa y contradictoria? Quizá sea que los príncipes de este arte, aplicándose con particular atención a seleccionar palabras solemnes y a formar cláusulas artificiosas, han pesado tanto cada sílaba y desmenuzado tan a fondo cada tipo de enlace, que se han enfrascado y enredado en tan infinitas figuras y tan menudas particiones que no pueden éstas caber en ningún reglamento ni prescripción, ni inteligencia cierta. «Confusum est quidquid usque in pulverem sectum est»[4]. Cuando los niños tratan de someter a cierta forma una masa de mercurio, cuanto más lo aplastan y aprietan y se esfuerzan por comprimirlo como quieren, más irritan la libertad de este

---

[4] «Todo lo que está dividido hasta no ser más que polvo es confuso» (Séneca, *Epístolas*, 89).

generoso metal: se escapa de su arte y va desmenuzándose y esparciéndose de modo inconmensurable. Es lo mismo, pues subdividiendo estas sutilezas, se enseña a los hombres a acrecentar sus dudas; se nos empuja a extender y diversificar las dificultades, se las alarga, se las dispersa. Al sembrar las preguntas y desgranarlas, se fuerza al mundo a dar como fruto y mies la incertidumbre y la querella, así como la tierra se vuelve tanto más fértil cuanto más se la remueve y desmigaja «Difficultatem facit doctrina»[5]. Hacíamos dudar Ulpiano[6], nos hacen dudar aún Bartolo y Baldo[7]. Sería menester borrar el rastro de esta innumerable diversidad de ideas, no adornarse con ellas ni metérselas en la cabeza a la posteridad.

No sé qué decir sobre ello, mas se nota por experiencia que tantas interpretaciones disipan la verdad y la destruyen. Aristóteles escribió para hacerse entender; si no pudo, menos podrá uno menos hábil o un tercero distinto del que habla de su propio pensamiento. Abrimos la materia y la esparcimos al desleírla; de un tema hacemos mil y caemos en la infinidad de los átomos de Epicuro al multiplicarla y subdividirla. Jamás dos hombres pensaron igual de una misma cosa, y es imposible que se den dos opiniones exactamente semejantes, no sólo en hombres distintos sino en un mismo hombre a distintas horas. Suelo tener más dudas sobre aquello que se ha dignado tocar el comentario. Tropiezo más en terreno liso, como ciertos caballos que conozco, que tropiezan más a menudo por caminos llanos.

¿Quién no dirá que las glosas aumentan las dudas y la ignorancia, puesto que no hay libro alguno, ya sea humano o divino, del que se ocupe el mundo, cuya interpretación acabe con su dificultad? El centésimo comentario lo remite al siguiente, más espinoso y escabroso que el primero. ¿Cuándo hemos convenido entre nosotros: este libro tiene ya bastantes, ya no hay nada más que decir? Se ve esto mejor en los pleitos. Concédese autoridad de ley a infinidad

[5] «Es la ciencia la que crea la dificultad.» (Quintiliano, X. 3).
[6] Jurisconsulto romano del siglo III.
[7] Jurisconsultos italianos del siglo XVI.

de doctores, a infinidad de decretos y a otras tantas interpretaciones. ¿Vemos sin embargo un final a la necesidad de interpretar? ¿Siéntese algún progreso o avance hacia la tranquilidad? ¿Necesitamos menos abogados y menos jueces que cuando esta masa de derecho estaba aún en su primera infancia? Al contrario, oscurecemos y sepultamos su comprensión; no la descubrimos más que merced a tantos cercados y barreras. Los hombres desconocen la enfermedad natural de su mente: no hace sino husmear y rebuscar y va dando tumbos sin cesar, forjando su obra y enredándose en ella, como los gusanos de seda, y al fin se ahoga. «Mus in pice»[8]. Cree columbrar a lo lejos cierta apariencia de claridad y verdad imaginaria, mas, mientras corre hacia ella, crúzanse en su camino tantas dificultades, tantos obstáculos y tantas nuevas búsquedas, que se pierde y se embriaga. Igual que aconteció a los perros de Esopo, los cuales, habiendo descubierto cierta apariencia de un cuerpo muerto que flotaba en el mar y no pudiendo acercarse a él, decidieron beberse aquel agua y secar el paso, ahogándose por ello. Lo cual tiene relación con lo que decía Crates de los escritos de Heráclito, que necesitaban de un buen nadador para que la profundidad y el peso de su doctrina no lo engulleran y asfixiaran. Sólo la debilidad particular nos hace contentarnos con lo que otros o nosotros mismos hemos hallado en esta caza del conocimiento; uno más inteligente no se contentaría con ello. Siempre hay lugar para otro, sí, y para nosotros mismos, y más camino hacia otro lugar. No hay fin para nuestras preguntas; nuestro objetivo está en el otro mundo. Es señal de disminución o cansancio de nuestra mente el que se contente. Ninguna mente generosa se detiene en sí misma: pretende siempre más y va más allá de sus fuerzas; tiene impulsos más allá de sus actos; si no avanza, ni se empuja, ni se arrincona, ni se contradice, es que sólo está viva a medias; sus persecuciones no tienen ni término ni forma; su alimento es el asombro, la caza, la ambigüedad. Cosa bastante demostrada por Apo-

---

[8] «Un ratón en la pez.» (proverbio latino, recogido por Erasmo, *Adagios,* II. III. 68).

lo que nos hablaba siempre con doble sentido, oscura y oblicuamente, sin satisfacernos, mas entreteniéndonos y ocupándonos. Es un movimiento irregular, perpetuo, sin patrón ni meta. Sus ideas se acaloran, se siguen y se encadenan unas a otras.

> Así vemos, en un arroyo que corre,
> cómo fluye sin fin un agua tras otra,
> y continuamente, con eterno curso,
> una sigue a otra, y una huye de otra.
> Ésta empuja a aquélla,
> y ésta adelanta a esta otra:
> Siempre el agua va en el agua, y es siempre
> el mismo arroyo, y siempre un agua distinta[9].

Hay más quehacer en interpretar las interpretaciones que
en interpretar las cosas, y más libros sobre los libros que
sobre otro tema: no hacemos sino glosarnos unos a otros.

Es un hormiguero de comentarios; de autores, hay gran
escasez.

El principal y más honroso saber de nuestros siglos, ¿no
es acaso saber entender a los sabios? ¿No es el fin común
y último de todo estudio?

Nuestras ideas se injertan unas en otras. La primera sirve de tallo a la segunda; la segunda a la tercera. Subimos
así escalón a escalón. Y ocurre con esto que el que llega
más alto suele tener más honor que mérito, pues sólo se
ha alzado una brizna sobre los hombros del penúltimo.

¿Cuán frecuente y neciamente quizá, heme extendido en
mi libro hablando de él? Neciamente: aunque sólo fuera
por este motivo, que debería recordar cuanto digo de los
otros: que esas miradas tan repetidas a su obra prueban
que se les estremece el corazón de amor propio y que hasta los vapuleos incluso desdeñosos con los que se sacuden,
no son sino carantoñas y mimos de un favor maternal, según Aristóteles, para el que preciarse y despreciarse suelen
nacer de la misma inclinación de arrogancia. Pues no sé si

---

[9] Versos de La Boétie dedicados a su futura mujer, Margarita de Carle.
La traducción es nuestra.

todos aceptarán mi excusa, que he de tener para esto más libertad que los demás, pues escribo precisamente sobre mí y sobre mis escritos, como sobre mis otros actos, y que mi tema se vuelve sobre sí mismo.

He visto en Alemania que Lutero ha dejado tantas discusiones y divisiones sobre la duda de sus ideas como las que promovió sobre las Santas Escrituras, y más. Nuestra disputa es verbal. Pregunto qué es naturaleza, voluptuosidad, círculo y sustitución. La cuestión es de palabras y se resuelve de igual modo. Una piedra es un cuerpo. Mas, quien embistiera de este modo: ¿Y qué es un cuerpo? Sustancia. ¿Y sustancia?, y así cada vez, terminaría acorralando al interlocutor al final del calepino. Cámbiase una palabra por otra, a menudo menos conocida. Sé mejor lo que es un hombre que un animal o un mortal o un ser racional. Para satisfacer una duda, ofrécenme tres: es la cabeza de la hidra. Preguntaba Sócrates a Menón lo que era la virtud. Hay, dijo Menón, virtud de hombre y de mujer, de hombre público y privado, de niño y de anciano. ¡Pues estamos buenos!, exclamó Sócrates: buscábamos una virtud y he aquí un enjambre. Hacemos una pregunta y nos dan a cambio un colmenar. Así como ningún hecho ni ninguna forma se asemeja enteramente a otra, así tampoco ninguna se diferencia enteramente de la otra. Ingeniosa mezcla de la naturaleza. Si nuestros rostros no fueran parecidos no podría distinguirse al hombre de la bestia; si no fueran distintos, no podría distinguirse al hombre del hombre. Todas las cosas están unidas por alguna semejanza; todo ejemplo falla y la relación que se saca de la experiencia es siempre defectuosa e imperfecta; únense sin embargo las comparaciones por algún lado. Por ello, sirven las leyes y se acomodan así a cada uno de nuestros asuntos por alguna interpretación desviada, forzada y torcida.

Puesto que las leyes éticas, que tratan del deber particular de cada uno en sí, son tan difíciles de establecer como vemos que son, no es de extrañar que las que rigen a tantos particulares lo sean aún más. Considerad la forma de esta justicia que nos gobierna: es un verdadero testimonio de la imbecilidad humana, de tanta como es su contradicción y su error. Lo que consideramos favor y rigor en la justicia, y hallamos tanto que no sé si se da el término medio a menudo, son partes enfermas y miembros injustos del cuerpo y la esencia misma de la justicia. Unos campesinos vienen a avisarme a toda prisa de que acaban de dejar en un bosque que es mío, a un hombre molido a palos que aún respira y que les ha pedido agua por piedad y socorro para levantarse. Dicen que no han osado acercarse a él y que han huido, temerosos de que los hombres de la justicia los cogieran y, como ocurre con aquéllos a los que se encuentra cerca de un hombre muerto, hubieran de rendir cuentas de aquel hecho para total ruina suya, por no tener ni inteligencia ni dinero para defender su inocencia. ¿Qué podía decirles? Cierto es que este oficio de humanidad habríales puesto en apuros.

¿Cuántos inocentes castigados no hemos descubierto?, y digo sin culpa de los jueces; ¿y cuántos ha habido que no hemos descubierto? Esto aconteció en mi época: fueron unos condenados a muerte por homicidio; la sentencia, si no pronunciada, sí al menos concluida y decretada. En este punto, los oficiales de un tribunal subalterno vecino avisan a los jueces de que tienen a algunos presos, los cuales confiesan abiertamente este homicidio y aportan a todo aquel hecho una luz indudable. Delibérase si por ello ha de interrumpirse y diferirse la ejecución de la sentencia dictada contra los primeros. Considérase la novedad del caso y sus consecuencias para suspender los juicios; que la condena se ha realizado jurídicamente y que los jueces están privados de arrepentimiento. En suma, se sacrifica a aquellos pobres diablos en aras de las fórmulas de la justicia. Filipo, o algún otro, subsanó inconveniente similar de este modo: había condenado a un hombre a pagar grandes multas a otro, mediante juicio resuelto. Al descubrirse la verdad algún tiempo después, resultó que había juzgado inicuamente. Por un lado estaba la razón de la causa, por otro la razón de las formas judiciales. Cumplió de algún modo con las dos, dejando la sentencia como estaba e indemnizando de su bolsillo el interés del condenado. Mas habíaselas con un hecho reparable; los míos fueron colgados irreparablemente.

¿Cuántas condenas no he visto yo, más criminales que el crimen?

Todo esto me recuerda estas antiguas ideas: que es forzoso perjudicar particularmente si se quiere beneficiar al conjunto, y hacer injusticia en cosas pequeñas si se quiere hacer justicia en las grandes, que la justicia humana sigue el modelo de la medicina según la cual todo cuanto es útil es también justo y honrado; y lo que sostienen los estoicos, que la propia naturaleza procede contra la justicia en la mayoría de sus obras; y lo que sostienen los cirenaicos, que no hay nada justo en sí mismo, que las costumbres y las leyes forman la justicia, y los teodorianos que consideran justo el robo, el sacrilegio, toda suerte de lujuria del sabio, si la sabe provechosa para él.

No hay remedio. Llego a la conclusión, como Alcibíades, de que jamás me presentaré, si puedo, al hombre que haya de decidir sobre mi cabeza, cuando mi honor y mi vida dependan del cuidado y la atención de un procurador más que de mi inocencia. Arriesgaríame a tal justicia si me reconociese tanto lo bien hecho como lo mal hecho, y tuviese tantos motivos para esperar como para temer. La inmunidad no es moneda suficiente para un hombre que no sólo no delinque. Nuestra justicia sólo nos tiende una de sus manos, y encima la izquierda. Cualquiera sale perjudicado.

En la China, en cuyo reino las instituciones y las artes, sin relación ni conocimiento de las nuestras, superan nuestros ejemplos en muchos aspectos de excelencia, y cuya historia me enseña cuánto más amplio y diverso es el mundo, de lo que ni los antiguos ni nosotros penetramos, los oficiales designados por el príncipe para visitar el estado de sus provincias, así como castigan a aquéllos que malversan fondos en sus cargos, remuneran también por pura liberalidad a aquéllos que se hayan portado bien en ellos fuera de lo común, y llegando más lejos de lo necesario en su deber. Preséntase uno no sólo para responder, sino para conseguir algo, no para ser pagado simplemente, sino para ser también recompensado.

Ningún juez, gracias a Dios, me ha hablado aún como juez, en ninguna causa ni propia ni ajena, ni criminal ni civil. Ninguna prisión me ha albergado ni siquiera para pasearme por ella. Sólo el imaginarme su vista, incluso desde fuera, resúltame desagradable. Estoy tan loco por la libertad que si me prohibieran el acceso a algún rincón de las Indias, viviría en cierto modo más incómodo. Y mientras halle tierra o aire abierto en otro lugar, no languideceré en uno en el que haya de esconderme. ¡Dios! ¡Cuán malamente podría sufrir la situación de tantas gentes, clavadas a un pedazo de este reino, privadas de la entrada a las ciudades principales y de las cortes, y del uso de los caminos públicos, por haber infringido las leyes! Si éstas a las que sirvo me amenazaran sólo la punta de un dedo, iríame al punto a buscar otras, fuere donde fuere. Toda mi pequeña prudencia, en estas guerras civiles en las que nos vemos, empléase en conseguir que no estorben mi libertad de ir y venir.

Y es el caso que las leyes se mantienen vigentes no porque sean justas, sino porque son leyes. Es el fundamento místico de su autoridad; no tienen otro. El cual les sirve muy bien. Suelen estar hechas por necios, más a menudo por gentes que, por odio a la ecuanimidad carecen de equidad, en todo caso, siempre por hombres, autores vanos e irresolutos.

No hay nada que sea tan pesada y ampliamente pecador como las leyes; ni tan ordinariamente. Cualquiera que las obedezca por ser justas, no las obedece justamente por lo que debe. Las nuestras francesas dan lugar, de algún modo, por su desajuste y deformidad, al desorden y a la corrupción que se produce al dispensarlas y ejecutarlas. La autoridad está tan agitada y es tan inconstante que justifica de algún modo la desobediencia y el vicio de la interpretación, de la administración y de la observancia. Cualquiera que sea pues, el fruto que podamos sacar de la experiencia, apenas si servirá para nuestra educación aquélla que sacamos de los ejemplos ajenos, si tan mal aprovechamos la propia que nos es más familiar y ciertamente suficiente para enseñarnos lo que necesitamos.

Estúdiome más que cualquier otro tema. Es mi metafísica y mi física.

Qua Deus hac mundi temperet arte domum,
Qua venit exoriens, qua deficit, unde coactis
   Cornibus in plenum menstrua luna redit;
Unde salo superant venti, qui flamine captet
   Eurus, et in nubes unde perennis aqua.
Sit ventura dies mundi quae subruat arces[10].

Quaerite quos agitat mundi labor.[11]

En este universo, déjome llevar con ignorancia y negligencia, por la ley general del mundo. Bastante la conoceré cuando la sienta. No podría mi ciencia hacerla cambiar de rumbo; no variará por mí. Locura es esperarlo, y mayor locura aún lamentarlo, puesto que es necesariamente igual, pública y común.

La bondad y capacidad del gobernante ha de librarnos pura y plenamente del cuidado de su gobierno.

Las inquisiciones y contemplaciones filosóficas sólo sirven de alimento a nuestra curiosidad. Los filósofos, con mucha razón, remítennos a las reglas de la naturaleza; mas no saben qué hacer con tan sublime conocimiento; las falsifican y nos las presentan con el rostro pintado con un color demasiado subido y demasiado artificioso, lo que hace que haya retratos tan distintos de un objeto tan uniforme. Al igual que nos ha dado pies para andar, nos ha dado también prudencia para guiarnos en la vida; prudencia, no tanto ingeniosa, robusta y pomposa como la que inventan ellas, mas, en proporción, fácil y saludable, y que muy bien hace lo que la otra[12] dice, en el caso de aquél que tiene la ventura de saber emplearse sencilla y ordenadamente, es decir, naturalmente. Entregarse a la naturaleza lo más simple-

_____

[10] «¿Con qué arte Dios gobierna nuestra casa, el mundo; por dónde se levanta la luna y por dónde se retira; cómo cada mes, unidos sus cuartos, se hace luna llena; de dónde vienen los vientos que reinan en el mar; qué trae el viento del Sureste; de dónde les viene a las nubes su agua perenne; si ha de venir un día que destruya a este mundo?» (Propercio, III. V. 26).

[11] «Buscad, vosotros a quienes os atormenta la preocupación de conocer el mundo.» (Lucano, I. 417).

[12] La filosofía.

mente posible, es entregarse lo más sabiamente. ¡Oh, cuán blanda, mullida y sana almohada es la ignorancia y la falta de curiosidad, para reclinar una cabeza bien hecha!

Preferiría entenderme bien a mí mismo que entender a Cicerón. Con mi propia experiencia tendría bastante para hacerme sabio, si fuera buen estudiante[13]. Quien conserva en su memoria los excesos de su pasada cólera y hasta dónde le llevó esa fiebre, ve la fealdad de esta pasión mejor que leyendo a Aristóteles, y alimenta odio más justo contra ella. Quien recuerda los males que ha sufrido, aquéllos que lo han amenazado, las livianas circunstancias que le han hecho pasar de un estado a otro, prepárase así a las mutaciones futuras y a la asunción de su condición. La vida de César no es más ejemplar que la nuestra, para nosotros; y por emperadora o popular que sea, siempre será una vida expuesta a todos los acontecimientos humanos. Escuchemos esto sólo: nos repetimos todo aquello de lo que precisamos principalmente. ¿Quién se acuerde de tantas y tantas veces como ha errado su propio juicio, no es un necio si no desconfía de él para siempre? Cuando la razón ajena me convence de la falsedad de una idea, no aprendo tanto lo nuevo que me ha dicho ni esa ignorancia particular (poco fruto sería) como aprendo en general mi debilidad y la traición de mi entendimiento; por lo cual llego a dominar todo el conjunto. Con todos mis demás errores hago lo mismo; y siento que es esta regla muy útil para la vida. No considero a la especie ni al individuo como una piedra en la que he tropezado; aprendo a temer mi andar en todo y prepárome a ajustarlo. El aprender que se ha dicho o hecho una tontería, no es nada; es menester aprender que se es un necio, enseñanza harto más amplia e importante. Las malas pasadas que tan a menudo me ha jugado mi memoria, incluso cuando más segura estaba de sí misma, no se han perdido inútilmente; por mucho que me jure y me asegure hogaño, meneo la cabeza; la primera objeción formulada contra su testimonio me deja en vilo y no osaría fiarme de ella

---

[13] Obsérvese la primacía otorgada al yo como objeto de estudio y conocimiento.

en cosa de peso, ni ponerla como garantía del proceder ajeno. Y si no fuera porque lo que yo hago por falta de memoria los demás lo hacen aún más a menudo por falta de
fe, aceptaría siempre la verdad de otros labios antes que de
los míos para lo acontecido. Si cada cual espiase de cerca
los efectos y las circunstancias de las pasiones que lo do-
minan, como he hecho yo con aquélla a la que le he tocado
en suerte, veríalas venir y aminoraría algo su impetuosidad y su carrera. No siempre se nos echan encima de repente; hay amenazas y grados.

> Fluctus uti primo coepit cum albescere ponto,
> Paulatim sese tollit mare, et altius undas
> Erigit, inde imo consurgit ad ethera fundo [14].

El juicio ocupa en mí lugar magistral o al menos se esfuer-
za por ello laboriosamente; deja que mis apetitos vayan a
su aire, y el odio y el amor, incluso el que me profeso a
mí mismo, sin alterarse ni corromperse. Si no puede reformar a su modo mis otros aspectos, al menos tampoco se
deja reformar por ellos: hace juego aparte.

La advertencia de que cada cual se conozca, ha de ser de
gran trascendencia, puesto que aquel dios de ciencia y de
clarividencia lo hizo poner en el frontal de su templo [15],
como si comprendiera todo cuanto había de aconsejarnos.
Platón dice también que la prudencia no es sino el cum-
plimiento de esta ordenanza, y Sócrates lo demuestra detalladamente a través de Jenofonte. Las dificultades y la oscuridad de cada ciencia no se perciben si no se adentra uno
en ellas. Pues también es menester cierto grado de inteligencia para poder percatarse de que se ignora, y es menester empujar una puerta para saber que nos está cerrada.
De donde nace esta sutileza platónica de que ni aquéllos
que saben han de preguntarse, puesto que saben, ni aqué-

---

[14] «Así al primer soplido el mar empieza a blanquearse, poco a poco
las olas se agrandan y más alto se levantan, y del fondo del abismo suben
hasta las nubes.» (Virgilio, *Eneida*, VIII. 528).

[15] Apolo en Delfos.

llos que no saben, puesto que para preguntarse es menester saber sobre lo que uno pregunta. Y así, en éstas de conocerse a sí mismo, el que cada cual esté tan resuelto y satisfecho, el que cada cual crea estar lo bastante enterado, significa que nadie entiende nada de nada, como enseña Sócrates a Eutidemo según Jenofonte. Yo, que no pretendo otra cosa, hallo una profundidad y variación tan infinita, que mi aprendizaje no tiene más fruto que el de demostrarme cuánto me resta por aprender. A mi tan a menudo reconocida debilidad debo la inclinación que tengo a la modestia, a la obediencia de las creencias que me han sido ordenadas, a una constante frialdad y moderación de ideas, y el odio por esa arrogancia importuna y discutidora que se cree y se fía por entero de sí misma, enemiga capital de la disciplina y de la verdad. Oídles perorar: al proferir las primeras necedades hácenlo al estilo con el que se establecen religiones y leyes. «Nil hoc est turpius quam cognitioni et perceptioni assertionem aprobationemque praecurrere»[16]. Decía Aristarco que antiguamente apenas si había siete sabios en el mundo, que, en su época, apenas si había siete ignorantes. ¿No podríamos decirlo nosotros con más razón que él en nuestra época? Son la afirmación y la obstinación signos manifiestos de necedad. Se habrá ido éste de bruces al suelo al menos cien veces en un día: hele ahí tan gallito, tan resuelto y entero como antes; diríais que le han imbuido después un alma nueva y un nuevo rigor de entendimiento, y que le ocurre como a aquel antiguo hijo de la tierra que recuperaba nueva firmeza con la caída, fortaleciéndose,

> cui, cum tetigere parentem,
> Jam defecta vigent renovato robore membra[17].

¿Cree acaso ese testarudo rebelde hacerse con nueva inteligencia por empezar una nueva discusión? Declaro por

---

[16] «Nada más indigno que dar paso a la aserción y a la decisión antes de la percepción y del conocimiento.» (Cicerón, *Académicas*, I. 12).

[17] «Al tocar la tierra, su madre, sus miembros desfallecidos recobran nuevas fuerzas.» (Lucano, *Farsalia*, IV. 599).

propia experiencia la ignorancia humana, lo cual es, a mi parecer, el partido más seguro de la escuela del mundo. Aquéllos que no quieran concluirla en sí mismos por tan vano ejemplo como el mío o como el suyo, admítanla por Sócrates, maestro de los maestros. Pues el filósofo Antístenes decía a sus discípulos: Vamos a oír a Sócrates. Allí seré yo discípulo como vosotros. Y al sostener este dogma de su secta estoica, que bastaba la virtud para hacer una vida plenamente feliz sin necesitar de ninguna otra cosa, añadía: Sino de la fuerza de Sócrates.

Esta larga atención que dedico a considerarme, me enseña a juzgar igual de pasablemente a los demás y pocas cosas hay de las que hable más feliz y acertadamente. Suele ocurrirme el ver y distinguir más exactamente las cualidades de mis amigos que ellos mismos. A alguno he asombrado por la pertinencia de mi descripción advirtiéndole sobre sí. Por haberme acostumbrado desde la infancia a ver reflejada mi vida en la de los demás, heme hecho con una naturaleza estudiosa en esto, y, cuando pienso en ello, pocas cosas útiles dejo escapar a mi alrededor: actitudes, gestos, palabras. Todo lo estudio: aquello que he de evitar, aquello que he de imitar. Así descubro a mis amigos, por sus obras, sus inclinaciones internas, no para ordenar esa infinita variedad de actos tan diversos y delimitados en ciertos géneros y capítulos, y distribuir claramente mis repartos y divisiones en clases y regiones conocidas,

Sed neque quam multae species, et nomina quae sint,
Est numerus [18]

Dividen y apuntan sus ideas los sabios más específica y detalladamente. Yo que no veo en ellas más que lo que me dice la práctica, sin regla, presento las mías de modo general y a tientas. Como aquí: escribo mi pensamiento en artículos descosidos, como cosa que no puede decirse de una vez y en bloque. La relación y la coherencia no se dan en

---

[18] «Y esas innumerables especies, ¿cómo nombrarlas, cómo contarlas?» (Virgilio, *Geórgicas,* II. 103).

almas como las nuestras, bajas y comunes. Es la sabiduría construcción sólida y entera donde cada parte ocupa su lugar y lleva su marca: «Sola sapientia in se tota conversa est» [19].

Dejo a los artistas, y no sé si logran algo en cosa tan enmarañada, tan menuda y tan fortuita, el clasificar en categorías esta infinita diversidad de aspectos, el detener nuestra inconstancia y ponerla en orden. No sólo considero difícil relacionar nuestros actos unos con otros, sino que considero difícil designarlos propiamente a cada uno por separado con alguna cualidad principal, de tantos dobles y confusos aspectos como tienen.

Lo que resaltan como raro de Perseo, rey de Macedonia, que, al no atarse su pensamiento a ninguna circunstancia, iba errante por todo tipo de vida manifestando costumbres tan volubles y vagabundas que no era conocido ni por él mismo ni por cualquier otro, paréceme convenir más o menos a todo el mundo. Y por encima de todos he visto a otro de su talla a quien podría aplicarse esta conclusión más adecuadamente aún, creo yo; sin término medio, dejándose llevar siempre de un extremo a otro por motivos imposibles de adivinar, sin conducta libre de travesía o contradicción extraordinaria, sin facultad simple alguna; de modo que lo más verosímil que se podrá decir de él algún día, será que se esforzaba y trataba de hacerse conocer por ser irreconocible.

Se han de tener oídos harto fuertes para escuchar cómo le juzgan a uno francamente; y puesto que hay pocos que puedan sufrirlo sin irritarse, aquéllos que se arriesgan a hacerlo con nosotros muéstrannos singular favor de amistad; pues es amar sanamente el decidirse a herir y a ofender para hacer el bien. Considero difícil el juzgar a aquél cuyas malas cualidades superan las buenas. Platón preconiza tres cosas para aquél que quiera examinar el alma de otro: ciencia, bondad, osadía.

Preguntáronme alguna vez para qué creía ser apto si al-

---

[19] «Sólo la sabiduría está totalmente encerrada en sí misma.» (Cicerón, *De los fines*, III. 7).

guien hubiera querido servirse de mí mientras tenía edad
para ello.

Dum melior vires sanguis dabat, aemula necdum
Temporibus geminis canebat sparsa senectus[20].

—Para nada, respondí. Y nada me importa no saber cosa
alguna que me esclavice a otro. Mas habríale dicho las ver-
dades a mi señor y habría vigilado su proceder, si hubiera
querido. No en general, con lecciones escolásticas que no
me sé (ni veo nacer verdadera enmienda en aquéllos que
las saben), sino observándolo paso a paso, en toda ocasión,
y juzgando a ojo, detallada, simple y naturalmente, hacién-
dole ver cuál era la opinión común, oponiéndome a sus aduladores. Todos nosotros valdríamos menos que los reyes si
así nos corrompieran continuamente, como toda esa cana-
lla hace con ellos. ¡Cómo no! ¡Si ni siquiera Alejandro, aquel
gran rey y filósofo, pudo librarse! Habría tenido bastante
fidelidad, juicio y libertad para ello. Sería un oficio sin nombre; de otro modo, perdería su eficacia y su gracia. Y es un
papel que no puede corresponder indiferentemente a todos. Pues ni la misma verdad tiene el privilegio de ser em-
pleada en todo momento y de cualquier modo: tiene su uso,
por noble que sea, sus circunscripciones y sus límites. A menudo ocurre, tal y como es el mundo, que se la comunican
al príncipe al oído, no sólo sin fruto, sino perjudicialmente
e incluso injustamente. Y no me harán creer que un santo
reproche no pueda hacerse erróneamente, ni que el interés
de la sustancia no deba ceder a menudo ante el interés de
la forma. Querría para este oficio a un hombre contento
con su suerte,

Quod sit esse velit, nihilque malit[21],

---

[20] «Cuando una sangre más limpia me llenaba de fuerzas y la vejez
aún no había blanqueado mis sienes.» (Virgilio, *Eneida*, V. 415).
[21] «Queriendo ser lo que es y nada más que eso» (Marcial,
XLVII. 12).

y nacido de mediana fortuna; pues, por una parte, no temería llegar viva y profundamente al corazón de su señor al no importarle perder por ello el progreso de su ascensión, y, por otra parte, al ser de condición mediana, tendría más fácil comunicación con toda clase de gentes. Querríalo para un único hombre; pues el extender el privilegio de esta libertad e intimidad a muchos, provocaría dañina irreverencia. Sí, y de éste exigiría ante todo la fidelidad del silencio.

No ha de creerse a un rey cuando se jacta de su constancia para soportar los embates del enemigo en aras de su gloria, si por su propio provecho y enmienda no puede sufrir la libertad de palabra de un amigo, la cual no tiene más trascendencia que pellizcarle el oído, quedando en sus manos el resto de las consecuencias. Y es el caso que no existe otra condición humana que necesite tanto como éstos de verdaderas y libres advertencias. Llevan una vida pública, y han de contentar a tantos espectadores, que, como acostumbran a callarles todo cuanto les desvía de su camino, vense, sin sentirlo, hundidos en el odio y la antipatía de su pueblo, con frecuencia por motivos que habrían podido evitar, incluso sin menoscabo de sus placeres, si se les hubiera avisado y corregido a tiempo. De ordinario sus favoritos miran más por sí mismos que por su señor; y hacen bien, pues, verdaderamente, la mayoría de los oficios de la auténtica amistad son, para con el soberano, una prueba difícil y peligrosa; de modo que es menester no sólo mucho afecto y mucha franqueza, sino también mucho valor.

En fin, que todo este batiburrillo que aquí garabateo, no es sino un registro de los hechos de mi vida, que son, para la salud interna, bastantes ejemplares, si se toma la enseñanza en sentido contrario. Mas en cuanto a la salud corporal, nadie puede proporcionar experiencia más útil que yo que la presento pura, sin corromper ni alterar artificial o subjetivamente. La experiencia está propiamente en su medio en el caso de la medicina, en el que la razón le cede todo el sitio. Decía Tiberio que cualquiera que hubiese vivido veinte años, debía responder de las cosas que le eran dañinas o saludables, y saberse conducir sin medicina. Y podía haberlo aprendido de Sócrates, el cual, al aconsejar a sus discípulos, con gran interés y en tanto que muy principal estudio, el estudio de su salud, añadía que era difícil que un hombre de juicio que se cuidara de sus ejercicios, del beber y del comer, no conociera mejor que cualquier médico lo que le sentaba bien o mal. Por ello, pretende la medicina tener la experiencia como piedra de toque para sus operaciones. Y así tenía razón Platón al decir que para ser un verdadero médico, sería menester que aquél que decidiera serlo hubiere pasado por todas las enfermedades que quisiera curar y por todos los accidentes y circunstancias de los que hubiere de juzgar. Es razonable que cojan la viruela si quieren comprenderla. En verdad que yo me fiaría de uno de éstos. Pues los demás nos conducen como aquél que describe los mares, los escollos y los puertos, sentado a su mesa y manejando un barco de juguete con total seguridad. Lanzadlo a la realidad, no sabrá cómo arreglárselas. Pintan nuestros males como hace un pregonero con un caballo o un perro perdido: tiene tal pelo, tal altura, tales orejas; mas ponédselo delante, no por ello lo conocerá.

Por Dios que si la medicina me presta algún día algún buen y perceptible socorro, veréis cómo gritaré de buena fe:

Tandem efficaci do manus scientiae![22]

Mucho nos prometen las artes que nos prometen mantenernos el cuerpo con salud y el alma con salud; mas tampoco hay ninguna que cumpla menos cuanto promete. Y en nuestra época, aquéllos que ejercen esas artes entre nosotros, muestran menos sus efectos que todos los demás hombres. Puede decirse de ellos, como mucho, que venden drogas medicinales, mas que sean médicos, eso no puede decirse.

He vivido bastante para examinar el proceder que me ha llevado tan lejos. Para quien quiera probarlo, helo degustado antes como si fuera el escanciador. He aquí algu-

---

[22] «¡Por fin tiendo las manos a una ciencia útil!» (Horacio, *Epodos*, XVII. 1).

nos artículos tal y como la memoria me los proporcionará. (No tengo regla alguna que no haya ido variando según los acontecimientos, mas anoto aquéllas que he practicado más a menudo, que han tenido más poder sobre mí, hasta ahora.) Mi modo de vida es igual en la salud y en la enfermedad. Sírvenme el mismo lecho, las mismas horas, los mismos alimentos y la misma bebida. Nada añado sino la mayor o menor moderación según mis fuerzas y mi apetito. Mi salud consiste en mantener sin alteración mi estado acostumbrado. Veo que la enfermedad me desplaza hacia un lado; si he de creer a los médicos, me desviarán hacia el otro; y por casualidad o artificialmente, heme apartado de mi camino. De nada estoy tan seguro como de esto: no puede perjudicarme el uso de cosas a las que desde hace tanto tiempo estoy acostumbrado.

A la costumbre corresponde dar forma a nuestra vida, como a ella le plazca; todo lo puede en esto: es el brebaje de Circe que cambia nuestra naturaleza como le parece. Cuántas naciones, y a dos pasos de nosotros, consideran ridículo el temor al relente, que tan aparente daño nos hace; y nuestros marineros y nuestros campesinos ríense de ello. Enfermaréis a un alemán si lo acostáis sobre un colchón, como a un italiano sobre plumas y a un francés sin cortinas ni fuego. El estómago de un español no resiste nuestra forma de comer, ni el nuestro la de beber de un suizo.

Deleitóme un alemán, en Augsburgo, demostrando la incomodidad de nuestros hogares con el mismo argumento que nosotros solemos utilizar para criticar sus estufas. Pues, verdaderamente, ese calor reconcentrado y además el olor de ese material recalentado del que están constituidas pone la cabeza pesada a la mayoría de los que no están habituados; a mí, no. Mas por lo demás, al ser el calor igual, constante y general, sin luz ni humo, sin el aire que nuestras chimeneas abiertas nos acarrean, bien puede compararse al nuestro. ¿Por qué no imitamos la arquitectura romana? Pues dícese que antaño no se encendía el fuego en sus casas más que fuera y por debajo de ellas: desde donde se aspiraba el calor para toda la casa por unas tuberías practicadas dentro del muro, las cuales iban rodeando los lugares que habían de ser calentados; lo cual he visto yo claramente significado en algún párrafo de la obra de Séneca[23]. Éste, oyéndome alabar las ventajas y bellezas de su ciudad, que ciertamente lo merece, comenzó a compadecerme por haber de alejarme de ella; y uno de los primeros inconvenientes que alegó fue la pesadez de cabeza que me provocarían las chimeneas de otros lugares. Había oído que alguien se quejaba de ello y nos lo achacaba, privado como estaba por la costumbre de notarlo en su país. Todo calor que provenga del fuego me debilita y entorpece. Sin embargo, decía Eveno que el mejor condimento de la vida era el fuego. Prefiero cualquier otra manera de evitar el frío.

Tememos los vinos del fondo. En Portugal, considérase delicioso su aroma y es la bebida de los príncipes. En suma, que cada nación tiene muchas costumbres y usos que son no sólo desconocidos sino horribles y extraordinarios para cualquier otra nación.

¿Qué haremos de este pueblo que no acepta más que los testimonios impresos, que no cree a los hombres si no están en los libros, ni la verdad si no tiene edad competente? Dignificamos nuestras sandeces poniéndolas en letras de molde. Pesa de muy distinto modo en él si decís: Lo he leído, que si decís: Lo he oído decir. Mas yo que desconfío tanto de la mano como de la boca de los hombres y que sé que tan poco juiciosamente se escribe como se habla y que estimo tanto este siglo como otro pasado, cito tan contento a un amigo mío como a Aulo Gelio o a Macrobio, y lo que he visto como lo que han escrito. Y así como sostienen que no es la virtud más grande por ser más antigua, así estimo igualmente que no por ser más vieja es más sabia la verdad. Suelo decir que es la pura necedad la que nos hace correr tras los ejemplos ajenos y escolásticos. Su fertilidad es igual ahora que en tiempos de Homero y de Platón. Mas, ¿no será que buscamos más el honor de la cita que la verdad del razonamiento? Como si fuera mejor sacar las pruebas del taller de Vascosan o de Plantin[24] que de lo que ocu-

---

23 Séneca, *Cartas,* 90.
24 Impresores en París y en Amberes.

rre en nuestro pueblo. ¿O no será ciertamente que no tenemos ingenio ni para analizar y valorar cuanto pasa ante nosotros, ni para juzgarlo con la agudeza bastante como para usarlo como ejemplo? Pues, si decimos que nos falta autoridad para dar crédito a nuestro testimonio, decímoslo sin razón. Pues, a mi parecer, de las cosas más ordinarias, comunes y conocidas, si supiéramos explicarlas, podrían hacerse los mayores milagros de la naturaleza y sacarse los más prodigiosos ejemplos, en particular sobre el tema de los actos humanos.

Y sobre lo que me ocupa, dejando aparte los ejemplos que sé por los libros y lo que dice Aristóteles de Andrón, argio que atravesaba los áridos desiertos de Libia sin beber, un gentilhombre[25] que ha desempeñado dignamente muchos cargos, decía, delante de mí, que había ido de Madrid a Lisboa, en pleno verano, sin beber. Está vigoroso para su edad y no tiene su vida nada extraordinario sino esto: el haber estado dos o tres meses e incluso un año, según me ha dicho, sin beber. Siente cierta alteración, mas déjala pasar, y sostiene que es un apetito que disminuye fácilmente por sí mismo; y bebe más por capricho que por necesidad o placer.

He aquí otro más. No hace mucho, topéme con uno de los hombres más sabios de Francia, entre aquéllos de fortuna no muy mediocre, estudiando en un rincón de una sala que habían hecho rodeándole con tapices; y en torno suyo, el estruendo licencioso de sus criados. Díjome, y lo mismo dice Séneca de sí mismo, que sacaba provecho de aquella batahola, como si, golpeado por aquel ruido, se centrara y encerrara más en sí mismo para la contemplación, y aquella tempestad de voces repercutiera sus pensamientos dentro de sí. Siendo estudiante en Padua, realizóse su estudio durante tanto tiempo en medio del jaleo de los coches y del tumulto de la plaza que no sólo se acostumbró a despreciarlo sino a aprovechar el ruido al servicio de sus estudios. Sócrates respondió a Alcibíades que se extrañaba de que pudiera soportar el continuo escándalo de la cabeza de

---

[25] El marqués de Pisani, embajador en España.

su mujer: Como aquéllos que están acostumbrados al sonido cotidiano de las norias para sacar agua. Soy yo justo al contrario: tengo la mente blanda y presta a emprender el vuelo; cuando se ve estorbada por algo de fuera, el mínimo zumbido de una mosca la asesina.

Séneca, en su juventud, habiéndole impresionado profundamente el ejemplo de Sextio de no comer cosa alguna que hubieren matado, prescindió de ello con placer durante un año, según él mismo dice. Cejó en ello únicamente porque no sospecharan que adoptaba esta regla de otras religiones nuevas que la preconizaban. Siguió también los preceptos de Atalo de no acostarse más sobre colchones que se hundieran y continuó hasta su vejez usando los que no ceden bajo el cuerpo. Lo que la costumbre de su época atribuyó a dureza, la nuestra lo achaca a molicie.

Considerad la diferencia entre el vivir de mis braceros y el mío: no tienen ni los escitas ni los indios nada tan alejado de mis fuerzas o mis maneras. Sé que libré de pedir limosna a algunos niños para que me sirvieran, los cuales dejáronme en seguida, y conmigo, mi cocina y su librea, nada más que para volver a su vida primera. Y encontré a uno de ellos recogiendo caracoles para comer en mitad de un camino, al que ni con ruegos ni con amenazas pude apartar del sabor y de la dulzura que hallaba en la indigencia. Los mendigos tienen sus magnificencias y voluptuosidades, como los ricos, y, según dicen, sus dignidades y grados políticos. Son cosas de la costumbre. Puede habituarnos no sólo a cualquier manera que le plazca (por ello dicen los sabios que hemos de adoptar la mejor de las que nos facilite de inmediato), sino también al cambio y a la variación, que es la más noble y útil de sus enseñanzas. Mi mejor cualidad física es ser flexible y poco obstinado; tengo tendencias más propias y normales, y más agradables que otros; mas con muy poco esfuerzo líbrome de ellas para amoldarme fácilmente a la manera contraria. Un joven ha de alterar sus normas para despertar su vigor y evitar que se entumezca y apoltrone. Y no hay modo de vida tan necio ni tan débil como aquél que se conduce por ordenanza y disciplina.

Ad primum lapidem vectari cúm placet, hora
Sumitur ex libro; si prurit frictus ocelli
Angulus, inspecta genesi collyria quaerit. [26].

Se entregará incluso a los excesos, si me hace caso: si no,
el más mínimo libertinaje le hundirá; se hará incómodo y
desagradable para la conversación. La cualidad más opuesta a un caballero es la exquisitez y la dependencia de ciertas maneras particulares; y son particulares si no son mol-
deables y adaptables. Es vergonzoso el dejar de hacer algo
por impotencia o el no osar aquello que se ve hacer a los
compañeros. ¡Guarden tales gentes su cocina! Para cualquiera es indecente; mas para un hombre de guerra es vicioso e insoportable, pues éste, como decía Filopémenes,
ha de acostumbrarse a todas las diversidades y desigualda-
des de la vida.

A pesar de haber sido educado todo lo posible en la libertad y la indiferencia, aún así, por negligencia, al haberme detenido más, al envejecer, en ciertas formas (mi edad
está fuera de toda educación y no tiene otra cosa de la que
ocuparse que de mantenerse), ha impreso tanto ya la costumbre, sin darme cuenta, su carácter en ciertas cosas, que
considero exceso el apartarme de ellas. Y no puedo, sin ponerme a prueba, ni dormir de día, ni hacer colación entre
las comidas, ni cenar e ir a acostarme sin gran intervalo,
como de tres horas largas después del alimento, ni hacer
hijos en otro momento que no sea antes de dormir, ni hacerlos de pie, ni soportar el sudor, ni beber agua pura o
vino puro, ni tener largo tiempo la cabeza descubierta, ni
afeitarme después de desayunar. Y prescindiría con la misma dificultad de los guantes que de la camisa, y de lavarme
al dejar la mesa que al levantarme, y de dosel y cortinas
en la cama como de cosas harto necesarias. Comería sin
mantel; mas a la alemana, muy incómodamente sin servilleta: ensúciolas más que ellos y que los italianos y ayúdo-

---

[26] «Para hacerse llevar al primer borne, le pregunta la hora a los libros. Le molesta el ojo por habérselo frotado demasiado; ningún colirio,
antes de haber consultado al horóscopo.» (Juvenal, VI. 567).

me poco de cuchara y tenedor. Lamento que no se haya continuado una costumbre que vi iniciarse a imitación de los reyes: que nos cambiasen de servilleta según los servicios, como de platos. Sabemos de Mario, aquel esforzado soldado, que, al envejecer, volvióse exquisito en el beber y sólo lo hacía en una copa suya particular. Yo inclínome también por cierto tipo de vasos y no gusto de beber en vaso común como tampoco de mano común. Todo metal me desagrada comparado con un material claro y transparente. Saboréenlo también mis ojos, según su capacidad.

Debo muchas debilidades semejantes a la práctica. Por su parte, la naturaleza también me ha dotado de las suyas: como la de no soportar más de dos comidas completas en un día sin sobrecargarme el estómago, ni la abstinencia total de una de las comidas sin llenarme de aires, resecárseme la boca y apagárseme el apetito, ni la de resentirme de un largo sereno. Pues desde hace algunos años, con los trabajos de la guerra, cuando toda la noche transcurre en ellos como suele ocurrir, después de cinco o seis horas comienza a revolvérseme el estómago con fuerte dolor de cabeza y no llego a ver el día sin vomitar. Cuando los demás se van a comer, yo me voy a dormir, y a partir de entonces, tan contento como antes. Había sabido siempre que el sereno sólo aparecía al caer la noche. Mas por frecuentar familiarmente y por largo tiempo a un señor imbuido por esta idea, que es el sereno más duro y peligroso cuando se inclina el sol, una o dos horas antes de ponerse, el cual evita cuidadosamente despreciando el de la noche, se me ha grabado no tanto su razonamiento como su sentimiento.

¡Cómo! ¿Que la misma duda e inquisición influye en nuestra imaginación y nos cambia? Aquéllos que ceden de golpe a esas inclinaciones húndense por entero. Y compadezco a muchos gentilhombres que, por culpa de la necedad de sus médicos, hanse recluido estando jóvenes y sanos. Más valdría padecer un catarro que dejar de hacer vida normal para siempre por falta de costumbre en cosa tan usual. Enojosa ciencia ésta que nos prohíbe las horas más placenteras del día. Ampliemos nuestro dominio hasta sus últimos límites. A menudo nos endurecemos si nos empeñamos y si corregimos nuestra naturaleza, como hizo César con la epilepsia, a fuerza de despreciarla y corromperla. Hemos de obedecer las reglas mejores, mas sin esclavizarnos a ellas, salvo a aquéllas, si es que existe alguna, en las que sea útil la obligación y la servidumbre.

Y cagan los reyes y los filósofos, y también las damas. Débense las vidas públicas a la ceremonia; la mía, oscura y privada, goza de toda dispensa natural; ser soldado y gascón, son cualidades también algo propensas a la falta de juicio. Por lo cual diré de este acto: que es menester dejarlo para ciertas horas determinadas y nocturnas, y forzarse y obligarse a ellas por costumbre, como yo he hecho; mas no obligarse, como he hecho al envejecer, a los detalles de una particular comodidad de lugar y de asiento para esta función haciéndola molesta por su duración y molicie. De todos modos, en las funciones más sucias, ¿no es acaso perdonable el exigir mayor cuidado y limpieza? «Natura homo mundum et elegans animal est.»²⁷ De todos los actos naturales es aquél que peor soporto que me interrumpan.

He visto a muchos hombres de guerra incomodados por el desarreglo del vientre; ni el mío ni yo fallamos jamás en el momento asignado, que es al saltar de la cama, a no ser que nos trastorne alguna violenta ocupación o enfermedad.

No sé pues, como decía, cómo van a estar más seguros los enfermos que conservando, sin alterarlo, el modo de vida en el que han sido criados y formados. El cambio, sea cual sea, asusta y perjudica. ¿Cómo creer que las castañas hagan daño a uno del Perigord o de Lucques, y la leche y el queso a las gentes de la montaña? Ordénanles una forma de vida no sólo nueva sino contraria: mutación que ni uno sano podría soportar. Recetad agua a un bretón de setenta años, encerrad en un baño a un marino, prohibid a un criado vasco que pasee: prívanles de movimiento y finalmente de aire y de luz.

---

²⁷ «Por naturaleza, el hombre es un animal limpio y delicado.» (Séneca, *Epístolas,* 92).

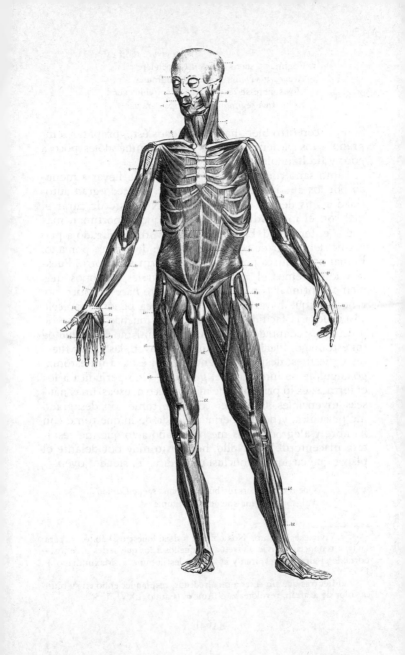

An vivere tanti est?
Cogimur a suetis animum suspendere rebus,
Atque, ut vivamus, vivere desinimus...
Hos superesse rear, quibus et spirabilis aer
Et lux qua regimur redditur ipsa gravis? [28]

Si no hacen otro bien, hacen al menos éste, preparar temprano a los pacientes para la muerte, minándoles poco a poco y limitándoles el uso de la vida.

Tanto sano como enfermo, heme dejado llevar a menudo por los apetitos que me acuciaban. Concedo gran autoridad a mis deseos e inclinaciones. No gusto de curar el mal con el mal. Odio los remedios que importunan más que la enfermedad. El tener cólico y verme obligado a privarme del placer de comer ostras, son dos males por uno. El mal nos pellizca por un lado, las normas por otro. Puesto que corremos el riesgo de errar, arriesguémonos más bien a continuar con el placer. La gente hace lo contrario, y no cree que haya nada útil que no sea penoso, parécele sospechosa la facilidad. Mi apetito en muchas cosas se ha ordenado y adaptado felizmente por sí mismo a la salud de mi estómago. Placíanme, cuando era joven, las salsas fuertes y picantes; después, al sentarle mal éstas a mi estómago, siguióle de inmediato el gusto. El vino perjudica a los enfermos; es lo primero que me produce náuseas, unas náuseas invencibles. Cualquier cosa que tome con desagrado me perjudica, y no me perjudica nada de lo que tomo con hambre y alegría; jamás me hizo daño acto que me resultara placentero. Y por ello, he puesto muy por delante el placer que cualquier conclusión médica. Y, siendo joven,

Quem circumcursans huc atque huc saepe Cupido
Fulgebat, crocina splendidus in tunica [29],

---

[28] «¿Vivir cuesta tanto? Nos obliga a dejar nuestros hábitos y, para vivir, a renunciar a vivir. ¿Viven aún aquellos a los que se les hace insoportable el aire que respiran y la luz que les ilumina?» (Maximiliano, I. 155, 247).

[29] «Mientras que sin cesar a mi alrededor, resplandeciendo en su túnica color de azafrán, revoloteaba el Amor» (Catulo, LXVI. 133).

entreguéme tan licenciosa e inconsideradamente como cualquier otro al deseo que me poseía.

Et militavi non sine gloria[30],

más sin embargo en constancia y duración que en ímpetu:

Sex me vis memini sustinuisse vices[31],

Malo es, ciertamente, y extraordinario, confesar cuán pocos años contaba cuando caí en su poder por primera vez. Fue desde luego casual, pues fue mucho antes de tener edad de elegir y conocer. No me recuerdo tan joven. Y puede emparejarse mi fortuna con la de Quartilla que no tenía memoria alguna de su virginidad.

Inde tragus celerésque pili, mirandáque matri
Barba meae[32].

Suelen doblegar los médicos con utilidad sus normas ante la violencia de los ávidos deseos que se apoderan de los enfermos; no puede concebirse que esa gana sea tan extraña y viciosa, si la naturaleza la permite. Y además, ¿cuán importante no es el contentar la imaginación? En mi opinión, esta parte influye en todo, más al menos que cualquier otra. Los males más graves y corrientes son aquéllos con los que nos carga la imaginación. Este dicho español me gusta por varios motivos: «Defienda me Dios de my». Lamento, cuando estoy enfermo, el no tener algún deseo que me ofrezca la satisfacción de saciarlo; apenas si podría apartarme de él la medicina. Lo mismo hago estando sano: no veo más que esperar y querer. Triste es decaer y debilitarse hasta en el deseo.

---

[30] «Y he combatido no sin gloria» (Horacio, *Odas,* III. XXVI. 2).

[31] «Apenas me acuerdo de haber llegado a seis» (según Ovidio, *Amores,* III. VII. 26).

[32] «También tuve pronto vello en las axilas y mi barba precoz extrañó a mi madre.» (Marcial, XI. XXII. 7).

[365]

No es tan seguro el arte de la medicina como para que carezcamos de autoridad en todo cuanto hagamos: cambia según las regiones y según las lunas, según Farnel y según Escalígero[33]. Si vuestro médico no considera bueno que durmáis, que toméis vino o tal otra carne, no os importe: yo os encontraré otro que no sea de esa opinión. La diversidad de argumentos y de teorías médicas abarca todo tipo de formas. He visto a un pobre enfermo reventar y desmayarse de sed por curarse, y cómo después otro médico burlábase de él, condenando esa ocurrencia como perjudicial; ¿acaso aprovechóle su esfuerzo? Recientemente ha muerto un hombre de esta profesión, el cual habíase impuesto extrema abstinencia para combatir su mal; dicen sus colegas que, por el contrario, ese ayuno lo había resecado, cociéndole la arenilla en los riñones.

Héme percatado de que para las heridas y las enfermedades, el hablar me agita y perjudica tanto como cualquier exceso que cometa. Me cuesta y fatiga la voz, pues la tengo alta y esforzada; hasta el punto de que cuando me han tenido que escuchar los grandes en asuntos de trascendencia, helos obligado con frecuencia a moderarme la voz. Esta historia merece que me distraiga de lo mío: alguien, en cierta escuela griega[34], hablaba alto, como yo; rogóle el maestro de ceremonias que hablara más bajo: Indíqueme, dijo él, el tono en el que quiere que hable. Replicóle el otro que adoptase el tono según los oídos de aquél al que hablaba. Bien dicho estuvo si ha de entenderse así: Hablad según el auditorio con el que os las veáis. Pues si quiere decir: contentaos con que os oiga, o: regulaos según él, encuentro que no es razonable. El tono y el movimiento de la voz tiene cierta expresividad y significado en el sentido, a mí me corresponde el manejarlo para explicarme. Hay voces para instruir, voces para halagar, o para regañar. Quiero que mi voz no sólo le llegue, sino que le conmueva y le lacere qui-

---

[33] Farnel, médico de Enrique II; Escalígero, médico de Agen, hipotético descendiente de la casa italiana Della Scala, fue autor de una *Poética*.
[34] Carneades (*C.* 215 - *C.* 129 a. de C.), filósofo grigo, nacido en Cirene, orador célebre, jefe de la Nueva Academia y fundador del probabilismo.

zá. Bueno estaría que mi criado, cuando le maltrato con tono agrio y agresivo, me dijera: Amo, habladme más bajo, os oigo bien.

«Est quaedam vox ad auditúm accommodata, non magnitudine, sed proprietate»[35]. Es la palabra mitad del que habla y mitad del que escucha. Este ha de prepararse a recibirla según el sesgo que ella tome. Así como entre aquéllos que juegan a la pelota, el que espera se desplaza y apresta según vea moverse al que lanza el tiro y según la forma del tiro.

También me ha enseñado esto la experiencia, que nos perdemos por impaciencia. Tienen los males su vida y sus límites, sus enfermedades y su salud.

La constitución de las enfermedades está formada siguiendo el modelo de la constitución de los animales. Tienen su fortuna y sus días contados desde que nacen; el que intenta abreviarlos imperiosamente y a la fuerza, en mitad de su evolución, los alarga y multiplica, y los azuza en lugar de apaciguarlos. Comparto la opinión de Crantor, que ni hemos de oponernos obstinadamente y a lo loco a los males, ni sucumbir ante ellos por molicie, sino que hemos de ceder naturalmente, según su condición y la nuestra. Se ha de dejar paso a las enfermedades; y creo que me duran menos a mí que las dejo hacer; y se me ha pasado alguna de ésas que se consideran más pesadas y tenaces, por propia decadencia suya, sin ayuda ni intervención alguna y contra sus reglas. Dejemos actuar un poco a la naturaleza: entiende más de sus asuntos que nosotros. —Mas tal persona murió por ello. —Lo mismo haréis si no de este mal, de otro. ¿Y cuántos no han muerto también teniendo a tres médicos encima? Es el ejemplo, espejo borroso, general y de muchos sentidos. Si es una medicina voluptuosa, aceptadla; siempre será un bien en mano. No me detendré ante el nombre ni ante el color, si es deliciosa y apetecible. Es el placer una de las principales especias del provecho.

---

[35] «Hay ciertas voces adaptadas al oído no por su volumen, sino por su calidad.» (Quintiliano, XI. 3).

He dejado envejecer y morir en mí de muerte natural, catarros, fluxiones gotosas, diarreas, palpitaciones, migrañas y otros accidentes que se me han quitado cuando me había medio acostumbrado a padecerlos. Conjúraselos mejor con cortesía que provocándolos. Hemos de sufrir resignadamente las leyes de nuestra condición. Estamos aquí para envejecer, debilitarnos, para estar enfermos a pesar de toda medicina. Es lo primero que enseñan los mexicanos a sus hijos cuando, al salir del vientre de sus madres, los saludan así: Hijo, has venido al mundo para padecer; padece, sufre y calla.

Injusto es dolerse de que le haya acaecido a alguien lo que puede acaecerle a cualquiera, «indignare si quid in te iniquè propriè constitutum est»[36]. Mirad a un viejo que pide a Dios le mantenga la salud entera y vigorosa, es decir, le devuelva la juventud.

Stulte quid haec frustra votis puerilibus optas?[37]

¿No es locura? No lo implica su condición. La gota, el cálculo, la indigestión, son síntomas de los muchos años, como de los largos viajes el calor, las lluvias y los vientos. No cree Platón que Esculapio se esforzase por conseguir, mediante regímenes, prolongar la vida de un cuerpo gastado e imbécil, inútil para su país, inútil para su trabajo y para dar hijos sanos y robustos, y no considera este cuidado conforme a la justicia y la prudencia divina que ha de dirigir todo a la utilidad. Buenhombre, la cosa está hecha: es imposible enderezaros; como mucho os parchearemos y sujetaremos un poco, alargando vuestra miseria.

Non secus instantem cupiens fulcire ruinam,
Diversis contra nititur obicibus,
Donec certa dies, omni compage soluta,
Ipsum cum rebus subruat auxilium[38].

---

[36] «Quéjate, si a ti solo se te aplica un injusto tratamiento.» (Séneca, *Epístolas,* 91).

[37] «¡Insensato!, ¿por qué esos vanos deseos y esos anhelos pueriles?» (Ovidio, *Tristes,* III. VIII. 2).

[38] «Así, para sostener una estructura que se derrumba, se la apuntala,

Hemos de aprender a soportar aquello que no podemos evitar. Nuestra vida está compuesta, como la armonía del mundo, de cosas contrarias, así también de distintos tonos, suaves y duros, agudos y sordos, blandos y graves. ¿Qué querría decir el músico que sólo amase algunos de ellos? Es menester que sepa utilizarlos en común y mezclarlos. Y lo mismo nosotros los bienes y los males, que son consustanciales a nuestra vida. Nada puede nuestro ser sin esta mezcla, y es un aspecto tan necesario como el otro. El intentar forcejear con la necesidad natural es imitar la locura de Ctesilón que intentaba pelear a patadas con su mula.

Consulto poco las alteraciones que siento, pues estas gentes[39] llevan ventaja cuando os tienen a su merced: os martillean los oídos con sus pronósticos; y habiéndome sorprendido antaño debilitado por la enfermedad, tratáronme injuriosamente con sus dogmas y su actitud magistral, amenazándome ora con grandes dolores, ora con una muerte cercana. Ni me derribaban ni me sacaban de mis casillas, mas golpeábanme y empujábanme; si no me cambiaban ni me trastornaban con ello el juicio, sí al menos lo molestaban: no deja de ser agitación y combate.

Y yo trato a mi imaginación lo más suavemente que puedo y libraríala, si pudiera, de todo esfuerzo y de toda contestación. Ha de socorrerla, halagarla y engañarla el que pueda. Sirve mi mente para este servicio: no siempre carece de argumentos; si convenciera como predica, socorreríame felizmente.

¿Queréis un ejemplo? Dice que tener cálculos es lo que más me conviene; que los edificios de mi edad han de sufrir naturalmente alguna gotera (es tiempo de que empiecen a resquebrajarse y a fallar; es forzoso para todos y no se iba a hacer en mí un nuevo milagro. Pago así el salario debido a la vejez y no podría ponerme mejor precio); que ha de consolarme la compañía habiéndome correspondido el achaque más corriente de los hombres de mi tiempo (por

---

pero llega un día en que el entramado se descoyunta y los puntales se vienen abajo con el edificio.» (Pseudo Galo, I. 171).

[39] Se refiere a los médicos.

todas partes veo a muchos afligidos por un mal de la misma naturaleza y hónrame por él la sociedad pues la emprende mayormente con los grandes: tiene su esencia nobleza y dignidad); que de los hombres por él afectados pocos hay que salgan mejor parados: cuéstales la molestia de un régimen enfadoso y la ingestión enojosa y cotidiana de drogas medicinales, mientras que yo se lo debo únicamente a mi buena fortuna: pues algunos caldos corrientes, algo de cardo y de herniario que dos o tres veces me he tragado en honor a las damas, las cuales, con gracia mayor que la acritud de mi mal, ofrecíanme la mitad del suyo, pareciéronme tan fáciles de tomar como inútiles para operar. Han de pagar con mil votos a Esculapio y con otros tantos escudos a su médico, por la expulsión desahogada y abundante de la arena, de la que yo gozo a menudo por el beneficio de la naturaleza. Ni siquiera la misma decencia de mi compostura en la diaria compañía se ve alterada y retengo la orina diez horas y durante tanto tiempo como cualquier otro. El temor a este mal, me dice, te asustaba antaño, cuando te era desconocido; los gritos y la desesperación de aquéllos que lo exacerban con su impaciencia, te horrorizaban. Es un mal que te golpea los miembros con los que más has pecado; eres hombre de conciencia,

«quae venit indignè poena, dolenda venit[40].

Considera este castigo: harto suave es comparado con otros, y de paternal favor. Considera su tardanza: no importuna, no ocupa más que la época de tu vida que de todos modos está ya perdida y estéril, habiéndote dejado tiempo para la licencia y los placeres de la juventud, como por acuerdo. El temor y la piedad que el pueblo siente por este mal, sírvete de materia de gloria; cualidad de la que aunque de ella te hayas purgado el juicio y curado la razón, tus amigos reconocen aún cierto tinte en tu carácter. Es agradable oír decir de uno: Esto sí que es fuerza, esto sí que es paciencia.

---

[40] «El mal inmerecido sólo merece que nos quejemos de él.» (Ovidio, *Heroidas,* V. 8).

Te ven sudar la gota gorda, palidecer, temblar, vomitar hasta echar sangre, sufrir extrañas contracciones y convulsiones, derramar a veces pesadas lágrimas por los ojos, expulsar la orina espesa, negra y espantosa o tenerla retenida por algún cálculo espinoso y erizado que te pincha y araña cruelmente el conducto de la verga, mientras hablas con los asistentes en actitud normal, bromeas en algún momento con los tuyos, sostienes tu postura en una discusión seria, quitas importancia de palabra a tu dolor y rebajas tus sufrimientos. ¿Recuerdas a aquellas gentes del pasado que con tanto entusiasmo perseguían los males para mantener en forma y en ejercicio su virtud? Pon el caso de que la naturaleza te haya llevado y empujado a esta gloriosa escuela en la que jamás habrías entrado por propia iniciativa. Si me dices que es un mal peligroso y mortal, ¿cuál no lo es? Pues es un engaño médico el exceptuar algunos de los que dicen no conducir derecho a la muerte. ¿Qué importa, si van a ella por accidente y se escurren y desvían fácilmente hacia el camino que a ella nos lleva? Mas no mueres por estar enfermo, mueres por estar vivo. También te mata la muerte sin el socorro de la enfermedad. Y a algunos les han alejado las enfermedades de la muerte, habiendo vivido más cuanto más les parecía estar agonizando. Aparte de que hay enfermedades, como heridas, medicinales y salutíferas. A menudo es el cólico tan longevo como vos; hay hombres a los que les dura desde la infancia hasta la extrema vejez, y, si no lo hubieran dejado solo, habría sido capaz de acompañarlos más lejos; lo matáis más a menudo de lo que os mata él, y aun cuando os ofreciese la imagen de una muerte próxima, ¿no sería acaso un favor para un hombre de tal edad, el obligarle a meditar sobre su fin? Y peor aún, ya no tienes a nadie por quién sanar. De un modo u otro, el primer día la común necesidad te llama. Considera cuán artificiosa y suavemente te quita el gusto por la vida y te desliga del mundo: sin forzarte con tiránica esclavitud, como tantos otros males que ves en los ancianos, a los que continuamente y sin descanso los atormentan de debilidad y dolor, sino con avisos y advertencias repetidos a intervalos, alternando largas pausas de reposo, como para darte la posibilidad de reflexionar y repasar su lección a tus anchas; para darte la posibilidad de juzgar sanamente y tomar partido como hombre de valor, te presenta el estado de tu condición completa, para bien y para mal, y en el mismo día, ora una vida harto alegre, ora insoportable. Si no abrazas a la muerte una vez al mes, al menos le das un apretón de manos. Por lo cual tienes más motivos para esperar que te atrape un día sin amenazarte, y que, habiendo sido tantas veces conducido hasta el puerto, confiado en seguir estando en los términos acostumbrados, te lleve una mañana a ti y a tu confianza a la otra orilla, inopinadamente. No hay por qué quejarse de las enfermedades que comparten el tiempo lealmente con la salud.

Siéntome agradecido a la fortuna por asaltarme tan a menudo con el mismo tipo de armas; me moldea y forma a ellas por costumbre, me endurece y habitúa; ahora sé más o menos de lo que he de librarme. A falta de memoria natural, hágome una de papel, y si algún nuevo síntoma viene a añadirse a mi mal, escríbolo. Por lo que ocurre que, en este momento, habiendo pasado casi por toda suerte de ejemplos, si corro peligro de venirme abajo, hojeando esos pequeños resúmenes deshilvanados como hojas sibilinas[41], no dejo de hallar algo con lo que consolarme por un pronóstico favorable de mi pasada experiencia. Sírveme también el estar acostumbrado a esperar algo mejor para el porvenir, pues habiendo durado tanto la evolución de este vaciado, es de creer que no cambiará de ritmo la naturaleza y no sufriré accidente peor que el que padezco. Además, la condición de esta enfermedad no se aviene mal con mi carácter brusco y repentino. Cuando me ataca suavemente la temo, pues es para mucho tiempo. Mas, normalmente, tiene excesos vigorosos y gallardos; sacúdeme a ultranza durante un día o dos. Permanecieron mis riñones cuarenta años sin alteración; hace ya catorce que cambiaron de estado. Los males tienen su duración como los bienes; quizá este hecho sea el origen de su fin. La edad disminuye el ca-

---

[41] Según la tradición antigua, la Sibila de Cumas inscribía sus oráculos en hojas de árbol.

lor de mi estómago; al ser menos perfecta su digestión, envíame esta materia cruda a los riñones. ¿Por qué no puede disminuirme igualmente, por cierta revolución, el calor de los riñones de modo que no puedan ya petrificar la flema y se encamine la naturaleza a adoptar alguna otra vía de purgación? Los años han terminado de forma evidente con algunos resfriados. ¿Por qué no con estos excrementos que proporcionan materia al cálculo?

Mas, ¿hay algo tan dulce como ese súbito cambio, cuando de un dolor extremo, paso, al expulsar la piedra, a recobrar como un relámpago, la hermosa luz de la salud, tan libre y tan plena, como ocurre con nuestros súbitos y más duros cólicos? ¿Hay en el dolor sufrido algo que pueda compararse con el placer de tan pronta curación? ¡Cuánto más bella me parece la salud tras la enfermedad, tan próximas y contiguas que puedo reconocerlas en presencia una de otra en su más alto boato cuando se emulan como para hacerse frente y contrarrestarse! Así como los estoicos dicen que los vicios han sido creados útilmente para dar valor y apoyar a la virtud, podemos decir con más razón y conjetura menos osada, que la naturaleza nos ha prestado el dolor para honor y servicio de la voluptuosidad y el reposo. Cuando Sócrates, tras haber sido liberado de sus cadenas, sintió el ansia de aquel picor que el peso le había causado en las piernas, deleitóse considerando la estrecha alianza del dolor y la voluptuosidad, cómo están asociados con relación tan necesaria que se siguen y provocan entre sí alternativamente; y exclamaba que el bueno de Esopo habría debido sacar de esta consideración un cuerpo propio para una hermosa fábula.

Lo que encuentro de las otras enfermedades es que no son tan graves por su acción como por su desenlace: tarda uno un año en recuperarse, siempre lleno de debilidad y de temor; hay tanto riesgo y tantos peldaños para ponerse a salvo, que nunca se consigue; es extraordinario que antes de que os hayan quitado el gorro y la bufanda, antes de que os hayan devuelto la práctica del aire y del vino y de vuestra mujer y de los melones, no hayáis caído en nueva desgracia. Tiene ésta la ventaja de que se va de una vez, mientras que las demás dejan siempre alguna huella y alteración que hace al cuerpo susceptible de nuevo mal, y se ayudan unas a otras. Pasaderas son éstas que se contentan con su dominio sobre nosotros, sin extenderlo ni introducir secuelas; mas corteses y graciosas son aquéllas cuyo paso nos aporta alguna útil consecuencia. Desde que padezco el cólico véome libre de otros accidentes, más, creo, de lo que antes estaba, y no he tenido fiebre desde entonces. Argumento para ello, que los vómitos frecuentes que sufro me purgan, y por otro lado mis náuseas y los extraordinarios ayunos que padezco digieren los humores malignos, y expulsa la naturaleza con estas piedras cuanto de superfluo y nocivo hay en ella. No me digan que es una medicina demasiado cara; pues, ¿qué me dirán de tantos brebajes apestosos, tantos cauterios, incisiones, sudores, sedales, dietas y tantas formas de curar que con frecuencia nos producen la muerte por no poder soportar su violencia e importunidad? Así cuando me veo afectado, tómolo como medicina: cuando estoy sano, tómolo como firme y entera liberación.

He aquí otra ventaja particular de mi mal: es que hace su juego más o menos aparte, dejándome hacer el mío, y, si no ocurre así, no se debe sino a falta de valor; helo aguantado diez horas a caballo en su mayor intensidad. Sufrid únicamente, de nada os servirá otro régimen; jugad, comed, corred, haced esto y lo otro, si podéis: vuestros excesos os servirán más que perjudicaros. ¡Decidle lo mismo a un enfermo de viruelas, a un gotoso o a un herniado! Las otras enfermedades tienen influencias más generales, estorban de muy distinto modo nuestros actos, comprometen todo nuestro orden y obligan a que se las tenga en consideración para todo el estado de la vida. Ésta no hace más que pellizcar la piel; os deja disponer de vuestro entendimiento y vuestra voluntad, y de la lengua, y los pies y las manos; os despierta más que adormeceros. El alma se ve agredida por el ardor de unas fiebres, y hundida por una epilepsia y dislocada por una fuerte migraña, y, en suma, aturdida por todas las enfermedades que agreden la masa cerebral y las partes más nobles. —Ésta no la ataca. Si le va mal, ¡culpa suya es! Traiciónase ella misma abandonándose y descomponiéndose. Sólo los locos se dejan persuadir de que ese cuerpo duro y compacto que se nos cuece en los riñones puede disolverse con un brebaje; por lo cual, una vez que está en movimiento, no hay más que dejarle paso; de todos modos se lo abrirá él.

Subrayo también esta particular ventaja, que es un mal del que tenemos poco que adivinar. Estamos libres de la agitación que nos producen los otros males por la incertidumbre de sus causas, de su condición, de su progreso, agitación infinitamente penosa. De nada nos sirven consultas o interpretaciones doctorales: muéstrannos los sentidos lo que es y dónde está.

Con tales argumentos, fuertes y débiles, al igual que Cicerón el mal de su vejez, trato de adormecer y ocuparme la imaginación, y de suavizar sus heridas. Si mañana empeoraran, mañana recurriríamos a otras escapatorias.

Aunque sea verdad, he aquí que después, por primera vez, los más ligeros movimientos me hacen expulsar sangre pura de los riñones. ¿Y qué? No por ello dejo de moverme como antes ni de correr tras mis perros con juvenil e insolente ardor. Y creo que salgo muy bien parado de tan importante accidente si sólo me cuesta cierta sorda pesadez y alteración en dicha parte. Es una gran piedra la que me araña y consume la sustancia de los riñones y la vida que vierto poco a poco, no sin cierta dulzura natural, como un excremento superfluo y molesto ya. ¿Que siento que algo se viene abajo? No esperéis que me ocupe de tomarme el pulso ni de examinar mis orinas para tomar alguna enojosa precaución; a tiempo estaré de sentir el mal, sin alargarlo con el mal del temor. Quien teme sufrir, sufre ya por lo que teme. Aparte de que las dudas y la ignorancia de aquéllos que se meten a explicar los resortes de la naturaleza y sus progresos internos y tantos falsos pronósticos de su arte, ha de mostrarnos que tiene ésta medios infinitamente desconocidos. Muy incierto, cambiante y oscuro es cuanto nos promete y con lo que nos amenaza. Salvo la vejez que es señal indudable de la proximidad de la muerte, en todos los demás accidentes, veo pocos signos del porvenir sobre los que podamos fundar nuestras adivinaciones.

No me juzgo más que por lo que siento verdaderamente, sin discurrir. ¿Para qué, puesto que no quiero contribuir más que con la espera y la paciencia? ¿Queréis saber cuánto gano con ello? Mirad a aquéllos que actúan de otro modo y que dependen de tantas y tan diversas persuasiones y consejos: ¡cuán a menudo atorméntalos la imaginación sin el cuerpo! Muchas veces disfruté estando a salvo y libre de esos peligrosos accidentes, comunicándoselos a los médicos como si nacieran entonces. Harto a gusto sufrí el decreto de sus horribles conclusiones y quedábale tanto más agradecido a Dios y más enterado de la vanidad de este arte.

Nada hay que tanto se deba recomendar a la juventud como la actividad y la vigilancia. Nuestra vida no es sino movimiento. Arráncome difícilmente y soy tardío para todo: para levantarme, para acostarme, para las comidas; las siete es para mí muy temprano, y, cuando yo mando, ni como antes de las once, ni ceno después de las seis. Antaño atribuí la causa de las fiebres y enfermedades en las que me veo sumido, a la pesadez y al sopor que me producía tan largo sueño, y siempre me arrepentí de volverme a dormir por la mañana. Platón odia más el exceso en el dormir que en el beber. Gusto de acostarme sobre algo duro, y solo, incluso sin mujer, como un rey, bastante tapado; jamás me calientan la cama, mas, desde que soy viejo, cuando las necesito, me dan mantas para calentarme los pies y el estómago. Reprochábanle al gran Escipión el ser dormilón, a mi parecer, nada más que porque a los hombres les molestaba que sólo él careciera de cosa reprochable. Si algo particular hay en mis costumbres, es el lecho más que otra cosa; mas cedo y me acomodo en general, como cualquier otro, si es necesario. Ha ocupado el dormir gran parte de mi vida, y sigo haciéndolo ocho o nueve horas de un tirón, aun a esta edad. Evito con utilidad esta perezosa inclinación y me va claramente mejor; siento algo el golpe del cambio, mas en tres días es cosa hecha. Y apenas si sé de alguien que viva con menos cuando es menester, ni que se ejercite más constantemente, ni a quien pesen menos los trabajos. Es capaz mi cuerpo de una agitación firme, mas no vehemente ni súbita. Evito ya los ejercicios violentos y que me hagan sudar: se me cansan los miembros antes de calentárseme. Aguanto de pie todo un día y no me canso de pasear; mas, por el arroyo, desde mi más tierna edad, sólo gusté de ir a caballo; a pie, me ensucio hasta las nalgas, y los bajos están expuestos por esas calles a que les den empujones y codazos, por falta de estatura. Y siempre me ha gustado descansar, ya sea echado o sentado, con las piernas tanto o más altas que el asiento.

No hay ocupación más amena que la militar, ocupación noble por su ejecución (pues la virtud más fuerte, generosa y soberbia de todas es el valor) y noble por su causa; no hay utilidad ni más justa, ni más universal que la de la protección de la tranquilidad y la grandeza del propio país. Gozáis con la compañía de tantos hombres nobles, jóvenes, activos, viendo de ordinario tantos espectáculos trágicos, con la libertad de esa conversación sin artificio, y con un modo de vida varonil y sin ceremonia, con la variedad de mil actividades diversas, con esa valerosa armonía de la música guerrera que os levanta y enardece los oídos y el alma, con el honor de este ejercicio, hasta con su dureza y dificultad, estimados en tan poco por Platón, que en su república hacía partícipes de ella a las mujeres y a los niños. Os entregáis a las misiones y a los peligros particulares según juzguéis su brillo y su importancia, en tanto que soldado voluntario, y veis cuándo ha de ser entregada justificadamente hasta la propia vida,

Pulchrúmque mori sucurrit in armis [42].

El temer los peligros comunes que atañen a tan grande gentío, el no osar aquello que tantas suertes de almas osan, es propio de un corazón débil y desmesuradamente bajo. La compañía da seguridad incluso a los niños. Si otros os superan en ciencia, en gracia, en fuerza, en fortuna, podéis achacarlo a causas ajenas, mas si lleváis las de perder en firmeza de ánimo, sólo os lo podéis achacar a vos. La muerte es más abyecta, más lenta y penosa en el lecho que en

---

[42] «Es bello morir luchando.» (Virgilio, *Eneida,* II. 317).

el combate, las fiebres y las pulmonías, tan dolorosas y mortales como un arcabuzazo. Quien fuera capaz de soportar valerosamente los accidentes de la vida común, no habría de aumentar su valor para hacerse soldado. «Vivere, mi Lucili, militare est»[43].

No recuerdo haber tenido sarna nunca. Mas es el rascarse una de las satisfacciones más dulces de la naturaleza y más a mano. Mas conlleva una penitencia demasiado próxima e importuna. Practícolo más con las orejas, que me pican por dentro a temporadas.

Nací con todos los sentidos enteros casi a la perfección. Tengo el estómago bien, como la cabeza, y también los pulmones. Hace ya seis años que cumplí los cincuenta, edad en la que algunas naciones, no sin motivo, habían fijado un final tan estricto a la vida, que no permitían excederla. Aun así tengo aún recuperaciones, aunque inconstantes y cortas, tan claras que poco tienen que envidiar a la salud y ausencia de dolor de mi juventud. No hablo del vigor ni de la alegría; no es lógico que me acompañen fuera de sus límites:

> Non haec amplius est liminis, aut aquae
> Caelestis, patiens latus[44].

Descúbreme mi rostro de inmediato y mis ojos; todos mis cambios empiezan por ellos, y algo más amargos de lo que son en realidad; inspiro lástima a mis amigos antes de sentir el motivo. No me asusta el espejo, pues, incluso en mi juventud, ocurrióme más de una vez el tener un color así y un aspecto ojeroso y de mal agüero, sin grandes consecuencias; hasta el punto de que los médicos, que no hallaban en mi interior causa alguna que motivase aquella alteración externa, atribuíanla al espíritu y a alguna secreta pasión que me reconcomía por dentro: erraban. Si se dejase el cuerpo gobernar por mí tanto como el alma, funciona-

---

43 «Vivir, querido Lucilio, es combatir.» (Séneca, *Epístolas,* 96).
44 «Ya no tengo fuerzas para esperar ante una puerta, mientras que cae la lluvia del cielo.» (Horacio, *Odas,* III. X. 19).

ríamos algo mejor. Teníala entonces no sólo exenta de agitación, sino incluso llena de satisfacción y de fiesta, como suele estar de ordinario, mitad por naturaleza, mitad por proponérselo:

Nec vitiant artus aegrae contagia mentis[45].

Creo que este temperamento suyo ha levantado muchas veces al cuerpo de sus caídas: está con frecuencia abatido. Pues, si no está feliz, al menos está tranquila y reposada. Tuve fiebres cuartanas durante cuatro o cinco meses, desfigurándome mucho; tuve siempre el espíritu no sólo apacible sino contento. Si está el dolor fuera de mí, no me entristecen ni la debilidad ni el cansancio. Sé de muchos males corporales cuyo solo nombre produce horror, que temería menos que mis pasiones y agitaciones del espíritu que veo vivas. Tomo el partido de no correr ya, bastante tengo con arrastrarme: ni me quejo de la natural decadencia que sufro,

Quis tumidum guttur miratur in Alpibus?[46]

Como tampoco lamento que no sea mi vida tan larga y entera como la de un roble.

No tengo queja de mi imaginación: pocos pensamientos he tenido en mi vida que me hayan siquiera interrumpido el sueño, a no ser los del deseo los cuales me despertaban sin afligirme. Pienso poco en ello; y cuando lo hago, son cosas fantásticas y quimeras formadas comúnmente por pensamientos agradables, más ridículos que tristes. Y creo que es verdad que los sueños son leales intérpretes de nuestras inclinaciones, mas es menester tener habilidad para combinarlos y entenderlos.

---

[45] «Mi cuerpo está protegido de las preocupaciones del espíritu.» (Ovidio, *Tristes,* III. VIII. 25).

[46] «¿Quién se extraña al ver a uno que tiene bocio en los Alpes?» (Juvenal, XIII. 162).

Res quae in vita usurpant homines, cogitant, curant, vident,
Quaeque agunt vigilantes, agitántque, ea sicut in somno accidunt,
Minus mirandum est[47].

Platón va aún más lejos diciendo que es misión de la sabiduría el sacar de ellos enseñanzas adivinadoras del porvenir. Nada sé de esto más que las prodigiosas experiencias que cuentan Sócrates, Jenofonte, Aristóteles, personajes de autoridad irreprochable. Cuentan las historias que los atlantas no sueñan jamás, que tampoco comen cosa alguna que haya sido matada, cosa que afirmo pues es quizá el motivo por el que no sueñan. Pues Pitágoras recetaba cierta preparación de alimentos para tener sueños propicios. Los míos son dulces y no me producen ninguna agitación del cuerpo ni emisión de voz. Vi a muchos en mis tiempos a los que agitaban extraordinariamente. El filósofo Teón paseábase soñando, y el criado de Pericles hasta sobre las tejas y por lo alto de la casa.

Apenas si elijo en la mesa, cojo lo primero y más cercano a mí y cambio con dificultad de un sabor a otro. Desagrádame la multitud de platos y de servicios tanto como cualquier otra multitud. Conténtome fácilmente con pocas viandas; y odio la opinión de Favorino de que en un festín han de retiraros la carne que os apetece para sustituírosla siempre por una nueva, y de que es mísera comida si no se sacia a los comensales con muslos de distintos pájaros, y que sólo el papafigo merece ser comido entero. Como normalmente carnes saladas; por ello prefiero el pan sin sal y en mi casa no saca otro a la mesa el panadero, contra lo que es costumbre en el país. Hubieron de corregirme en mi infancia por rechazar las cosas que normalmente gustan más a esa edad: dulces, mermeladas, pasteles. Combatió mi aya ese odio por los manjares delicados, como una especie de exquisitez. Y desde luego no es más que un gusto difícil, se aplique a lo que se aplique. Quien le quite a

[47] «No es extraño que los hombres vean en sueños lo que les ocupa en la vida, lo que piensan, lo que ven o hacen cuando están despiertos.» (Attio, *Bruto*).

un niño cierta particular y obstinada inclinación por el pan negro y el tocino, o por el ajo, quítale un capricho. Hay algunos que se hacen los duros y resignados por echar de menos el buey y el jamón cuando hay perdices. Buena jugada: es la exquisitez de los exquisitos; es el gusto que ya no goza con las cosas normales y acostumbradas en una situación de molicie, «per quae luxuria divitiarum taedio ludit»[48]. No ser capaz de comer bien con lo que otro lo hace, poner gran cuidado en la propia manutención, es la esencia de este vicio:

Si modica caenare times olus omne patella[49].

Por supuesto, no deja de haber esta diferencia, que vale más atarse a cosas más fáciles de conseguir, mas sigue siendo un vicio el atarse a algo. Antaño consideraba yo sibarita a un pariente mío que había perdido la costumbre de usar la cama y de desnudarse para acostarse, en las galeras.

Si tuviera hijos varones, desearíales de corazón mi destino. El buen padre que Dios me dio (por el que no siento sino agradecimiento por su bondad, en verdad que harto gallarda) envióme desde la cuna a educarme a un pobre pueblo de los suyos, y túvome allí mientras necesité de nodriza, y más aún, acostumbrándome al modo de vida más bajo y común: «Magna pars libe tatis est bene moratus venter»[50]. No os encarguéis vos jamás, y aún menos vuestras mujeres, de su crianza; dejad que los forme la fortuna con leyes populares y naturales; dejad que la costumbre les enseñe frugalidad y austeridad: que más bien hayan de descender de la dureza que subir hacia ella. Aspiraba también a otra cosa, a unirme con el pueblo y con los hombres de condición tal que necesitan de nuestra ayuda, y quería que me sintiese forzado a mirar a aquél que me tendiera los bra-

---

[48] «Por medio de las cuales el lujo burla el aburrimiento de las riquezas.» (Séneca, *Epístolas,* 18).

[49] «Si tienes para cenar una col en un modesto plato.» (Horacio, *Epístolas,* I. V. 2).

[50] «Gran parte de la libertad es un vientre bien acostumbrado.» (Séneca, *Epístolas,* 123).

zos antes que a aquél que me volviera la espalda. Y fue por esta razón también, por la que hizo que me apadrinaran personas de la más abyecta fortuna, para que me sintiera obligado y ligado a ellas.

Sus designios no dieron malos resultados: de buen grado entrégome a los pequeños, ya sea porque hay en ello mayor gloria, ya sea por tendencia natural, la cual tiene sobre mí poder infinito. El partido que condene en nuestras guerras, lo condenaré más duramente viéndolo floreciente y próspero; reconciliaríame de algún modo con él si lo viera mísero y abrumado. ¡Cuánto admiro la hermosa actitud de Chelonis, hija y mujer de reyes de Esparta! Mientras su marido Cleombroto, en los desórdenes de su ciudad, llevó las de ganar contra Leónidas, su padre, hizo el papel de buena hija, alióse con su padre en el exilio, en la miseria, oponiéndose al victorioso. ¿Que la suerte vino a cambiar? Ved cómo cambia de querer con la fortuna, apoyando valerosamente a su marido al que siguió a todas partes adonde le llevó su ruina, sin tener, según parece, más idea que el lanzarse al partido que más la necesitara y en el que se mostrara más piadosa. Sigo de forma más natural el ejemplo de Flaminio que se entregaba a aquéllos que lo necesitaban más que a aquéllos que podían favorecerle, que el de Pirro, inclinado a rebajarse ante los grandes y a ensoberbecerse ante los pequeños.

Las comidas largas me aburren y perjudican: pues, quizá por haberme acostumbrado desde niño, a falta de nada mejor que hacer, como tanto rato como estoy en la mesa. Por ello, en mi casa, aunque sean cortas, gusto de sentarme algo después que los demás, a ejemplo de Augusto; mas no le imito en el hecho de levantarme también antes que los demás. Al contrario, gusto de reposar largo tiempo después, y de oír hablar, con tal de no mezclarme en ello, pues me canso y me hace daño el charlar con el estómago lleno, así como hallo el ejercicio de gritar y discutir antes de comer, muy saludable y ameno. Los antiguos griegos y romanos lo hacían mejor que nosotros, pues asignaban varias horas y la mayor parte de la noche, a la alimentación, que es un acto principal de nuestra vida, si no les distraía de ello otra ocupación extraordinaria, comiendo y bebiendo menos apresuradamente que nosotros que realizamos a toda prisa nuestros actos y prolongando este placer natural para más entretenimiento y utilidad, acompañándolo de varias clases de conversación provechosas y agradables.

Aquéllos que han de cuidarse de mí podrían evitarme sin dificultad cuanto consideren dañino para mí; pues en tales cosas, jamás deseo ni echo en falta aquello que no veo; mas, del mismo modo, pierden el tiempo predicándome la abstinencia de aquéllas que tengo delante. De manera que, cuando quiero ayunar, he de separarme de los demás comensales, y han de ofrecerme estrictamente lo que necesito para una colación ordenada; pues si me siento a la mesa, olvido mi resolución.

Cuando ordeno que cambien el aderezo de alguna carne, saben mis gentes que eso quiere decir que tengo poco apetito y que no la probaré. Todas aquéllas que pueden sufrirlo, prefiérolas poco hechas y muy condimentadas hasta llegar a la alteración del sabor de muchas de ellas. Por lo general, sólo me molesta la dureza (para cualquier otra cualidad soy más indiferente y sufrido que los demás hombres) y, contra el gusto común, ocúrreme el encontrar entre los propios pescados, algunos demasiado frescos y demasiado sólidos. No es culpa de mis dientes, los cuales siempre tuve excelentes, sin haberse visto amenazados hasta ahora por la edad. Aprendí desde la infancia a frotármelos con la servilleta, por la mañana y antes y después de comer.

Dios favorece a aquéllos a los que les sustrae la vida poco a poco; es el único beneficio de la vejez. La muerte definitiva será tanto menos plena y perjudicial; no matará más que a medio hombre o a un cuarto. He aquí que se me acaba de caer un diente, sin dolor, sin esfuerzo: era el término natural de su duración. Y esta parte de mi ser y muchas otras, están ya muertas, otras medio muertas, de las más activas y de las que ocupaban el primer lugar cuando el vigor de mi juventud. Deshágome así escapándome de mí mismo. ¿Qué necedad será que sienta mi entendimiento el salto de esta caída ya tan avanzada, como si estuviera entera? No lo espero.

En verdad que obtengo principal consuelo al pensar en mi muerte, del hecho de que sea justa y natural y de que ya no pueda exigir en esto ni esperar del destino favor legítimo alguno. Creen los hombres que tuvieron antaño vida más grande, así como estatura más grande. Mas Solón, que es de aquellos viejos tiempos, limita sin embargo su extrema duración a setenta años. ¿Aspiraría yo que tanto y tan universalmente he adorado este ἄριστον μέτρον[51] del pasado y he considerado el término medio como la medida más perfecta, a una vejez desmesurada y monstruosa? Todo cuanto viene a contracorriente de la naturaleza puede ser enojoso, mas aquello que viene conforme a ella ha de ser siempre agradable. «Omnia, quae secundum naturam fiunt, sunt habenda in bonis»[52]. Así, dice Platón, es violenta la muerte provocada por las heridas o enfermedades, más aquélla que nos sorprende habiéndonos conducido hasta ella la vejez, es la más ligera de todas y, en cierto modo, deliciosa. «Vitam adolescentibus vis aufert senibus maturitas»[53].

Mézclase la muerte y confúndese siempre con nuestra vida: la decadencia anuncia con antelación su hora y se infiltra durante el curso de nuestro propio progreso. Tengo retratos míos a los veinticinco y treinta y cinco años; compárolos con mi aspecto actual: ¡cuántas veces ya no soy yo! ¡Cuánto más lejos está mi imagen presente de aquéllas que de la de mi defunción! Es abusar demasiado de la naturaleza el arrastrarla tan lejos que se vea obligada a abandonarnos y a dejar de guiarnos y a poner nuestros ojos, nuestros dientes y nuestras piernas a merced de ayuda ajena y mendigada, y a ponernos en manos del arte, cansada de seguirnos.

No me gustan excesivamente ni las lechugas ni la fruta, salvo los melones. Odiaba mi padre toda suerte de salsas:

---

[51] «Esta perfecta mediocridad».
[52] «Todo lo que ocurre conforme a la naturaleza debe ser considerado un bien.» (Cicerón, *De la vejez,* XIX).
[53] «A los jóvenes es un golpe violento lo que les arranca la vida, a los ancianos es la propia madurez.» *(Ibídem, íd.).*

a mí me gustan todas. Me hace daño el comer demasiado; mas aún no sé con certeza de ninguna vianda que, por su naturaleza, me perjudique; como tampoco me influye ni la luna llena, ni la nueva, ni el otoño, ni la primavera. Tenemos fluctuaciones inconstantes y desconocidas; pues, por ejemplo, los rábanos pareciéronme primero buenos, luego malos, y ahora otra vez buenos. En muchas cosas siento que mi apetito y mi estómago van cambiando así: paséme del blanco al clarete y luego del clarete al blanco. Me apasiona el pescado y es para mí la Cuaresma Carnaval y días de fiesta los de ayuno; creo lo que dicen algunos, que es más fácil de digerir que la carne. Así como me remuerde la conciencia el comer carne los días de pescado, así también ocúrreme con el gusto si mezclo el pescado con la carne: esta diferencia paréceme demasiado grande.

Desde que era joven, saltábame a veces alguna comida: o bien con el fin de avivar mi apetito del día siguiente, pues, así como Epicuro ayunaba y hacía comidas parcas para acostumbrarse la voluptuosidad a prescindir de la abundancia, yo, por el contrario, para habituarme la voluptuosidad a hacer mejor provecho y a servirse más alegremente de la abundancia; o bien ayunaba para conservar el vigor al servicio de alguna actividad del cuerpo o del espíritu; pues se entumecen cruelmente tanto el uno como el otro con la repleción, y odio sobre todo ese necio ayuntamiento de una diosa tan sana y alegre con ese diosecillo indigesto y flatulento, harto de vapores etílicos; o bien para curarme el estómago enfermo; o por carecer de compañía apropiada, pues digo también como Epicuro, que no se ha de mirar tanto lo que se come como con quién se come, y alabo a Kilom por no haber querido prometer su asistencia al festín de Periandro sin informarse antes de quiénes eran los convidados. No hay para mí aderezo tan dulce, ni salsa tan apetitosa como la que se obtiene de la sociedad.

Creo que es más sano comer mejor y menos, y comer más a menudo. Mas quiero hacer valer el apetito y el hambre: no me agradaría en modo alguno el arrastrar, al estilo médico, tres o cuatro comidas míseras y obligadas al día. ¿Quién me asegura que la gana que tengo abierta esta mañana, la volveré a tener en la cena? Aprovechemos, sobre todo los viejos, la primera ocasión oportuna que se nos presente. Dejemos las efemérides para los fabricantes de almanaques y para los médicos. El fruto último de la salud es la voluptuosidad: cojamos la primera presente y conocida. Quien quiera que algo le sirva, huya de repetirlo; nos endurecemos, nuestras fuerzas se nos duermen con ello; seis meses después os habréis acostumbrado tanto el estómago que el único provecho será el haber perdido la libertad de usar de él de otra manera sin perjuicio.

No llevo ni piernas ni muslos más cubiertos en invierno que en verano, con una sencillas medias de seda. Accedí a ponerme calor en la cabeza como remedio para mis catarros, y en el vientre para el cólico; habituáronse mis males en pocos días y desdeñaron mis ordinarias precauciones. Había pasado de una boina a un verdugo y de un bonete a un gorro forrado. El relleno del jubón ya no me sirve sino de adorno: nada me hace si no le añado una piel de liebre o de buitre y una gorra para la cabeza. Seguid esta gradación, estaréis apañados. No haré nada de esto, y de buena gana desandaría el camino andado, si osara. ¿Que caéis en algún mal nuevo? Ya no os sirve este arreglo: os habéis acostumbrado, buscad otro. Piérdense así aquéllos que se dejan dominar por rígidos regímenes obligándose supersticiosamente, necesitan de más y más: nunca se acaba.

Para nuestras ocupaciones y para el placer, es harto mejor, como hacían los antiguos, saltarse el almuerzo y dejar el buen comer para la hora de retirarse a descansar, sin partir el día: eso hacía yo antaño. Al contrario, para la salud, he visto después por experiencia que vale más almorzar, y que se hace mejor la digestión en vela.

No soy propenso a sentir sed, ni sano ni enfermo: con frecuencia tengo la boca seca, mas sin sed; generalmente sólo bebo por las ganas que me vienen al comer y estando la comida muy avanzada. Bebo bastante para un hombre normal: en verano y durante una comida apetitosa no sólo supero los límites de Augusto que no bebía más que tres veces exactamente; sino que, para no contrariar la norma de Demócrito[54] que prohibía quedarse en cuatro por ser un número de mala suerte, llego, si es necesario, hasta cinco, un sextario y medio más o menos; pues los vasos pequeños son mis favoritos y gusto de vaciarlos, cosa que evitan otros por ser descortesía. Casi siempre mezclo el vino con la mitad de agua y a veces con un tercio. Y cuando estoy en casa, siguiendo una antigua costumbre recetada por el médico a mi padre y a sí mismo, se mezcla el que necesito ya en la bodega, dos o tres horas antes de servirlo. Dicen que fue Cranao, rey de los atenienses, el inventor de esta costumbre de mezclar el vino con agua; con o sin utilidad, he visto discutir sobre ello. Considero más conveniente y más sano que no lo tomen los niños hasta los dieciséis o los dieciocho. La forma de vida más usual y común es la más bella: paréceme que se ha de evitar toda originalidad y me desagradaría tanto un alemán que echase agua al vino como un francés que lo bebiera puro. El uso público autoriza tales cosas.

Temo el aire viciado y lucho a muerte contra el humo (la primera reparación que realicé en mi casa fue la de chimeneas y retretes, defecto insoportable común a los viejos edificios), y entre las dificultades de la guerra cuento esas espesas polvaredas en las que nos tienen sumidos, al sol, durante toda una jornada. Respiro libre y fácilmente, y suelen pasárseme los catarros casi siempre sin atacarme al pulmón y sin tos.

El rigor del verano es para mí peor enemigo que el del invierno; pues, aparte de la molestia del calor, menos subsanable que la del frío, y además de las insolaciones, resiéntense mis ojos con cualquier luz deslumbrante: no podría ahora comer sentado frente a un fuego ardiente y luminoso. Para amortiguar la blancura del papel, en los tiempos en los que acostumbraba a leer más, ponía sobre el libro un trozo de vidrio, y sentíame harto aliviado. Hasta ahora no sé lo que es usar lentes y veo a tanta distancia

---

54 Se trata exactamente de Demetrio y no de Demócrito. *Vid.* Erasmo, *Adagios,* II, III, I, quien citando a Plinio escribe por error Demócrito en lugar de Demetrio.

como siempre y como cualquier otro. Verdad es que al declinar el día comienzo a sentir molestias y debilidad al leer, ejercicio que siempre me cansó los ojos, sobre todo por la noche. Es éste un paso atrás, a todas luces sensible. Retrocederé otro; del segundo al tercero, del tercero al cuarto, tan quedo que habré de estar ya ciego declarado para sentir la decadencia y la vejez de mi vista. Así de artificialmente desenrolla la Parca nuestra vida. Igualmente dudo de si empiezo a quedarme duro de oído, y ya veréis cómo, cuando haya perdido la mitad, la emprenderé aún con la voz de los que me hablan. Es muy necesario tensar el alma para hacerle sentir cómo se nos escapa.

Es mi andar rápido y seguro; y no sé cuál de los dos si el espíritu o el cuerpo, se ha detenido más difícilmente en el mismo punto. Amigo soy del predicador que capta mi atención durante todo el sermón. En los lugares de ceremonia en los que todos están tan envarados en apariencia, en los que he visto a las damas tener incluso los ojos tan fijos, nunca he aguantado hasta el final sin que alguna de mis partes haga alguna extravagancia; aunque esté sentado estoy poco asentado. Así como la camarera del filósofo Crisipo decía de su señor que no estaba ebrio más que con las piernas (pues tenía la costumbre de moverlas en cualquier asiento en el que se hallase, y decía que mientras que el vino excitaba a los demás, él no sentía alteración alguna), así podría decirse desde mi infancia que tenía demencia en los pies, o mercurio, de tanto como se mueven y de tan inconstantes como son cualquiera que sea el lugar en el que los ponga.

Es indecente, además de ser perjudicial para la salud e incluso para el placer, el comer con gula como yo: muérdome a menudo la lengua y a veces los dedos, por la prisa. Diógenes, habiendo visto a un niño que comía así, abofeteó a su preceptor. Había en Roma gentes que enseñaban a masticar, como a andar, con gracia. Esto me impide hablar, lo cual es un dulce condimento de las comidas con tal de que sean por su parte conversaciones amenas y cortas también.

Existen celos y envidias entre nuestros placeres: estórbanse entre sí y chocan unos con otros. Alcibíades, hombre harto entendido en el buen yantar, expulsaba hasta la música de la mesa para que no enturbiara el deleite de la conversación, alegando, según Platón, que es costumbre de hombres del pueblo el llamar a músicos y cantores para sus festines, a falta de los buenos discursos y las agradables charlas con las que las gentes de entendimiento saben festejarse entre sí. Pide esto Varrón al anfitrión: una reunión de personas de hermosa presencia y agradable conversación, que no sean ni mudas ni charlatanas, viandas limpias y exquisitas y tiempo sereno. No es fiesta poco artificiosa ni poco voluptuosa una comida bien cuidada: ni los grandes jefes guerreros ni los grandes filósofos rechazaron su práctica y su ciencia. Mi imaginación le ha dado a guardar a mi memoria tres de éstas que me hizo particularmente dulces la fortuna en distintos momentos de mi edad más floreciente, pues cada convidado aporta el encanto principal, según el buen estado del cuerpo y del alma en el que se halle. Mi situación actual me priva de ello.

Yo, que tengo los pies bien en la tierra, odio esa sapiencia inhumana que quiere hacernos desdeñosos y enemigos de la cultura del cuerpo. Considero injusticia igual el aceptar a contrapelo las voluptuosidades naturales que el tomarlas demasiado a pecho. Jerjes era un fatuo que, rodeado de todas las voluptuosidades humanas, ofrecía un premio a todo aquél que le proporcionase otras. Mas no es menos fatuo aquél que elimina las que la naturaleza le ha presentado. No hemos ni de perseguirlas ni de rechazarlas, hemos de aceptarlas. Yo las acepto algo más generosa y graciosamente, y prefiero dejarme llevar por la inclinación natural. Para nada hemos de exagerar su inanidad; bastante se deja sentir y se manifiesta. Merced a nuestra mente enfermiza, aguafiestas, que nos asquea de ellas como de sí misma: trátase a sí misma y a todo cuanto recibe, ora arriba, ora abajo, según su ser insaciable, vagabundo y versátil.

Sincerum est nisi vas, quodcumque infundis, acescit[55].

---

[55] «Si el vaso no es puro, todo lo que se vierte en él se agria.» (Horacio, *Epístolas,* I. II. 54).

Yo que me jacto de abrazar con tanto entusiasmo los bienes de la vida, y tan particularmente, no hallo en ellos, cuando los miro así de atentamente, nada más que viento. Mas qué, no somos sino viento en todo. Y aún, el viento, más sabiamente que nosotros, gusta de moverse, de agitarse, y se contenta con sus propias funciones, sin desear la estabilidad ni la solidez, cualidades que no son suyas.

Los placeres puros de la imaginación, así como los disgustos, dicen algunos, son los más grandes, como lo expresaba la balanza de Critolao[56]. No es de extrañar: fabrícaselos a su gusto y córtaselos de una pieza. Todos los días veo ejemplos insignes y, quizá, deseables. Mas yo, que soy de condición mixta, tosco, no puedo morder tan a fondo en ese solo objeto tan simple, sin dejarme llevar pesadamente por los placeres presentes de la ley humana y general, intelectualmente sensibles, sensiblemente intelectuales. Los filósofos cirenaicos consideran más fuertes los placeres corporales, como también los dolores, y dobles y más justos.

Hay algunos, que, por feroz estupidez, como dice Aristóteles, siéntense hartos de ellos. Conozco a algunos que lo hacen por ambición; ¿por qué no renuncian también a respirar? ¿Por qué no viven de lo suyo propio y no rechazan la luz que es gratuita y no les cuesta ni invención ni vigor? Que les sustente Marte, o Palas, o Mercurio, en lugar de Venus, Ceres o Baco, a ver: ¡acaso no buscarán la cuadratura del círculo, acostados sobre sus mujeres! Odio que se nos ordene tener el espíritu en las nubes, mientras tenemos el cuerpo en la mesa. No quiero que el pensamiento se quede clavado ni tendido allí, mas quiero que se aplique, que se asiente, no que se repantingue. Arístipo sólo defendía el cuerpo, como si no tuviéramos alma; Zenón sólo se ocupaba del alma, como si no tuviéramos cuerpo. Ambos erróneamente. Pitágoras, según dicen, siguió una filosofía enteramente contemplativa, Sócrates, una toda de costumbres y de actos; Platón halló el término medio entre las

---

[56] Quien ponía en un platillo de la balanza los bienes temporales y en el otro los bienes espirituales, afirmando que éstos pesaban más que todas las tierras y los mares juntos.

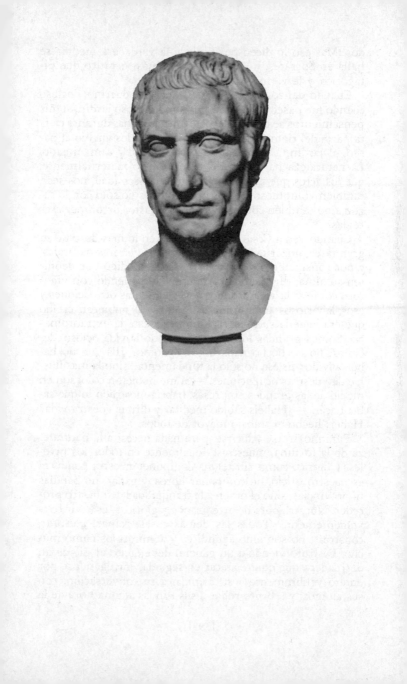

dos. Mas eso lo dicen por decir, y la verdadera medida se halla en Sócrates, y Platón es harto más socrático que pitagórico, y le va mejor.

Cuando danzo, danzo; cuando duermo, duermo; incluso cuando me paseo en solitario por un hermoso jardín, si mis pensamientos se ocupan de ocurrencias ajenas durante cierta parte del tiempo, durante la otra parte los vuelvo al paseo, al jardín, a la dulzura de esa soledad y a mí mismo. La naturaleza ha respetado siempre esto maternalmente, que los actos que nos ha impuesto por necesidad, nos sean también voluptuosos, y nos invita a ellos no sólo con la razón sino también con el apetito: es injusto corromper esas reglas.

Cuando veo a César y a Alejandro, en lo más duro de su gran tarea, gozar tan plenamente de los placeres naturales, y por consiguiente necesarios y justos, no digo que debiliten su alma, digo que la fortalecen, sometiendo con vigoroso coraje a la vida ordinaria esas violentas ocupaciones y esos laboriosos pensamientos. Sabios, si hubieren creído que era aquélla su misión ordinaria y ésta la extraordinaria. Somos grandes locos: Se ha pasado la vida ocioso, decimos; no he hecho nada hoy. —¿Cómo? ¿Es que no habéis vivido? Es ésa no sólo la fundamental, sino la más ilustre de vuestras ocupaciones. —Si me hubieran colocado en medio de las grandes empresas, habría mostrado lo que sabía hacer. —¿Habéis sabido meditar y dirigir vuestra vida? Habéis hecho el trabajo mayor de todos.

Para mostrarse y lucirse, para nada necesita la naturaleza de la fortuna, muéstrase igualmente en todos los niveles, y detrás, como sin telón. Componer nuestra conducta es nuestro oficio, no componer libros, y ganar, no batallas ni provincias, sino el orden y la tranquilidad de nuestro proceder. Nuestra obra de arte grande y gloriosa, es vivir convenientemente. Todas las demás cosas, reinar, atesorar, construir, no son sino apéndices y adminículos como mucho. Disfruto viendo a un general del ejército al pie de un desfiladero que quiere atacar en seguida, entregándose por entero y libremente a su comida, a su conversación, con sus amigos; y a Bruto robar a sus rondas alguna hora de la noche para leer y resumir a Polibio con calma, teniendo el cielo y la tierra conspirando contra él y contra la libertad romana. Es propio de almas pequeñas, aplastadas por el peso de los asuntos, el no saber librarse de ellos, el no saber dejarlos y volverlos a coger:

> o fortes pejoráque passi
> Mecum saepe viri, nunc vino pellite curas
> Cras ingens iterabimus aequor[57].

Ya sea por broma, ya sea de veras por lo que el vino teologal y sorbónico y sus festines hayan pasado a ser proverbiales, considero que es lógico que coman tanto más provechosa y agradablemente cuanto que han dedicado la mañana útil y seriamente al ejercicio de su escuela. La consciencia de haber repartido bien las otras horas es un justo y sabroso condimento de las comidas. Así vivieron los sabios; y esa inimitable consagración de la virtud que nos asombra en uno y otro Catón, esa actitud severa hasta llegar a la importunidad, sometióse y plegóse así blandamente a las leyes de la condición humana y de Venus y de Baco, siguiendo los preceptos de su secta que exigían que el sabio perfecto fuera tan experto y entendido en la práctica de las voluptuosidades naturales como en cualquier otro deber de la vida. «Cui cor sapiat, ei et sapiat palatus.»[58]

Paréceme que la flexibilidad y la facilidad honra maravillosamente y conviene más a un alma fuerte y generosa. Epaminondas no pensaba que el participar en el baile de los mozos de su ciudad, el cantar, el tocar y el entregarse a fondo, fuese cosa que disminuyera el honor de sus gloriosas victorias y la perfecta pureza de costumbres que en él reinaba. Y de tantos actos admirables de Escipión el Viejo[59], personaje digno de ser considerado como de origen ce-

---

[57] «¡Oh!, bravos amigos, vosotros que tan a menudo padecisteis conmigo las peores miserias, que el vino ahuyente nuestras cuitas, mañana bogaremos en el inmenso mar.» (Horacio, *Odas,* I. VII. 30).

[58] «Que el discernimiento del espíritu se acompañe del discernimiento del paladar.» (Cicerón, *De los fines,* II. 8).

[59] Escipión Emiliano.

lestial, ninguno le presta mayor encanto que el jugar espontánea y puerilmente a amontonar y seleccionar conchas, y corretear a lo largo de la marina con Lelio, y, cuando hacía mal tiempo, divertirse y disfrutar representando por escrito, en comedia, los actos más populares y bajos de los hombres, y, visitar las escuelas en Sicilia con la cabeza ocupada por la prodigiosa empresa de Aníbal y de África, y asistir a las lecciones de filosofía hasta ponerles los dientes largos a sus envidiosos enemigos de Roma. Y nada es más llamativo de Sócrates que el sacar tiempo, siendo ya muy viejo, para aprender a bailar y a tocar instrumentos, y tenerlo por bien empleado.

A éste, viéronlo en éxtasis, de pie, un día entero y una noche, en presencia de todo el ejército romano, sorprendido y arrebatado por algún profundo pensamiento. Viósele correr el primero, entre tantos hombres valientes del ejército, en socorro de Alcibíades acosado por los enemigos, a cubrirlo con su cuerpo y librarlo de aquel paso con la fuerza de las armas, y presentarse el primero entre todo el pueblo de Atenas dolido como él por tan indigno espectáculo, a ayudar a Teramenes, al que los acólitos de los treinta tiranos llevaban a la muerte; y no desistió de aquella osada empresa, más que por los reproches del propio Teramenes, a pesar de que sólo le hubieran seguido dos en total. Viósele mantener severa castidad cuando fue necesario, perseguido como estaba por una belleza a la que amaba. Viéronle en la batalla deliana, levantar y salvar a Jenofonte, derribado del caballo. Viéronle continuamente en la guerra andar y pisar el hielo con los pies descalzos, llevar la misma ropa en invierno que en verano, superar a todos sus compañeros en paciencia y en trabajo, no comer en los festines de otro modo que de ordinario. Viósele durante veintisiete años, soportar el hambre, la pobreza, la rebeldía de sus hijos, los zarpazos de su mujer, y al fin, la calumnia, la tiranía, la prisión, las cadenas y el veneno, sin que su rostro se alterase. Mas este hombre, obligado como se vio por deber de civismo, a beber la cicuta, era también aquél del ejército que conservó la victoria; y no se negaba ni a jugar a la taba con los niños, ni a correr con ellos sobre un caballo de madera; y hacíalo de buen grado; pues todas las actividades, dice la filosofía, convienen y honran por igual al sabio. Tenemos motivos para ello y no hemos de cansarnos jamás de presentar la imagen de este personaje, en todos sus aspectos y formas de perfección. Pocos ejemplos de vida plenos y puros hay, y perjudícase nuestra formación proponiéndonos cada día otros imbéciles y mancos, buenos apenas en un solo aspecto, que más bien nos echan para atrás, corruptores más que correctores.

Yerra el pueblo: se avanza harto más fácilmente por los extremos, pues la extremosidad sirve de límite, de contención y de guía, que por el camino de en medio, ancho y abierto, y según el arte que según la naturaleza, mas también harto menos noble y meritoriamente. La grandeza del alma no consiste tanto en subir y avanzar como en saber moderarse y circunscribirse. Considera grande todo aquello que es bastante y muestra su altura prefiriendo las cosas medianas a las eminentes. Nada hay tan hermoso y legítimo como actuar bien y debidamente como hombre, ni ciencia tan ardua como saber vivir esta vida bien y naturalmente; y de nuestras enfermedades, la más salvaje es despreciar nuestro ser. Quien quiera separarse de su alma, hágalo con osadía, si puede, cuando el cuerpo se encuentre mal, para librarla del contagio; si no, por el contrario, ayúdela y favorézcala sin negarse a participar en sus naturales placeres ni a gozar de ellos conyugalmente, aportando, si es más prudente, la moderación, para que no se confundan con las penas por falta de sensatez. La intemperancia es la peste de la voluptuosidad, y no es la templanza su azote: es su aderezo. Eudoxio, que la erigió en bien soberano, y sus compañeros, que tan alto valor le concedieron, saborearon su más generosa dulzura mediante la templanza, que fue en ellos singular y ejemplar. Ordénole a mi alma que considere el dolor y la voluptuosidad con mirada igualmente equilibrada («eodem enim vitio est effusio animi in laetitia, quo in dolore contractio»)[60] e igualmente firme, mas

---

[60] «El arrebato excesivo del alma en la alegría es tan censurable como su contención en el dolor» (Cicerón, *Tusculanas*, IV. 31).

alegremente el uno y severamente la otra, y en la medida de lo posible, tan cuidadosa para apagar el uno como para aumentar la otra. El ver sanamente los bienes implica ver sanamente los males. Y tiene el dolor algo inevitable en su tierno principio, y la voluptuosidad algo evitable en su final excesivo. Emparéjalos Platón y quiere que sea misión de la fortaleza tanto el luchar contra el dolor como contra las inmoderadas y encantadoras molicies de la voluptuosidad. Son dos fuentes de las cuales quien saca agua en el lugar, en el momento y en la cantidad convenientes, ya sea ciudad, ya sea hombre, ya sea animal, es harto bienaventurado. Se ha de tomar el primero como medicina y por necesidad, más escasamente, la otra, por sed, mas no hasta embriagarse. El dolor, la voluptuosidad, el amor, el odio, son las primeras cosas que siente un niño; si al aparecer la razón se someten a ella, eso es virtud.

Tengo un vocabulario muy mío: paso el tiempo, cuando es malo e incómodo; cuando es bueno, no quiero pasarlo, lo palpo, lo retengo. Hemos de correr por el malo y asentarnos en el bueno. Esta frase corriente de «pasatiempo» y de «pasar el tiempo» expresa la costumbre de esas buenas gentes que no creen poder hacer nada mejor con su vida que dejarla correr y escapar, pasarla, esquivarla y, en la medida de lo posible, ignorarla y evitarla, como cosa tediosa y desdeñable. Mas véola yo de muy distinto modo y hállola deseable y buena, incluso en su última época, en la que estoy; y la naturaleza la ha puesto en nuestras manos, adornada con tales circunstancias y tan favorables, que no hemos de quejarnos más que de nosotros mismos si nos abruma y se nos va inútilmente. «Stulti vita ingrata est, trepida est, tota in futurum fertur»[61]. Resígnome por ello a perderla sin pena, mas porque su condición implica que la perdamos, no porque sea molesta o importuna. Y así, sólo corresponde propiamente el no lamentar el morir a aquéllos que se complacen viviendo. Existe cierta administra-

[61] «La vida del loco es ingrata, inquieta, volcada siempre hacia el futuro.» (Séneca, *Epístolas*, 15).

ción en el goce: gozo de ella el doble que los demás, pues la medida del goce depende de la mayor o menor aplicación que pongamos. En particular, ahora que veo la mía tan breve en tiempo, quiero aumentarla en peso; quiero detener su rápida huida agarrándola rápidamente, y compensar su apresurado fluir aprovechándola con vigor. A medida que es más corta la posesión del vivir, he de hacerla más profunda y más plena.

Los demás sienten la dulzura del contento y la prosperidad; siéntola yo como ellos, mas no pasando y resbalando. Se la ha de estudiar, saborear y rumiar, para dar gracias dignas de ella a quien nos la otorga. Gozan de los otros placeres, como del sueño, sin conocerlos. Con el fin de que ni siquiera el sueño se me escapase tan estúpidamente, parecióme bien antaño que me lo turbaran, para entreverlo. Medito una alegría conmigo mismo, no la espumo, sondéola y obligo a mi razón a recibirla, triste y harta como se ha vuelto. ¿Estoy en algún lugar tranquilo? ¿Acaríciame alguna voluptuosidad? No dejo que la roben mis sentidos, asocio a ella mi alma, no para comprometerla sino para que se deleite; no para que se pierda sino para que se encuentre; y hago que se vea reflejada en ese próspero estado, que pese y estime la ventura y la aumente. Considera cuánto le debe a Dios por tener tranquila la conciencia y otras pasiones intestinas, por tener el cuerpo en su disposición natural, gozando ordenada y competentemente de las funciones dulces y agradables con las que tiene a bien compensar graciosamente los dolores con los que su justicia nos golpea a su vez, cuánto vale el hallarse en tal situación que, mire donde mire, el cielo esté en calma a su alrededor; ningún deseo, ningún temor ni duda que enturbie el aire, ninguna dificultad pasada, presente, futura por encima de la cual no pueda pasar su imaginación sin ofensa. Esta consideración brilla si comparamos condiciones diferentes. Y así, en mil aspectos, preséntome a aquéllos a los que la fortuna o su propio error arrastra y vapulea, y también a éstos que, más cercanos a mí, reciben tan apática e indiferentemente su buena fortuna. Son gentes que verdaderamente pasan el tiempo; van más allá del presente y de cuanto poseen, para servir a la esperanza y por sombras y vanas imágenes que la fantasía les ofrece,

> Morte obitas quales fama est volitare figuras,
> Aut quae sopitos deludunt somnia sensus[62],

las cuales apresuran y alargan su huida a medida que se las persigue. El fruto y la meta de su persecución es perseguir, así como decía Alejandro que el fin de su trabajo era trabajar,

> Nil actum credens cum quid superesset agendum[63].

Yo, por lo tanto, amo la vida y la cultivo tal y como quiso Dios otorgárnosla. No me gustaría que careciera de la necesidad de beber ni de comer, y pareceríame pecar con no menos excusa si deseara que ésta fuera doble («Sapiens divitiarum naturalium quaesitor acerrimus»)[64], ni me gustaría que nos sustentásemos con sólo ponernos en la boca un poco de esa droga con la que se privaba de apetito y manteníase Epiménides, ni que procreáramos niños estúpidamente con los dedos o con los talones, sino que me agrada, hablando con respeto, que los creemos voluptuosamente también con los dedos y con los talones, ni que el cuerpo careciera de deseo o excitación. Son quejas ingratas e inicuas. Acepto de buen grado y agradecido, lo que ha hecho por mí la naturaleza, y me complazco y alegro. Oféndese a ese grande y todopoderoso donante rechazando su don, anulándolo y desfigurándolo. Siendo totalmente bueno, todo lo ha hecho bueno. «Omnia quae secundum naturam sunt, aestimatione digna sunt»[65].

---

[62] «Como esas sombras que revolotean después de la muerte, o esos sueños que engañan a nuestros sentidos dormidos» (Virgilio, *Eneida,* X. 641).

[63] «Creyendo no haber hecho nada mientras te quede aún algo por hacer.» (Lucano, *Farsalia,* II. 657).

[64] «El sabio busca con obstinación las riquezas naturales» (Séneca, *Epístolas,* 119).

[65] «Todo lo que es conforme a la naturaleza es digno de estima.» (Cicerón, *De los fines,* III. 6).

De las ideas filosóficas, acepto con más facilidad aquéllas que son más sólidas, es decir, las más humanas y nuestras: mis razonamientos son, conforme a mis costumbres, bajos y humildes. Paréceme la filosofía harto infantil cuando se engalla predicándonos que es feroz alianza el casar lo divino con lo terrenal, lo racional con lo irracional, lo severo con lo indulgente, lo honesto con lo deshonesto, que la voluptuosidad es cosa brutal, indigna de que el sabio la pruebe: el único placer que obtiene del goce de una bella y joven esposa es el placer de su conciencia, el de hacer un acto según las reglas, como cuando uno se calza las botas para una útil cabalgata. ¡No tendrían sus seguidores más fuerza, más nervio, más impulso al desvirgar a sus mujeres que el que tiene su lectura! No es esto lo que dice Sócrates, su preceptor y el nuestro. Valora como es debido la voluptuosidad corporal, mas prefiere la del espíritu por tener más fuerza, más constancia, más facilidad, más variedad, más dignidad. Esta no va sola según él (no es tan fantástico), mas es la primera. Para él es la templanza moderadora, no enemiga de las voluptuosidades.

Es la naturaleza un guía dulce, mas no más dulce que prudente ni justo. «intradum est in rerum naturam, et penitus quid ea postulet, pervidendum» [66]. Busco su pista por todas partes: hémosla confundido con huellas artificiales; y ese soberano bien académico y peripatético que es vivir según ella, vuélvese, por este motivo, difícil de limitar y expresar; y el de los estoicos, parecido a éste, que es consentir a la naturaleza. ¿No es un error estimar menos dignos algunos actos por ser necesarios? No me quitarán de la cabeza que es un matrimonio muy conveniente el del placer con la necesidad, con la cual, dijo un clásico, siempre conspiran los dioses. ¿Con qué fines separamos en divorcio un entramado tejido con tan unida y fraterna correspondencia? Al contrario, reanudémoslo mediante mutuos oficios. Despierte y vivifique el espíritu la pesadez del cuerpo, capte el cuerpo la ligereza del espíritu y la fije. «Qui velut summum bo-

[66] «Hay que entrar en la naturaleza de las cosas y estudiar a fondo sus exigencias.» (*Ibídem, íd.,* V. 16).

num laudat animae naturam, et tanquam malum naturam carnis accusat, profecto et animam carnaliter appetit et carnem carnaliter fugit, quoniam id vanitate sentit humana, non veritate divina»[67]. No hay parte alguna indigna de nuestros cuidados en este presente que nos ha hecho Dios; hemos de rendir cuentas hasta del mínimo pelo. Y no es misión inventada por el hombre el que el hombre se conduzca según su condición: es evidente, natural y muy principal, y nos la ha encargado el creador seria y severamente. Sólo la autoridad puede algo con los entendimientos comunes, y pesa más en lenguaje peregrino. Insistamos en esto. «Stultitiae proprium quis non dixerit, ignave et contumaciter facere quae facienda sunt, et alió corpus impellere, alió animum, distrahique inter diversissimos motus»[68]

Y además, a ver, que os cuenten un día las ideas y preocupaciones que tiene éste en la cabeza y por las cuales aparta el pensamiento de una buena comida y lamenta el tiempo que emplea para alimentarse; veréis que no hay nada tan soso en todos los manjares de vuestra mesa como esa hermosa conversación de su alma (más nos valdría, por lo general, dormir del todo que velar por lo que velamos) y veréis que ni su razonamiento ni sus intenciones valen lo que nuestro estofado. Aun cuando fueran las lucubraciones del mismísimo Arquímedes[69], ¿qué serían? No me refiero ahora ni mezclo con esta patulea de hombres que formamos y con esta vanidad de deseos y cogitaciones que nos distraen, a esas almas venerables, elevadas por ardorosa devoción y religión a una constante y concienzuda meditación de las cosas divinas, las cuales, anticipando con el es-

---

[67] «El que exalta el alma como el bien soberano y condena al cuerpo como algo malo, seguramente abraza y ama a la una de forma carnal y rechaza carnalmente a la carne, porque juzga según la verdad humana y no según la verdad divina.» (San Agustín, *Ciudad de Dios,* XIV. 5).

[68] «¿Quién no reconoce que lo propio de la estupidez es hacer con desgana y a disgusto lo que estamos obligados a hacer, llevar el alma por un lado y el cuerpo por otro, dividirse en movimientos tan contrarios?» (Séneca, *Epístolas,* 74).

[69] Quien descubrió, tomando un baño, el principio de hidrostática y gritó: «¡Eureka!»

fuerzo de una viva y vehemente esperanza el uso del alimento eterno, meta final y último estadio de los deseos cristianos, único placer constante e incorruptible, desdeñan detenerse en nuestros menesterosos bienes, fluyentes y am-
biguos, y dejan fácilmente al cuerpo el cuidado y el uso de
la pitanza sensual y temporal. Es un estudio privilegiado.
Entre nosotros, son cosas que siempre consideré singularmente de acuerdo: las ideas sobrenaturales y la conducta
subterrenal.

Esopo, aquel gran hombre, vio a su amo orinar mientras
paseaba: «Y pues, dijo, habremos de cagar mientras corremos.» Organicemos el tiempo; nos resta mucho ocioso y
mal empleado. Bastantes horas tiene nuestro espíritu para
hacer su trabajo sin necesidad de separarse del cuerpo durante ese poco tiempo que precisa para su necesidad. Quieren salirse fuera de sí y escapar del hombre. Locura es: en
lugar de transformarse en ángeles, transfórmanse en bestias, en lugar de elevarse, rebájanse. Espántanme esas posturas trascendentes, como los lugares altos e inaccesibles;
y nada me resulta tan difícil de digerir en la vida de Sócrates como sus éxtasis y sus demonios, nada tan humano
en la de Platón como aquello por lo que dicen llamarle divino. Y de nuestras ciencias, parécenme más terrenas y bajas las que están más elevadas. Y no hallo nada tan humilde y mortal en la vida de Alejandro como sus fantasías en
torno a su inmortalidad. Mordióle Filotas agudamente con
su respuesta; habíase congratulado en una carta a él dirigida, del oráculo de Júpiter que lo había colocado entre los
dioses: Alégrome mucho por ti, mas siéntolo por los hombres que habrán de vivir y obedecer a un hombre que supera la talla de un hombre y no se contenta con ella.

Diis te minorem quod geris, imperas [70].

Estoy de acuerdo con la noble inscripción con la que hon-
raron los atenienses la llegada de Pompeyo a su ciudad:

_____

[70] «Es sometiéndote a los dioses como reinas.» (Horacio, *Odas*, III.
VI. 5).

Es absoluta perfección y como divina, el saber gozar lealmente del propio ser. Buscamos otras cualidades por no saber usar de las nuestras, y nos salimos fuera de nosotros
por no saber estar dentro. En vano nos encaramamos sobre unos zancos, pues aun con zancos hemos de andar con
nuestras propias piernas. Y en el trono más elevado del
mundo seguimos estando sentados sobre nuestras posa-
deras.

Las vidas más hermosas son, a mi parecer, aquéllas que
siguen el modelo común y humano, con orden, mas sin prodigio ni extravagancia. Y es el caso que la vejez necesita
que la traten más suavemente. Recomendémosela a ese
dios, protector de la salud y de la sabiduría, mas alegre y
sociable:

> Frui paratis et valido mihi,
> Latoe, dones, et, precor, integra
> Cum mente, nec turpem senectam
> Degere, nec cythara carentem[71].

F I N

---

[71] «Permíteme, ¡oh, Apolo!, gozar de lo que tengo, conservar, te lo ruego, mi salud y mi cabeza, y que pueda en una digna vejez tocar aún la
lira.» *(Ibídem, íd.,* I. XXXI. 17).

ÍNDICE

Ensayos

Colección Letras Universales

DE PRÓXIMA APARICIÓN